批判性思维
——逻辑原理与方法

周建武 武宏志 著

清华大学出版社
北京

内 容 简 介

作为一部新颖的逻辑通识课程教材,本书在非形式逻辑、论证逻辑理论的框架下,从批判性思维的实用角度来设计和编写,既系统讲述逻辑和批判性思维基本知识和原理,又侧重于思维能力的提升,注重于批判性思维的技能和方法训练。本书主要内容包括:批判性思维概论、论证语言、逻辑论证、演绎逻辑、归纳逻辑、逻辑谬误以及逻辑推理、论证分析等。本书既可作为大学通识教育的教材,又可作为各类专业学位研究生入学考试的逻辑辅导用书,同时也可供对逻辑与批判性思维感兴趣的读者阅读。

版权所有,侵权必究。举报: 010-62782989,beiqinquan@tup.tsinghua.edu.cn。

图书在版编目(CIP)数据

批判性思维:逻辑原理与方法/周建武,武宏志著. —北京:清华大学出版社,2015(2024.1重印)
ISBN 978-7-302-38884-5

Ⅰ. ①批… Ⅱ. ①周… ②武… Ⅲ. ①思维科学 Ⅳ. ①B80

中国版本图书馆 CIP 数据核字(2015)第 004826 号

责任编辑:朱红莲　洪　英
封面设计:常雪影
责任校对:王淑云
责任印制:杨　艳

出版发行:清华大学出版社
网　　址:https://www.tup.com.cn, https://www.wqxuetang.com
地　　址:北京清华大学学研大厦 A 座　　　邮　编:100084
社 总 机:010-83470000　　　　　　　　　邮　购:010-62786544
投稿与读者服务:010-62776969,c-service@tup.tsinghua.edu.cn
质量反馈:010-62772015,zhiliang@tup.tsinghua.edu.cn
印 装 者:河北鹏润印刷有限公司
经　　销:全国新华书店
开　　本:185mm×260mm　　印　张:21.5　　字　数:521 千字
版　　次:2015 年 2 月第 1 版　　　　　　　印　次:2024 年 1 月第 15 次印刷
定　　价:62.00 元

产品编号:062062-04

前言 Foreword

在高等教育中，通识教育常常指的是本科生在其大学教育期间应该学会的知识、技能和能力。21世纪所需技能的培养和高等教育目标的实现，不可能仅仅凭借技术性的专业学习来完成，因此，通识教育已成为当代教育之必需。在当今通识课程中，有一门以教学生"如何思考"，即以培养训练学生的批判性思维能力为主要目标的基础课程——批判性思维，其目的就是有效地发挥逻辑与批判性思维在素质教育中的作用。

以信息社会、全球化和可持续发展为重大议题的21世纪，要求人们具备一系列生活技能。按照联合国教科文组织，世界卫生组织，以及美、英、德、法等国相关机构的研究和描述，无论这些技能的一览表囊括的技能有多少，都必定包括批判性思维。所以，毫不夸张地说，人们公认批判性思维是21世纪的基本技能之一。自然，高等教育要面向21世纪，就必然要将教育学生获得这些技能作为自己的责任。因此，从世界高等教育大会（1998、2009）到各国教育行政机构和高等院校，都把批判性思维规定为高等教育的重要目标之一。的确，适应信息社会、全球化和可持续发展的各层次教育（尤其高等教育）都和批判性思维有密切联系，因此，批判性思维在21世纪比以往有更为突出的意义。

批判性思维的通识课程今天已经真正兴盛。美国、英国、加拿大、澳大利亚、新西兰，甚至发展中国家菲律宾、委内瑞拉，都把"批判性思维"作为高等教育的目标之一。从世界范围看，一场轰轰烈烈的"批判性思维运动"自20世纪70年代在美国、英国、加拿大等国教育领域兴起；80年代，批判性思维成为教育改革的焦点；90年代开始，美国教育的各层次都将批判性思维作为教育和教学的基本目标；从21世纪初到现在，批判性思维已成为世界公认的教育核心目标之一。这场"批判性思维运动"在西方发达国家尤其是在北美产生了两个重要结果。

第一，出现了批判性思维的通识课程。

通识教育中的批判性思维教学大致有三个层次——批判性思维教学、逻辑取向的批判性思维教学和非形式逻辑(论证逻辑)视角的批判性思维教学。从批判性思维的不同教学路向看,逻辑取向是批判性思维教学法的一个主流。批判性思维和逻辑有本质的联系。首先,从批判性思维的本质看,逻辑元素构成其基本成分。批判性思维涉及的核心问题是我们应该信什么和做什么。而对该问题的答案是由理由或证据决定的,换言之,对该核心问题的任何回答都需要提出论证。论证的优劣由一系列理智标准来衡量,其中包括逻辑标准。从目前所获得的批判性思维定义的共识看,逻辑要素都是其重要的组成部分。

从世界范围来看,逻辑取向的批判性思维教科书大致有四种形式。第一种是更名式,即直接给导论逻辑冠以批判性思维之名;第二种是扩展式,即在导论逻辑基础上添加相关内容。第三种是革新式,即大量非形式逻辑或论证逻辑新体系,强调技能和应用,因此必然导致对传统逻辑内容的加减。第四种是和专业相结合,如法律、护理、商业、社会工作、写作类批判性思维教科书,但核心仍是逻辑。

从国内来看,非形式逻辑(论证逻辑)和批判性思维的教学和研究也在紧跟世界潮流,越来越多的人认识到批判性思维的价值以及对培养年青一代创新精神的重大意义。2009年我们编著出版的《非形式逻辑导论》(武宏志,周建武,唐坚著,人民出版社,2009年),系统地介绍了非形式逻辑和论证逻辑理论,受到了同行的关注。同时,作为逻辑学教师和研究者,如何在现有逻辑类型之外开发和开设逻辑新课程,以更好地满足通识教育的需要,是我们责无旁贷的探索性任务。我们认为,全球的批判性思维教学尤以第三种形式——论证逻辑视角最值得关注。此种采取逻辑新视角的批判性思维教学不仅与批判性思维技能及气质诸方面达到了最佳吻合,而且突出了逻辑教学的重点,即从知识到能力、从理论到应用的转换。为此,我们编著出版了《批判性思维——论证逻辑视角(修订版)》(武宏志,周建武主编,中国人民大学出版社,2010年)、《批判性思维教程——逻辑推理与论证》(周建武,武宏志主编,对外经济贸易大学出版社,2012年),这两本通识课程教材被多所高校选为通识教育的批判性思维教科书,均受到了读者的好评。

第二,出现了一种全新的能力型考试模式。

西方对逻辑理性的重视反映到学历教育与非学历教育各个领域,申请美国大学研究生院所要求的标准化考试——研究生入学资格考试GRE(Graduate Record Examinations)、进入商学院攻读MBA的入学资格考试GMAT(Graduate Management Admission Test)、进入法学院攻读JD(Juris Doctor)的入学资格考试LSAT(Law School Admission Test)和进入医学院攻读研究生的MCAT(The Medical College Admission Test),都是能力型考试。西方的能力型考试作为研究生入学考试发展已经非常成熟,北美的上述能力型考试已有近30年的历史。批判性思维能力是这三类考试主要的测试目标,具体来说,这三类考试主要包含以下几个部分:逻辑推理(critical reasoning),直接测试考生的逻辑与批判性思维能力;批判性阅读理解(reading comprehension)和数据充分性分析(data sufficiency),通过对文字和数学内容的理解测试考生的逻辑和批判性思维能力;批判性写作(writing),同时测试考生的批判性思维和文字表达能力。

随着我国高等教育与国际逐步接轨,我国的各类考试也同样在逐步借鉴国外先进的能力型考试模式。从1997年的MBA联考开始到目前,以考查批判性思维能力为核心的逻辑推理测试已成为国内管理类、经济类、工程类等诸多硕士专业学位研究生入学考试和国家公务员录用考试的一个必考内容。

为顺应这一教育趋势,我们在已出版的《批判性思维教程——逻辑推理与论证》一书的基础上,补充了第七章逻辑推理、第八章论证分析,在原书系统讲述逻辑和批判性思维的知识、原理和方法的基础上,进一步结合国内外研究生层次入学考试中的逻辑推理和论证分析题型(实为考查批判性思维能力),展开讲解和训练,以期达到有效提升批判性思维能力的效果。本书附录为我们撰写的"通识教育中的逻辑与批判性思维课程建设研究报告",可供同行参考。

期望本书的出版能成为国内创作多样化批判性思维教科书的又一次有益补充。本书即可作为高等教育通识课程的选用教材,又可作为各类硕士专业学位入学考试的辅导用书,同时也可作为对逻辑与批判性思维感兴趣的读者的参考读物。

作为清华大学教育研究院素质教育研究中心2014年度的课题项目,本书得到了清华大学的张大北老师以及清华在线的罗保华老师的大力支持,他们分别参与了部分章节的资料收集与编写工作,在此一并表示感谢!由于批判性思维范围广、内容多,加上我们的编写时间和水平有限,疏漏之处在所难免。因此,期待同行和广大读者批评指正并提出宝贵意见,以供我们有机会再版时参考修正。若有信息反馈可直接发至周建武邮箱:zjwgct@sina.com。

作　者

2015年1月

Contents

第一章　导论 …………………………………………………………………… 1

　第一节　逻辑概述 ………………………………………………………… 1
　　一、逻辑及其功用 ……………………………………………………… 1
　　二、逻辑的多种类型 …………………………………………………… 2
　第二节　基于非形式逻辑的批判性思维运动 …………………………… 4
　　一、非形式逻辑的兴起 ………………………………………………… 4
　　二、非形式逻辑的理论渊源 …………………………………………… 5
　　三、非形式逻辑的对象与内容 ………………………………………… 6
　第三节　批判性思维 ……………………………………………………… 7
　　一、批判性思维的界定 ………………………………………………… 7
　　二、批判性思维倾向和能力 …………………………………………… 9
　　三、批判性思维的意义 ………………………………………………… 10

第二章　论证语言 ……………………………………………………………… 13

　第一节　自然语言的特性 ………………………………………………… 13
　　一、自然语言意义的多重性 …………………………………………… 13
　　二、自然语言意义的不明确性 ………………………………………… 13
　第二节　意义的澄清 ……………………………………………………… 14
　　一、概念 ………………………………………………………………… 14
　　二、定义 ………………………………………………………………… 18
　第三节　论证的语言规范 ………………………………………………… 23
　　一、使用清晰的语言 …………………………………………………… 23
　　二、使用精确的语言 …………………………………………………… 24
　　三、使用有针对性的语言 ……………………………………………… 25

第四节　言语理解 ………………………………………………… 25
　　一、预设 …………………………………………………… 26
　　二、语意分析 ……………………………………………… 27
　　三、争议辨析 ……………………………………………… 29
练习题 ………………………………………………………………… 30
答案与解析 …………………………………………………………… 34

第三章　逻辑论证 …………………………………………………… 37
　第一节　论证辨识 ………………………………………………… 37
　　一、什么是论证 …………………………………………… 37
　　二、论证与推理 …………………………………………… 38
　　三、辨识论证的线索 ……………………………………… 38
　　四、论证的类型 …………………………………………… 40
　第二节　论证结构 ………………………………………………… 46
　　一、论证三要素 …………………………………………… 46
　　二、图尔敏模型的六要素结构 …………………………… 51
　　三、论证的基本结构 ……………………………………… 53
　　四、论证的扩展结构 ……………………………………… 58
　第三节　论证重构与标准化 ……………………………………… 62
　　一、论证的重构 …………………………………………… 62
　　二、论证的标准化 ………………………………………… 64
　第四节　论证图解与评估 ………………………………………… 67
　　一、论证图解 ……………………………………………… 67
　　二、论证评估 ……………………………………………… 69
练习题 ………………………………………………………………… 70
答案与解析 …………………………………………………………… 73

第四章　演绎逻辑 …………………………………………………… 76
　第一节　直言命题及其推理 ……………………………………… 76
　　一、直言命题及其直接推理 ……………………………… 76
　　二、直言命题的周延性与变形推理 ……………………… 81
　第二节　直言三段论 ……………………………………………… 85
　　一、三段论及其结构 ……………………………………… 85
　　二、三段论的一般规则 …………………………………… 85
　　三、三段论的结构分析 …………………………………… 88
　　四、复合三段论 …………………………………………… 89
　　五、省略三段论 …………………………………………… 91
　第三节　基本复合命题及其推理 ………………………………… 93
　　一、联言命题及其推理 …………………………………… 93

二、选言命题及其推理 …………………………………… 95
　　三、假言命题及其推理 …………………………………… 99
第四节　多重复合命题及其推理 ……………………………… 105
　　一、复合命题的负命题及其等值推理 …………………… 105
　　二、假言三段论与反三段论 ……………………………… 108
　　三、二难推理 ……………………………………………… 111
　　四、演绎运算 ……………………………………………… 116
第五节　关系与模态 …………………………………………… 118
　　一、关系命题及其推理 …………………………………… 118
　　二、模态命题及其推理 …………………………………… 121
练习题 …………………………………………………………… 123
答案与解析 ……………………………………………………… 127

第五章　归纳逻辑 ……………………………………………… 133

第一节　归纳推理概述 ………………………………………… 133
　　一、完全归纳推理 ………………………………………… 133
　　二、不完全归纳推理 ……………………………………… 134
第二节　统计推理与论证 ……………………………………… 139
　　一、统计推理概述 ………………………………………… 139
　　二、警惕统计数字陷阱 …………………………………… 142
第三节　因果关系 ……………………………………………… 147
　　一、因果关系的特点 ……………………………………… 147
　　二、原因的类型 …………………………………………… 147
　　三、因果链条 ……………………………………………… 150
　　四、单一原因与复合原因 ………………………………… 152
第四节　因果推理与论证 ……………………………………… 153
　　一、从因到果的论证 ……………………………………… 153
　　二、从果到因的论证 ……………………………………… 155
　　三、从相关到因果的论证 ………………………………… 158
第五节　探求因果关系的逻辑方法 …………………………… 164
　　一、求同法 ………………………………………………… 165
　　二、求异法 ………………………………………………… 169
　　三、共变法 ………………………………………………… 176
第六节　类比推理与论证 ……………………………………… 180
　　一、类比推理概述 ………………………………………… 180
　　二、类比论证的强化与弱化 ……………………………… 184
第七节　根据常理的论证 ……………………………………… 187
　　一、实效论证型式 ………………………………………… 187
　　二、依据信息源的论证型式 ……………………………… 190

三、依据规则的论证·· 197
　练习题··· 198
　答案与解析··· 203

第六章　逻辑谬误·· 207

第一节　谬误概述··· 207
　　一、什么是谬误·· 207
　　二、谬误的分类·· 207
第二节　逻辑基本规律··· 208
　　一、同一律·· 208
　　二、矛盾律·· 210
　　三、排中律·· 212
　　四、充足理由律·· 214
第三节　非形式谬误··· 215
　　一、含混谬误·· 216
　　二、预设谬误·· 220
　　三、不相干谬误·· 222
第四节　诡辩和悖论··· 226
　　一、诡辩·· 226
　　二、悖论·· 228
　练习题··· 232
　答案与解析··· 235

第七章　逻辑推理·· 238

第一节　识别假设··· 239
第二节　强化论证··· 241
　　一、肯定假设·· 242
　　二、增加论据·· 242
第三节　削弱论证··· 245
　　一、否定假设·· 245
　　二、反驳论据·· 246
　　三、提出反例·· 248
　　四、另有他因·· 249
　　五、间接因果·· 250
第四节　推出结论··· 251
　　一、确定论点·· 251
　　二、得出结论·· 252
　　三、推论支持·· 252
第五节　说明解释··· 253

　　　　　　一、解释现象 ·· 253
　　　　　　二、解释矛盾 ·· 254
　　　第六节　评价描述 ·· 256
　　　　　　一、论证评价 ·· 256
　　　　　　二、逻辑描述 ·· 257
　　　第七节　相似比较 ·· 259
　　　练习题 ·· 260
　　　答案与解析 ·· 268

第八章　论证分析 ·· 274
　　　第一节　论证有效性分析概述 ·· 274
　　　　　　一、基本要点 ·· 274
　　　　　　二、分析技巧 ·· 276
　　　　　　三、写作技巧 ·· 279
　　　第二节　论证有效性分析案例 ·· 281
　　　　　　一、社会文化 ·· 282
　　　　　　二、经济管理 ·· 287
　　　练习题 ·· 293
　　　答案与解析 ·· 300

附录　通识教育中的逻辑与批判性思维课程建设研究报告 ························· 313
　　　一、作为基本技能和教育目标的批判性思维 ··································· 313
　　　二、当代通识教育中逻辑教学的主要形态——批判性思维 ··················· 317
　　　三、美国大学通识教育中多样化的批判性思维教学 ·························· 322
　　　四、逻辑通识课程建设的基本构架 ··· 325

参考文献 ·· 332

第一章 导 论

批判性思维(critical thinking)是代表英美文化特质的一个概念,它在西方社会的流行度接近于民主、自由、理性和科学。逻辑是从规范性角度研究思维的学科,它把优质思维和劣质思维区别开来。非形式逻辑或论证逻辑是逻辑学科的一个重要分支,是关于日常论证的逻辑,对培养人们的批判性思维能力和精神气质非常给力。

第一节 逻辑概述

"逻辑"一词译自英文 Logic,源于希腊文"逻格斯"(λóγos),原意是指思想、言辞、理性、规律性等。中国历史上所谓的名学、辩学、论理学或理则学都属逻辑学。

一、逻辑及其功用

逻辑是一门研究推理、论证之原则、规范和方法的学问,焦点是正确推理或论证的条件,特别是结构上的条件以及由此引出的规则。因而,逻辑对思维的研究不同于心理学对思维的研究。前者是规范性研究,规约人们怎么推理、论证能保证思维的清晰性、一致性和说服性;后者是描述性研究,诉说不同类型的人在推理或论证上有怎样的特性。

可是,汉语中的"逻辑"是一个歧义词。"这个论证不合逻辑"与"遵循社会主义市场经济的逻辑"、"大学的逻辑"或者"你这是强盗逻辑"中的"逻辑"之语义均不等同。学术圈中的"逻辑"和日常话语中的"逻辑"涵盖的语义范围也不恰好相等。狭义的逻辑指一门学科即逻辑学,其现代表现形态是用特制的人工符号语言和公理化方法构造的形式系统,通常被称为数理逻辑、符号逻辑或现代逻辑。由于它以正确推理或论证的结构或形式为中心,因而在历史上也叫做形式逻辑。广义的逻辑泛指理性思维。说某人逻辑性强,就是说他善于推理,能够得出合理的结论;说某人说话不合逻辑,就是说他的推理有问题,得出了不合理的结论。

中国先秦名辩学、古印度因明学与古希腊亚里士多德逻辑学并称逻辑三大起源。如今所说的逻辑以亚里士多德开创的西方逻辑为正统。亚里士多德把逻辑视为一切科学的工具,几乎涉及人类思维的所有方面。在19世纪以前,在逻辑学的研究特别是教学中,一直延续着包罗广泛的"大逻辑"传统。19世纪末20世纪上半叶,随着数理逻辑的创立,这种"大逻辑"传统逐渐被边缘化,逻辑课堂上占主导地位的是形式化的数理逻辑即现代逻辑。现代逻辑作为一门基础性学科,在计算机和电子技术、人工智能机、系统论、信息论、控制论、数学、语言学、符号学、心理学、哲学认识论、思维学等各个学科得到广泛应用。这里所谓的基础,意思是,如果没有现代逻辑的知识,要对这些领域进行有关研究是不可能的。

但是,另一方面,现代逻辑在取得辉煌成果的同时,却基本丧失了逻辑最初的教导作用,即通过学习逻辑使人逻辑性强,提高思维能力,表现在头脑清楚、说话有条理、能言善辩等。这是逻辑学产生的最初动因之一。但是,符号化的数理逻辑与人们的日常思维的关系不那么直接、明显，并且又比较难学。为了满足逻辑教学"与人们的日常生活相关，与人们的日常思维相关"这一社会要求，20世纪70年代初，西方一些受过现代逻辑训练的逻辑学家几乎同时独立开始在各种名目下（自然逻辑、实质逻辑、应用逻辑或谬误分析等）对适用于日常生活的逻辑进行研究，为解决实际生活中所使用的自然语言论证的分析和评价问题，培养现代公民的批判性思维能力和精神，创立"使用者友好"的新逻辑，结果出现了声势浩大的"非形式逻辑与批判性思维运动"。

近代西方社会及生产力的高度发展很大程度上得益于其深厚的逻辑传统。爱因斯坦认为，西方科学的发展是以两个伟大的成就为基础的：一是希腊哲学家发明的形式逻辑体系，二是文艺复兴时期发展的系统实验方法。逻辑学是各门科学产生和发展的必要条件。任何领域无论其理论体系的建立还是具体问题的解决，都离不开逻辑思维与逻辑方法的运用。相较而言，我国传统文化中逻辑的因子较少，发展不足，有时被认为是近代科学落后的原因之一。因而，各位后来者更需加倍努力，迎头赶上。

逻辑学在世界上备受尊崇，联合国1974年公布的基础学科分类目录，将基础学科分为数学、逻辑学、天文学和天体物理学、地球科学和空间科学、物理学、化学、生命科学七大类；1977年出版的《大英百科全书》把逻辑学列为知识的逻辑学、数学、科学（包括自然科学、社会科学和技术科学）、历史学和人文学（主要指语言文字）、哲学等五大分科之首。联合国教科文组织的一份报告指出，一次由50个国家500多位教育家列出的16项最关键的教育目标中，把发展学生的逻辑思维能力列为第二位，可见逻辑教育在整个教育体系中的重要地位。

二、逻辑的多种类型

逻辑学是一门基础性的学科，逻辑学的基本理论是其他学科普遍适用的原则和方法。逻辑学是一门工具性的学科，它为包括基础学科在内的一切科学提供逻辑分析、逻辑批判、逻辑推理、逻辑论证的工具。

从古希腊开始，逻辑的发展历程中逐渐涌现出来的各种逻辑或逻辑分支，都是因解决人们所遇到的种种难题应运而生的。在早期，古希腊民主城邦的政治和法律论辩创造了对论说技术和理论的需求。早期的演说家发明了"可能性"推理，最早的教师——智者首先熟练掌握了这种"可能性"推理，这是一种根据常理的论证。比如，一个古希腊的法官可能遇到以下这样一个案件。

两个人发生了一次打斗，一个看似弱小，一个身强力壮。问题是谁先动的手。弱小的人向法官论证说：一个弱小的人攻击看上去远为强壮的人，这合情理吗（那不是找打嘛）？但是，那壮汉提出另一个论证：我明显比他强壮，我知道如果我先动手，那么闹到法庭上，肯定对我大大不利。那么，在我完全明白这一点的情况下，我还先动手打他，这合情理吗？

现在，法官可犯难了，因为两个论证都合乎情理，但结论相反。智者因能将这种可能性论证玩于股掌之间且教导收费学生而喜不自胜。有"大师"甚至放言，他能就任何议题提出完全相反的论证而滔滔不绝说上两天。众所周知，对这种可能性或合情论证的滥用一方面导致柏拉图将智者贬斥为诡辩家，另一方面刺激柏拉图研究辩证法——求真的理性对话艺术。亚里士多德进一步研究了各种论说中的论证形式，发现它们因论证的目的、前提的状态和推论的性质不同而相互区别，其中一些和对话（辩证法）相关（表1-1）。

表 1-1　亚里士多德论证形式概要

论证形式	前提	推论方式	论证者的意图	辩证特性		
				问与答	目标为反驳	众人之意前提
必然的	真,基本的	三段论	证明(演证)			
教导的	属于特殊科学	演绎	教学	(*)		
检验的	给定的(对手的前提)	有效或好似演绎	表明对手(实际的)无知	(*)	(*)	
辩证的	众人之意	演绎	论辩训练	(*)	(*)	(*)
争执的	众人之意或好似众人之意	有效或好似演绎	表面胜利	(*)	(*)	
诡辩的	众人之意或好似众人之意	有效或好似演绎	表面智慧	(*)	(*)	
修辞的	众人之意和迹象	有效或可能的演绎	说服听众			(*)

注:(*)表示"可能涉及"。

必然的论证对应于几何学的演绎证明,前提是公理(不证自明),推论是三段论,因此保证得出的结论是定理。教导的论证是教师教学所用的推导,前提是在特殊学科内认可的,从一般到具体推演,由于其中可能涉及师生问答,因此有辩证特性。检验的论证相对于现在辩论会中辩手使用的论证,以众人之意即公共意见或公共意见领袖的看法为前提进行论证,推论可能是演绎,大量的是具有演绎形式伪装的合情论证,目标是反驳对手,置对手于自相矛盾或显露无知之境地。从最狭义的角度来理解,辩证的论证有三个特征:从众人之意前提出发,通过问与答,以反驳为目标,此种论证用于论辩能力的训练。修辞式论证根据可能和迹象论证,一般是合情推论,目标是说服听众,主要用于演说,其中推论所依据的一般前提常常是人所共知的知识(众人之意),因此可以略而不提。其余争执的和诡辩的论证基本属于谬误,主要因其目的不纯,因而有"表面胜利"或"表面智慧"的恶名。亚里士多德讨论的这些论证类型在我们今天的论说中依然如影随形。

今天看来,亚里士多德对逻辑的最大贡献就是创立了两种逻辑:关于三段论和辩证推理(广义的)的逻辑。不过,其后相当长一段时间里的逻辑发展偏重于三段论逻辑开辟的方向,演绎逻辑得到充分的研究,辩证推理尤其在近代以来被遗忘了。

三段论逻辑只能解决基于词项关系的论证的分析和评估问题。亚里士多德的学生及其后的斯多葛学派发现了另一类不同的论证——复合命题论证,它的构成单元不是词项,逻辑联结词诸如"如果—则"、"或者—或者"等与三段论中的"是"或"不是"有不同性质。解决这类论证的规范问题,导致命题逻辑的诞生。

伴随近代经验主义的成长,"向大自然学习"的观念,寻求自然奥秘特别是它的因果关系规律,导致人们创建另一类新逻辑——归纳逻辑。这是一种与观察、经验、实验、比较概括、检验等一系列活动相联系的推理方法,代表性的成果是弥尔方法。它要面对信息不完全、主观偏差、实际条件制约、预见等因素,因而有某种不确定性。其后的发展有归纳决策、概率推理、统计推理等。

数学推理的刻画和数学基础问题引起了对传统演绎逻辑的改造。现代逻辑学家莱布尼茨的普遍语言和思维就是从计算的观念出发,运用数学符号语言构造了数理逻辑,代表是两个演算即命题演算和谓词演算,这比亚里士多德和斯多葛的逻辑更为严格和系统。20世纪30年代,这种经典逻辑已经成熟,之后,它被逻辑教师推广为普遍逻辑,企图使大学的传统逻辑教学脱胎换骨甚至被完全取代。

经典逻辑虽然提供了基础，但新问题的逻辑需要在其上加以扩展。比如，我们在论说中常常使用"必然"、"可能"；"将来"、"曾经"；"我知道"、"我相信"；"应该"、"应当"；"有几分"、"几乎"等这些算子，考虑这些算子的特性就可以在经典逻辑基础上构造另一些逻辑：模态逻辑、时态逻辑、认知逻辑、道义逻辑、模糊逻辑等。此外，当把经典逻辑运用到自然语言、法律、人工智能等领域时，发现需要进行修正或需要新的逻辑。比如，法律领域的司法裁决可以刻画为三段论或命题推理的形式，但细究起来其实不然。因为法律前提涉及解释问题，而解释大多数情况下不是使用演绎论证确定的；事实前提涉及证据证明，而司法证明的最高标准是排除合理怀疑，因而证据的确定也不是演绎的结果。这两个不必然性不能保证裁决的演绎必然性。诸如此类的问题，使人们考虑信息不完全、不确定和信息变化条件下的推理的逻辑问题，于是非单调逻辑应运而生。

到了 20 世纪 60—70 年代，西方社会文化条件催生了非形式逻辑。这是因为当时大学的逻辑课程经受数理逻辑的洗礼，已经不再瞄准日常社会生活的论辩实践，而美国等国家的现实是，公民尤其是大学生需要面对各种问题发出自己的声音并论证自身观点的合理性。经典逻辑和这个需求脱节了，一种新的、满足这种需求的逻辑迟早会现身。一种回归亚里士多德辩证论证的逻辑理论终于在 20 世纪 80 年代有了雏形，到今天基本成熟。其实，在此之前，维特根斯坦意义即用法的观念、图尔敏对笛卡儿唯理主义基础上的现代合理性的批判以及佩雷尔曼对辩证推理的复苏，已经为非形式逻辑的出场做了铺垫。

从以上的粗略勾勒可以看出，作为一种工具，不同的逻辑解决不同的问题，不同的逻辑有发挥自己力量的场域。套用一句格言来说就是：只有适合，没有最好。在此意义上，非形式逻辑或论证逻辑是自然语言论说的合适工具。

第二节 基于非形式逻辑的批判性思维运动

20 世纪 70 年代，在北美兴起一股教育改革和逻辑学教学改革的新浪潮——基于非形式逻辑的批判性思维运动(informal-logic-based critical thinking)。经过这场声势浩大的运动，"非形式逻辑"(informal logic)、"新修辞学"(new rhetoric)和"论辩理论"(argumentation theory)等被整合为支撑批判性思维的"论证逻辑"(logic of argument)。

一、非形式逻辑的兴起

基于非形式逻辑的批判性思维运动是在 20 世纪 60—70 年代的美国社会政治运动以及与此密切相关的大学逻辑教学改革的背景下兴起的。20 世纪 60 年代的学生运动不仅摧毁了种族隔离制度，迫使美国政府放弃其越南政策并令全国进行冷战反思，直接催生了女权、环境等后续运动，而且其公认的成就是推动了大学管理体制的全面改革和教育观念的更新。大学生们的抗议活动并不限于政治和社会主题，它还导致了学生在学校管理和课程设置方面有较大发言权。学生们呼吁课程应与他们作为公民的需要相关联，这影响了学生对课堂教学的期望。据美国和加拿大等国的大学教师回忆，当时他们都有与美国马里兰大学哲学系逻辑教授卡亨类似的体验，他们都感受到导论逻辑课程的内容与学生要求获得与处理当下事务相关的推理和论辩的能力之间的巨大反差。非形式逻辑创始人之一，加拿大温莎大学的逻辑教授约翰逊回忆说：

1966年，我就职于温莎大学哲学系。符号—数理逻辑一直是我所在的研究生院的专业领域之一。自然，我接手了这门逻辑课程。前两年，事情进展得很顺利。但是，大约在1970年，学生们开始对我抱怨："这个逻辑对我们的日常生活其实没有太多的帮助。"我说："是的，它本来就不打算这样。""那我们该怎么办？"我说："我不知道。"大约也在此时，我的系主任维尔金森一直在摘录来自学生的类似反应，他建议我思考一下，开设一门回应学生的这些需求的逻辑新课程。我着手四处寻找可能的教材，但一无所获，直到销售代表给我看了卡亨预备出版的样章，我在其中读道："……今天大多数学生想要一门与日常推理相关的课程，一门与他们听到、看到的各种论证相关的课程，这些论证的内容涉及种族、污染、贫困、性别、核战争、人口爆炸，以及在20世纪后半叶人类所面临的所有其他问题……"。卡亨理解学生们想要逻辑成为有用的、相关的！毫无疑问，他是在回应广为人知的20世纪60年代的"学生反叛"，学生们不仅要求参与管理过程，也要求课程的相关性。1970年秋，我开设了叫作"应用逻辑"的课程，使用卡亨的教材。基本想法是，教学生通过寻找所谓谬误的缺陷的方法来评价论证。我能立马看到，这类课程会更好地起作用。

卡亨后来也写道：

在我自己的批判性推理课堂上，好的和坏的推理的原理，是根据取自日常生活的实际生活问题来讨论的。……学生们经常就当下争议的主题，比如堕胎、一个和平时期的草案、大麻的合法化、艾滋病病毒强制检测等，进行正、反论证。我对这些讨论的贡献是有意帮助学生不要离题、妥当地推理、不隐匿相关信息等。我在这些讨论中的工作是要充当行为榜样和仲裁人，特别当涉及指派给学生达至真而非赢得一个争论的理性讨论时。……我们可以讨论就核武器问题与苏联达成一致，但永不存在对这些问题的一种"正确的"解决……

于是，非形式逻辑运动首先从教学法发轫。几乎同时而且独立出现的新教科书，用新设计的课程提纲教授学生如何批判地评价公共讨论中的自然语言论证，这种新逻辑取代了标准导论性（符号的）逻辑课程。实践证明，这样的课程是学生所欢迎的。在20世纪80年代初，有市场意识的精明出版商也没有放过了这个机会，推出了大量新逻辑教科书。教学改革之后10余年，非形式逻辑进入理论建设阶段，并向全球扩散。

批判性思维曾作为对记忆和反刍老师或教科书所说的那种复制性的、低层次学习的矫正方法而出现。凭借制度上的调整，尤其是通过通识教育的平台，基于非形式逻辑的批判性思维在大学教学中确立了和相关学科的联系。比如，20世纪80年代，加利福尼亚州的19个院校，要求本科生修一门批判性思维课程，但允许批判性思维和非形式逻辑在不同专业具体化。关于通识教育的意义、本质和重要性的广泛讨论以及随之而来的大学和学院的培养方案的修订，为那些对非形式逻辑感兴趣的人提供了理想的机遇。而且，非形式逻辑方法也被运用到中学教学中。

二、非形式逻辑的理论渊源

20世纪70年代，美国和加拿大哲学系的逻辑学教师开始怀疑基础形式逻辑或演绎逻辑对日常生活的效用：它能作为分析和评估公民在他们的日常生活中遇到的那种论证和推理的工具吗？多数教师给予否定的回答；或者说，这种逻辑本不愿意这样做。非形式逻辑一开始就显露出很不同于形式逻辑的面貌：以日常生活中的论证为研究对象，颠覆了传统上作为范式的逻辑形式的分析标准,否认形式有效性作为论证的普适评价标准。

其实,在北美非形式逻辑运动开展之前,一些敏锐的学者就已经开始反思形式演绎逻辑的普适性问题。英国科学哲学家图尔敏的论证理论,比利时哲学家、法学家佩雷尔曼的新修辞学,以及澳大利亚计算机科学家汉布林的谬误理论,是非形式逻辑的3个重要理论来源。

图尔敏《论证的使用》(1958;至1999年重印16次)发现,论证的一般模式并不是数学或几何学的模型,而是与它形成鲜明对照的"法学模型"。他从这一法学模型引申出理解论证的新方法——论证的程序性形式。论证的要素并不是传统三段论的3要素,而是6要素:主张、根据、正当理由(或担保)、支援、模态词和反驳。在某一领域中的优良论证,在另一领域中有可能是一个劣质论证;一个领域的论证并不比另一领域中的论证更"优越",因为在某些领域,我们期望寻找"必然"的结论,而在另一些领域,则主要是可能的(或假设的)结论。他要求人们应尊重这些不同的论证种类,也要思考那些对我们来说特别有趣的某个领域的更新更好的论证方式。图尔敏关于逻辑论证评估的基本思想可以概括为:语境决定一切,因此论证只有合适,没有最好。

佩雷尔曼和提泰卡的《新修辞学》(法文,1958;英文,1968)把狭义证明和论辩相对照:证明使用的是数学语言,结论(主张)通过以前提为据的推理产生,是非个人的、演算的;演算从公理出发,依据规则集演绎出结论;证明的公理被相信为真而不管听众是否同意;证明的结论被假定是确凿无疑的。但是,论辩为的是增强对所提出的论点的执著,论辩使用有歧义的自然语言,论辩是以个人为中心的行为,它始于听众接受的前提,论辩的结论是一种可能的结论。现实世界中的交流问题通过论辩而非证明来解决,从前提到结论的机械演绎并不是听众"接受"的必须条件。这样一来,对任何论辩实践的理论来说,"听众"必定成为核心的概念。一个使用论证的人,为了合理地说服特殊听众,必须首先说服普遍听众。论辩的正确性取决于它对目标群体的影响或效力。《新修辞学》为此花费三分之二的篇幅研究了大量论证技术或论证型式(argument schemes),将修辞说服纳入理性论证的轨道。

汉布林《谬误》(1970)考察了谬误研究史,尖锐批判了有关具体谬误的分析说明,建议在对话理论的指导下研究谬误。他创立了一种对话逻辑——形式辩证法,认为有必要提出一种新的论证理论,区别了评价论证的3种标准,即真性标准、认识标准和辩证标准,批判了狭义"证明"的概念,认为这样的"证明"与丰富我们的知识或实际的置信无关;论证的概念要比一个推论的真值形式丰富得多;演绎论证也并不总是提供更大的确定性。

这三个研究构成了论证逻辑生长的理论土壤。佩雷尔曼将焦点从证明移到了论辩,强调听众的可接受性;图尔敏同样指出几何学模型的逻辑对于实际使用的论证并不普遍适用,因而强调论证域的概念;汉布林把独白式的论证改变为以承诺而非真命题为中心的对话。

三、非形式逻辑的对象与内容

批判性思维要求学生批判地分析自己和他人的信念,做出合理的决策,这就需要用某些技能来武装学生。这些技能工具的很大一部分来自非形式逻辑或论证逻辑。同时,从语言表现上看,非形式逻辑和批判性思维使用大量相同的词汇:假设、前提、理由、推理、论点、标准、相干性、可接受性、充分性、一致性、可信性、解释、歧义、含混、异议、支持、偏见、证明、矛盾、证据、区别等,说明论证逻辑是培养批判性思维技能和倾向的直接而有效的工具。

《斯坦福哲学百科全书》最新版(2012)"非形式逻辑"词条对非形式逻辑的解释是:非形

式逻辑试图发展一种能够评价和分析发生于自然语言("日常的"、"普通的")论说中的论证的逻辑。该领域的讨论可能涉及科学的、法律的和其他技术性的推理形式(以及像区别科学与伪科学的概念)的实例,但是,最重要的目标是提出一种广泛的论证理论,能够解释和评估各种论证。这些论证包括:讨论、辩论和日常生活的争论中,在新闻报道和大众媒体(报纸、杂志、电视、万维网、微博等)的社评中,在广告、公司和政府沟通中以及个人交流中所发现的论证。

需要注意的是,非形式逻辑所理解的论证折射复杂的、多维的社会实践。它是社会团体和成员消除分歧、磋商一致的手段,是针对人们共同关心的问题而发生的交际活动。论证也是辩证的。它预设矛盾、对立面的存在和运动,并通过正方和反方、辩护和攻击、证明和反驳、赞同与反对等相互作用而展开。当这种言语和思想的交换活动以对话的方式出现时,正方根据反方或听众的信念或承诺(无论它们是被假定的还是被明说的)展开论证,并对种种反对自己观点的意见作出回应(无论这些反对是预想的还是由反方提出的)。论证不是纯粹的语义或语形事件,而是语用的,因为我们不可能脱离对话者的意图、语境规则和解释的丰富结构而理解论证。论证逻辑关心作为产品(product)、程序(procedure)甚至过程(process)的论证。

根据研究文献,非形式逻辑研究内容可概括如下。

(1) 论证的辨识。如何判定一个口头语篇、书面文本或其他交流中存在论证;论证和(因果)说明之间的区别;指示词(如因为、因此)在特殊情形中的歧义。

(2) 论证分析。构成论证的成分;多个前提支持结论的可能方式;如何检验不同的论证结构类型;把从人际交流中提取出来的论证用标准形式或图解表征时,应该遵循什么原则;论证标准化的方法;确定未表达前提或假设;把论证划分为演绎论证和归纳论证基于何种基础;第三类论证是否可能;论辩形式的辨识和分析;对话类型;每一对话类型的功能;制约对话参与者的规则。

(3) 论证评估。不同语境下的证明标准;好论证的标准;真值标准是否为好论证的必要条件;对认识论标准的反对和辩护;对辩证标准的反对和辩护;对修辞标准的反对和辩护;论证有哪些不同的用法,每一用法蕴含的好论证的标准是什么;如何确定论证形式的批判性问题;批判性问题的功能;论证形式与证明责任;考虑论证之反对的辩证义务;谬误的界定和分析;合理论证形式向谬误的转化。

(4) 论证批评。论证批评的基本类型;论证批评的基本原则;对论证批评的合理反应和不合理反应(谬误)。

(5) 论证构建。支配论证构建的原则;构建好论证的程序与方法。

简言之,非形式逻辑或论证逻辑的主要内容包括:表述论证的语言、论证的辨识、论证的本质、论证结构分析、论证形式(型式)、论证评估、论证的建构、论证的批判、论证的一般规范和谬误。

第三节 批判性思维

一、批判性思维的界定

"批判的"(critical)源于拉丁文 criticus,而 criticus 又源于希腊文 kritikos(krites(裁决

者、法官)的形容词用法)。kritikos 意指"有辨别或裁决能力的"。批判性思维的渊源可追溯到古希腊苏格拉底所倡导的一种探究性质疑(probing questioning),即"苏格拉底方法"或"助产术"。苏格拉底方法的实质是,通过质疑通常的信念和解释,辨析它们中的哪些缺乏证据或理性基础,强调思维的清晰性和一致性。这典型体现了批判性思维的精神,因此苏格拉底被尊为批判性思维的化身。批判性思维的现代概念直接源于杜威的"反省性思维":能动、持续和细致地思考任何信念或被假定的知识形式,洞悉支持它的理由及其进一步指向的结论。

批判性思维的定义有广狭之分。广义定义将批判性思维等同于决策、问题解决或探究中所包含的认知加工和策略。狭义的定义集中于评估或评价。不过,无论广义或是狭义批判性思维,都蕴含着好奇心、怀疑态度、反省和合理性。批判性思维者具有探究信念、主张、证据、定义、结论和行动的倾向。批判性思维技能或能力是认知维度,倾向或态度是情感维度。闻名全球的批判性思维专家罗伯特·恩尼斯,数十年来(1962—2011)发展的批判性思维概念所包含的丰富的批判性思维倾向和能力,体现了其他批判性思维学者所概括的批判性思维的特性及其定义。批判性思维能力和倾向的分类系统,囊括了批判性思维概念的各种表述中所包含的技能和倾向。

批判性思维是聚焦于决定信什么或做什么的合理的、反省的思维。

人所做的事情可以归结为两类:相信和行动,即生成信念和做出决定。相信不能盲目,不能迷信,因而需要提出"为什么要相信这个而不是那个"的问题。回答这个问题就要提出理由,而且是有说服力的理由,何为合理的理由涉及标准尤其是逻辑标准。合乎包括逻辑标准在内的合理性标准,使我们的信念获得合理性。做出决定也是如此。为什么你的决定是采取这个行动而不是那个行动,也需要相应的支撑理由,否则决策就成为盲目或武断的。根据心理学的研究,人们在做出决定的时候,有平行起作用的两个思维系统——系统1和系统2。系统1做出快速的、整体的、联想的判断,是更为自动的、应激的。当做出一个不太重要的判断的时候,系统1负责对刺激做出肯定的—否定的、赞成的—避免的快速反应。系统1的快速的、联想性输出常常对指导有效行动是充分的,但系统1的输出需要补充或校正。系统2做出深思熟虑的、基于规则的、连续的判断,是更为反省的、逻辑的。它适用于有重要性的判断,负责高于系统1的东西,比如发现原来的自动评价的一个错误,或者发现系统1的输出看起来对有效指导人们执行手头的任务并不充分。例如,当大学面对是否接受某富人要捐赠的一大笔钱的问题而要做出决策时,系统1思维可能做出的反应是:好事!来者不拒!然而,问题没有那么简单。运用系统2的反省的和逻辑的方法,将要处理以下问题:以某种有条理的方式评估捐赠的潜在价值;确定也许要被遵循的规则和程序;预计接受(不接受)的代价;列举接受或不接受的可能后果;分析对学生、员工和社区等可能的积极和消极的影响……显然,系统1属于非批判性思维,而系统2属于批判性思维。研究发现,人们的很多错误都是由系统1的缺陷造成的。"反省"警示人们注意种种条件,特别是深层的隐含假设。由此可以看出,批判性思维的这个定义实际上突出了"理由"的关键性,而理由和非形式逻辑密切相关。

恩尼斯本人认为,这个定义抓住了批判性思维运动中使用该术语方式的核心。在决定信什么或做什么时,人们因使用他所勾勒的批判性思维倾向和能力集而获得帮助。这些倾向和能力可以用作批判性思维课程及其评价的全面的目标集。批判性思维倾向有3大类13个子类,能力包括6大类15个子类。概言之,理想的批判性思维者倾向于设法"做得正确"、诚实、清晰地表达立场,关心他人;能够澄清、寻求和判断一个看法的良好基础,精明地根据该基础进行推论,想象地推定和综合,迅速地做这些事情,以及具有敏感性和修辞技能。

二、批判性思维倾向和能力

1. 理想的批判思维者的倾向

(1) 关心他们的信念是真的,决策是正当合理的,即关心尽可能"做得正确"。包括:①寻求替代假说、说明、结论、计划、来源等,不限制它们;②认真考虑别人的观点,而非只是自己的观点;③努力成为见多识广的;④只有在被可利用的信息证明了的情况下,才认可一个立场;⑤运用批判性思维能力。

(2) 愿意诚实和清晰地理解和提出自己和别人的立场。包括:①发现和倾听他人的看法和理由;②澄清所说、所写或其他所交流东西的意欲的意思,追求情境所要求的精确性;③确定结论或问题并保持将焦点集中于此;④寻找和提供理由;⑤考虑整个情境;⑥反省地了解自己的基本信念。

(3) 关心每一个人(这是一个辅助的而非构成性的倾向。虽然对人们的关心不是组成部分,但缺少它的批判性思维可能是危险的)。有同情心的批判性思维者倾向于:①避免用他们的批判性思维威力胁迫别人或是把别人搞糊涂,考虑他人的情感和理解水平;②关切他人的福祉。

2. 批判性思维能力

批判性思维能力包括:基础澄清(第(1)~(3)条)、决策基础(第(4)~(5)条)、推论(第(6)~(8)条)、高级澄清(第(9)~(10)条)、推想和综合(第(11)~(12)条)以及辅助能力(第(13)~(15)条,不是批判性思维能力的组成部分,但极有助益)。

(1) 聚焦于问题。①识别和表述一个问题;②识别和表述对可能回答做出判断的标准;③牢记问题和情境。

(2) 分析论证。①辨识结论;②辨识理由或前提;③归属或识别简单假设(也见能力(10));④明了一个论证的结构;⑤概要。

(3) 提问和回答的澄清以及挑战问题,比如:①为什么?②你的要点是什么?③你是何意思?④哪个东西将是一个实例?⑤哪个东西将(虽然接近,但)不是一个实例?⑥如何适用这个案例(描述一个看似反例的案例)?⑦它所形成的差异是什么?⑧事实是什么?⑨这是你所说的东西 X 吗?⑩你会就它再多说些吗?

(4) 判断来源的可信性。主要标准(但非必要条件)包括:①专家意见;②没有利益冲突;③与其他来源一致;④声誉;⑤已确立程序的使用;⑥懂得声誉的风险(该来源知道,如果出错声誉所具有的风险);⑦给出理由的能力;⑧仔细的习惯。

(5) 观察与判断观察报告。主要标准(但除了第一个,均为非必要条件)包括:①将推论减到最低;②观察和报告之间较短的时间间隔;③由观察者而非别人报告(即报告,并非传闻);④提供记录;⑤确证;⑥确证的概率;⑦良好的观察机会;⑧在技术适用的情况下,技术的恰当使用;⑨观察者(以及报告者,如果不是同一人)满足上述能力④中的可信性标准。

(6) 演绎和对演绎的判断。包括：①类逻辑。②条件句逻辑。③逻辑术语的解释。包括：否定和双重否定，必要和充分条件语言，"只有"、"当且仅当"、"或"、"有些"、"除非"和"并非都"。④量化演绎推理。

(7) 进行实质推论(约等于"归纳")。包括：①概括。广泛考虑资料的典型性，包括：适合情境的有效抽样；大量实例；实例到概括的相符性；具有处理离群值(异常值)的原则性方法。②说明性假说(导致最佳说明的推论)。说明性结论和假说的主要类型包括：具体和一般的因果主张；关于人们信念和态度的主张；作者所欲表达意思的解释；特定事件曾发生过(包括犯罪指控)的历史主张；报道性定义；声称某个命题被使用但未陈述理由；有特色的探究活动；设计实验，包括计划控制变量；寻求证据和反证，包括统计显著性；寻求其他可能的说明。标准：所提议的结论将说明或帮助说明证据；所提议的结论与所有已知事实一致；竞争的备择说明与事实不一致；付出真诚努力寻找支持的和反对的事实材料和不同假说；所提议的结论看起来是似真的、简单的、适合更广阔的图景。

(8) 形成价值判断及对其做出判定。重要因素有：①背景事实；②接受或拒斥该判断的后果；③可接受原则的初步应用；④不同选择；⑤平衡、估量和决定。

(9) 定义术语，使用合适的标准判断定义。三个基本维度是形式、功能(行为)和内容，第4个更为高级的维度是解决歧义。①定义的形式，包括：同义词、归类、外延(范围)、同义表达式、操作的定义形式、例证和非例证；②定义的功能(行为)，包括：报告一个意义；规定一个意义；表达关于某一议题的立场(立场定义，包括纲领性定义、有关定义对象应该是什么的定义、说服性定义)；③定义的内容；④辨识和处理歧义。

(10) 归属未陈述的假设(属于基础澄清和推论之下的一种能力)。包括：①具有贬义含义的假设(可疑或虚假的假设)：经常但并非总是某种程度上与不同类型相联系；②类型：预设(一个命题有意义的必要条件)、所需的假设(一个要达到最强但并非逻辑必然性的论证所需的假设，也称作论证的假设)、所用的假设(用假设检验标准判断，也称作论证者的假设)。

(11) 考虑前提，根据前提、理由、假设、立场和他们不同意或怀疑的其他命题进行推理，没有让分歧或怀疑妨碍他们的思维(假设性或虚拟思维)。

(12) 在形成和辩护一个决策的过程中将倾向和能力综合起来。

(13) 以一种适合于情境的普通方式开始。包括：①遵循问题解决步骤；②监控自己的思维(即从事元认知)；③使用合理的批判性思维检核表。

(14) 对他人的情感、知识水平和复杂程度保持敏感。

(15) 在讨论和表达(口头和书面)中使用合适的修辞策略，包括以恰当的方式使用"谬误"标签，做出反应。谬误标签的例子，如循环、诉诸流行、以先后定因果、歧义、推不出和稻草人等。

可以看出，这些能力大多是非形式逻辑或论证逻辑课程试图培养的能力。而我们之后的知识学习和能力训练也是围绕这个批判性思维能力系统展开的。

三、批判性思维的意义

批判性思维的意义是：首先，批判性思维被设想为，通过发展理性评估的能力和态度来提升教育成绩；其次，被看成是培养具有适合参与典型民主社会所需要的能力和态度的"好公民"；第三，批判性思维是，在面临冲突的生活方式、超载的信息和职业老化时，现代社会生活所要求的思维和态度的批判性适应。

1. 批判性思维应是现代公民的基本素质

人们思维的质量决定人们所做的每一件事情的质量。亚里士多德早就指出,只有具有理性讨论公共利益能力的人,才适合成为公民。当著名教育家博耶被问到"为什么批判性思维如此重要"的时候,他引用杰弗逊的话作答:一个民主社会不能存活不思考的公民。批判性思维对民主政治中的公民职责和权利的有效履行是必要的,批判性思维是一种解放力量,人们认为,学生有要求被教授批判性思维的道德权利。

2. 创造性思维和批判性思维的平衡发展是生活的要求

批判性思维与创造性思维不仅密切联系,而且也相互交织、渗透。批判性思维对创造性思维的问题的解决方法进行检测,以保证它们的有效性的思维方式。创造性思维引发新观点的产生,而批判性思维则检测这些观点的缺失,这两种思维方式对有效解决问题都是必要的。如果我们想筛选出那些有潜在价值的想法,就应该在创造性思维之后运用批判性思维。有时,许多突如其来的灵感在稍加检验后显得粗糙不堪而黯然失色。批判性思维是对新想法进行检测的过程。在批判性地检查新萌发的想法时,需要回答这些问题:这个方法有效吗?有什么问题没有?怎样才能得到改善?你也许非常有创造力,但如果不能决定哪些是切合实际的、合理的想法,你的创造力最终不会有实质性结果。为了区分不同的想法,你必须与它们保持一定距离,以便客观地做出评价。对于生成新观念或新产品,既有评估的、分析的、逻辑的方面,也有评价它们的想象的、建构的维度。首先,不能认为新观念和新产品是由一种并不包括逻辑或批判性评价,而只包括不受限制地生成观念的思维类型所生成的结果。事实上,创造性不只是包括新颖性的生成,更包括形成改进的或革新的产品,分析、逻辑和评估必然包括在这种创造性生产中。批判性判断对于辨识难题、确认现有解决的不充分性、要求确定一个新方法、确定探究方向以及确认可能的解决,都是核心的。因此,导致创造性成就的思维,最好被看作不是在无限制生成的条件下,而是在对一个难题情境的合情理的和批判的回应的条件下起作用的。其次,也不能把批判性思维刻画为严格分析的、选择的和规则决定的。评估或批判观点或产品的思维,不只是算法的,也有创造的、想象的成分。标准的应用并非一个机械过程,而是包括某些环境的解释、关于不同语境中标准的适用性以及是否标准已被满足的想象性判断。类似地,发明假说、生成反例、构建反论证和预想潜在的问题,都包含创造性维度的批判性思维的重要方面。最后,在任何复杂环境中,得出一个总的评价要求基于提问、权衡、驳回、协调与整合各种分歧观点来构建一个观点,也许导致假设的质疑和问题的再定义。在某些情形中,批判性的深思熟虑导向假设的质疑、规则的突破、要素的重新安排。在所有严肃思考的实例中,逻辑的约束和想象的独创性都是明显的。因此,对于展现出新颖性的产品,在创作和评价的同时,我们一面批判地思维,一面又创造地思维。

3. 批判性思维是教育的主要目标之一

教育者和教育政策制定者都同意,合意的教育目标之一是学生能够批判地思维。这样,培养学生的批判性思维能力和倾向就被视为教育的基本方向,它对课程和教育政策的设计与执行有核心的重要性。20世纪80年代以来,美国、英国、加拿大、澳大利亚、新西兰,甚至发展中国家菲律宾、委内瑞拉、埃及等大多数国家,都把"批判性思维"作为高等教育的目标之一。美国总统奥巴马2009年3月10日在西班牙和葡萄牙商会发表演讲时也说:"解决考试分数低的办法并不是降低标准,而应是更硬更清晰的标准……我号召我们国家的行政官员和教育领导人发展测量标准和评价方法,它们并不只是测量学生能否完成填空考试,而是测量他们是否拥有21世纪的技能,比如问题解决、批判性思维、创业和创造性等。"

为什么批判性思维的培养被认为如此重要呢？著名学者柏林和西格尔提供了四个理由。第一,最重要的是,如果学生被当作人得到尊重的对待,那么努力培养学生的批判性思维是必然的。"尊重人的康德主义原则要求我们以特定的方式对待学生——尊敬学生对理由和说明的要求,真诚地对待学生,承认需要正视学生的独立判断"。把学生当作受尊重的人来对待的这种道德要求,进而要求我们努力使他们能够胜任自己思考和健康地思考,而不是否定他们最大可能地自己决定自己的思想和生活的基础能力。承认他们是在道德价值上平等的人,要求我们将学生当作独立的意识中心,具有与我们自己的需要和兴趣同等重要的需要和兴趣,他们至少在原则上能够自己决定如何最好地生活和成为什么样的人。作为教育者,尊重地对待他们包括着努力能使他们自己做出判断。要胜任这样的事情,就要求按照支配批判性思维的标准进行判断。因此,尊重地对待学生要求培养他们的批判性思维能力和倾向。第二,教育者普遍认可的任务是,让学生为成长为成年人做好准备。这个过程应该理解为包括学生的自立自足(self-sufficiency)和自主定向(self-direction)。在这里,批判性思维的地位是显然的。第三,把批判性思维的培养看作教育的核心目标与它在理性传统中扮演的角色密切相关,这个角色总是处于教育活动和努力(数学、科学、文学、艺术、历史等)的中心,所有这些传统包含和依赖批判性思维。批判性思维包括运用所有与信念和行为之合理性相关的东西,而以批判性思维的传布为目标的教育,就是以合理性的养成和理性人的发展为目标的教育。第四,在民主生活中,仔细分析、好思维和有理由的深思熟虑占有重要地位。在我们珍视民主价值的范围内,我们必须担当批判性思维能力和倾向培养的重任。民主能够繁荣恰恰是在这样的范围内：它的公民能够就政治议题和公共政策很好地推理、细察媒体、普遍满足民主社会公民的要求与所需要的批判性思维能力和倾向的具体要求。

批判性思维实际上已被认为是提出了一种与传统的知识、学习和素养的说教理论颇为不同的批判性学习、知识和素养的理论。

第二章 论证语言

自然语言是一种精细而又复杂的工具,语言在我们平日生活中发挥着多种功能。某种意义上,逻辑似乎是一种"语言游戏",很多逻辑谬误都是由于不恰当地使用语言造成的。人是通过语言来思考的,语言是逻辑思维的工具。逻辑学的主要研究对象是论证。论证与语言具有不可分割的联系。为了能够很好地建构、分析、评价推理和论证,我们必须密切关注语言。

第一节 自然语言的特性

"语言逻辑"是指透过自然语言的指谓性和交际性来研究自然语言中的推理的逻辑分支。语言是逻辑思维的观念载体,逻辑主要关心的是语言的认知意义而非情感意义。

一、自然语言意义的多重性

语言是人类实践活动的产物。语词是概念的语言形式,概念可以看作是语词的思想内容。在使用词语的过程中,使用者不仅确认语词最一般的理性意义,而且也根据具体的使用环境给语词附加了其他的意义,由此造成了语词意义的多重性。

在论证中,一方面要关注语词的理性意义以及多重性意义可能造成的交际障碍,另一方面也要关注各种附加意义对论证的干扰。

论证是由语句组成的。语句及语句组成的语段可称为话语。作为语言表达式(语言形式)的话语意义,就是根据语形、语义和语用的规则和交际语境,语言的使用者应用这个语言表达式所表达或传达的思想感情。不同的话语种类表达的意义含量是不同的。在实际交流中所面对的论证是以话语的方式呈现的,因此,表达论证的语言形式的实际意义,不只是抽象命题,而是包括命题、命题态度、意谓和语境作为其有机构成因素的"意思",它才是语言交际中具体的、完全的和真实的(不是经过抽象的)意义。

二、自然语言意义的不明确性

清晰的思维常常受语言的歧义和含混的干扰。

歧义是指一个词语的多重含义,具体就是指一个语言表达具有一种以上可能的解释或意义。

[逻辑案例] 一只松鼠站在树上,两个猎人围绕它转了一圈。他们走动时,松鼠也跟着他们转。这时,一个猎人说,他们已经围绕松鼠转了一圈,因为他们已经围绕松鼠画了一条封闭的曲线;而另一个猎人却说,他们没有围绕松鼠转一圈,因为他们始终只看到松鼠的正面,没有看到它的其他各面。两人争得不可开交。显然,他们对"一圈"这一概念有不同的理解,不解决这一分歧,无论怎么争论,都不会有确定的结果。

含混是指一个词语在范围上是不确定的,如果存在着不清楚一个词是否可正确地适用的边界情形,一个词就是含混的。含混的表达式常常容许作连续的、一系列的解释,其意义朦胧、晦暗和不确切。举例说,像"新鲜的"、"富有的"、"贫穷的"、"正常的"、"保守的"等这样的词都是含混的。

[逻辑案例] 甲:张女士虐待她的孩子。我是怎么知道的呢?我看见她在她的小孩做坏事之后第二天打了那小孩。

乙:别傻了。小孩需要管教,从管教她的孩子可以看出威尔逊太太是爱他们的。

这一争论的问题在"虐待"和"管教"两个词含混。什么时候管教就变成虐待了?二者的分界线是模糊的,除非它被澄清,否则这类争论永远无法解决。

■西蒙:我们仍然不知道机器是否能够思考,计算机能够执行非常复杂的任务,但是缺少人类智力的灵活特征。

罗伯特:我们不需要更复杂的计算机来知道机器是否能够思考,我们人类是机器,我们思考。

罗伯特对西蒙的反应是基于对哪一个词语的重新理解?

A. 计算机。　　B. 知道。　　C. 机器。　　D. 复杂。

E. 思考。

[解题分析] 正确答案:C。

西蒙的结论:机器不思考,通过计算机执行复杂操作,但是缺乏人类的灵活性,把机器指代为计算机。而罗伯特的结论:机器思考,人类就是机器,把机器指代为人类。

可见,"机器"一词在两人的对话中有不同的理解,所以C项为正确答案。

■皇帝:大海另一边的敌国几个世纪以来一直骚扰我们,我想征服它并且一劳永逸解除这种骚扰。你能给我什么建议?

海军上将:如果你穿过大海,一个强大的帝国将会衰落。

皇帝:那样的话,准备部队,今天晚上我们就出海。

下面选项中,对皇帝决定入侵的最强有力的批评是哪一项?

A. 必定导致那个皇帝的失败。

B. 基于不是关于军队强弱的客观事实观点。

C. 与海军上将的陈述相冲突。

D. 没有充分考虑海军上将的建议的可能的意义。

E. 对解决即将发生的问题来说是一个无效的策略。

[解题分析] 正确答案:D。

海军上将所提到的"强大的帝国"可能指的就是自己的国家,D项指出了这一点。

第二节　意义的澄清

自然语言的歧义和含混往往阻碍交流,澄清概念对人们的实际行动有重大意义。分析概念,就是要首先解决概念的内涵(含义)和外延(指称)是否明确。

一、概念

论证中使用的关键概念对论证产生重要影响。一个论证的质量如何,首先得考察、分析其关键概念的情况。

逻辑是研究思维的形式及其规律的科学。要研究逻辑,首先要从概念出发。概念是思维形式最基本的组成单位,是构成命题、推理的要素。

(一) 概念的逻辑特征

概念有两个基本的逻辑特征:内涵和外延。概念的内涵是指概念所反映的事物的特性或本质;概念的外延是指反映在概念中的一个个、一类类的事物。例如,"商品"这个概念的内涵是为交换而生产的产品;外延是指古今中外的、各种性质的、各种用途的、在人们之间进行交换的产品。

任何概念都有内涵和外延,概念的内涵规定了概念的外延,概念的外延也影响着概念的内涵。一个概念的内涵越多(即一个概念所反映的事物的特性越多),那么,这个概念的外延就越小(即这个概念所指事物的数量就越少);反之,如果一个概念的内涵越少,那么,这个概念的外延就越大。

(二) 混淆概念或偷换概念的谬误

概念的内涵和外延在论证中要保持同一性,不然就会犯混淆概念、概念不清等逻辑错误。表现在同一思维或论证过程中,把不同的概念当作同一概念来使用的错误。混淆概念通常是一种不正当论证的诡辩手法,它或是利用同一语词的不同意义,或是利用两个语词在语义上的相同或部分相同,来达到混淆概念的目的。

从逻辑的角度来看,混淆概念和偷换概念主要有以下表现形式。

(1) 偷偷改变一个概念的内涵和外延,使之变成另外一个概念。

[逻辑案例] 某人早餐先要了份包子,没动筷子,让店主换了油条和豆浆,吃完不付钱就走了,店主要他付钱,他问要付什么钱,店主说油条和豆浆的钱,他说我是拿包子换的,店主就说那你付包子的钱,他说包子我又没吃。说完扬长而去,店主愣在那里,一时回不过神来。

点评:没吃的包子有两种概念:一是已付钱的包子;二是未付钱的包子。顾客把"未付钱的包子"偷换为"已付钱的包子",从而用包子换成了油条和豆浆。这时,未付钱的包子虽然没吃,但你借用了,应该还;不能还,就付包子的钱。

[逻辑案例] 著名电影导演希区柯克在拍摄一部巨片时,请了一位大明星、大美人担任女主角。这位大美人对自己的形象要求精益求精,不停地抱怨摄影机角度不合适。她一再对希区柯克说,务必从她"最好一面"来拍摄,"你一定得考虑我的恳求"。可是希区柯克大声回答说:"抱歉,我做不到!因为我没法拍你最好的一面,你正把它压在椅子上了。"

点评:在这个幽默里,希区柯克故意改变"最好一面"这一概念的外延,以幽默回敬唠叨,令人发笑。

(2) 混淆集合概念与非集合概念。

集合概念反映的是一类事物的整体属性,而非集合概念所反映的是某一类事物中的某个元素的属性。

比如,鲁迅的著作不是一天能读完的,《狂人日记》是鲁迅的著作,因此,《狂人日记》不是一天能读完的。这里前一个"鲁迅的著作"是集合概念,后一个是非集合概念,这样推理就犯了混淆或偷换概念的错误。

(3) 利用多义词混淆不同的概念。

经典例子是孔乙己所谓的"读书人窃书不算偷"。

[逻辑案例] 有一道小学生的考题："以'难过'造一句"。

一学生造的句子是："我们家门前的大水沟很难过"。

题中"难过"应是指感情上难过,这学生将其偷换为"难以迈过"。

(4) 将似是而非的两个概念混为一谈。

即抓住概念之间的某种联系或表面的相似之点,抹杀不同概念之间的根本区别。

[逻辑案例] 1967年8月初,江南某农村社员刘某在劳动时,遇到台风,顿时乌云蔽日。他怕一同劳动的人淋雨,高叫了一声:变天了!回去吧!后来此话传到公社保卫组的人耳中,便以"现行反革命罪"逮捕了刘某。理由是其话语中为阶级敌人所梦想的复辟制造声势。于是,刘某被判入狱12年。

逻辑分析:刘某所说的"变天"的含义是指天气发生了变化,与阶级敌人所梦想的"变天"、"复辟"的含义是完全不同的,因此,公社保卫人员犯了"混淆概念"的逻辑错误。

[逻辑案例] 根据男婴出生率,甲和乙展开了辩论。

甲:人口统计发现一条规律:在新生婴儿中,男婴的出生率总是摆动于22/43这个数值,而不是1/2。

乙:不对,许多资料都表明,多数国家和地区,例如苏联、日本、美国、西德以及我国的台湾省都是女人比男人多。可见,认为男婴出生率总在22/43上下波动是不成立的。

■试分析甲乙的对话,指出下列选项哪一个能说明甲或乙的逻辑错误?

A. 甲所说的统计规律不存在。　　B. 甲的统计调查不符合科学。

C. 乙的资料不可信。　　　　　　D. 乙混淆了概念。

E. 乙违反了矛盾律。

[解题分析] 正确答案:D。

乙混淆了婴儿出生时的"男女比例"和社会人口性别构成中的"男女比例"两个不同的概念。后者除了受男女婴儿出生率及死亡率的影响,还要受到儿童、青少年、成年男女死亡率等其他因素的影响。

■有一种观点认为,到21世纪,和发达国家相比,发展中国家将有更多的人死于艾滋病。其根据是:据统计,艾滋病病毒感染者人数在发达国家趋于稳定或略有下降,在发展中国家却持续快速发展;到21世纪,估计全球的艾滋病病毒感染者将达到4000万～1亿1千万人,其中,60%将集中在发展中国家。这一观点缺乏充分的说服力。因为,同样权威的统计数据表明,发达国家的艾滋病感染者从感染到发病的平均时间要大大短于发展中国家,而从发病到死亡的平均时间只有发展中国家的二分之一。

以下哪项最为恰当地概括了上述反驳所使用的方法?

A. 对论敌的立论动机提出质疑。

B. 指出论敌把两个相近的概念当作同一概念来使用。

C. 对论敌的论据的真实性提出质疑。

D. 提出一个反例来否定论敌的一般性结论。

E. 指出论敌在论证中没有明确具体的时间范围。

[解题分析]　正确答案：B。

题干所反驳的观点的结论是：到21世纪，和发达国家相比，发展中国家将有更多的人死于艾滋病；其根据是：艾滋病病毒感染者人数在发达国家趋于稳定或略有下降，在发展中国家却持续快速上升。

题干对此所作的反驳实际上指出：上述观点把"死于艾滋病的人数"和"感染艾滋病病毒的人数"这两个相近的概念错误地当作同一概念使用；艾滋病病毒感染者人数在发达国家虽低于发展中国家，但由于发达国家的艾滋病感染者从感染到发病，以及从发病到死亡的平均时间要大大短于发展中国家，因此，其实际死于艾滋病的人数仍可能多于发展中国家。因此，B项恰当地概括了题干中的反驳所使用的方法，其余各项均不恰当。

（三）概念间的外延关系

概念间的关系按其性质来说，可以分为相容关系和不相容关系两大类。

概念间的相容关系有以下三种。

(1) 同一关系，是指外延完全重合的两个概念之间的关系。例如，"北京"与"中华人民共和国首都"这两个概念就是同一关系的概念。

(2) 从属关系，是指一个概念的外延包含着另一个概念的全部外延的这样两个概念之间的关系。比如，"教师"和"教授"这两个概念，前者的外延就包含着后者的全部外延。

(3) 交叉关系，是指外延有且只有一部分重合的这样两个概念之间的关系。比如，"工程技术专家"和"工程硕士"这两个概念的外延就具有交叉关系。

概念间的不相容关系有以下两种。

(1) 矛盾关系，是指这样两个概念之间的关系，即它们的外延是互相排斥的，而且这两个概念的外延之和穷尽了它们属概念的全部外延。例如，"本单位人员"和"非本单位人员"。

(2) 反对关系，是指这样两个概念之间的关系，即两个概念的外延是互相排斥的，而且这两个概念的外延之和没有穷尽它们属概念的全部外延。例如，"红色"和"黄色"。

[逻辑案例]　老师给学生出了一道有趣的数学题："两个爸爸，两个儿子，分三个烧饼，每人要分到一个，怎么分法？"

有的同学说："大人两个人共一个，小孩一人一个。"

张老师说："那不行，不能分半个，每人要分到一个。"

有的同学说："除非再买一个来，否则，没法分。"

请问你有什么好的方法？

分析：本题你可发现其中有两个概念的外延可以是重合的。"两个爸爸，两个儿子"实际上可以是三个人，即爷爷、爸爸、儿子。其中一个既是儿子又是爸爸。三个人分三个烧饼，当然是一个人一个。

[逻辑案例]　让24个人排成6列队伍，每列队伍的人数分别是5个人。

问题：能否完成这种排列？

答案：可以，排出一个正六边形即可。

分析：在思考问题时，特别是把握概念时，不仅要掌握概念的内涵，而且要正确地把握概念的外延。讲到排列队伍，总是想到横平竖直地排，这样总是缺少6个人。能不能反过来想,把其中的 6 个人当成两个人来用呢?

(四) 图解法辅助解题

所谓图解,就是根据题意用欧拉图法(即圆圈图形的示意法)表示多个概念之间的外延关系。

(1) 先判定题目中每两个概念的外延关系。

(2) 在此基础上画出能从整体上反映这几个概念彼此之间外延关系的综合图形。

(3) 在每个圆圈的适当位置上标注。

注意:

(1) 有时适合题目要求的情形不止一种,此时可建议用虚线表示,要注意虚线可能出现的多个位置。

(2) 由于用欧拉图解法的图形有时不具有唯一性,因此,图解法只能是帮助解题思考的辅助方法。

■某宿舍住着若干个研究生。其中,一个是大连人,两个是北方人,一个是云南人,两个人这学期只选修了逻辑哲学,三个人这学期选修了古典音乐欣赏。

假设以上的介绍涉及了这寝室中所有的人,那么,这寝室中最少可能是几个人?最多可能是几个人?

A. 最少可能是 3 人,最多可能是 8 人。

B. 最少可能是 5 人,最多可能是 8 人。

C. 最少可能是 5 人,最多可能是 9 人。

D. 最少可能是 3 人,最多可能是 9 人。

E. 无法确定。

[解题分析] 正确答案:B。

从地域情况看,由于介绍涉及了这寝室中所有的人,"一个是大连人,两个是北方人",关键是大连人与北方人必有重合,也就还是两个人。再加上"一个是云南人",因此,是 3 个人。

从选课的情况看,虽然"三个人这学期选修了古典音乐欣赏"时没有用"只"字,但事实上,就本题而言,与用了"只"字的答案是一样的,而"只选修了逻辑哲学"的两个人和"选修了古典音乐欣赏"的三个人是绝对不会重合的,也就是 5 个人。

按地域得到的 3 个人和按选课得到的 5 个人,可能完全重合也可能完全不重合。因此,最少可能是 5 人,最多可能是 8 人。

二、定义

定义在论证中起着很重要的作用,因为定义可以用来澄清含糊不清的概念,使模糊的术语更明确。人们通过提供一个代号或公式来把被定义的词转换成其他易懂的用语,或者通过揭示该词所涉及的事物的特征(既包括此事物与同类事物的共有特征,也包括使之与其他种类事物区别开来的特征)来划定它的范围,这就是定义。

(一)定义的方法

定义的一般结构是:被定义项X具有与定义项Y相同的意义。

这种相同的意义也意味着,定义项和被定义项指的是完全相同的对象。定义就是用更易于理解的概念来替换另一个概念。

定义包括三个部分:被定义项、定义项和定义联项。被定义项就是在定义中被解释和说明的语词、概念或命题。定义项就是用来解释、说明被定义项的语词、概念或命题。定义联项是连接被定义项和定义项的语词,例如"是"、"就是"、"是指"和"当且仅当"等。通过定义,从而明确这个概念所反映的对象的特点和本质。

给概念下定义有很多方法,从外延角度的定义方法大致有示例定义、实指定义和准实指定义,从内涵定义的方法大致有同义定义、操作定义和属加种差定义等。

其中,属加种差的定义方法是一种最常见的形式,其具体方法为

被定义的概念=种差+邻近的属

如果一个概念的外延全部包含在另一个概念的外延之中,而后者的外延并不全部包含在前者的外延之中,则这两个概念之间就具有属种关系,前一概念是后一概念的种概念,后一概念则是前一概念的属概念。

例如:生产关系是指人们在生产过程中所发生的社会关系。

在上述给"生产关系"这个概念下定义时,"社会关系"是属概念,"人们在生产过程中所发生"这一性质,就是区别生产关系和一切其他社会关系的种差。

例如:商品是用来交换的劳动产品。

"商品"这个概念就是"劳动产品"这个概念的种概念;"用来交换"就是商品不同于其他种的特有属性,称为种差。

(二)定义的基本规则

(1)定义必须揭示被定义对象的区别性特征。

例如:水是一种透明的液体。

这一定义显然没有揭示水区别于其他液体的特征,不是一个好的或可以接受的定义。

(2)被定义项的外延和定义项的外延必须是全同关系。

否则,会犯定义过窄或定义过宽的错误。所谓定义过窄,是指一个定义把本来属于被定义概念外延的对象排除在该概念的外延之外。如"直系亲属是指和当事人具有直接血缘关系的人",没有包括夫妻。

所谓定义过宽,是指一个定义把本来不属于被定义概念外延的对象也包括在该概念的外延之中。

[逻辑案例] 古希腊时期,有人问当时的大哲学家苏格拉底:"什么是人?"

苏格拉底说:"人是有两条腿的动物。"

问话的人又指着一只鸡说:"这是人吗?"

苏格拉底发现自己给"人"下的定义有问题,又补充说:"人是有两条腿的而无羽毛的动物。"

问话的人又找来一只被拨去了羽毛的鸡说:"那这就是人?"

苏格拉底无言以对。

点评:定义过宽,就是定义概念的外延大于被定义概念的外延。苏格拉底对人下了一个过宽的定义,因此受到了别人的讥讽。

■"平反是对处理错误的案件进行纠正"。

以下哪项最为确切地说明了上述定义的不严格?

A. 对案件是否处理错误,应该有明确的标准。

B. 应该说明平反的操作程序。

C. 应该说明平反的主体及其权威性。

D. 对平反的客体应该具体分析。平反了,不等于没错误。

E. 对原来重罪轻判的案件进行纠正不应该称为平反。

[解题分析] 正确答案:E。

处理错误的案件包括重罪轻判、轻罪重判和无罪而判。对后两种案件进行纠正都可以叫做平反;而对于第一种进行纠正,不能叫做平反。

下定义必须要求:定义概念的外延和被定义概念的外延必须完全相等,本题犯了定义过宽的逻辑错误。

(3)定义项中不得直接或间接包含被定义项。

同语反复和循环定义一样违反了定义的一条规则,即定义项中不得直接或间接地包含被定义项。具体地说,同语反复是直接地包含了被定义项。

例如:乐观主义者就是乐观地对待生活的人。

循环定义,所谓循环,是指在用定义项去刻画、说明被定义项时,定义项本身又需要或依赖于被定义项来说明。例如,有人在一篇文章中给出了三个相关的定义:

人是有理性的动物。

理性是人区别于其他动物的高级神经活动。

高级神经活动是人的理性活动。

以上这三个相关的定义就是循环定义。

■甲:什么是生命?

乙:生命是有机体的新陈代谢。

甲:什么是有机体?

乙:有机体是有生命的个体。

以下哪项与上述的对话最为类似?

A. 甲:什么是真理?

乙:真理是符合实际的认识。

甲:什么是认识?

乙:认识是人脑对外界的反应。

B. 甲:什么是逻辑学?

乙:逻辑学是研究思维形式结构的规律的科学。

甲:什么是思维形式结构的规律?

乙:思维形式结构的规律是逻辑规律。

C. 甲：什么是家庭？
   乙：家庭是以婚姻、血缘或收养关系为基础的社会群体。
   甲：什么是社会群体？
   乙：社会群体是在一定社会关系基础上建立起来的社会单位。

D. 甲：什么是命题？
   乙：命题是用语句表达的判断。
   甲：什么是判断？
   乙：判断是对事物有所断定的思维形式。

E. 甲：什么是人？
   乙：人是有思想的动物。
   甲：什么是动物？
   乙：动物是生物的一部分。

[解题分析]　正确答案：B。

寻找类似推理结构的对话。题干中的对话中，乙的回答犯了循环定义的逻辑错误，即为了定义"生命"要用到"有机体"，而定义"有机体"时又用到"生命"的概念。

B项在"逻辑"和"思维形式结构的规律"这两个概念的定义上犯了类似的错误。

A、C、D、E四个选项没有循环定义，不是合适的选择。

(4) 定义项中不得有含混的词语，不能用比喻。

否则，就会犯定义含糊不清或用比喻下定义的错误。例如，下面几句话是修辞不是定义：

儿童是祖国的花朵。

书是人类进步的阶梯。

建筑是凝固的音乐。

(5) 对概念下定义不能使用否定句。

如"平行四边形不是三角形"就不是一个好的定义。

■过去，我们在道德宣传上有很多不切实际的高调，以至于不少人口头说一套，背后做一套，发生人格分裂现象，通过对此种现象的思考，有的学者提出，我们只应该要求普通人遵守底线伦理。

根据你的理解，以下哪一选项作为"底线伦理"的定义最合适？

A. 底线伦理就是不偷盗，不杀人。

B. 底线伦理是作为一个社会普通人所应遵守的一套最起码、最基本的行为规范和准则。

C. 底线伦理不是要求人无私奉献的伦理。

D. 如果把人的道德比作一座大厦，底线伦理就是该大厦的基础部分。

E. 底线伦理是要求人们所应遵守的一种伦理。

[解题分析]　正确答案：B。

从题干中可知，"底线伦理"是应该要求普通人遵守的基本东西，因此，B项为正确答案。

其他选项在题干中没有涉及，均为无关项，排除。从逻辑学的角度来看，A、C和D项都不正确，因为都违反了相应的定义规则。A、E项犯了定义过宽的逻辑错误，C项犯了不得以否定句给概念下定义的规则,D项犯了定义不得运用比喻的规则。

(三) 定义的批判性思维

对定义的评价,也需要批判性思维。有时候,论证的关键步骤就是定义的澄清或者再定义的过程。

[逻辑案例] 两个人在饭店里,其中一个是盲人。

"您想喝杯牛奶吗?"没瞎的那一个问道。

"什么是牛奶?"盲人问。

"是一种白色的液体。"

"懂了。那么白色是什么呢?"

"嗯——例如天鹅就是白色的。"

"什么是天鹅呢?"

"天鹅?就是那脖子又长又弯的鸟。"

"弯是什么意思?"

"我把我的胳膊弯起来,你来摸摸,就知道什么是弯了。"

盲人小心地摸着的他向上弯曲的胳膊,然后兴奋地喊道:"我现在知道什么是牛奶了!"

点评:这则幽默反映了不能正确定义和理解所带来的意思上的误解。

[逻辑案例] 甲:男女天生有不同的性格和生理状况,要做到男女平等是没有可能的。

乙:无论是男人或是女人的生命,均同等价值,应受到同等的尊重,因此男女是平等的。

点评:到底甲和乙的意见是否真的有冲突呢?我们可以应用定义,把"平等"的两个意思分开。"平等"的其中一个意思,是指拥有相同的性情或身体特征。从这个意义来看,男女平等确实是没有可能的。但"平等"的另一个意思,是指拥有相同的基本权利,如生存的权利、宗教自由等。甲用"平等"一词时是第一个意思,而乙则是用了第二个意思,那他们的意见并无矛盾。男女虽然有别,但这并不代表他们不可以拥有同样的基本权利。

■ 如果一个儿童的体重与身高的比值超过本地区80%的儿童的水平,就称其为肥胖儿。根据历年的调查结果,15年来,临江市的肥胖儿的数量一直在稳定增长。

如果以上断定为真,则以下哪项也必为真?

A. 临江市每一个肥胖儿的体重都超过全市儿童的平均体重。

B. 15年来,临江市的儿童的体育锻炼越来越不足。

C. 临江市的非肥胖儿的数量15年来不断增长。

D. 15年来,临江市体重不足标准体重的儿童数量不断下降。

E. 临江市每一个肥胖儿的体重与身高的比值都超过全市儿童的平均值。

[解题分析] 正确答案:C。

这个题目有个似是而非的小陷阱。肥胖儿的定义"如果一个儿童的体重与身高的比值超过本地区80%的儿童的水平,就称其为肥胖儿"说明了什么?说明一个地区肥胖儿的比例始终占所有儿童的20%。

题干说"15年来,临江市的肥胖儿的数量一直在稳定增长",我们就很容易得出选项C

为真,因为 20%的儿童的数量在增加,也就是儿童的总数量在增加,当然 80%的儿童的数量也肯定增加,这就是"临江市的非肥胖儿的数量 15 年来不断增长"。

有人认为选项 A"临江市每一个肥胖儿的体重都超过全市儿童的平均体重"也为真,其实不一定。假设,除一个肥胖儿甲以外其他肥胖儿的体重都远远高于全市儿童的平均体重,那么肥胖儿甲的体重完全有可能低于全市儿童的平均体重。

选项 B、D 都不可选。

第三节 论证的语言规范

好的论证需要好的语言。论证是一种交际方式,语言是实现它的手段或工具。一种工具的好坏,取决于它能否达到设计这种工具的人所要达到的目的。从论证的角度来说,好的语言是达到目的的语言,是适合对象的语言,是明晰的语言。不好的语言是指,由于它的干扰,未能使论证达到目的的语言。显然,不清晰的语言是妨碍实现论证(正当的)目标的干扰因素,因此,是坏的语言。同时,论证总是针对某些特定对象的,即总是想说服某个人或某群人的。要取得效果,这种说服使用的语言必须是适合于特定说服对象的。

一、使用清晰的语言

好的论证语言是一种清晰的语言。在科学论证语境中,明晰的语言就是精确的语言。但在日常论证中,明晰的语言不一定是达到科学精确性的语言。只要论证双方对关键词、语的理解达到一致,论证的语言就可被认为是明晰的。在论证中,论证语言要明晰,实际上就是传统逻辑"同一律"的要求。"A 是 A"的本义,并不是说从 A 可以推出 A,而是说,任意对象,它在某个特定的时间、空间和条件下,它就是它所是的那个东西,而不会是与它自己不同的另外某个东西。这一规律反映在思想中,就是任一概念或词、句,在某个特定的时间、空间和条件下,它就是它所意味的、指称的东西的含义,而不是与它所意味的、指称不同的某个东西的含义。这要求论证中的语言保持其确定性,以使得对词、句的含义的理解和把握成为可能。

例如,我们可以给出"那是迈克的相片"这个语句以三种不同的解释:

这幅相片是迈克拍的。

这幅相片属于迈克。

迈克是这幅相片的对象。

如何保持论证中的关键词、句的清晰性呢?只有定义。说到定义自然会想起辞典。辞典中的定义当然会给我们很大的帮助,不过只有在论证中被使用的词、句刚好是在辞典规定的意义上使用时,辞典才会给我们直接的帮助。在很多情况下,词典中的定义不能直接派上用场。对论证中的关键词、句的把握,需要借助于论证的语境和相关的主题知识。总而言之,一方面要了解词、句的一般意义(辞典中告诉我们的);另一方面联系论证的主题和语境,对词、句加以准确地把握,当然,也少不了追问论证者。而当我们自己就是论证者时,我们应该自觉地扪心自问:我的论证中的关键词、句是否都是清楚的?回应者是否对它们会有与我不同的理解?在某些情况下,有必要给它们一个明确的定义。

当一个词或语句有一个以上的意义时,它就是歧义的。在很多论证中,当一个词有歧义时,我们也许不一定会有什么麻烦,因为对话的语境可以使它所意味的东西清晰起来;当语境不能使歧义词清晰地消除歧义时,论证就会出现问题。论证中的歧义通常可能导致两种不良后果:一是导致无意义的论证或论辩;二是生成正确论证的假象。论辩双方由于忽视了对一个语词意义理解或定义上的差异,导致了一场实质上并不包括冲突观点论证的论辩。这种论辩,既不能澄清各方的立场,更不能消除意见分歧,因而是没有意义的。论证者的论证的正确性可能建立在某个关键语词的歧义性上。结果,论证者就会处于两难境地:要使论证合理,就要保持语词的歧义;要消除歧义,论证中的一个前提就不可接受,论证也就失败。不清晰语言的使用,不仅可能涉及论证的目标,也可能关涉论证的理由。如果是前者,则使论证迷失方向;如果是后者,则提供的是不可接受的理由。消除歧义,保证使用清晰的语言,就要充分运用前边提供的定义方法。语词的定义,可以是公认的权威定义,也可以是论辩双方约定的定义。在澄清关键词语的意义或论辩双方就某个关键词的理解达成一致之前,任何仓促展开的论辩,都是不恰当的。一个有用的建议是:论证展开之前,梳理你的论证中的重要概念,并考察是否可以在通常的意义上使用它们;在论辩进程中,不时地观察重要概念的使用,是不是以论辩双方一致的理解为基础。在某些情形下,一方在论辩中可能宣称一个定义,而另一方甚至可能挑战第一方提出该定义的权利。这时,论辩就暂时转移到争论定义的合理性问题上。

[逻辑案例] 甲先生:张三是个好男人。他工作上积极肯干,业绩突出。我希望我有更多的像他一样的员工。

乙女士:我不同意。张三不是个好男人。他花心,离过两次婚,经常和狐朋狗友一起酗酒。

点评:对于甲先生来说,"好男人"意味着"在工作上好的男人"。但是对于乙女士来说,"好男人"意味着"在道德上好的人"。因此,在甲先生和乙女士之间没有真正的不一致,因为在"张三工作好"这一陈述和"张三有道德缺陷"这一陈述之间没有逻辑上的冲突。就算张三确实做了不道德的事情,他仍然是一个好员工。

二、使用精确的语言

语言不仅应是清晰的,还应是精确的。精确性的要求是针对语言的含混性提出的。在某些论辩中,给出一个含混词的精确定义是必要而有用的,但先决条件是,选择一个特定分界点要有好理由,否则,精确的定义可能对合理论证的目标仍是无用的。事实上,在公共政策中,精确的定义会引来重大的实际后果。比如,政府所采用的像"贫困"、"失业"这些词的定义,对好多人可能有严重的经济后果(比如牵涉到救济或政策性扶助)。政府的政策和规则常常以统计研究结果为根据,而这些结果又是以关键词(概念)的精确定义为基础的。在日常生活中,我们会遇到很多混淆的、含糊的概念或术语,混淆的关键是没有把握定义的严格、精确的标准。例如:

安全水、健康水和纯净水

矿物质水和矿泉水

整体厨房和整体橱柜

高清电视和数字电视

节能和省钱

无糖食品和无蔗糖食品

防盗门、金属门和钢质门

保健品和药品

……

对论证中的主张或理由的语言描述有时需要定量描述,明确某种描述的假设条件以及运用广义量词(如,绝大部分、多数、一般情况下等)。能为好论证提供最佳服务的语言的精确度必定与论证语境相关。需要对表达论证的语言的精确性设定合理的标准,这就要求我们平衡语言的精确性和针对性这两种不同的要求。

[逻辑案例] 比较三个陈述:

航班将在今晚21点30分到北京。(1)

航班大约在今晚21点30分到北京。(2)

航班有可能在今晚21点30分之前,也有可能在21点30分之后到北京。(3)

(1)就很精确,排除一天所有其他可能时间。这样即使航班是在21点31分到北京的,我们也可以说航班晚了一点,只有当航班是在21点30分整到北京的,我们才说这个预测完全准确。

(2)就有模糊性,排除的其他时间范围变小,不确定变多。如果航班是21点20分或者21点40分到北京的,我们还是会说预测准确。所以,模糊的、信息量少的陈述,比较容易证明为真。

(3)这是一个空洞的论断。所有可能的到达时间它一个也没有排除,没有办法否证。航班任何时候到北京,都符合这一论断。

三、使用有针对性的语言

语言的针对性是为了增强对论证的理解和论证的说服力。从修辞学要求看,语言直接影响说服效果。论证作为一种交际方式,它总是针对某些特定对象的,即总是想说服某个人或某群人的。要取得效果,这种说服使用的语言必须适用于欲被说服的对象。显然,一个针对科学家群体的论证和一个针对公众的论证,尽管得出的结论是一样的,但论证所使用的语言大不相同。这种分属于不同语符系统的(普通语符系统和专业语符系统)两类语词,给我们针对不同的人群进行论证提供了可选择的不同的论证语言,例如,科学论证与科普论证。语言的针对性涉及我们前边讨论的语段或篇章的语言风格意义。面向听众的口头论证和面向读者的书面论证所用的语言不同;论文式的论证独白和对话式论证的语言也有差异;法律、科技论证的语言,教学用语和广告用语各有特点;工作报告、演讲词等不同功能的文体,也有不同的语言特色。这在本质上也就是古希腊的演说术所要求的:演说者必须考虑听众的状态,也就是俗语"到什么山上唱什么歌"的精髓。当批评某个论证是"对牛弹琴"时,我们需要搞清是"牛"的问题,还是"弹琴者"的问题。其实,说到底是"弹琴者"的问题:给"牛"听音乐应该选"牛"能听懂的"曲子"。

第四节 言语理解

自然语言的语句是依赖语境的,语境指言语交际所发生的具体环境,一般包括言语交际的参与者(即说话者和听话者),言语交际的主题、时间、地点及其相关情景,说话者和听话者之间共有的背景知识,等等。虽然自然语言常常是多义的、歧义的、模糊的,但由于语境因素在起作用,我们日常所进行的语言交际活动大致都能成功进行,很少发生误解或曲解现象,就是因为语境补充了字面信息的不足。也就是说,一个句子表达什么意义,不仅取决于其中所使用的词语的一般意义,而且还取决于说出这句话的语境。

一、预设

人与人之间比较容易沟通主要在于具有共同的预设,讨论问题、交流思想、沟通情况必须要有共同的论域、共同的语境、共同的预设。预设具体是指包含在日常语言的某个命题中并使之成立的隐含判断,是某一个判断、某一个推理、某一个论证有意义的前提。如果没有某预设,那么某判断、某推理无意义。

例如,足球训练课上,小戴来晚了,教练问他:"你怎么又迟到了?"

教练提问的预设就是,过去上足球训练课时小戴也迟到过。

又如,老张又戒烟了,这句话的预设有:

(1) 老张曾经抽烟。

(2) 老张过去戒过次数可能不止一次。

(3) 老张过去的戒烟都没有成功。

(4) 老张这次戒烟很难成功。

平时说话要注意自己的预设,以免别人误解。水平高的人说话总是非常得体,关键是要注意各类受众,注意说话对不同受众的影响,以把握好分寸。善于说话的人注意场合,注意受众;不会说话的人总是考虑不周,说些不该说的话。什么叫不该说的话,就是话中存在会使受众感觉不舒服的预设,所谓"说者无心,听者有意"。比如古代有个笑话:

主人请客,请张三、李四与王五,结果张三、李四来了,左等右等,就是王五没来,主人就说:"该来的怎么还不来",张三听了,心想:"那我是属于不该来的",于是就走了;主人着急了,就说"不该走的怎么走啦";李四听了,心想"那我是该走的了",于是也走了。结果主人一个客人也没请到。

[逻辑案例] 在台湾有两个女工,各在路边开了一个早点铺,都卖包子和油茶。一个生意逐渐兴旺,一个30天后收了摊,据说原因是一个鸡蛋。生意逐渐兴旺的那家,每当顾客到来时,总是问"在油茶里打一个鸡蛋还是两个鸡蛋";垮掉的那一家,总是问顾客"要不要鸡蛋"。

点评:两种不同的问法总能使第一家卖出较多的鸡蛋(第一家的预设是你要鸡蛋,而第二家没有这个预设)。鸡蛋卖得多,盈利就大,就付得起各项费用,生意也就做了下去。鸡蛋卖得少的,盈利少,去掉费用不赚钱,摊子只好收起。成功与失败之间仅一个鸡蛋的区别。

■母亲要求儿子从小就努力学外语。儿子说:"我长大又不想当翻译,何必学外语。"

以下哪项是儿子的回答中包含的前提?

A. 要当翻译,需要学外语。

B. 只有当翻译,才需要学外语。

C. 当翻译没什么大意思。

D. 学了外语才能当翻译。

E. 学了外语也不见得能当翻译。

[解题分析] 正确答案：B。

儿子的结论是不学外语，理由是不想当翻译，其隐含的预设就是 B 项。

其推理过程是："只有当翻译，才要学外语，我不想当翻译，所以不要学外语"。

A、D 项不选，因为该两项选择表示"当翻译"是"学外语"的充分条件，并不一定必要，不当翻译也可能需要学外语。

C、E 项显然不是儿子回答中包含的前提。

■甲、乙二人正在议论郑建敏。

甲：郑建敏是福特公司如今最得力的销售经理。

乙：这怎么可能呢？据我所知，郑建敏平时开的是一辆日本车。

乙的判断包含了以下哪项假定？

A. 日本车现在越来越受欢迎，占领了越来越大的国际市场。

B. 这辆日本车的性能一定非常优异，才可能吸引福特公司的销售经理。

C. 一个公司的销售经理应当使用本公司的产品，哪能买别的公司的车。

D. 郑建敏开的那辆日本车可能是福特公司在日本的合资企业生产的。

E. 最得力的销售经理应当享受最高级的待遇，所以郑建敏能买日本车。

[解题分析] 正确答案：C。

乙根据郑建敏是福特公司的销售经理，而对其开日本车感到惊讶。

可见，乙的判断假定了 C 项，否则，如果乙不假定一个公司的销售经理应当使用本公司的产品，他就不会因为作为福特公司销售经理的郑建敏不开福特车而开日本车感到惊讶。

其余各项均没有理由被认为是乙的断定所假定的。

■甲：那座拱形桥是什么时候被什么人炸毁的？

乙：是被日本人炸的，我记得那是抗日战争快结束的时候。

以上对话中的预设是：

Ⅰ．曾经有一座拱形桥。

Ⅱ．拱形桥被人炸毁了。

Ⅲ．有一段历史时期被称作抗日战争时期。

Ⅳ．拱形桥是被日本人炸毁的。

A. 仅Ⅰ和Ⅱ。

B. 仅Ⅰ、Ⅱ和Ⅲ。

C. 仅Ⅱ、Ⅲ和Ⅳ。

D. 仅Ⅰ、Ⅱ和Ⅳ。

E. Ⅰ、Ⅱ、Ⅲ和Ⅳ。

[解题分析] 正确答案：B。

根据语感，Ⅰ、Ⅱ和Ⅲ都是题干对话中所必须预设的。

Ⅳ是不必预设的，因为"拱形桥是被日本人炸毁的"这样一个事实是题干中已经表达出来的。

二、语意分析

逻辑的研究对象就是思维，而在实际思维中，思维的过程同时也是使用语言的过程。所以在研究逻辑思维时一刻也不能离开语言。

在我们平时的语言表达中往往存在逻辑问题。对于日常语言,由于所处环境的不同以及受话人个体的差异,往往有不同的理解。但在特定的语境下,一句话的含义应该是确定的。在需要确定一句话或一段话的真实含义时,有必要进行一定的语意分析,从而准确地把握其中所表述的实际意义和内容。

■科学家的平均收入与他们作出的贡献比起来太低了。最杰出的科学家的收入不应该和普通的名演员、歌星、体育明星、大饭店经理相比,应该和他们之中的最杰出者相比。

除了以下哪项,其余各项都可能是上述议论所表达的意思:

A. 有的科学家的收入和他们作出的贡献比起来不算太低。
B. 最杰出的科学家的收入并不比普通的名演员、歌星、体育明星和大饭店经理低。
C. 最杰出的名演员、歌星、体育明星、大饭店经理的收入一般要高于最杰出的科学家。
D. 最杰出的科学家的收入一般还不如普通的名演员、歌星、体育明星和大饭店经理。
E. 最杰出的科学家的收入不应该低于最杰出的名演员、歌星、体育明星和大饭店经理。

[解题分析]　正确答案:D。

题干说"最杰出的科学家的收入不应该和普通的名演员、歌星、体育明星、大饭店经理相比,应该和他们之中的最杰出者相比",就是隐含尽管现在这些最杰出的科学家的收入比普通的名演员等要高,但却无法与他们之中的最杰出者相比(就是选项B和选项C的结合)。所以只有选项D与此内容相反,故选D。

■小荧十分渴望成为一名微雕艺术家,为此,他去请教微雕大师孔先生:"您如果教我学习微雕,我要多久才能成为一名微雕艺术家?"孔先生回答:"大约十年。"小荧不满足于此,再问:"如果我不分昼夜每天苦练,能否缩短时间?"孔先生答道:"那要用二十年"。

以下哪项最可能是孔先生的回答所提示的成为微雕艺术家的重要素质?

A. 谦虚。　　　　B. 勤奋。　　　　C. 尊师。　　　　D. 耐心。
E. 决心。

[解题分析]　正确答案:D

题干断定:小荧要想成为一个微雕艺术家,微雕艺术家孔先生告诉他需要十年的时间,如果昼夜不休息每天苦练,孔先生反而说那要二十年。

孔先生的回答说明小荧缺乏耐性,而要从事微雕这样的艺术,非得有极大的耐心不可。如果没有耐心会用更长的时间去完成同一件事情。因此,D项最可能是孔先生的回答所提示的成为微雕艺术家的重要素质。

■某公司一批优秀的中层干部竞选总经理职位,所有的竞选者除了李女士自身外,没有人能同时具备她的所有优点。

从以上断定能合乎逻辑地得出以下哪项结论?

A. 在所有竞选者中,李女士最具备条件当选总经理。
B. 李女士具有其他竞选者都不具备的某些优点。
C. 李女士具有其他竞选者的所有优点。
D. 李女士的任一优点都有竞选者不具备。
E. 任一其他竞选者都有不及李女士之处。

[解题分析] 参考答案：E。

题干的断定：不存在其他竞选者同时具备李女士的所有优点。

这等于断定，对任一其他竞选者，都存在不具备李女士的某个优点的情况。也就是说，任一其他竞选者都有不及李女士之处。因此，E项正确。

其余选项都超出了题干断定范围。例如，D项不能从题干推出。因为完全有可能李女士的任一优点都有竞选者具备，但没有竞选者能同时具备她的所有优点。

三、争议辨析

论辩是一种言语的、社会的、理性的活动，是消除意见分歧的手段。对一种主张进行争辩，意味着这种主张的真实性或者可信性受到了怀疑。争辩的目的是企图打消他人的疑虑，或者使对方接受自己的主张。争议的焦点既可以是观点，也可以是理由。其中，发生在主要问题上的争议称为观点之争，发生在主要根据上的争议称为理由之争。

■张教授：和谐的本质是多样性的统一。自然界是和谐的，例如没有两片树叶是完全相同的。因此，克隆人是破坏社会和谐的一种潜在危险。

李研究员：你设想的那种危险是不现实的，因为一个人和他的克隆复制品完全相同的仅仅是遗传基因。克隆人在成长和受教育的过程中，必然在外形、个性和人生目标等诸方面形成自己的不同特点。如果说克隆人有可能破坏社会和谐，我看一个现实危险是，有人可能把他的克隆复制品当作自己的活"器官银行"。

以下哪项最为恰当地概括了张教授与李研究员争论的焦点？

A. 克隆人是否会破坏社会的和谐。
B. 一个人和他的克隆复制品的遗传基因是否可能不同。
C. 一个人和他的克隆复制品是否完全相同。
D. 和谐的本质是否为多样性的统一。
E. 是否可能有人把他的克隆复制品当作自己的活"器官银行"。

[解题分析] 正确答案：C。

张教授推理的隐含假设是克隆人和其原人是完全相同的。

而李研究员认为一个人和他的克隆复制品仅仅是遗传基因完全相同而在外形、个性和人生目标等诸方面并不同。

张教授与李研究员争论的焦点就是"一个人和他的克隆复制品是否完全相同？"即C项正确。

其余各项均不恰当。例如，李研究员并不否认克隆人有可能破坏社会和谐，因此，A项不恰当。

■陈先生：未经许可侵入别人的电脑，就好像开偷来的汽车撞伤了人，这些都是犯罪行为。但后者性质更严重，因为它既侵占了有形财产，又造成了人身伤害；而前者只是在虚拟世界中捣乱。

林女士：我不同意，例如，非法侵入医院的电脑，有可能扰乱医疗数据，甚至危及病人的生命。因此，非法侵入电脑同样会造成人身伤害。

以下哪项最为准确地概括了两人争论的焦点？

A. 非法侵入别人的电脑和开偷来的汽车是否同样会危及人的生命？

B. 非法侵入别人的电脑和开偷来的汽车伤人是否都构成犯罪?
C. 非法侵入别人的电脑和开偷来的汽车伤人是否是同样性质的犯罪?
D. 非法侵入别人电脑的犯罪性质是否和开偷来的汽车伤人一样严重?
E. 是否只有侵占有形财产才构成犯罪?

[解题分析] 正确答案:D。

陈先生的观点是:未经许可侵入别人的电脑只是在虚拟世界中捣乱(并未造成人身伤害),其犯罪性质不如开偷来的汽车撞伤了人严重。

林女士的观点是:非法侵入电脑同样会造成人身伤害,这两类行为同样严重。

因此,本题争论的焦点是这两种犯罪的性质是否一样严重,所以,D项正确。

有争议的选项是 A、C 项,都没有 D 项贴切。

练习题

1. 我们的词汇是无意义的并且无法与其反义词区分开来,举一个例子可以证明这一点。人们认为,他们知道"秃头"与"有头发"之间的区别。假设一个 21 岁的普通人头上有 N 根头发,我们说这个人不是秃头而是有头发的。但是少一根头发当然不会有什么分别,有 $N-1$ 根头发的人会被说成有头发。假设我们继续,每次减少一根头发,结果将是相同的。但是有一根头发的人和没有头发的人的区别是什么呢?我们把他们都称为秃头。我们没有能区分"秃头"和"有头发"的地方。

下面的哪个陈述最能反驳上面的结论?

A. "秃头"一词可以翻译为其他语言。
B. 一个词可以有不只一个意思。
C. 像"猫"这样的词可以被用于在某些方面不同的几种动物上面。
D. 词汇可以缺乏准确性却不至于无意义。
E. 人们不用词汇就无法清楚地进行思考。

2. 张先生买了块新手表。他把新手表和家中的挂钟对照,发现手表比挂钟每小时快了 2 分钟;然后他又把家中的挂钟和电台的标准时对照,发现家中的挂钟比电台标准时间每小时慢了 2 分钟。张先生因此推断:他的表是准确的。

以下哪项是对张先生推断的正确评价?

A. 张先生的推断是正确的,因为手表比挂钟快 2 分钟,挂钟比标准时慢 2 分钟,这说明手表准时。
B. 张先生的推断是正确的,因为他的手表是新的。
C. 张先生的推断是错误的,因为手表时间比标准时间要快一些。
D. 张先生的推断是错误的,因为挂钟比标准时慢 2 分钟,是标准的 2 分钟;手表比挂钟快 2 分钟,是不标准的 2 分钟。
E. 张先生的推断既无法断定为正确,也无法断定为错误。

3. 陈先生要举办一个亲朋好友的聚会,他出面邀请了他父亲的姐夫,他姐夫的父亲,他哥哥的岳母,他岳母的哥哥。

陈先生最少出面邀请了几个客人?

A. 未邀请客人。　　B. 1个客人　　C. 2个客人。　　D. 3个客人。
E. 4个客人。

4. 在某次思维训练课上,张老师提出"尚左数"这一概念的定义:在连续排列的一组数字中,如果一个数字左边的数字都比其大(或无数字),且其右边的数字都比其小(或无数字),则称这个数字为尚左数。

根据张老师的定义,在8、9、7、6、4、5、3、2这列数字中,以下哪项包含了该列数字中所有的尚左数?

A. 4、5、7和9。　　B. 2、3、6和7。　　C. 3、6、7和8。　　D. 5、6、7和8。
E. 2、3、6和8。

5. 甲乙二人之间有以下对话。

甲:张琳莉是爱丽丝祛斑霜上海经销部的总经理。

乙:这怎么可能呢?张琳莉脸上长满了黄褐斑。

如果乙的话是不包含讽刺的正面断定,则它预设了以下哪项?

Ⅰ. 爱丽丝祛斑霜对黄褐斑具有良好的祛斑效果。
Ⅱ. 爱丽丝祛斑霜上海经销部的总经理应该使用本品牌的产品。
Ⅲ. 爱丽丝祛斑霜在上海的经销领先于其他品牌。

A. 仅Ⅰ。　　B. 仅Ⅱ。　　C. 仅Ⅲ。　　D. 仅Ⅰ和Ⅱ。
E. Ⅰ、Ⅱ和Ⅲ。

6. 金钱不是万能的,没有钱是万万不能的,发不义之财是绝对不行的。

以下除了哪些项外,基本表达了上述题干的思想?

Ⅰ. 有些事情不是仅有钱就能办成的,比如抗洪抢险的将士冒着生命危险坚守堤防,不是为了钱才去干的。
Ⅱ. 有钱能使鬼推磨,世上没有用钱干不成的事,抗洪抢险的将士也是要发工资的。
Ⅲ. 对许多事情来说,没有钱是很难办的,有时候真是"一分钱急死男子汉"。
Ⅳ. "钱"是身外之物,生不带来,死不带去,钱多了还惹是生非。
Ⅴ. "君子好财,取之有道"。通过合法的手段赚得的钱记载着你的劳动,可以用来帮助你做其他的事情。

A. 只有Ⅰ。　　B. 只有Ⅱ。　　C. 只有Ⅰ和Ⅲ。　　D. 只有Ⅱ和Ⅳ。
E. 只有Ⅰ、Ⅲ和Ⅴ。

7. "男女"和"阴阳"似乎指的是同一种区分标准,但实际上,"男人和女人"区分人的性别特征,"阴柔和阳刚"区分人的行为特征。按照"男女"的性别特征,正常人分为两个不重叠的部分;按照"阴阳"的行为特征,正常人分为两个重叠部分。

以下除了哪项外,其余各项都符合题干的含义?

A. 人的性别特征不能决定人的行为特征。
B. 女人的行为,不一定是有阴柔的特征。
C. 男人的行为,不一定是有阳刚的特征。
D. 同一个人的行为,可以既有阴柔又有阳刚的特征。
E. 一个人的同一个行为,可以既有阴柔又有阳刚的特征。

8. 厂长:采用新的工艺流程可以大大减少炼铜车间所产生的二氧化硫。这一新流程的要点是用封闭式熔炉替代原来的开放式熔炉。但是,不只购置和安装新的设备是笔大的开支,而且运作新流程的成本也高于目前的流程。因此,从总体上说,采用新的工艺流程将大大增加生产成本而使本厂无利可图。

总工程师:我有不同意见。事实上,最新的封闭式熔炉的熔炼能力是现有的开放式熔炉无法相比的。

在以下哪个问题上,总工程师和厂长最可能有不同意见?

A. 采用新的工艺流程是否确实可以大大减少炼铜车间所产生的二氧化硫?
B. 运作新流程的成本是否一定高于目前流程的成本。
C. 采用新的工艺流程是否一定使本厂无利可图。
D. 最新的封闭式熔炉的熔炼能力是否确实明显优于现有的开放式熔炉?
E. 使用最新的封闭式熔炉是否明显增加了生产成本?

9、郑女士:衡远市过去十年的GDP(国内生产总值)增长率比易阳市高,因此衡远市的经济前景比易阳市好。

胡先生:我不同意你的观点。衡远市GDP增长率虽然比易阳市高,但易阳市的GDP数值却更大。

以下哪项最为准确地概括了郑女士和胡先生争议的焦点?

A. 易阳市的GDP数值是否确实比衡远市大?
B. 衡远市的GDP增长率是否确实比易阳市高?
C. 一个城市的GDP数值大,是否经济前景一定好?
D. 一个城市的GDP增长率高,是否经济前景一定好?
E. 比较两个城市的经济前景,GDP数值与GDP增长率哪个更重要?

10、11题基于以下题干。

以下是在一场关于"安乐死是否应合法化"的辩论中正反方辩手的发言。

正方:反方辩友反对"安乐死合法化"的根据主要是在什么条件下方可实施安乐死的标准不易掌握,这可能会给医疗事故甚至谋杀造成机会,使一些本来可以挽救的生命失去最后的机会。诚然,这样的风险是存在的。但是我们怎么能设想干任何事都排除所有风险呢?让我提一个问题,我们为什么不把法定的汽车时速限制为不超过自行车,这样汽车交通死亡事故发生率不是几乎可以下降到0吗?

反方:对方辩友把安乐死和交通死亡事故作以上的类比是毫无意义的,因为不可能有人会做这样的交通立法。设想一下,如果汽车行驶得和自行车一样慢,那还要汽车干什么?对方辩友,你愿意我们的社会再回到没有汽车的时代吗?

10. 以下哪项最为确切地评价了反方的言论?

A. 他的发言实际上支持了正方的论证。
B. 他的发言有力地反驳了正方的论证。
C. 他的发言有力地支持了反安乐死的立场。
D. 他的发言完全离开了正方阐述的论题。
E. 他的发言是对正方的人身攻击而不是对正方论证的评价。

11. 正方的论证预设了以下哪项?

Ⅰ. 实施安乐死带来的好处比可能产生的风险损失总体上说要大得多。

Ⅱ. 尽可能地延长病人的生命并不是医疗事业的绝对宗旨。

Ⅲ. 总有一天医疗方面可以准确无误地把握何时方可实施安乐死的标准。

A. 仅Ⅰ。　　　　B. 仅Ⅱ。　　　　C. 仅Ⅲ。　　　　D. 仅Ⅰ和Ⅱ。

E. Ⅰ、Ⅱ和Ⅲ。

12、13题基于以下题干。

小李：如果在视觉上不能辨别艺术复制品和真品之间的差异，那么复制品就应该和真品的价值一样。因为如果两件艺术品在视觉上无差异，那么它们就有相同的品质。要是它们有相同的品质，它们的价格就应该相等。

小王：你对艺术了解得太少啦！即使某人做了一件精致的复制品，并且在视觉上难以把这件复制品与真品区别开来，由于这件复制品和真品产生于不同的年代，不能算有同样的品质。现代人重塑的兵马俑再逼真，也不能与秦陵的兵马俑相提并论。

12. 以下哪项是小李和小王的分歧之所在？

A. 到底能不能用视觉来区分复制品和真品。

B. 一件复制品是不是比真品的价值高。

C. 是不是把一件复制品误认为真品。

D. 一件复制品是不是和真品有同样的时代背景。

E. 首创性是否是一件艺术品所体现的宝贵品质。

13. 小王用下列哪项方法驳斥小李的论证？

A. 攻击小李的一个假设，这个假设认为：一件艺术品的价格表明它的价值。

B. 提出一个观点，这个观点削弱对方的一个断言，它是对方得出结论的基础。

C. 对小李的一个断言提出质疑，这个断言是：在视觉上难以把一件精致的复制品和真品区别开来。

D. 给出确认小李不能判断一件艺术品品质的理由，这个理由是小李对艺术品的鉴赏还缺乏经验。

E. 提出一个标准，依据这个标准，可判定两件艺术品是否可从视觉上加以区别。

14、15题基于以下题干。

陈先生：有的学者认为，蜜蜂飞舞时发出的嗡嗡声是一种交流方式，例如蜜蜂在采花粉时发出的嗡嗡声，是在给同一蜂房的伙伴传递它们正在采花粉位置的信息。但事实上，蜜蜂不必通过这样费劲的方式来传递这样的信息。它们从采花粉处飞回蜂房时留下的气味踪迹，足以引导同伴找到采花粉的地方。

贾女士：我不完全同意你的看法。许多动物在完成某种任务时可以有多种方式。例如有些蜂类可以根据太阳的位置，也可以根据地理特征来辨别方位，同样，对于蜜蜂来说，气味踪迹只是它们的一种交流方式，而不是唯一的交流方式。

14. 以下哪项最为恰当地概括了陈先生和贾女士所争论的问题？

A. 关于动物行为方式的一般性理论，是否能只基于对某种动物的研究。

B. 对蜜蜂飞舞时发出的嗡嗡声，是否可以有多种不同的解释。

C. 是否只有蜜蜂才有能力向同伴传递位置信息。

D. 蜜蜂在采花粉时发出的嗡嗡声，是否在给同一蜂房的伙伴传递所在位置的信息。

E. 气味踪迹是否为蜜蜂的主要交流方式。

15. 在贾女士的应对中,提到有些蜂类辨别方位的方式,以下哪项最为恰当地概括了这一议论在贾女士应对中所起的作用?
   A. 指出陈先生所使用的"动物交流方式"这个概念存在歧义。
   B. 提供具体证据用以支持一般性的结论。
   C. 对陈先生的一个关键论据的准确性提出质疑。
   D. 指出陈先生的结论直接与他的某一个前提矛盾。
   E. 对蜜蜂飞舞时发出的嗡嗡声提出了另一种解释。

答案与解析

1. 答案:D。

"秃头"是个含混的概念,如果D项为真,即词汇可以缺乏准确性但不至于无意义,那么将与段落第一句话"词汇是无意义的并且无法与其反义词区分开来"相违背。因此D项为正确答案。

2. 答案:D。

因为两个2分钟不是同一概念。张先生的推断违反同一律,犯了"混淆概念"的错误。

因为手表比挂钟快2分钟,即手表62分钟=挂钟60分钟;因为挂钟比电台广播慢2分钟,即挂钟58分钟=标准时间60分钟。手表62分钟≈标准时间62.069分钟(60×60/58),即手表比标准时间慢60−62×58/60=0.067分钟,约4秒钟。所以手表时间比标准时间慢一些。

3. 答案:C。

陈先生所邀请的客人,从名义上看是4个人(1个女性,3个男性),但三个男性中,父亲的姐夫、姐夫的父亲和岳母的哥哥可以是同一个人,所以,陈先生最少邀请了2个人。

4. 答案:B。

根据尚左数的定义,在8、9、7、6、4、5、3、2这列数字中,显然可看出:

8不是尚左数,因为其右边的9比其大。

9不是尚左数,因为其左边的8比其小。

7是尚左数,因为其左边的数字都比其大,且其右边的数字都比其小。

6是尚左数,因为其左边的数字都比其大,且其右边的数字都比其小。

4不是尚左数,因为其右边的5比其大。

5不是尚左数,因为其左边的4比其小。

3是尚左数,因为其左边的数字都比其大,且其右边的数字都比其小。

2是尚左数,因为其左边的数字都比其大,且其右边无数字。

因此,B项为正确答案。

5. 答案:D。

乙的对话内容很丰富,跳跃性强,既包含了"爱丽丝祛斑霜上海经销部的总经理应该使用本品牌的产品",又假设了"爱丽丝祛斑霜对黄褐斑具有良好的祛斑效果"。否则,如果不预设Ⅰ和Ⅱ,则乙就不会感到那么诧异。至于销售是否领先,这个跟乙的对话没太大联系。

6. 答案：D。

Ⅰ项，用事例强调了题干中"金钱不是万能的"的思想。

Ⅱ项，基本思想是"有钱能使鬼推磨"，也就是"金钱是万能的"不符合题干的意思。

Ⅲ项，说明了"没有钱是万万不能的"的道理。

Ⅳ项，对金钱的态度超脱，不怎么在乎，与题干中"没有钱是万万不能的"的观点不符。

Ⅴ项，既讲到钱的重要，又讲了"取之有道"，符合题干中关于"发不义之财是绝对不行的"的观点。

7. 答案：E。

题干断定：第一，"男女"是性别特征，按照此特征，正常人分为两个不重叠的部分。

第二，"阴阳"是行为特征，按照此特征，正常人分为两个重叠部分。

从题干看出：用"阴柔和阳刚"区分人的行为特征，意思就是，任何一种行为，如果阴柔就不阳刚，如果阳刚就不阴柔；因此，一个人的同一个行为可能既有阴柔又有阳刚的特征，这不符合题干的含义。因此，E项是正确选项。

人的性别特征和人的行为特征不是一回事，因此，A项符合题干含义。

既然性别特征和行为特征是两回事，那就完全可能存在，阳刚而不阴柔的女人和阴柔而不阳刚的男人。因此，B、C项也符合题干含义。

既然按照"阴阳"的行为特征正常人分为两个重叠部分，因此，同一个人的行为，可以既有阴柔又有阳刚的特征。因此，D项符合题干的含义。

8. 答案：C。

厂长的结论是采用新工艺流程无利可图，其根据是采用新的工艺流程将大大增加生产成本。总工程师并不否认采用新的工艺流程会增加生产成本，但指出了这种生产成本的增加能显著有利于提高生产能力，因而增加利润，从而使该厂有利可图。因此，总工程师和厂长的不同意见是：使用新的工艺流程是否一定使该厂无利可图。

9. 答案：E。

郑女士认为衡远市的经济前景比易阳市好，理由是衡远市过去十年的GDP（国内生产总值）增长率比易阳市高。

胡先生则认为衡远市的经济前景并不比易阳市好，理由是易阳市的GDP数值比衡远市更大。

可见，郑女士和胡先生争议的焦点在于：比较两个城市的经济前景，GDP数值与GDP增长率哪个更重要。因此，E项正确。

D项易误选，但其实不是两人争议的焦点。

10. 答案：A。

在辩论赛时经常有这样的情况，辩着辩着，两方的观点都说成一致了，还不自知，觉得还在唇枪舌剑呢。本题干就是这种情况。反方让正方设想汽车如果行驶得像自行车一样慢，说明那样汽车就毫无意义，正是支持了正方所认为的不能设想干任何事情都排除风险。

11. 答案：D。

正方认为虽然存在风险，也不影响安乐死的实施。因此，Ⅰ、Ⅱ项是需要预设的。

正方承认"诚然，这样的风险是存在的"，这里的"风险"就是指的"在什么条件下方可实施安乐死的标准不易掌握"；是否将来能准确无误地把握这个标准，正方并未预设。因此，

Ⅲ项是不需要预设的。

12. 答案：E。

本题要求辨析争议的焦点。

小李认为，两件艺术品在视觉上无差异，那就有相同的品质。

小王认为，即使复制品与真品视觉上无差异，但由于产生年代不同，不能算有同样的品质。

可见，小李和小王的分歧在于：首创性是否是一件艺术品所体现的宝贵品质。因此，选 E。

视觉难以区分复制品和真品，是他们两人的共识。因此，A 项不是他们的分歧。

13. 答案：B。

小王提出观点"由于这件复制品和真品产生于不同的年代，不能算有同样的品质"，来削弱小李的一个断言"如果两件艺术品在视觉上无差异，那么它们就有相同的品质"，这是小李得出"要是它们有相同的品质，它们的价格就应该相等"的结论的基础。

因此，小王驳斥小李的方法就是：提出一个观点，这个观点削弱对方的一个断言，它是对方得出结论的基础。

14. 答案：D。

陈先生认为，蜜蜂飞舞时发出的嗡嗡声并不是在给同一蜂房的伙伴传递它们正在采花粉位置的信息，因为蜜蜂从采花粉处飞回蜂房时留下的气味踪迹，足以引导同伴找到采花粉的地方。

贾女士认为，动物在完成某种任务时常常采用多种方式，因此，不能根据蜜蜂从采花粉处飞回蜂房时留下的气味踪迹，足以引导同伴找到采花粉的地方，就得出结论，蜜蜂飞舞时发出的嗡嗡声不是在给同一蜂房的伙伴传递它们正在采花粉位置的信息。

可见，两人争论的问题是：蜜蜂在采花粉时发出的嗡嗡声，是否在给同一蜂房的伙伴传递所在位置的信息。因此，D 项正确。

B 项易误选，但不是两人争议的焦点。

15. 答案：B。

贾女士的结论是：对于蜜蜂来说，气味踪迹只是它们的一种交流方式，而不是唯一的交流方式。这是一般性的结论。

贾女士的论据是：有些蜂类可以根据太阳的位置，也可以根据地理特征来辨别方位。这是具体证据。

因此，贾女士的论证方法是：提供具体证据用以支持一般性的结论。

第三章 逻辑论证

逻辑论证有助于发现和揭示真理性的东西,有助于表达或宣扬真理,是建立科学体系、确立科学理论的必要手段,论证也是人际沟通中的重要手段。

第一节 论证辨识

一个批判性思维者要把握论证的结构,不仅要解析已经明确表达出的前提和结论,更要发现和陈述论证背后的假设。前者可能只是论证的表层结构,后者是论证的深层结构。

一、什么是论证

论证可以定义为:论证是任意一个这样的命题集合,在这个命题的集合中,其中有一个命题是这个命题集合中的主张,这个主张是从该命题集合中的其他命题推导出来的,推导出这个主张的其他命题,也可以看作是对该主张的真实性或者正确性提供了支持,或者是提供了依据。

从论证的定义我们知道,论证是一组有内在结构联系的命题系列。论点、论据和论证方法是论证的三要素。当然,有结构的命题序列不一定都是论证,首先要学会区分命题、论证和非论证性陈述。

■分析如下四段文字,哪个是论证,哪个是单一命题,哪个是非论证性陈述。

段落1:在地球上最先出现生命时没有人存在。因此,任何关于生命起源的陈述都应视为理论的而不是事实的陈述。

段落2:如果一定时期内,居民消费价格指数下降到同期存款利率之下,那么经济学家就会得出这段时期出现通货紧缩的结论。

段落3:经济学家们大都认为,目前确实出现了通货紧缩,因为最近一段时间,居民消费价格指数一直在同期存款利率之下运行。

段落4:昨天,国家统计局公布2月份我国居民消费价格(CPI)总水平同比下降1.6%,连续第十个月下降,为六年来首次出现负增长。工业品出厂价格(PPI)下降4.5%,降幅比上月扩大1.2个百分点,呈继续下降态势。

逻辑分析:

段落1是一个简单的论证。前提是:在地球上最先出现生命时没有人存在。结论是:任何关于生命起源的陈述都应视为理论的而不是事实的陈述。论题是:关于生命起源的陈述应视为理论还是事实?

段落2是一个包含两个简单命题(即前件和后件)的复合命题,其结构是充分条件假言命题。显然,除了可以确定前件蕴含后件这一关系外,其他诸如前件是否成立,后件是否成立,都是不确定的。其中没有论证结构,没有论据和结论。

段落3虽然和段落2很相似,但它是一个论证。前提是:最近一段时间,居民消费价格指数一直在同期存款利率之下运行。结论是：经济学家们大都认为，目前确实出现了通货紧缩。论题是：居民消费价格指数低于同期存款利率意味着通货紧缩吗？

段落4尽管是一个命题序列，但是它们都是平行关系，都是一些关于事实的陈述，不具备论证性，所以不是一个论证。

二、论证与推理

推理是论证的工具，论证是推理的应用。推理是一个从前提到结论的过程。

从结构上，推理和论证在本质上并没有什么区别。在本书中，一个论证和一个推理的结构是一样的，它们都由前提和结论这两个部分组成。

1. 论证和推理的联系

论证和推理有着极其密切的关系。任何论证都要借助推理才能完成。从结构上看，论题（论点）相当于推理的结论，论据相当于推理的前提，论证方法相当于推理的形式。论证和推理的联系如表3-1所示。

表 3-1

论证	论据	论题（论点）	论证（证明方法）
推理	前提	结论	推理形式

2. 论证和推理的区别

推理强调的是逻辑关系；论证除对逻辑关系的关注外，同时要关注内容和主张。论证和推理的区别如表3-2所示。

表 3-2

区 别	论 证	推 理
思维目标	确认论题的真实性	推理，由已知得未知
思维进程	先提出论题，再寻找证据 论题在先，论据在后	由已知前提，推出未知结论 先前提，后结论
论据（前提）	不与结论相同，比结论更可信等	没有要求
前提对结论的关系	支持关系	推出关系

例如，"所有金属都导电，所以，所有金属都导电。"从推理上是完全正确的，因为推理只关心是否能"推出"。然而这个推理就不是论证，因为论证的预设是一个命题不能自我支持，否则任何命题都能自证，论证也就没有必要。

三、辨识论证的线索

论证的辨识，即从话语中分离或抽象出论证，是整个论证逻辑与其理论应用的基本出发点。论证的分析和评估以论证的辨识为前提。

论证只是语言的多种功用之一。首先应辨别一个语篇或语段被用于何种目的。警告与劝告、连贯性陈述、报道、说明性语段、举例解说、条件陈述、解释等类型的语段一般没有论证功能。

辨识论证的根本标准是话语之间的支持关系。将语言的论证性使用和其他使用方式区别开来的根据是：在一个语段中一些陈述是用来支持另一个陈述的可接受性的。指示这种支持关系的外在标志就是论证指示词。一般情况下，一个语段总有一些明显的标志，使得我们据此认为它是一个论证。

论证指示词有两类，即前提指示词和结论指示词。用以指明前提的指示词是前提指示词，用以指明结论的指示词是结论指示词。比如，"因为"一词就表明其后的陈述作为论证的理由或前提起作用。两类指示词可以互换。互换之后，前提和结论出现的次序也随之变化。

1. 前提指示词

因为……；由于……；依据……；理由是……；举例说来；支持我们观点的是……；这么说的缘由是……；等等。

例1：有些人坚信，在宇宙空间中，还存在着人类文明之外的其他高级文明，因为现在尚没有任何理论和证据去证明这样的文明不可能存在。

上述论证的前提是：现在尚没有任何理论和证据去证明这样的文明不可能存在。

例2：虽然人事激励对公司很重要，但是，一项研究结果表明，人事部门并不如此重要。因为人事部门不参加战略决策会议，而且雇用高级经理都由CEO决定，人事部门很多时候只起支持和辅助的作用。

上述论证的前提是"因为"后面的陈述。

例3：《乐记》和《系辞》中都有"天尊地卑"、"方以类聚，物以群分"等文句，由于《系辞》的文段写得比较自然、一气呵成，而《乐记》则显得勉强生硬、分散拖沓，所以，一定是《乐记》沿袭或引用了《系辞》的文句。

上述论证的前提是"由于"后面的陈述。

2. 结论指示词

因此……；所以……；由此可见……；我（们）认为……；可以推断……；这样说来……；结论是……；简而言之……；显然……；其结果……；我（们）相信……；很可能……；表明……；由此可得出……；这证明……；等等。

诸如此类的论证指示词告诉我们，哪个陈述是由证据和理由表明其正当性的，哪些陈述是作为前提支持那个陈述的。在理解和构造论证的过程中，它对于区别前提和结论特别重要。

例1：人的日常思维和行动，哪怕是极其微小的，都包含着有意识的主动行为，包含着某种创造性，而计算机的一切行为都是由预先编制的程序控制的，因此计算机不可能拥有人所具有的主动性和创造性。

上述论证的结论是"计算机不可能拥有人所具有的主动性和创造性"。

例2：要么采取紧缩的财政政策，要么采取扩张的财政政策。由于紧缩的财政政策会导致更多的人下岗，所以，必须采取扩张的财政政策。

上述论证的结论是"必须采取扩张的财政政策"，前提是"紧缩的财政政策会导致更多的人下岗"。

例3：一家化工厂，生产一种可以让诸如水獭这样小的哺乳动物不能生育的杀虫剂。工厂开始运作以后，一种在附近小河中生存的水獭不能生育的发病率迅速增加。因此，这家工厂在生产杀虫剂时一定污染了河水。

上述论证的结论是"这家工厂在生产杀虫剂时一定污染了河水"。

例4：保护思想自由的人争论说，思想自由是智力进步的前提条件。因为思想自由允许思考者追求自己的想法，而不管这些想法会冒犯谁，以及会把他们引到什么方向。然而，一个人必须挖掘出与某些想法相关的充分联系，才能促使智力进步，为此，思考者需要思考法则。所以，关于思想自由的论证是不成立的。

上述论证的结论是"关于思想自由的论证是不成立的"。

但是，论证指示词并不是识别论证的绝对可靠的标志。在实际论证中，有时并不显现任何论证指示词。例如，作者可能删去上例中的论证指示词，但这并不影响那个语段作为论证起作用。原因是，我们根据对其语境的分析，可以判断该语段存在支持关系。根据普遍的经验，当论证指示词不出现时，一个语段若是论证，则其结论（论点）或者出现于语段的开头，或者出现于语段的末尾。此时，我们所要分析的是，语段开头或结尾的一个陈述，与其他陈述是否存在支持关系。语言的不同功用也表现在一些论证指示词上，这就出现了语词的歧义问题。一些语段出现"因为"、"由于"、"因此"等，但并不一定表明该语段就包括一个论证。例如，他的收入很低，因为他太懒惰了。其中的"因为"并不是给"他的收入很低"提供理由的指示词。要表明"他的收入很低"的可接受性，需要另外的理由，如他的实际收入和社会平均收入水平以及这二者之间的差距等。这里只是解释了"他收入很低"的原因，既没有论证"他的收入很低"，也没有论证"他太懒惰"，而是指明了它们二者之间的一种关系——因果关系。

四、论证的类型

按照不同的分类标准，可以把论证分成不同的类别。

（一）演绎论证和广义归纳论证

按照论证所使用的推理方式不同，可以把论证分为演绎论证和广义归纳论证。

1. 演绎论证

演绎论证是运用演绎推理的形式所进行的论证。演绎论证从一般性的原理出发，运用演绎推理规则推出其蕴含的某一特殊论断。演绎论证中各命题之间的关系是必然性的，其论证结构的严谨性是所有论证中最高的。一个推理正确的演绎论证，其大前提的真实性可以充分保证结论的真实性。

2. 广义归纳论证

广义归纳论证是运用非演绎推理的形式所进行的论证。广义归纳论证是根据一些特殊论断或常理得出结论的论证方式。其论证结构不如演绎论证可靠，结论具有或然性，前提真实不必然保证结论真实。

（二）直接论证和间接论证

1. 直接论证

直接论证就是用论据正面推理得出结论的论证。演绎论证和归纳论证都是直接论证。

2. 间接论证

间接论证是通过论证与论题相关的某个论题为假，来论证该论题为真的一种论证方式。间接论证又可以分为反证法和汰证法。

（1）反证法

反证法的原理就是：如果可以确定与原论题矛盾的论题为假，那么根据排中律，可以确定原命题为真。反证法的具体形式如下。

求证：p。

证明：

设非 p。

如果 非 p，那么 q。

已知非 q。

所以，非非 p，即非 p 假。

根据排中律，p 真。

■某地区国道红川口曾经是交通事故的频发路段，自从 8 年前对此路段限速 60km/h 后，发生在此路段的交通伤亡人数大幅下降。然而，近年来此路段超速车辆增多，但发生在此路段的交通伤亡人数仍然下降。

上述断定最能支持以下哪项结论？

A. 车辆限速与此路段 8 年来交通伤亡人数大幅下降没有关系。

B. 8 年来在此路段行驶的车辆并未显著减少。

C. 8 年来对本地区进行广泛的交通安全教育十分有效。

D. 近年来汽油费用的上升限制了本地区许多家庭购买新车。

E. 此路段 8 年来交通伤亡人数下降不仅是车辆限速的结果。

[解题分析]　正确答案：E。

可用反证法推出 E 项成立。如果车辆限速是此路段 8 年来交通伤亡人数下降的唯一原因，那么，近年来随着此路段超速车辆增多，发生在此路段的交通伤亡人数不会下降。也就是说，如果 E 项不成立，题干的断定就不成立。即如果题干的断定成立，则 E 项成立。

（2）汰证法

汰证法也叫选言证法、淘汰法、排除法。汰证法是通过先论证与原论题相关的其他可能命题都不成立，从而确定论题为真的间接论证方法。

汰证法的论证过程如下。

求证：p。

证明：

设：或 p，或 q，或 r。

证：或 p,或 q,或 r。
非 q 且 非 r。
所以：p。

上述论证导出其结论的方法是通过排除其他可供选择的解释。该论证所用的选言证法，其前提并没有穷尽所有的可能性，因而得出的是一个或然的结论。

■《文化新报》记者小白周四去某市采访陈教授与王研究员。次日，其同事小李问小白："昨天你采访到那两位学者了吗？"小白说："不，没么顺利。"小李又问："那么，你一个都没采访到？"小白说："也不是。"

以下哪项最可能是小白周四采访所发生的情况？

A. 小白采访到了两位学者。
B. 小白采访了李教授，但没有采访王研究员。
C. 小白根本没有去采访两位学者。
D. 两位采访对象都没有接受采访。
E. 小白采访到了一位，但没有采访到另一位。

[解题分析]　正确答案：E。

对两位学者的采访只有三种情况：采访到了两位，只采访到了一位，一个都没采访到。

小白既否定了采访到了两位学者，也否定了一个都没采访到。因此，他一定是只采访到了其中一位学者。E 项为正确答案。

（三）证明与反驳

论证有广义和狭义之分。狭义的论证和证明同义；广义的论证，包括证明与反驳两个层面。反驳与证明相对称。证明是确定某一个论题真实性的论证方式。反驳是根据已知为真的命题，来确定某一命题的虚假性或推断某一证明不能成立的论证方式。反驳的对象，可以是一个命题，也可以是一个证明。

因为证明有论题、论据和论证三个要素，相应地，反驳也可以分为反驳论题、反驳论据和反驳论证三种。

1. 反驳论题

（1）直接反驳

直接反驳即运用推理规则直接导出论题为假的方法。

其中常见的就是反驳归纳命题，也就是举反例。例如，反驳"所有的天鹅都是白的"，只需要指出"澳大利亚有黑天鹅"就可以了。反驳"哺乳动物都是胎生的"，只需要指出"鸭嘴兽是卵生"的就可以了。

再如，"近些年来，西方舆论界流行一种论调，认为来自中国的巨大需求造成了石油、粮食、钢铁等原材料价格暴涨。"如果你摆出"今年 7—9 月间，来自中国的需求仍在增长，但国际市场的石油价格重挫近三分之一"的事实，就直接反驳了上述断定。

（2）间接反驳

一般地，间接反驳又包括独立证明和归谬法两种。

① 独立证明：即证明对方论题的反论题为真，从而根据矛盾律，引出对方原命题为假

的方法。

有的时候就是证明原命题的负命题。

例如,反驳"文章本天成,妙手偶得之",可以先证明"文章非天成,努力才写好"为真,再根据矛盾律,断定原命题为假。

② 归谬法:即假定对方命题成立,推出荒谬结论,从而证明对方错误的方法。

例如,加拿大前外交官切斯特·朗宁出生在中国湖北襄樊,是喝中国奶妈的乳汁长大的。在竞选省议员时,反对派指责他:"喝中国人的奶长大,一定有中国血统"。朗宁反驳道:"根据你的逻辑,你是喝牛奶长大的,你的身上就会有牛的血统了。"

再如,有些东南亚小国的反华人士说:"南沙群岛离 F 国近,就应该属于 F 国。"

我国外交部反驳道:"按照你们的逻辑,你们国家所在地区离中国近,你们就是属于中国的了"。我们类比他们的思路对对方的言论进行了归谬,从而证明对方的逻辑是站不住脚的。

[逻辑案例]　有位资本家请画家为他画一幅肖像,但事后却拒绝付议定的 5000 元报酬。他的理由是:"画的根本不是我。"对付这赖账的理由,画家自有妙法。他把这幅肖像公开展览,题名为《贼》。资本家万分恼怒,打电话向画家提出抗议。画家平静地回答说:"这事与你无关,那幅画画的根本不是你。"资本家不得不买下这幅画,改名为《慈善家》。

点评:在这则小幽默中,画家借助了归谬法的威力。假定你说得对("画的根本不是我"),那么你无权过问这幅画(我可以随便取名为《贼》、《流氓》等),你觉得很荒谬不能接受,你就得否定"画的根本不是我"。

■ 张先生:应该向吸烟者征税,用以缓解医疗保健事业的投入不足。因为正是吸烟导致了许多严重的疾病。要吸烟者承担一部分费用,来对付因他们的不良习惯而造成的健康问题,是完全合理的。

李女士:照您这么说,如果您经常吃奶油蛋糕或者肥猪肉,也应该纳税。因为如同吸烟一样,经常食用高脂肪、高胆固醇的食物同样会导致许多严重的疾病。但是没有人会认为这样做是合理的,并且人们的危害健康的不良习惯数不胜数,都对此征税,事实上无法操作。

以下哪项最为恰当地概括了李女士的反驳所运用的方法?

A. 举出一个反例说明对方的建议虽然合理但在执行中无法操作。

B. 指出对方对一个关键性概念的界定和运用有误。

C. 提出了一个和对方不同的解决问题的方法。

D. 从对方的论据得出了一个明显荒谬的结论。

E. 对对方在论证中所运用的信息的准确性提出质疑。

[解题分析]　正确答案:D。

张女士指出,如果向吸烟者征税是合理的,那么向经常食用高脂肪、高胆固醇的食物的人征税也是合理的。而后者显然是不合理的。这属于归谬法的反驳,D 项恰当地概括了张女士的反驳所运用的方法,其余各项均不恰当。

2. 反驳论据

注意,这种方式的反驳,不一定能够证明对方的论题为假,只是证明对方提供的论据证明不了论题。

■李教授：目前的专利事务所工作人员很少有科技专业背景，但专利审理往往要涉及专业科技知识。由于本市现有的专利律师没有一位具有生物学的学历和工作经验，因此难以处理有关生物方面的专利。

以下哪项如果为真，最能削弱李教授的结论？

A. 大部分科技专利事务仅涉及专利政策和一般科技知识，不需要太多的专门技术知识。
B. 生物学专家对专利工作不感兴趣，因此专利事务所很少与生物学专家打交道。
C. 既熟悉生物知识，又熟悉专利法规的人才十分缺乏。
D. 技术专家很难有机会成为本专业以外的行家。
E. 专利律师的收入和声望不及高科技领域的专家，因此难以吸引他们加入。

[解题分析]　正确答案：A。

李教授得出结论的根据是：专利审理往往要涉及专业科技知识。A 项如果为真，就弱化了这一论据，因而也削弱了相关的结论。

3. 反驳论证

这种反驳方法的关键就是切断论题和论据之间的论证链条。

■科学研究证明，非饱和脂肪酸含量高和饱和脂肪酸含量低的食物有利于预防心脏病。鱼通过食用浮游生物中的绿色植物使得体内含有丰富的非饱和脂肪酸"ω-3"。而牛和其他反刍动物通过食用青草同样获得丰富的非饱和脂肪酸"ω-3"。因此，多食用牛肉和多食用鱼肉对于预防心脏病都是有效的。

以下哪项如果为真，最能削弱题干的论证？

A. 在单位数量的牛肉和鱼肉中，前者非饱和脂肪酸"ω-3"的含量要少于后者。
B. 欧洲疯牛病的风波在全球范围内大大减少了牛肉的消费者，增加了鱼肉的消费者。
C. 牛和其他反刍动物在反刍消化的过程中，把大量的非饱和脂肪酸转化为饱和脂肪酸。
D. 实验证明，鱼肉中含有的非饱和脂肪酸"ω-3"比牛肉中含有的非饱和脂肪酸更易被人吸收。
E. 统计表明，在欧洲内陆大量食用牛肉和奶制品的居民中患心脏病的比例，要高于在欧洲沿海大量食用鱼类的居民中的比例。

[解题分析]　正确答案：C。

题干的结论是多食用牛肉有利于预防心脏病，根据是：牛和其他反刍动物通过食用青草获得丰富的非饱和脂肪酸，而非饱和脂肪酸含量高的食物有利于预防心脏病。其隐含的假设是食用青草同样获得丰富的非饱和脂肪酸能保留在牛肉中。

如果 C 项为真，则题干的上述假设就不成立了，这就有力地削弱了题干的论证。

■指出如下论证的种类。

(1) 海外并购应该慎重行事。30 年来，我国通过改革开放，已经有部分优秀的企业成长起来，参与到了海外并购业务中来。这几年，先有 TCL 并购阿尔卡特手机业务，联想并购 IBM 的 PC 业务，后有平安并购富通，中铝并购力拓等巨型并购案。在金融危机的背景下，又有部分企业如三一重工想抓住世界金融、实体资产大幅缩水的机会，通过海外并购趁机成为世界性企业。这样的想法从企业角度来看无可厚非。但是,我们要清楚地看到,前段中国企业海外并购的情况并不理想。并购容易,消化难,消化不良的症状甚至已经拖累到国内的主业。TCL 并购后长期处于亏损状态;平安收购富通浮亏最高时超过 200 亿元;中国最优秀的企业之一——联想在并购 IBM 的 PC 业务后,业绩欠佳,最后只好龟缩海外业务,让老帅柳传志回归,将杨元庆重新推向市场第一线。这些经验教训我们必须认真面对。

(2) 直角三角形的内角和是 180°,锐角三角形的内角和是 180°,钝角三角形的内角和是 180°。因此,三角形的内角和是 180°。

(3) 如果下雨了,那么地就会湿。现在,我们发现地是湿的,所以,很可能下雨了。

(4) 从回龙观去西单上班,或者乘地铁,或者坐公交车,或者自驾车,或者骑自行车,或者步行。但是回龙观距离西单大约 30km,步行和骑自行车是不现实的。八达岭高速经常堵车,但是八达岭高速是从回龙观去西单的必经之路,所以乘坐公交或者自驾车也很难按时到达西单。所以,唯有乘坐地铁才是准时到达西单的最佳选择。

(5) 亚里士多德认为:"重的物体下落速度快,轻的物体下落速度慢。"即"物体越重下降越快"。这个统治人类社会上千年的错误命题,被伽利略的一个精妙的"思想实验"所推翻。伽利略分析道:我们把一轻一重两个物体绑在一起,按照亚里士多德的理论,"物体越重下降越快",则可以推出:两个绑在一起的物体的下降速度会比原来快一些,因为两个物体绑在一起要比原来的任何一个都重了一些;同时,由于轻的速度慢,重的速度快,也可以推出:绑在一起的物体下降速度会比原来的重物体慢,比原来的轻物体快。这两个结论是相互矛盾的,所以,原命题"物体越重下降越快"是荒谬的。

(6) "你似乎认为一个国家向外扩张,是由于人口太多,我们不能同意这种看法。英国人口在第一次世界大战前是四千五百万,不算太多,但是,英国在一个很长的时期内曾经是'日不落'殖民帝国。美国的面积小于中国的面积,而美国的人口还不及中国人口的三分之一,但是美国的军事基地遍及全球,美国海外的驻军达 150 万人。而中国人口虽多,但是没有一兵一卒驻在外国的领土上,更没有在外国建立军事基地。可见一个国家是否向外扩张,并不决定于它的人口多少,而决定于它的社会制度。"

(周恩来,一九六〇年九月五日接见英国记者的谈话,《人民日报》,1960 年 11 月 5 日)

(7) 有人认为,没有通读他的全部著作,是无权对他的作品提出批评的。这是岂有此理。饭馊了,尝一口不就知道了吗?

(8) 抓好农业的产业化建设是今后提高我国农业现代化水平的根本保证,这样我们才能成为名副其实的农业大国。农业产业化搞不好,依然是目前这种家家点火、户户冒烟的小农格局,很难保证农产品的质量和产量的稳步提高。规模上不去,很难降低生产成本,更谈不上较高的利润回报,这样我们就很难和世界上真正的农业大国相抗衡。这样下去,我们就只能说自己是一个农民大国,农村大国。

[解题分析]

(1) 归纳推理,例证法。

(2) 归纳论证,这里运用的是归纳强度最高的完全归纳推理方式。

(3) 归纳论证。尽管结论是或然性的,这个推理是有效的,结论有一定的可靠性。

(4) 间接证明,汰证法。

(5) 间接反驳命题,伽利略使用的是归谬法。当然,这也是一个精彩的演绎论证。

(6) 直接反驳命题,演绎论证。对方观点:人口多→向外扩张。作者试图证明此命题为假,即需要论证其负命题"人口多,没有向外扩"为真。论据是英国、美国和中国的人口和海外驻军情况:人口众多的中国没有一兵一卒驻在外国的领土,美国的人口还不及中国人口的三分之一,但是美国的军事基地遍及全球。从而指出了人口与对外扩张的无关性,彻底摧毁了对方的荒谬论点。这是一个反驳论题的经典实例。

(7) 间接反驳命题,演绎论证。作者采用类比的方法,指出了对方论点的荒谬性。

(8) 间接证明,反证法。论题是:抓好农业的产业化建设是今后提高我国农业现代化水平的根本保证,这样我们才能真正成为名副其实的农业大国。作者没有直接论证这一论题,而是去论证"搞不好农业产业化,就不能成为名副其实的农业大国。"从而证明论题的正确性。

第二节 论证结构

论证是一组陈述,这些陈述之间以某种方式相联系才能表明一个主张是合理的、可接受的。这种关系便是论证的结构。论证的结构是表达主张和理由的逻辑关系的一种架构,一种形式。它表明,一个主张是怎样从另一些陈述获得支持的。从回应者的视角来看,评价一个论证首先要对其结构进行解析。论证结构有不同程度的复杂性,也许它仅涉及一个语言段落,一篇文章;也许它是一本书,甚至是多卷本著作。分析论证结构就是理解一整套论证系统,即理解论证者的主张及其支持理由,包括他的假设。对一个论证的结构的透彻分析,是评估论证的先决条件。

论证结构是论证有效性分析的重要信息。论证结构可以告诉我们,前提是怎样支持结论的,不同的结构支持的强度各自不同,可能存在的论证谬误也各有特点,所以,论证结构分析是论证分析的重要步骤。

本书约定,使用如表3-3所示的符号来表示论证中的各种元素。

表 3-3

元素	符号	英文含义
论题、论点	T	thesis
论据、前提	p	presupposition
隐含前提	hp	hidden presupposition
结论	c	conclusion
隐含结论	hc	hidden conclusion
演绎论证	d	deduction
归纳论证	i	induction

表 3-3 中的这些符号在绘制论证结构图时会经常用到。

一、论证三要素

展示论证的结构不仅对理解论证者如何证明他们的观点是必要的,而且也是评估这些论证的先决条件。

论证由一组(至少两个)陈述组成。其中一个陈述是我们欲使他人相信的意见、观点、建议、决定等,另一些作为支持它们的根据或理由而出现。前者统称为主张、(论点、论题或结论),后者是理由、论据或前提。论证最简单的模式如图 3-1 所示。

图 3-1

一个论证的三个基本要素是主张(论点)、理由(论据)和支持(论证方式)。

(一) 主张

论点是论证的最终目标,一个论证的论点具有唯一性。主张及对主张的可能怀疑产生对理由的需求,若对一个主张没有疑问,就不必形成对它的论证。

例如,肯定有一个外部世界存在,因为如果不是在我之外有某种东西可以发光或反光,将光照射到我眼睛里,使我产生了视觉经验,我就看不到建筑、人群和星星这些东西。并且,不仅我有这样的视觉经验,他人也有这样的视觉经验。书本知识也反复告诉我们,在我们之外有一个外部世界。

上述论证的主张是"肯定有一个外部世界存在",理由是"因为"后面的陈述。

找出主张(结论、论点、观点)是分析一篇文章或语段的关键,在阅读的时候,我们首先要追问文章作者提出的观点是什么,或者演讲人想要表明的看法是什么。

1. 论点前置

主张如果出现在讲话或文章的开头,一般使用论断性的表述。论点前置结构是指这样一种结构,在开头提出观点、论点或结论,后面论证该观点、论点或结论。

■最近的一项研究指出:"适量饮酒对妇女的心脏有益。"研究人员对 1000 名女护士进行调查,发现那些每星期饮酒 3~15 次的人,其患心脏病的可能性较每星期饮酒少于 3 次的人为低。因此,研究人员发现了饮酒量与妇女心脏病之间的联系。

以下哪项如果为真,最不可能削弱上述论证的结论?

A. 许多妇女因为感觉自己的身体状况良好,从而使得她们的饮酒量增加。
B. 调查显示:性格独立的妇女更愿意适量饮酒并同时加强自己的身体锻炼。
C. 护士因为职业习惯的原因,饮酒次数比普通妇女要多一些;再者,她们的年龄也偏年轻。
D. 对男性饮酒的研究发现,每星期饮酒 3~15 次的人中,有一半人患心脏病的可能性比少于 3 次的人还要高。
E. 这项研究得到了某家酒精饮料企业的经费资助,有人检举研究人员在调查对象的选择上有不公正的行为。

［解题分析］ 正确答案:D。

题干的结论是适量饮酒对妇女的心脏有益,理由是,调查发现适量多饮酒的比饮酒过少的女护士患心脏病的可能性低。

A项说明,饮酒较多者患心脏病的可能性较低,完全可能是由于她们的身体素质本来相对较好,也就是说不是多饮酒会减少心脏病,而是身体本来好(没心脏病)才多饮酒。这是对题干的一个因果倒置的削弱。

B项说明,适量饮酒与心脏病无因果关系,这两者可能有个共同的原因,就是这些妇女性格独立,更愿意在适量饮酒的同时加强锻炼(而锻炼会减少心脏病的发生)。这是对题干的一个另有共同原因的削弱。

C项说明,即使题干的调查属实,但由于女护士职业习惯多饮酒并且年龄也偏年轻,也就对整体的妇女不具有代表性,由女护士的情况推出妇女的情况就不可靠了。这是一个指出以偏概全的削弱。

E项说明,由于调查操作上的不公正与不规范,当然可以有力地质疑其结论的可信性。

注意题干结论是有关饮酒量与妇女心脏病之间的关系,而不是饮酒量与所有人心脏病的关系。而D项说明,男性饮酒多的反而比饮酒少的得心脏病的可能性高,这作为一个旁证,对"适量饮酒对人的心脏有益"是一个有因无果的削弱。考虑到D项的统计数据是基于对男性饮酒者的研究之上的,这种削弱没有直接针对题干的结论,因此,从这个意义上看削弱力度很小,是最不能削弱题干的。

2. 论点后置

主张出现在一段话或文章结尾的情况也比较多见,此时,主张又被称做结论。论点后置结构是指这样一种结构,这种结构在最后才给出观点、论点或结论,前面是对该观点、论点或结论的论证。对于这种结构,前面很多是不用仔细看的背景介绍,读题重点是抓住后面的观点。

■有的地质学家认为,如果地球的未勘探地区中单位面积的平均石油储藏量能和已勘探地区一样,那么,目前关于地下未开采的能源含量的正确估计因此要乘上一万倍。由此可得出结论,全球的石油需求,至少可以在未来五个世纪中得到满足,即便此种需求每年呈加速上升的趋势。

为使上述论证成立,以下哪项是必须假设的?
A. 地球上未勘探地区的总面积是已勘探地区的一万倍。
B. 地球上未勘探地区中储藏的石油可以被勘测和开采出来。
C. 新技术将使未来对石油的勘探和开采比现在更为可行。
D. 在未来至少五个世纪中,石油仍然是全球主要的能源。
E. 在未来至少五个世纪中,世界人口的增长率不会超过对石油需求的增长率。

[解题分析] 正确答案:B。

题干的结论是:全球的石油需求可以在未来得到满足。其根据是:目前包括未勘探地区在内的地下未开采的能源含量比原来估计的要多一万倍。

要使这一论证成立,有一个条件必须满足,即地球上未勘探地区中储藏的石油事实上可以被勘测和开采出来。B项正是断定了这一点,因此,B项是题干的论证必须假设的。

3. 论点中置

在实际遇到的材料中,主张有时并不出现在开头或结尾,而是夹杂在一段叙述的中间位置。论点中置结构是指这样一种结构,在题干中间提出观点、论点或结论,题干前面、后面是背景介绍以及论证该观点、论点或结论的理由。

■面对预算困难,W国政府不得不削减对于科研项目的资助,一大批这样的研究项目转而由私人基金资助。这样,可能产生争议结果的研究项目在整个受资助研究项目中的比例肯定会因此降低,因为私人基金资助者非常关心其公众形象,他们不希望自己资助的项目会导致争议。

以下哪项是上述论证所必须假设的?

A. W国政府比私人基金资助者较为愿意资助可能产生争议的科研项目。
B. W国政府只注意所资助的研究项目的效果,而不注意它是否会导致争议。
C. W国政府没有必要像私人基金资助者那样关心自己的公众形象。
D. 可能引起争议的科研项目并不一定会有损资助者的公众形象。
E. 可能引起争议的科研项目比一般的项目更有价值。

[解题分析]　正确答案:A。

题干结论是:有争议项目在整个受资助项目中的比例会降低。

理由有两条:第一,一大批原来由政府资助的项目转由私人基金资助;第二,私人基金资助者较不愿意资助争议项目。

A项是题干的论证必须假设的。否则,如果事实上W国政府和私人基金资助者同样不愿意资助争议项目,那么,这最多能得出结论:争议项目在整个受资助项目中的比例原来就很低。而不能得出结论:有争议项目在整个受资助项目中的比例,会因为大批政府资助的项目转由私人基金资助而降低。

B项不是题干的论证必须假设的。因为,即使W国政府不光注意所资助的项目的效果,而且在意它是否会导致争议,作为政府,出于全局的考虑,它仍然很可能愿意资助有争议的项目。这样,题干的论证仍然能够成立。

(二) 理由

尽管形成论证的根本是论点,但一个论证发挥其功用的关键却是理由。理由应具备若干基本性质。前提是一个或一簇支持论点的陈述。显然,对论点有支持作用的前提多多益善。由于人们的怀疑可以是连续的,即不仅对主张怀疑,而且可能对支持主张的理由也提出疑问。由于出现疑问就要求解释或理由,因此理由具有层级性,即主张的理由,理由的理由,理由之理由的理由……

一个前提或理由本身不需要论据再加以支持,它就是基本前提(理由)或基本论据。基本前提使得论证系列成为有穷的,使论证有可能完成。

关于理由必须指出两条"公理"。第一,理由不能与论点相同。如果违反论证的这条基本禁令,就犯了同语反复的谬误。第二,理由不能比论点更可疑。提出理由是为了打消人们对主张的疑虑。显然,只能用更可接受的陈述来说明初看起来不那么令人信服的主张的可接受性。如果理由的可疑性比主张的可疑性更大,那么,这与我们欲消除或削弱主张的可疑性的意图完全背道而驰。违反这条禁令,就犯了乞题(begging question)的谬误。

■根据文物保护法,被作为文物保护的建筑物或其他设施,其所有权即使属于个人,所有者也无权对其进行修缮、装饰乃至改建。这一规定采取不允许任何例外的立法形式并不妥当,因为有时有的所有者提出对文物进行外观和内部结构的改造,是因为他们确信,这样做有利于加固和美化文物而提高它们的价值。

以下哪项,如果为真,最能削弱上述反对文物保护法的论证?

A. 对文物建筑的改造,不一定就能起到加固和美化的作用,有时反而会弄得不伦不类。
B. 有的文物建筑年久失修,如不及时改造,将严重损害其价值。
C. 文物建筑的真正价值在于它是历史的遗迹,对其原貌的任何改变都是在降低其价值。
D. 一个所有者不能对其所有物进行处置,这是对其基本权利的侵犯。
E. 个人所有者往往缺乏对文物建筑进行改造的技术能力。

[解题分析] 正确答案:C。

反对文物保护法的理由是:对文物进行外观和内部结构的改造可以提高它们的价值。

选项C认为文物建筑的真正价值在于它是历史的遗迹,对其原貌的任何改变都是在降低其价值,这样,反对文物保护法的人的理由便不能成立,因此有力地削弱了反对文物保护法的论证。

选项A只是从加固和美化的角度谈论这一问题,而没有触及价值这一要害问题;选项B与题意不甚相关;选项D是支持反对文物保护法的人的意见的,与题意相悖;选项E从技术能力的角度而不是从价值的角度谈论这一问题。

(三) 支持

对论点的辩护是否成功,取决于理由对主张的支持力量或支持力。支持是指接受前提有利于接受结论,或者说,那些能够有利于从前提推出结论的前提对结论有支持关系。当然,支持有程度之别——完全充分的支持、较大的支持、微弱的支持等。支持关系不同,论证方式就不同。这种支持关系总是依靠推理来维系,论证方式本质上是推理关系。而支持程度的不同也是通过各种推理形式来担保的,比如,演绎推理、归纳推理和合情推理对主张得到的支持力予以不同的担保。同时,由于论证的理由是多个,而每一理由对论点的支持关系可能不同,所以,在一个论证中可能有多种推理形式。

与支持相反的是反驳和削弱。反驳是新信息的出现推翻或压倒了原论证的支持,这些新信息更强地支持原论证结论的否定。削弱是与支持相反方向的另一种情况,就是使结论成立的可能性降低。

■葡萄酒中含有白藜芦醇和类黄酮等对心脏有益的抗氧化剂。一项新研究表明,白藜芦醇能防止骨质疏松和肌肉萎缩。由此,有关研究人员推断,那些长时间在国际空间站或宇宙飞船上的宇航员或许可以补充一下白藜芦醇。

以下哪项如果为真,最能支持上述研究的推断?

A. 研究人员发现由于残疾或者其他因素而很少活动的人会比经常活动的人更容易出现骨质疏松和肌肉萎缩等症状,如果能喝点葡萄酒,则可以获益。
B. 研究人员模拟失重状态,对老鼠进行试验,一个对照组未接受任何特殊处理,另一组则每天服用白藜芦醇。结果对照的老鼠骨头和肌肉的密度都降低了,而服用白藜芦醇的一组则没有出现这些症状。

C. 研究人员发现由于残疾或者其他因素而很少活动的人,如果每天服用一定量的白藜芦醇,则可以改善骨质疏松和肌肉萎缩等症状。

D. 研究人员发现,葡萄酒能对抗失重所造成的负面影响。

E. 某医学博士认为,白藜芦醇或许不能代替锻炼,但它能减缓人体某些机能的退化。

[解题分析]　正确答案:C。

题干根据一项研究表明的白藜芦醇能防止骨质疏松和肌肉萎缩,推断:宇航员或许可以补充一下白藜芦醇。

C项作为一个新的论据,有力地支持了这一研究的推断。

二、图尔敏模型的六要素结构

英国哲学家图尔敏在20世纪50年代提出的论证六要素是辩证情境中的论证的基本构成成分,这些要素并不是通过分析论证中的陈述的形式结构得出的,即不是论证的微观结构的要素,而是论证的宏观结构的要素。论证结构上的区别是被一个对话者可能向某个准备提出和辩护某个论点的人问不同问题激发而成的。

图尔敏模型的六要素包括:

(1) 事实(data)或者根据(ground):用来论证的事实证据、理由(相当于三段论中的小前提)。

(2) 主张(claim):即结论,是要被证明的陈述、论点、观点。

(3) 担保或保证(warrant):用来连接证据和结论之间的普遍性原则、规律等,是连接证据和结论之间的桥梁。在上面讨论的论证结构中,保证被归在理由(前提)一类,常常是其中的大前提,或者是隐含假设(如果没有明确列出)。

(4) 支撑(backing):用来支持上面的保证(大前提)的陈述、理由,它不是直接支持结论,而是支持保证,表明这些普遍原则或关系是真的。

(5) 反驳(rebuttal):是对已经知道的反例、例外的考虑、反驳和说明。

(6) 限定(qualifier):对保证、结论的范围和强度进行限定的修饰词或模态限定词(modifiers),常常是因为有了对反例的考虑,从而对结论进行限定。

图尔敏模型如图3-2所示。

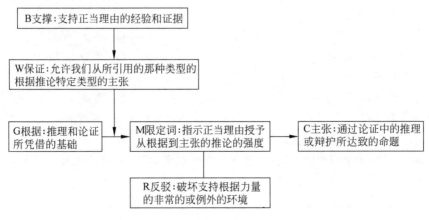

图　3-2

假设我们现在面临这样一个问题：麦克是哪国人？

我们的回答可能是：英国人。然而别人可能对此有所怀疑。所以，我们需要论证这个主张。接下来，要证明麦克是英国人。

首先需要提出证据，即麦克出生于百慕大。

其次，根据一般知识，出生于百慕大的人通常是英国人，这就可以证明我们的主张。

但是，他人也许质疑，"出生于百慕大的人通常是英国人"是否可靠？我们引用具体法律规定，表明我们使用的规则或一般知识是靠得住的。

不过，别人依然可能提出一些例外情形，比如麦克的双亲是外侨，或者麦克加入了美国国籍等。我们只有排除掉这些例外情况，才能有力地坚持我们的主张。

正是由于这些可能的情况有可能存在，也因为我们所引用的一般知识是可废止概括，因而，我们只能有保留地坚持我们的结论。

假设 C＝麦克是英国人；G＝麦克出生于百慕大；W＝出生于百慕大的人通常是英国人；B＝根据法律规定；R＝麦克的双亲是外侨，或者麦克加入了美国国籍等，或……；Q＝假设地（很可能）。这个论证可用图尔敏模型表示，如图 3-3 所示。

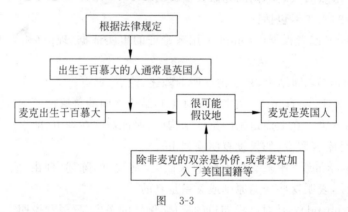

图 3-3

图尔敏模型可以看成是在批判性对话框架中，主张者为了应付可能的挑战者提出的各种批判性问题而采取的构建论证的程序或步骤。因此，论证模型中的六个因素，分别是对挑战者提出的六类批判性问题的回答。

批判性问题	回答
对眼下这个问题怎么处置	C：主张（结论）
你的主张有何证据基础	G：根据（论据）
你如何从这些根据得出该主张	W：保证（担保）
这真是一个保险的移动	B：支撑
你的主张有多强	M：限定词
哪些可能发生的情况或许推翻该论证	R：反驳（反证）

对上述"麦克是哪国人"这一问题，通过批判性思考，可以对其论证提供各种角度的支持与削弱。

1. 支持

(1) 支持 G

比如：麦克的出生登记或出生证表明麦克出生于百慕大。

(2) 正当理由

① G—C 之间的假设。

比如：出生于百慕大的人通常是英国人。

② 支援（增加新论据）

比如：出生于百慕大的人通常是英国人，这是法律规定的。

(3) 没有其他反驳因素

比如：麦克的双亲不是外侨，或者麦克没有加入美国国籍。

(4) 支持 C

比如：麦克有英国护照。

2. 反驳

(1) 削弱 G，即攻击根据（前提）

比如：麦克并不是出生于百慕大，而是出生于伦敦。

(2) 反驳正当理由（假设）

① 断开 G—C 之间的联系。

比如：出生于百慕大的人是法国人。

② 反驳对理由的支援。

比如：不存在"出生于百慕大的人通常是英国人"那样的国籍法。

又如：对该法的解释不正确，即"出生于百慕大的人不一定是英国人"。

(3) 另有他因

比如：麦克后来加入了美国国籍（或其他国籍）。

又如：麦克的父母是外侨。

(4) 反驳 C，即直接反驳结论

比如：麦克仅持有美国护照。

又如：麦克没有英国护照。

需要认识到，在实际论证中，图尔敏论证结构中的某些元素通常是隐含的，保证几乎总是没有被表达出来，甚至我们在心里推理时也没有意识到它。我们依照保证进行推理和论证，但它们不是前提，而是推论规则。支持保证的证据只是在我们被要求证明从根据得出结论的推导的恰当性时，才需要表达出来。反驳也常常未被陈述出来，比如，当它是众所周知的时候。甚至限定词也常常是隐含的。

三、论证的基本结构

论证结构是当前论证分析的理论和实践的方法的重要主题。

当论证有一个以上前提时，它们与结论构成的支持关系就可能产生不同的结构，论证的子论证就有不同的性质。这种性质不仅直接规定论证结构的分析和图解，而且也影响论证的评估。无论是主论证还是子论证,可能存在四种支持关系:线性支持、组合式支持、收敛式支持和发散式支持,如图 3-4 所示。

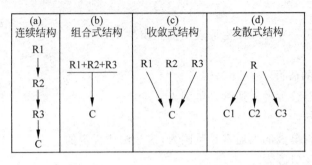

图　3-4

(一)论证结构的基本类型

1. 连续或线性论证

至少有一个命题既是前一个命题的结论,又是后一个命题的结论,换言之,其中的理由之一支持另一个理由。

这类论证的结构称为线性结构,单一的线性结构就是由一个前提和一个结论构成的论证。

例如,"李士先生出差了,所以,他不可能参加明天的讨论会",这个论证为线性论证。其结构如图 3-5 所示。

p ↓	李士先生出差了
c	李士先生不可能参加明天的讨论会

图　3-5

2. 组合式论证

若干互相联系的前提组合起来作为一个整体一起支持结论(任一理由离开其他理由都不能对结论提供支持)。

这类论证的结构称为 T 型结构。当一个论证有多个前提,而且这些前提必须结合在一起才能推出结论的时候,就可能是 T 型结构的论证。我们看如下几个论证:

(1) 中国人都是黄皮肤,他不是黄皮肤,所以,他不是中国人。

(2) 所有黄铜不是金子,所有黄铜是闪光的,有些闪光的不是金子。

(3) 自学考试毕业生求职大都受到过歧视。张山是一名自考生,张山曾多次求职未果,所以,张山求职时可能受到过歧视。

上述论证的结构如图 3-6 所示。

(1) 如图 3-6(a)所示,p1:中国人都是黄皮肤,p2:他不是黄皮肤。c:他不是中国人。

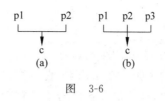

图 3-6

(2) 如图 3-6(a)所示,p1：所有黄铜不是金子,p2：所有黄铜是闪光的。c：有些闪光的不是金子。

(3) 如图 3-6(b)所示,p1：自学考试毕业生求职大都受到过歧视,p2：张山是一名自考生,p3：张山曾多次求职未果。c：张山求职时可能受到过歧视。

论证(1)、(2)都有一个共同特点,就是它们都有两个前提,两个前提结合在一起,推出结论,其结构很像大写英文字母 T,所以,这类论证被称作 T 型结构的论证。显然,T 型结构的论证也可能有三个或者更多的前提。因此,论证(3)也是 T 型结构的论证。

3. 收敛式论证

多个前提分别支持结论。

这类论证的结构称为 V 型结构或扇形结构。我们看如下两个论证：

(1) 李斯事业很成功,李斯的婚姻很美满。所以,李斯是个幸福的人。

(2) 王武连年荣获销售冠军称号,王武有营销学硕士学位,王武的群众呼声很高。所以,王武是销售部经理的最佳人选。

上述论证的结构如图 3-7 所示。

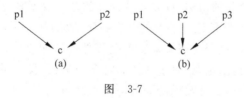

图 3-7

(1) 如图 3-7(a)所示,p1：李斯事业很成功,p2：李斯的婚姻很美满。c：李斯是个幸福的人。

(2) 如图 3-7(b)所示,p1：王武连年荣获销售冠军称号,p2：王武有营销学硕士学位,p3：王武的群众呼声很高。c：王武是销售部经理的最佳人选。

论证(1)有两个前提,两个前提并列推出结论,其结构很像大写英文字母 V,所以,这类论证被称作 V 型结构论证。论证(2)有三个前提,其形状就很像 W,但是也可以看作是两个 V 型结构论证的复合。所以,把多个前提的这一类论证都叫做 V 型结构论证。

T 型结构和 V 型结构有重大区别。T 型结构中前提不具备独立性,即每个前提都不可以独立支持结论。其中一个前提为假,结论就不可能为真。而 V 型结构的前提具有一定的独立性,即每个前提都可以相对独立地支持结论,其中一个前提为假,只是削弱结论,其他前提不受影响,甚至结论也不受太大影响。

4. 发散式论证

同一前提集支持多个并行的、不同的结论。

同一前提集支持两个并行的主张。在结构上,它与收敛式论证刚好相反。例如,吸烟被证明对健康有严重危害(1),所以,烟草的商业广告应该被禁止(2),吸烟有害的警示也应该印刷在所有香烟的外包装上(3)。

发散式结构如图 3-8 所示。

图 3-8

(二)论证的基本要素分析

论证分析的任务就是评价论证的质量高低,也就是看前提和结论之间的关系如何、前提自身是否妥当、结论是否可靠、恰当程度如何等一系列问题。前提首先是一种解释,即对我们为什么要相信某个特定结论的解释。只有恰当的前提才能保证论证的恰当性,才能作出合理的推理,使我们因此相信其推出的结论。最简单的论证,可能只包含一个前提和由此得出的结论。但是,大多数情况下,结论是需要多条前提来支撑的。因此,大多数论证可能不只包含一个推理,复杂的论证,往往包含多个相同形式的推理或者几个不同类型的推理。

为了充分认识一个论证的结构,首先要从论证的基本要素来进行分析。

(1) 论题是什么?论题,即论证涉及的某个特定话题,往往可以表达成为一个问句。比如,"是否应该禁止堕胎"、"是否应该大幅度提高最低工资额度"等。在题目中,往往只明确作者的论点,而不会明确指出论题,对于这样的隐含的论题,我们要学会从作者的论点中,反推出来,这一点有时十分重要,是发现论证结构性问题的首要步骤。

(2) 论点是什么?论点,即作者对论题的观点或主张,也就是作者要在论证中证明的东西。它往往作为论证的对象出现在一段论证的开头,也可能作为结论出现在结尾。论点是找出论题的关键线索。论点的标志词主要有"因此(因而、故而)"、"所以"、"可见"、"那么"、"这就是说"、"这就表明"、"总之"、"可以断言"、"显然"、"我们认为"、"我们可以相信"、"显然"、"于是"等。

(3) 论据是什么?论据,也就是作者用来论证论点的根据,即我们前面说的前提。论据可能是某个原则性的论断,也可能是事实性描述。论据的真实性是论证有效的一个基础性保证。我们需要区分哪些论据是可靠的,哪些是可以接受的,哪些是无效的,这些是判断论证是否有效、强度如何的重要依据。论据的标志词主要有"因为"、"如果"、"假设"、"假如"、"有鉴于"、"正如"、"由于"、"根据"等。

(4) 采取什么样的论证方式。论证方式即论点和论据之间的联系方式,一般表现为一个推理系列。按照推理结构不同,大体上可以分为演绎推理、归纳推理和类比推理等几种不同的类型。演绎是否有效,归纳强度如何,类比是否恰当,是分析论证质量如何的重要指标,符合推理规则的论证就是形式正确的论证,否则就是无效的论证。识别并分析推理中出现的各种谬误就是论证有效性分析的主要工作。

■指出下列各段论证的论题、论点和论据。

(1) 近年来私立学校如雨后春笋般出现，固然有助于使新加坡发展成为一个世界教育中心，但由于管制机制的欠缺，也出现了私立学校素质良莠不齐以及由此而衍生出来的诸多问题，若不及时有效处理，反而将影响我国教育中心的声誉。因此，加强私立学校监管实属必要。

(2) 我国会在一个较长的时期处于初级阶段，这是因为：我国生产力不发达的状况没有根本改变，社会主义民主法制还不够健全，封建主义、资本主义腐朽思想在社会上还有广泛影响。

(3) 为解决北京的交通拥堵问题，从2008年10月开始，北京实行了尾号轮换的限行措施。从现有掌握的数据看，限行对高峰时段流量的减少和整个城市大气质量的改善是有好处的。市政府的研究表明，从大气质量防治法和交通安全管理的一些法规看，执行这项措施是有依据的。同时，现有的限行措施，总体上也考虑并实现了有车族的需求和无车族的诉求。因此，我们有理由认为这项政策的好处是值得推广的。

(4) 地方政府直接发债，有益于银行借贷，地方政府发行债券的年期一般较长，因此地方可将其用作较长远的投资，有助于加快地方基础设施建设。地方政府债券是较好的投资工具。一般地方政府收入长期相对稳定，政府债券偿还期限比个人和公司长，投资风险小。地方债券建设将会有力地推动资本市场的发展。地方政府直接发债，使地方政府财政更透明。由于发债之前必须进行评级，地方政府将不得不向市场和公众披露其财政状况，这将减少中央和地方政府之间、地方政府和纳税人之间的信息不对称风险，提高地方政府的财政透明度。因此，地方政府直接发债利大于弊。

(5) 我们应该大力支持国产操作系统等基础软件的自主开发。计算机的操作系统是信息化最根本的基础平台，一个国家没有自己的操作系统平台，就像在别人的地基上盖房子，带来的风险和制约非常大。目前，我国的操作系统等基础软件完全依赖国外进口，特别是在国防、金融等关键领域大量应用国外软件，将会直接威胁国家安全。国外著名软件公司的产品大都有秘密"后门"，用国外的操作系统，我们就没有隐私可言。

[解题分析]

(1) 论题：有必要加强私立学校监管吗？

论点：加强私立学校监管实属必要。

论据：p1：管制机制的欠缺。

p2：出现了私立学校素质良莠不齐。

p3：由此而衍生出来的诸多问题。

p4：不及时有效处理，将影响我国教育中心的声誉。

(2) 论题：我国的社会主义初级阶段是否具有长期性？

论点：我国会长期处于社会主义初级阶段。

论据：p1：我国生产力不发达的状况没有根本改变。

p2：社会主义民主法制还不够健全。

p3：封建主义、资本主义腐朽思想在社会上还有广泛影响。

(3) 论题：尾号轮换限行措施值得推广吗？

论点：尾号轮换限行措施值得推广实施。

论据：p1：从现有掌握的数据看，限行对高峰时段流量的减少和整个城市大气质量的改善是有好处的。

p2：市政府的研究表明，从大气质量防治法和交通安全管理的一些法规看，执行这项措施是有依据的。

p3：同时，现有的限行措施，总体上也考虑并实现了有车族的需求和无车族的诉求。

（4）论题：地方政府直接发债好不好？

论点：地方政府直接发债利大于弊。

论据：p1 有益于银行借贷，地方政府发行债券的年期一般较长，因此地方可用作较长远的投资，有助于加快地方基础设施建设。

p2：地方政府债券是较好的投资工具。一般地方政府收入长期相对稳定，政府债券偿还期限比个人和公司长，投资风险小。

p3：地方债券建设将会有力地推动资本市场的发展。

p4：地方政府直接发债，使地方政府财政更透明。

（5）论题：是否应该大力支持国产操作系统等基础软件的自主开发？

论点：应该大力支持国产操作系统等基础软件的自主开发。

论据：p1：计算机的操作系统是信息化最根本的基础平台，一个国家没有自己的操作系统平台，就像在别人的地基上盖房子，带来的风险和制约非常大。

p2：目前，我国的操作系统等基础软件完全依赖国外进口，特别是在国防、金融等关键领域大量应用国外软件，将会直接威胁国家安全。

p3：国外著名软件公司的产品大都有秘密"后门"，用国外的操作系统，我们就没有隐私可言。

四、论证的扩展结构

从传统观点看，一个论证的要素至多是三个：前提（理由或根据）、结论（主张、论题或论点）和支持关系。然而，从实际论证的情形和更广的视野来看，这些只不过是"原子论证"的要素而已。实际语境中的论证远不像基本模式那样单纯。如果考虑到论证的辩证情境和宏观结构，那么需要考虑的论证要素就被大大扩充。

例如，我不能帮你演算练习题(1)，因为我没有学过多少数学(2)，而且我还得完成我的哲学论文(3)，因而今晚得干个通宵(4)。总之，我不能帮你。

它的结构如图 3-9 所示。

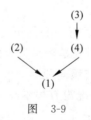

图 3-9

在这个论证中，(1)是主张，(4)是其中的一个前提，但(4)也是结论即(3)的结论。这样，我们就需要区别一些不同层次中的结论和前提。

(一) 论证的构件

需要引入一些术语来标识扩展论证的不同部分。

1. 论证链：论证中各个前提与结论构成的整个支持关系。
2. 子论证：论证链中的任何单个的推论或论证链中的一个支持关系。
3. 主结论：一个论证链中的最终结论。结论可能出现于语段的开头、结尾或中间。结论可能有不同的范围和确定性。这些不同强度的结论，所需的证据及支持强度不同。提出一个令人信服的论证所需要的证据强度，随所希望达到的结论的范围和确定性而变化。
4. 主论证：由主结论及其直接前提构成的论证。
5. 主论据：直接支持主结论的理由。
6. 子结论：论证链中除主结论之外的任何一个子论证的结论。
7. 基本前提：论证中不再被其他陈述支持的前提。基本前提也可能不是绝对真的，而只是似真的，关键在于它是否受到进一步的挑战。
8. 非基本前提：即子结论，论证中被其他陈述支持的前提。

上例中，论证链由(2)支持(1)、(4)支持(1)和(3)支持(4)三个子论证组成，主结论是(1)，主论证是(2)支持(1)和(4)支持(1)，主论据是(2)和(4)，子结论是(4)，基本前提是(2)和(3)，非基本前提是(4)。

(二) 论证的假设

在分析论证结构时，我们还须考虑论证的提议者所默认或认为理所当然的假设。假设是说者或作者显然接受或理所当然的信念，它们并没有被陈述或自显出来。我们常针对一个人做出的某个主张说"这只是一个假设"，便是此意。我们现在论及的假设是前一个意义上的假设，即它是说者或作者显然接受的但没有被明确陈述出来的，因而是隐含的，需要我们揭示和分析。与论证密切相关的假设主要有两种类型：一种是背景假设，另一种是论证的隐含前提。

1. 背景假设

论证总是在特定的背景下做出的。有一些论证者预先假定的东西，它们并不在论证中以明显的形式出现，但论证的成功却离不开它们。这种背景假设主要包括两部分内容：被论证者认为是理所当然的观念或理念与推论规则集。背景假设往往涉及价值观或价值优先性的选择。

2. 隐含前提

在大多数语境中，论证基于它所关涉的双方具有共同的知识背景，而在陈述中省略了对某些信息的表达，当然，不能排除某些论证者为了掩盖他所使用的前提的可疑性而有意不明确陈述该前提。当我们发现了从已表达出的前提向结论的有效过渡还缺乏某些环节时，就应分析论证的隐含前提。

隐含前提的特点是：第一，隐含性，即作为论证前提的陈述没有被明确陈述出来；第二，论证者先行承认或视为理所当然；第三，影响论证的结构与论点的确立，如果隐含前提为假或似真度不高,整个论证的效力就降低,结论的可接受性也受到影响;第四,它可能具有可争辩性,也可能有潜在的欺骗性;第五,摧毁论证往往要揭露隐含前提并予以批判。

一个论证经常会隐含地利用在论证段落中未陈述的前提假设,相应地也会隐含地使用某些推理形式。也就是说,有些作为推理链条上重要环节的话语,没有明确地在论证中表达出来。论证有效性分析的一个重要任务,也是这类题目的一个难点,就是找出这些隐含前提,分析其可靠性。

■指出下列各段论证的论题、论点、论据和隐含前提。

促进文化发展和繁荣,既可以拓展消费领域,也有利于丰富人们的精神文化生活。因此,我们要大力发展文化体育事业。

[解题分析]

论题:应该大力发展文化体育事业吗?

论点:应该大力发展文化体育事业。

论据:p1:文化体育事业促进文化发展和繁荣。

p2:可以拓展消费领域。

p3:有利于丰富人们的精神文化生活。

隐含前提(hp):有利于促进文化、经济、生活发展和繁荣的事业,就应该大力发展。

(三)论证结构分析的一般方法

有些论证结构比较简单,类型较为单一,但是大多数论证会呈现为各种论证结构的复合。我们在平时阅读中见到的论证大多会是这样的复杂论证。

论证结构的分析步骤如下。

(1)明确论题,找出前提和结论。

(2)对论证中的元素符号化。

(3)根据论证关系绘制论证图示。

下面,我们通过几个例题来学习一下论证结构分析的一般方法。

■分析识别下列论证的结构:

(1)李斯拥有一家年产值上千万的计算机公司,李斯的婚姻很美满。所以,李斯是个幸福的人。

(2)追星行为和所谓偶像文化会对青少年的人生观、价值观产生诸多负面影响。不管是韩剧还是某些偶像派的流行音乐,它们之所以在青少年中如此受到欢迎,是因为编剧或词曲作者非常了解这个年龄段的孩子到底想要的是什么,完全符合他们的口味。那些凭借诸如美丽、温柔、机灵、醇厚等自身天赋条件和不可知的机缘巧合平步青云的故事背后,恰恰宣扬了对于经由个体奋斗的成功的怀疑。在这种情况下青少年的人生观和价值取向会发生偏离,他们会幻想着奇迹发生在自己身上,刻意或不经意地模仿不切实际的生活方式,追求自我享受而忽视社会价值。

(3)进不了好幼儿园,就可能上不了清华大学。如果进不了最好的幼儿园,就可能考不上重点小学。考不上重点小学,就可能进不了重点中学。进不了重点中学,就可能考不上清华大学。因此,选幼儿园对孩子前途影响深远。

(4)网络伦理问题产生的原因是多元的。由于网络社会结构上有缺陷,网络道德规范的运行机制尚不健全，社会转型期道德失范导致的伦理问题也会直接反映在互联网上，经济利益的驱动同样也会导致网络伦理问题。因此，必须从网络技术监控、相关法律法规建设和伦理规范教育等多角度入手，才能规范人们的网络行为，净化网络空间。

［解题分析］

(1) 设

p1：李斯拥有一家年产值上千万的计算机公司。

hp：李斯事业很成功。

p2：李斯的婚姻很美满。

c：李斯是个幸福的人。

论证结构如图 3-10 所示。

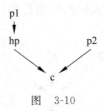

图 3-10

这是一个复合结构的论证。首先，p1 与 c 之间是线性推理的关系，hp 是从 p1 推出的未陈述的中间结论。hp 作为 c 的一个前提和 p3 构成一个 V 型论证。

(2) 设

T：追星行为和所谓偶像文化会对青少年的人生观、价值观产生负面影响。

p1：韩剧和某些流行音乐在青少年中受到欢迎。

p2：韩剧编剧和某些流行音乐词曲作者刻意迎合青少年的口味。

hp1：因自身天赋条件和机缘巧合而平步青云的故事，是韩剧和某些流行音乐经常性题材。

p3：因自身天赋条件和机缘巧合而平步青云的故事，宣扬了对于经由个体奋斗的成功的怀疑。

hp2：韩剧和某些流行音乐宣扬了对于经由个体奋斗的成功的怀疑。

c：因此，青少年的人生观和价值取向会发生偏离，他们会幻想奇迹发生，模仿不切实际的生活方式，追求自我享受而忽视社会价值。

论证结构如图 3-11 所示。

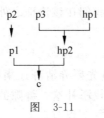

图 3-11

(3) 设

p1：进不了好幼儿园，就可能上不了清华大学。

p2：如果进不了最好的幼儿园，就可能考不上重点小学。
p3：考不上重点小学，就可能进不了重点中学。
p4：进不了重点中学，就可能考不上清华大学。
c：选幼儿园对孩子前途影响深远。
这是一个典型的滑坡推理：p1→p2→p3→p4→c。
（4）设
c1：网络伦理问题产生的原因是多元的。
p1：由于网络社会结构上有缺陷，网络道德规范的运行机制尚不健全。
p2：社会转型道德失范导致的伦理问题也会直接反映在互联网上。
p3：经济利益的驱动同样也会导致网络伦理问题。
c：必须从多角度入手，才能规范人们的网络行为，净化网络空间。
论证结构如图 3-12 所示。

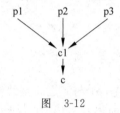

图 3-12

论证结构分析是论证有效性分析的一项基本功，一定要勤加练习。开始的时候，可以多画一画论证结构图。熟练了，就可以在心里画。当然，对于比较复杂的论证，还是画一画比较好。希望学员在平时阅读报纸杂志的时候，有意识地多做一些论证结构分析，这样有助于大家在阅读中迅速把握论证的主题，准确快速地找到前提和结论，尤其是切实厘清前提和结论之间的关系。

第三节　论证重构与标准化

一、论证的重构

被评估的论证应是一个结构完整的论证，因此，在评估之前，应对论证补充隐含前提，即进行重构。一般来说，判断论证者会视为理所当然的是哪些陈述，可依据论证本身的语言表达方式、我们对论证语境的了解以及我们在该论证之外对作者信念的了解。

（一）重构的规则

如何发现论证的隐含前提呢？首先要弄清陈述集中的前提和结论，然后仔细考虑理由和结论之间的"缝隙"或差距，最后寻找添补这一缝隙的前提或信念。

在补充省略前提时，要坚持以下三个规范。

充分性——未表达前提必定能使前提充分支持结论或至少支持结论。

保存性——应该尽力保存已陈述前提的角色。

似真性——在两个可接受的前提之间进行选择时，慈善原则要求我们选择补充更似真的前提。"慈善原则"的核心是,我们应尽可能对被分析的论证做出有利于支持结论的解释,即对别人的论证进行解释时,要"慈悲为怀"。当其他因素,如语境、逻辑模式、明言的意图等同样允许几个不同前提作为候选者时,应该选取产生最强论证的那个前提作为省略前提补充到论证中。

重构依据以下规则进行。

(1) 补充的前提应与先前的条件一致。

(2) 补充的前提是论证者接受的或承诺的。这种承认的证据可在文本的措辞中发现;或基于这样的事实:它是常识、几乎人人接受的信念;或者基于推理的方向,表明论证者只有凭借如此的承诺才能从已陈述的前提达至结论。

(3) 补充那些能够增强论证的陈述,避免补充与论证不相干的假设。

(4) 不能补充仅仅使已陈述的推论具体化的前提。如"小张是个超时髦的人,小李不喜欢他"这一论证的隐含前提不能是"如果小张是个赶时髦的人,那么小李不喜欢他。"

(5) 假如有若干满足(1)~(3)标准的前提,则应补充使论证成为最强的那种前提。如考虑上述论证的隐含前提,"小李不喜欢某些赶时髦的人"就不如"小李不喜欢赶时髦的人"。而当多个满足(1)~(3)标准的前提都能使得论证合理时,应补以最弱的前提。如"小李不喜欢赶时髦的人"、"小李不喜欢任何人"、"小李不喜欢世上的任何东西"等,都可以给结论"小李不喜欢小张"以强支持,但断定越强的命题越容易成为假的或不可接受的,因此应该选取断定较弱的"小李不喜欢赶时髦的人"作为补充前提。

(6) 若结论带"可能"等类似限定词,补充的前提要减弱。但无论如何,应该首先保证补充的隐含前提是真的或可接受的。

(二) 补充隐含前提的步骤

补充隐含前提的步骤如下:

(1) 描述已被表达的论证。

(2) 若是演绎论证(无论主论证还是子论证),则确定使其有效所需要的前提;归纳论证中的全部证据必须被论证者陈述,不能省略。要确定需补充哪些信息才能使归纳论证成为可靠的。一般来说,这些信息涉及归纳论证的约束条件和辅助假说(约束条件排除得出不同结论的其他可能情况,辅助假说涉及相关的专业知识);合情论证中省略的一般是可废止的推论规则(比如,诉诸权威的论证中,推论规则"如果命题C所属领域F的一个权威A断定C为真或可接受,则可接受C"常常省略,因为这些推论规则往往是常识)。

(3) 给论证加上隐含前提。

(4) 检验重构的论证,看看是否符合原意。

■圈养动物是比野生动物更有意思的研究对象。因此,研究人员从研究圈养动物中能够比从研究野生动物中学到更多的东西。

上面的论证依赖于下面哪一个假设?

A. 研究人员只研究他们感兴趣的对象。

B. 一般而言,能够从研究对象那里学到的东西越多,从事该研究通常就越有意思。

C. 一般而言,研究对象越有意思,从研究该对象那里学到的东西通常就越多。

D. 研究人员从他们不感兴趣的研究对象那里学到的东西较少。

E. 一般而言,研究人员通常偏向于研究有意思的对象,而不是无意思的对象。

[解题分析] 正确答案:C。

该论证有下面的结构:

陈述的前提:圈养动物是更有意思的。

省略的前提:更有意思的动物是知识的更好来源。

陈述的结论:所以,圈养动物是知识的更好来源。

■人类学家发现早在旧石器时代,人类就有了死后复生的信念。在发掘出的那个时代的古墓中,死者的身边有衣服、饰物和武器等陪葬物,这是最早的关于人类具有死后复生信念的证据。

以下哪项,是上述议论所假定的?

A. 死者身边的陪葬物是死者生前所使用过的。
B. 死后复生是大多数宗教信仰的核心信念。
C. 宗教信仰是大多数古代文明社会的特征。
D. 放置陪葬物是后人表示对死者的怀念与崇敬。
E. 陪葬物是为了死者在复生后使用而准备的。

[解题分析] 正确答案:E。

题干断定:旧石器时代的古墓中有陪葬物,如果 E 项为真,即陪葬物是为了死者在复生后使用而准备的。从而可推出结论:那时人类就有了死后复生的信念。

其推理成立的假设就是要说明这两者之间有本质联系。其余各项均不是必须假设的。

二、论证的标准化

论证图解方法的应用是以标准论证为对象的。但实际论证有时既包括与论证无实质联系的信息,有时又省略了某些相干的信息;由于个人叙述、论证的风格不同,实际论证的表述有时虽然有趣,但缺乏组织性;论证可能用到疑问、命令句,有重复,包括背景和旁注,其间也许穿插笑话,脱离主题等。背景信息、插入的材料(如解释语词的话语)可以增加趣味或产生幽默,但它们并不是论证的组成部分。因此,在分析论证结构的时候,标准化论证往往是必要的。标准化的作用是:辨识前提和结论,搞清推理路线,使论证变成清楚、完整的陈述。

标准化论证需要进行以下四种转换。

(一)删除

在将文本解释为一个或若干论证时,将那些与确立或反驳一个主张不相干的部分、重复的信息去掉;属于交际性的内容、其他话题的插入、无关的枝节、顺便说的话等都可忽略,它们不进入论证结构的描写。

■巴西火蚁目前在美国南部大量滋生。与巴西的火蚁不同,美国的火蚁一巢中有两只蚁后,这种火蚁比一巢中只有一只蚁后的火蚁更有侵略性,它们几乎消灭了其巢穴附近的所有昆虫以独占食物来源,因而火蚁的数量迅速增长。在巴西由于火蚁的天敌能限制火蚁的数量,所以把这些天敌引进美国会阻止美国火蚁数量的增长,全面改善生态环境。

以下除了哪项外,其余各项都是上述论证所依赖的假设?

A. 在美国引进火蚁的天敌将不会造成比火蚁本身所导致的环境灾难更可怕的后果。
B. 巴西火蚁的天敌能够适应美国的环境并生存下来。
C. 异常凶猛的双蚁后火蚁不至于杀死它们在巴西远亲的天敌。
D. 火蚁的天敌能在这些火蚁扩展到更北方的州之前控制住火蚁的增长。
E. 火蚁本身繁殖的速度不会超过其天敌杀死它们的速度。

[解题分析] 正确答案：D。

题干很长，但注意到对美国火蚁的介绍都属于修饰语，因此题干论证经概括可表达为：为消除美国火蚁，美国引进生活在巴西的火蚁天敌。

由本题的论述可以推知，要想使从巴西引起进的昆虫能对美国南部地区的环境有益，首先得保证这种昆虫在该地区能够存活，其次是这种昆虫给这个地区的环境带来的益处要大于害处；要想使这种昆虫抑制住火蚁数量的增加，首先就要求是这种昆虫吃掉了火蚁，而不是火蚁吃掉了这种昆虫，其次要求这种昆虫杀死火蚁的比率要超过火蚁数量增加的比率。根据此分析可知，A、B、C、E 选项都是上题论述依赖的假设；D 为无关选项，不是本段落论述依赖的假设。

A 属于防止间接的反例产生一类的假设；A 加非：在美国引进火蚁的天敌将"会"造成比火蚁本身所导致的环境灾难更可怕的后果。指出引入天敌不可行。

B 属于提供可比性前提一类的假设；B 加非：巴西火蚁的天敌"不"能够适应美国的环境并生存下来。指出引入天敌不可行。

C 和 E 属于防止在可类比的关键性因素上可能出现反例（直接的反例）一类的假设。C 加非：异常凶猛的双蚁后火蚁"能"杀死它们在巴西远亲的天敌。指出引入天敌不可行。

E 加非：火蚁本身繁殖的速度"会"超过其天敌杀死它们的速度。指出引入天敌不可行。

（二）补充

被评估的论证应是一个结构完整的论证，因此，在评估之前，应对论证补充隐含前提，即使论证未表达出来的预设、假设或省略前提明确化，同时也要把隐含的论点明确化。

■以一般读者为对象的评价建筑作品的著作，应当包括对建筑作品两方面的评价，一是实用价值，二是审美价值，否则就是有缺陷的。摩顿评价意大利巴洛克宫殿的专著，详细地分析评价了这些宫殿的实用功能，但是没能指出，这些宫殿，特别是它们的极具特色的拱顶，是西方艺术的杰作。

假设以下哪项，能从上述断定得出结论：摩顿的上述专著是有缺陷的？

A. 摩顿对巴洛克宫殿实用功能的评价比较客观。
B. 除了实用价值和审美价值以外，摩顿的上述专著没有从其他方面对巴洛克宫殿做出评价。
C. 摩顿的上述专著以一般读者为对象。
D. 摩顿的上述专著是他的主要代表作。
E. 有些读者只关心建筑作品的审美价值，不关心其实用价值。

[解题分析] 正确答案：C。

题干断定：第一，对以一般读者为对象的评价建筑作品的著作来说，如果没有同时评价实用价值与审美价值,那么就是有缺陷的。

第二,摩顿的专著评价了意大利巴洛克宫殿的实用价值,但没有评价其审美价值。

如果摩顿的上述专著以一般读者为对象,从中就能得出结论:摩顿的上述专著是有缺陷的。

可见,C项是题干论证的假设。

■近来,信用卡公司遭到了很多顾客的指责,他们认为公司向他们的透支部分所收取的利息率太高了。事实上,公司收取的利率只比普通的银行给个人贷款的利率高两个百分点。但是,顾客忽视了信用卡给他们带来的便利,比如,他们可以在货物削价时及时购物。

上文是以下列哪个选项为前提的?

A. 购物折扣省下来的钱至少可以弥补以信用卡付款超出普通银行个人贷款利率的那部分花费。

B. 信用卡的申请人除非有长期的拖欠历史或其他信用问题,否则申请很容易被批准。

C. 消费者在削价时购买的货物价格并不很低,无法使消费者抵消高利率成本,并有适当盈利。

D. 那些用信用卡付款买削价货物的消费者可能不具有在银行以低息获得贷款的资格。

E. 信用卡使用者所能透支的总量是有限制的,因此,其支付的利息也是有限的。

[解题分析]　正确答案:A。

面对顾客对信用卡公司的指责,题干作者的辩解是:信用卡公司对其顾客的透支所收的利率并不能算高,只是略比银行高,但却给顾客带来了可在货物削价时及时购物等便利。

选项A是题干论述的隐含前提,否则,如果购物折扣省下来的钱不足以弥补以信用卡付款超出普通银行个人贷款利率的那部分花费,那么,信用卡公司对其顾客的透支所收的利率就算高了,题干作者为信用卡公司所做的辩解就不能成立了。

其余各项均不是题干论述所必须假设的。

(三) 替换

用清楚、确切的表达方式来替代含糊或者间接的表达方式,同义的所有表达式用唯一的表达式代换。

正确理解的基础是"换句话说",即将论证拆分成前提和结论,接着用自己的话来复述这个推理。

■在目前财政拮据的情况下,在本市增加警力的动议不可取。在计算增加警力所需的经费开支时,只考虑到支付新增警员的工资是不够的,同时还要考虑到支付法庭和监狱新雇员的工资,由于警力的增加带来的逮捕、宣判和监管任务的增加,势必需要相关机构同时增员。

以下哪项如果为真,将最有力地削弱上述论证?

A. 增加警力所需的费用,将由中央和地方财政共同负担。

B. 目前的财政状况,绝不至于拮据到连维护社会治安的费用都难以支付的地步。

C. 湖州市与本市毗邻,去年警力增加19%,逮捕个案增加40%,判决个案增加13%。

D. 并非所有侦察都导致逮捕,并非所有逮捕都导致宣判,并非所有宣判都导致监禁。

E. 当警力增加到与市民的数量达到一个恰当的比例时,将会减少犯罪。

[解题分析]　正确答案：E。

题干推理是，因为警力增加会导致相关部门增员，所以，增加警力的动议不可取。

E项断定，当警力增加到与市民的数量达到一个恰当的比例时，将减少犯罪，这就意味着，在这样的条件下，相应的逮捕、宣判和监管任务不但没有增加，反而减少，因此，并不需要相关部门同时增员。这就有力地削弱了题干的论证。

其中，A项并没有断定增加财政是否能够负担警力所需的费用，不能削弱题干；B、C项实际上对题干论证有所加强；D项所述"并非所有"即使成立，也说明警力增加会导致相关部门增员，也将加强题干论证。

（四）排列组合

将有支持关系的陈述放在一起，按有利于对论证开展评估的方式排列组合。

[逻辑案例]　构建一个论证"关于解决上自习场所问题的建议"。

问题：学生没有足够的场所自习。

建议方案：在自习时间开放餐厅作为自习场所。

可行性论证：

(1) 时间：每天下午2:00—5:30，晚上7:00—10:00，不影响供餐。
(2) 调整设备：照明和桌椅按自习要求改装，配套卫生间等。
(3) 卫生：餐后使用清洁液清洗桌面和地板，安装空气清洁设备。
(4) 维护：设立卫生保持监督人员。
(5) 费用：学校事业经费开支。此方案比另建教室节省，能立即投入使用。
(6) 安全：此方案比校园外租赁教室安全。

第四节　论证图解与评估

一、论证图解

论证图解是论辩理论、谬误研究特别是导论性逻辑和非形式逻辑（批判性思维）教科书普遍使用的分析论证文本结构的技术，而且，论证评估在某种程度上也依赖论证图解，论证图解技术是把握论证结构的有效方法。

（一）论证图解的作用

操作论证图解的艺术将有助于掌握批判性思维的一般技巧。论证图解帮助人们产生清晰、有力和组织良好的论证；帮助人们使用推理与他人沟通，因为读者或听者常常最终形成与作者或说者所意欲的推理差异较大的解释，此时，论证图解以完全清晰和无歧义的形式表达推理而成功地实现沟通。论证图解也有助于推理的评估。论证图解使得推理的结构完全清楚，并因此帮我们了解其力量，洞察其隐藏的弱点。图解有助于人们理性地解决意见分歧。在辩论或论证中，对论证实际上是什么，人们经常有不同的感受。使用论证图解，人们能分享推理结构的共同理解，并因此揭露理解上的不一致，而不至于被误解为转移目标。同样，论证图解能帮我们做出更好的决策。无论何时，当你打算就复杂的、有点混乱的问题做出决策时,如果你制订出清晰和富有洞察力的论证,你就会处于不错的状况。当然,论证图解也许是有趣和有娱乐价值的。近年来,一些人工智能学者和非形式逻辑学者合作,将论证标准图解和计算机辅助方法结合起来,创立了计算机辅助论证图解,广泛地用于培养学生的批判性思维技能。

(二)图解论证的一般策略

图解论证的一般策略包括:

(1) 确定将要处理的语段确实包含论证,试图提出一些理由支持某个主张。

(2) 通过论证指示词识别主结论。

(3) 将语段中支持主结论的那些陈述(理由)识别出来。

(4) 忽略只是背景信息的那些材料,比如导言或编者按。

(5) 整理和归并材料。一要忽略那些早已分析过的材料,比如,同一结论或前提以不同的表述形式重复出现,起同样作用的,只在图解中出现一次。但是,当这些不同表述的话语有不同功能时,比如第一次出现表达一个前提,之后的出现表达一个结论时,就应让它在标准形式中出现两次,因为此时可能有不同的推理路线。二要剔除在论证中不起实质作用的语句。对包括多个断言的陈述进行分解,将其标示为几个陈述。

(6) 对较长的论证语段,特别是对话式论证,可进行必要的压缩、编辑或概括。当然前提是,你应该认真阅读或倾听,搞清作者或说者为何这样讲,话语的核心含义为何,对主张提供的理由是什么。

(7) 给每一前提和结论编号。

(8) 检核每一前提和结论都是自身完整的陈述,比如用具体名称替代"这"、"他"等代词。同时,把用问句、命令或感叹句形式表达的前提和结论,统统改换成陈述句形式。

(9) 用箭头表示支持关系,用英文大写字母表示隐含前提。

(10) 检查标准化的论证是否遗漏了任何实质性的东西,或混进了原本不包括的东西。

[逻辑案例] 图解以下对话形式的论证。

甲:亚麻油可降低胆固醇。

乙:你怎知道?

甲:费尔博士说的。他是专家。

乙:专家也可能是错的。

甲:是的。但是,他们往往是对的,因为他们有某个领域的知识。

首先概括出对话中包括的命题。

(1) 亚麻油可降低胆固醇。

(2) 费尔博士说亚麻油可降低胆固醇。

(3) 费尔博士是专家。

(4) 专家可能出错。

(5) 专家往往是对的。

(6) 专家有某个领域的知识。

在这个对话中,甲提出了一个诉诸权威的论证,即用(2)、(3)、(5)、(6)支持(1)。其中,(2)、(3)、(5)直接支持(1),而(6)支持(5)。

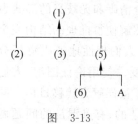

图 3-13

(6)支持(5)的时候,有隐含前提 A:"在某个领域有专业知识的消息来源往往是对的"。该论证过程如图 3-13 所示。

二、论证评估

逻辑学是研究好推理(好论证)和坏推理(坏论证)之区分的规范性学科。论证评估是非形式逻辑的落脚点,也是核心。论证评估的基本问题是一个结论是否应该被接受。前提对结论的支持满足何种条件才足以使结论成为可接受的?

一个论证是好的,当且仅当:①前提可接受;②前提足以支持结论;③前提与结论相干;④结论可接受。

(一)论证评估的基本标准

在非形式逻辑领域,论证评估的基本标准是前提对结论的相干性、充分性和前提的可接受性,即 RSA 标准。

(1)相干性。首先,前提必须和结论相干,即它们必须通过相干性检验;其次,前提必须给结论提供充分支持,即它们必须通过充分性检验;第三,前提必须是可接受的,即它们必须通过可接受性检验。

(2)充分性。充分性要件是,前提必须给结论提供充分支持。充分性至少有两个维度:已提出的证据类型是否足够;证据的范围是否适当。

(3)前提的可接受性。这个标准实际包括两个标准:一个涉及前提对(结论的)听众的关系(可接受性),另一个涉及前提对世界的关系(真)。

(二)论证评估的一般流程

论证评估预设论证的辨识和结构分析已经完成,因此在整个论证评估流程中包括这两个预先的步骤。在论证评估的全流程中贯穿着论证评估的一般规范。

论证评估的一般流程如图 3-14 所示。

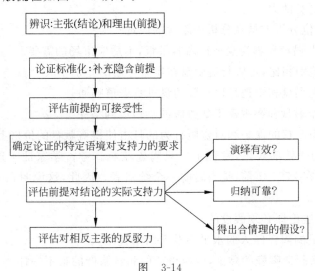

图 3-14

练习题

1. 一些凶事预示者警告说：天气模式长期变暖或变冷的趋势将强烈地减少谷物产量。然而，更多乐观的报道指出：即使在平均温度上这种浮动真的发生，谷物产量也只会有很小的变化，因为几乎没有证据表明降雨模式将发生改变。此外，对大多数作物来讲，由气候原因引起的产量趋势将被每年产量的浮动和由于技术因素引起的产量的增加而掩盖。

下面哪一个是更乐观的报道所基于的假设？
  A. 天气模式的长期变化不能被准确地预测。
  B. 忽视气候因素，谷物的成长是如此依赖于技术因素以至于产量增加是不可能的。
  C. 降雨模式趋势比温度趋势更难预测。
  D. 长期温暖或寒冷的趋势如果伴随着降雨模式的变化比不伴随着降雨模式的变化对谷物的危害更大。
  E. 长期寒冷的趋势比长期温暖的趋势对谷物产量更有潜在破坏性。

2. 虽然世界市场上供应的一部分象牙来自被非法捕杀的野生大象，但是，还有一部分是来自几乎所有国家都认为是合法的渠道，如自然死亡的大象。因此，当人们在批发市场上尽力限制自己只购买这种合法的象牙时，世界上仅存的少数野生象群是不会受到威胁的。

上述论证依赖的假设是下列哪项？
  A. 试图把购买限于合法象牙的批发商能够可靠地区分合法象牙与非法象牙。
  B. 在不久的将来，对合法象牙产品的需求会持续增长。
  C. 目前世界上合法象牙的批发来源远少于非法象牙的批发来源。
  D. 象牙的批发商总是意识不到世界象牙供应减少的原因。
  E. 持续地供应合法象牙可以得到保证，因为圈养的大象可以繁殖。

3. 在当前的音像市场上，正版的激光唱盘和影视盘销售不佳，而盗版的激光唱盘和影视盘却屡禁不绝，销售异常火爆。有的分析人员认为，这主要是因为在价格上盗版盘更有优势，所以在市场上更有活力。

以下哪项是这位分析人员在分析中隐含的假定？
  A. 正版的激光唱盘和影视盘往往内容呆板，不适应市场的需要。
  B. 与价格的差别相比，正版与盗版盘在质量方面的差别不大。
  C. 盗版的激光唱盘和影视盘比正版的盘进货渠道畅通。
  D. 正版的激光唱盘和影视盘不如盗版的盘销售网络完善。
  E. 加强对知识产权的保护和对盗版行为的打击使得盗版盘的价格上涨。

4. 在西西里的一处墓穴里，发现了一只陶瓷花瓶。考古学家证实这只花瓶原产自希腊。墓穴主人生活在2700年前，是当时的一个统治者。因此，这说明在2700年前，西西里和希腊间已有贸易。

以下哪项是上述论证必须假设的？
  A. 当时西西里的陶瓷匠人的水平不及希腊陶瓷匠人。
  B. 在当时用来制造陶瓷的黏土，西西里产的和希腊产的很不一样。
  C. 墓穴主人活着的时候，已经有大批船队能够往来于西西里和希腊。

D. 在西西里墓穴里发现的这只花瓶不是墓穴主人的后裔在后来放进去的。
E. 墓穴主人不是西西里皇族的成员。

5. 类人猿和其后的史前人类所使用的工具很相似。最近在东部非洲考古所发现的古代工具,就属于史前人类和类人猿都使用过的类型。但是,发现这些工具的地方是热带大草原,热带大草原有史前人类居住过,而类人猿只生活在森林中。因此,这些被发现的古代工具是史前人类而不是类人猿使用过的。

为使上述论证有说服力,以下哪些项是必须假设的?

A. 即使在相当长的环境生态变化过程中,森林也不会演变成为草原。
B. 史前人类从未在森林中生活过。
C. 史前人类比类人猿更能熟练地使用工具。
D. 史前人类在迁移时并不携带工具。
E. 类人猿只能使用工具,并不能制造工具。

6. 不仅人上了年纪会难以集中注意力,就连蜘蛛也有类似的情况。年轻蜘蛛结的网整齐均匀,角度完美;年老蜘蛛结的网可能出现缺口,形状怪异。蜘蛛越老,结的网就越没有章法。科学家由此认为,随着时间的流逝,这种动物的大脑也会像人脑一样退化。

以下哪项如果为真,最能质疑科学家的上述论证?

A. 优美的蛛网更容易受到异性蜘蛛的青睐。
B. 年老蜘蛛的大脑较之年轻蜘蛛,其脑容量明显偏小。
C. 运动器官的老化会导致年老蜘蛛结网能力下降。
D. 蜘蛛结网只是一种本能的行为,并不受大脑控制。
E. 形状怪异的蛛网较之整齐均匀的蛛网,其功能没有大的差别。

7. 从历史上看,美国的繁荣是依靠企业不断涌现的新发明,这些发明促使汽车、飞机制造、化工、制药、电子、计算机等领域出现了一批新工业和新产品。因此,经济不断壮大的最好保障是企业在科学研究和发展方面增加经费。

以下哪项为真,最能削弱以上命题?

A. 企业花在研究和开发上的投入关系着企业的发展战略。
B. 由于增加了资金投入,企业研究和开发部门申请的专利比以前多了。
C. 有一些工业的发展直接依靠公司研究和开发部门取得的科技突破。
D. 多数企业只能对现有产品作出微小的改进,要发展新技术还要靠研究所。
E. 在今后五年中,企业对研究人才的需求将会增加。

8. 长天汽车制造公司的研究人员发现,轿车的减震系统越"硬",驾驶人员越是在驾驶中感到刺激。因此,他们建议长天汽车制造公司把所有的新产品的减震系统都设计得更"硬"一些,以提高产品的销量。

以下哪一项如果为真,最能削弱该研究人员的建议?

A. 长天公司原来生产的轿车的减震系统都比较"软"。
B. 驾驶汽车的刺激性越大,车就容易开得越快,越容易出交通事故。
C. 大多数人买车是为了便利和舒适,而"硬"的减震系统让人颠得实在难受。
D. 目前"硬"减震系统逐步流行起来,尤其是在青年开车族中。
E. 买车的人中有些年长者不是为了追求驾驶中的刺激。

9. 有些外科手术需要一种特殊类型的线带,使外科伤口缝合达到十天,这是外科伤口需要线带的最长时间。D型带是这种线带的一个新品种。D型带的销售人员声称D型带将会提高治疗功效,因为D型带的黏附时间是目前使用的线带的两倍。

以下哪项如果成立,最能说明D型带销售人员所做声明中的漏洞?

A. 大多数外科伤口愈合大约需要十天。
B. 大多数外科线带是从医院而不是从药店得到的。
C. 目前使用的线带的黏性足够使伤口缝合十天。
D. 现在还不清楚究竟是D型带还是目前使用的线带更有利于皮肤的愈合。
E. D型带线带对已经预先涂上一层药物的皮肤的黏性只有目前使用的线带的一半好。

10. 因偷盗、抢劫或流氓罪入狱的刑满释放人员的重新犯罪率,要远远高于因索贿受贿等职务犯罪入狱的刑满释放人员。这说明,在狱中对上述前一类罪犯教育改造的效果,远不如对后一类罪犯的改造效果。

以下哪项如果为真,最能削弱上述论证?

A. 与其他类型的罪犯相比,职务犯罪者往往有较高的文化水平。
B. 对贪污、受贿的刑事打击,并没能有效地扼制腐败,有些地方的腐败反而越演越烈。
C. 刑满释放人员很难再得到官职。
D. 职务犯罪的罪犯在整个服刑犯中只占很小的比例。
E. 统计显示,职务犯罪者很少有前科。

11. 为了缓解城市交通拥挤的状况,市长建议对每天进入市区的私人小汽车收取5元的费用。市长说,这个费用将超过乘公交车进出市区的车费,所以很多人都会因此不再开车上班,而改乘公交车。

以下哪项如果为真,最严重地削弱了市长的结论?

A. 汽油价格的大幅上涨将增加开车上下班的成本。
B. 对多数自己开车进入市区的人来说,在市区内停车的费用已经远远超过了乘公交车的费用。
C. 多数现在乘公交车的人没有私人汽车。
D. 很多进出市区的人反对市长的计划,他们宁愿承受交通阻塞也不愿交那5元钱。
E. 在一个平常工作日,住在市区内的人的私人汽车占了交通阻塞时汽车总量的20%。

12. 现在能够纠正词汇、语法和标点符号使用错误的中文计算机软件越来越多,记者们即使不具备良好的汉语基础也不妨碍撰稿。因此培养新闻工作者的学校不必重视学生汉语能力的提高,而应注重新闻工作者其他素质的培养。

以下哪项如果为真,最能削弱上述论证和建议?

A. 避免词汇、语法和标点符号的使用错误并不一定能够确保文稿的语言质量。
B. 新闻学课程一直强调并要求学生能够熟练应用计算机并熟悉各种软件。
C. 中文软件越是有效,被盗版的可能性越大。
D. 在新闻学院开设新课要经过复杂的论证与报批程序。
E. 目前大部分中文软件经常更新,许多人还在用旧版本。

答案与解析

1. 答案：D。

题干断定更乐观的报道是：即使平均温度发生浮动，谷物产量也只会有很小的变化。

理由是：因为降雨模式不发生变化。

D项是题干论证的假设，否则，如果温度变化伴随着降雨模式的变化比不伴随着降雨模式的变化对谷物的危害要小，那么，题干论证就不成立了。

A项指出原因是不可靠的，起到削弱作用。C项涉及了新的比较。B、E为无关项。

2. 答案：A。

题干结论：世界上的野生象群就不会受到危害了。

理由：购买象牙的人只买合法象牙。

A项说明了理由是可行的，是题干论证所必须的假设，否则，如果试图只买合法象牙的批发商不能够确实地区分合法象牙和非法象牙，意味着批发商就不能避免购买非法象牙，那么，世界上的野生象群就仍可能会受到危害。

B、D为明显无关选项，排除。C加非：目前世界上合法象牙的批发来源远多于非法象牙的批发来源。暗示合法象牙的货源比较充足，有支持题干的味道，排除。无论合法象牙的来源如何都不影响题干的推论，E排除。

3. 答案：B。

盗版盘价格上有优势，所以就畅销，这中间暗含着一个假设，就是盗版盘与正版盘的质量差别不大。否则，如果盗版比正版的质量差很多，那么，即使盗版便宜，也不见得好卖。

4. 答案：D。

为使题干的论证成立，D项是必须假设的。否则，如果事实上在西西里墓穴里发现的这只花瓶是墓穴主人的后裔在后来放进去的，那么，由题干的条件，显然不能得出结论：在2700年前，西西里和希腊间已有贸易。其余各项均不是必须假设的。

西西里工人的技术如何与题干无关，A排除。题干已经说明了是希腊花瓶，跟陶器原料是否相似无关，B排除。E为明显无关选项。

C是易误选的答案，但C是支持而非假设，因为贸易不一定是水上，也可以是陆地，也就是否定C，也不能使题干推理不成立，因此，C不是假设。若把C改为"在2700年前，西西里岛与希腊之间能够进行贸易往来"，那么就可以作为一个假设。

5. 答案：A。

A项是题干推理所必须的假设，否则，如果在相当长的环境生态变化过程中森林会演变成为草原，那么，虽然上述古代工具是在热带大草原上发现的，这些工具还是有可能是类人猿使用过的。

6. 答案：D。

题干根据老蜘蛛结网没有年轻蜘蛛结得好，得出结论：老蜘蛛大脑退化。

该论证必须假设：蜘蛛结网受大脑控制。

选项D否定了这一假设，有力地质疑了科学家的上述论证。

C项与D项比较起来力度较弱，因为运动器官的老化和大脑退化之间可能有关系。

7. 答案：D。

题干根据新发明、新技术促使出现了新工业和新产品，得出结论：经济不断壮大的最好保障是企业增加科研经费。

上述论证隐含的假设就是，企业界增加科研投入会导致科技新发明、新技术。D项否定了这一假设，该项说明，多数企业只能对现有产品作出微小的改进，给他们增加经费，也不会发展出新发明和新技术，这就有力地削弱了题干。

选项B和选项C都直接支持了上述命题。选项A和选项E跟上述论题不相关。

8. 答案：C。

题干根据轿车减震系统越硬越刺激，认为：减震系统越硬轿车越好卖。

可见，题干中的建议是基于一个假设之上的，即：多数轿车买主喜欢在驾驶中感到刺激。C项和E项都对这一假设构成质疑，但E项仅涉及年长者，力度不大，而C项断定大多数人买车是为了便利地舒适，而并不喜欢在颠簸中的刺激。这就使得题干中的建议难以成立。

B项断定的是驾驶汽车具有刺激性的危害。即使这种危害性确实存在，只要多数汽车买主喜欢刺激，题干的建议仍然成立，因为此项建议的直接目的是提高销量。因此，即使B项能对题干的建议有所削弱，其力度也不大。其余项不能削弱题干。

9. 答案：C。

销售人员声称D型带将会提高治疗功效，其根据是D型带的黏附时间是目前使用的线带的两倍。

要使这一声称有说服力，必须假设目前使用的线带的黏性不足够长。C项否定了这一假设，即目前使用的线带的黏性足够使伤口缝合十天，而由题干知，使外科伤口缝合达到十天，是外科伤口需要线带的最长时间。因此，如果C项为真，最能说明销售人员所做声明中存在的漏洞。

由于段落中并未告知现有胶带能用多少天，所以A项无任何意义。B项与推理无关。D项也起不到削弱作用。题干表明棉纱带除了时间长短外，没有任何别的用处，所以E项不对。

10. 答案：C。

题干结论：偷盗等罪犯教育改造的效果，远不如职务犯罪的罪犯。

其理由是：在刑满释放人员中，偷盗等罪犯的重新犯罪率高于职务犯罪的罪犯。

要使题干论证成立，必须假设两类刑满释放人员重新犯罪的条件相当。而C项否定了这一假设，由于刑满释放人员很难再得到官职，这说明职务犯罪的刑满释放人员，和因偷盗、抢劫或流氓罪入狱的刑满释放人员相比，较难具备重新犯罪的条件，因此，不能根据偷盗、抢劫或流氓罪入狱的刑满释放人员的重新犯罪率高于职务犯罪的刑满释放人员，而得出结论：在狱中对上述前一类罪犯教育改造的效果，远不如对后一类罪犯。这就有力地削弱了题干的论证。

其余各项均不能削弱题干。比如E项，职务犯罪者很少有前科，但偷盗、抢劫或流氓罪是否有前科，我们不知道，所以也无法比较，充其量E项是个或然性削弱。

11. 答案：B。

题干中市长的建议建立在这样一个假设的基础之上，即如果在市区停车费用超过乘公交车进出市区的车费,那么很多人都会不再开车上班,而改乘公交车。如果 B 项为真,则市长的这一假设就不成立,因而其结论就会被大大削弱(B 项意味着这些人可能都是有钱人,他们进入市区的费用早就超过乘公交车的费用,再加 5 元钱对他们来说也无所谓)。

选项 A 没有削弱该市长的观点,即 5 元将刺激人们换乘坐公共汽车。

选项 C 使得如果吸引了新的乘客之后,公共汽车系统不太可能失去目前的乘客。

选项 D 不合适,因为许多自己开车的人不转为乘坐公共汽车与许多自己开车的人转为乘坐公共汽车完全没有矛盾。

选项 E 指出新进入市区的车辆占该城车流量的 80%,从而支持了该市长的建议。

12. 答案:A。

题干结论:培养新闻工作者不必重视学生汉语能力的提高。

理由:有了能够纠正词汇、语法和标点符号使用错误的中文计算机软件,记者即使不具备良好的汉语基础也不妨碍撰稿。

可见,题干推理的隐含假设是,避免词汇、语法和标点符号的使用错误就能够确保文稿的语言质量。

A 项否定了这一假设,有力地削弱了题干的论证。

第四章　演绎逻辑

演绎推理是我们意欲根据前提必然推出结论的那种推理，也即，如果前提真的话，那么结论也一定真。其显著特征是"保真"性，前提的真必然保存到结论中。演绎推理的另一个重要特性是，它的保真性是由推理的结构实现的，与推理的内容无关，因此，演绎推理是一种纯粹的形式推理。一个命题或推理的形式是通过用抽象字母代替其中的具体内容得到的。

演绎论证是运用演绎推理模式的论证。任何一个演绎论证都或者有效或者无效：如果前提真确实能够决定其结论为真，那么，这个论证就是有效的，否则就是无效的。演绎逻辑理论要给出区别有效演绎与无效演绎的方法。

第一节　直言命题及其推理

命题也叫判断，是对事物情况有所断定的一种思维形式。命题和推理是人类思维中的重要形式，无论日常思维还是科学思维，都要借助于命题和推理，来把握客观事物的本质和规律。

一、直言命题及其直接推理

（一）直言命题的类型

直言命题，也叫直言判断，是断定对象具有或不具有某种性质的简单判断。直言命题由主项、谓项、量项和联项四种词项组成。

例如，所有蛇都是爬行动物。

上例中的"蛇"是主项，"爬行动物"是谓项，"所有"是量项，"是"是联项。在这种采取主项-谓项形式的命题中，谓项要对主项有所断定，因此，称这种命题为直言命题。从命题形式的角度说，直言命题可以看做是表达主项和谓项的包含关系的。如上例可以看做是断定了蛇的集合包含于爬行动物的集合之中。

直言命题可分为以下六种基本类型。

（1）全称肯定判断。逻辑形式是"所有 S 都是 P"，可写为 SAP，简称为 A 判断。例如，所有的金属都是导体。

（2）全称否定判断。逻辑形式是"所有 S 都不是 P"，可写为 SEP，简称为 E 判断。例如，所有宗教都不是科学。

（3）特称肯定判断。逻辑形式是"有 S 是 P"，可写为 SIP，简称为 I 判断。例如，有的金属是液态。

（4）特称否定判断。逻辑形式是"有 S 不是 P"，可写为 SOP，简称为 O 判断。例如，有的战争不是正义战争。

（5）单称肯定判断。其逻辑形式是"某个 S 是 P"。例如，北京是中华人民共和国的首都。

(6) 单称否定判断。其逻辑形式是"某个 S 不是 P"。例如,小王不是警察。

日常语言中的直言判断在表达上是不规范的,在逻辑分析中应先整理成规范形式。例如,"凡人皆有死",应整理成"所有的人都是要死的",这是 A 判断;"有人不自私",应整理成"有的人不是自私的",是 O 判断。

(二)直言命题的对当关系

从概念的外延间的关系来说,判断主项 S 的外延与谓项 P 的外延之间的关系共存在五种:全同关系、被包含关系、包含关系、交叉关系和全异关系。把各种性质判断的真假情况归纳起来,列于表 4-1 中。

表 4-1

	全同关系	被包含关系	包含关系	交叉关系	全异关系
SAP	真	真	假	假	假
SEP	假	假	假	假	真
SIP	真	真	真	真	假
SOP	假	假	真	真	真

根据表 4-1,可以清楚地看出具有同一素材的 A、E、I、O 四种判断之间的真假关系。所谓同一素材的判断,就是指具有相同主项和谓项的判断。这里所说的真假,并不是各种判断内容的真假,而是同一素材的 A、E、I、O 四种判断之间的一种相互制约关系。对当关系就是指具有相同素材的直言命题间的真假关系。直言命题的对当关系如图 4-1 所示。

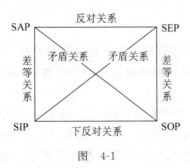

图 4-1

1. 矛盾关系

矛盾关系是 A 和 O、E 和 I 之间存在的不能同真、不能同假的关系。例如:

已知 A:所有事物都是运动的(真)　　则 O:有些事物不是运动的(假)
已知 O:有些干部不是大学毕业生(真)　则 A:所有的工商干部都是大学毕业生(假)
已知 I:有些物体是固体(真)　　　　　则 E:所有物体都不是固体(假)

已知 E：我班所有同学都没学过法语（真）则 I：我班有些同学学过法语（假）

2. 差等关系（又称从属关系）

差等关系是 A 和 I、E 和 O 之间的关系。如果全称判断真,则特称判断真;如果特称判断假,则全称判断假;如果全称判断假,则特称判断真假不定;如果特称判断真,则全称判断真假不定。例如:

已知 A：我班所有同学都学过法语（真）　　则 I：我班有些同学学过法语（真）
已知 A：我班所有同学都学过法语（假）　　则 I：我班有些同学学过法语（真假不定）
已知 I：我班有些同学学过法语（假）　　　则 A：我班所有同学都学过法语（假）
已知 I：我班有些同学学过法语（真）　　　则 A：我班所有同学都学过法语（真假不定）

类似地,可举例说明 E 和 O 判断之间的差等关系。

已知 E：我班所有同学都没学过法语（真）则 O：我班有些同学没学过法语（真）
已知 E：我班所有同学都没学过法语（假）则 O：我班有些同学没学过法语（真假不定）
已知 O：我班有些同学没学过法语（假）　则 E：我班所有同学都没学过法语（假）
已知 O：我班有些同学没学过法语（真）　则 E：我班所有同学都没学过法语（真假不定）

3. 反对关系

反对关系是 A 和 E 之间不能同真可以同假的关系。

在 A、E 两个判断中,如果我们知道其中一个是真的,就可推知另一个是假的。例如:

已知 A：所有事物都是运动的（真）　　　　则 E：所有事物都不是运动的（假）
已知 E：所有的科学家都不是思想懒汉（真）则 A：所有的科学家都是思想懒汉（假）

如果我们知道其中一个是假的,那么另一个真假不定。例如:

已知 A：我班所有同学都学过法语（假）　　则 E：我班所有同学都没学过法语（真假不定）
已知 E：我班所有同学都没学过法语（假）　则 A：我班所有同学都学过法语（真假不定）

4. 下反对关系

下反对关系是 I 和 O 之间可以同真但不能同假的关系。

在 I、O 两个判断中,如果我们知道其中一个是假的,那么就可以断定另一个是真的。例如:

已知 I：有些民主人士是共产党员（假）　　则 O：有些民主人士不是共产党员（真）
已知 O：有些事物不是运动的（假）　　　　则 I：有些事物是运动的（真）

如果我们知道其中一个是真的,那么另一个真假不定。例如:

已知 I：我班有些同学学过法语（真）　　　则 O：我班有些同学没学过法语（真假不定）
已知 O：我班有些同学没学过法语（真）　　则 I：我班有些同学学过法语（真假不定）

需要说明的是,如果涉及同一素材的单称判断,那么对当关系要稍加扩展:单称肯定判断和单称否定判断是矛盾关系;全称判断和单称判断是从属关系,单称判断和特称判断是从属关系,如图 4-2 所示。

直言判断及对当关系是最基本的一个逻辑知识点。解这类题型,关键是要从题干给出的内容出发,从中抽象出同属于对当关系的逻辑形式,根据对当关系来分析判断。

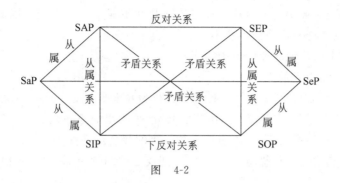

图 4-2

■所有的三星级饭店都搜查过了,没有发现犯罪嫌疑人的踪迹。

如果上述断定为真,则在下面四个断定中:

Ⅰ．没有三星级饭店被搜查过。

Ⅱ．有的三星级饭店被搜查过。

Ⅲ．有的三星级饭店没有被搜查过。

Ⅳ．犯罪嫌疑人躲藏的三星级饭店已被搜查过。

可确定为假的是:

A. 仅Ⅰ和Ⅱ。　　　B. 仅Ⅰ和Ⅲ。　　　C. 仅Ⅱ和Ⅲ。　　　D. 仅Ⅰ、Ⅲ和Ⅳ。

E. Ⅰ、Ⅱ、Ⅲ和Ⅳ。

[解题分析]　正确答案:B。

如果"所有的三星级饭店都搜查过了"为真,即 A 判断为真,则根据对当关系知,I 判断为真,E 判断与 O 判断均为假。即可推知:

Ⅰ．"没有三星级饭店被搜查过"是 E 判断,为假。

Ⅱ．"有的三星级饭店被搜查过"是 I 判断,为真。

Ⅲ．"有的三星级饭店没有被搜查过"是 O 判断,为假。

Ⅳ．"犯罪嫌疑人躲藏的三星级饭店已被搜查过"是 A 判断,为真。

(三) 形式逻辑与日常语言

下反对关系告诉我们,当"有些是"存在时,我们对于"有些不是"是否存在是不能确定的,这与我们日常语言是有所区别的。

日常语言有隐含,日常用语中的"有些",大多指"仅仅有些",因而当讲"有些是什么"的时候,往往意味着"有些不是什么"。比如日常语言"我班有些同学学过法语",可能隐含了"我班有些同学没学过法语"这个意思。

而形式逻辑里的"有些",则是指"至少有些"、"至少有一个",只表示一类事物中有对象被断定具有或不具有某种性质,而对这类对象的具体数量究竟有多少?则没有做出断定。也许有"一个",也许有"几个",也许"所有"。从形式逻辑上讲,"我班有些同学学过法语"只知道确实"有些同学学过",至于"其他同学学过还是没学过"题目没告诉你,你就不知道。

形式逻辑要求我们必须按照其字面意思来理解,而不能考虑其"言外之意"。也就是字面上说到的一定有,没说到的情况则是不一定。

■违法必究,但几乎看不到违反道德的行为受到惩罚,如果这成为一种常规,那么,民众就会失去道德约束。道德失控对社会稳定的威胁并不亚于法律失控。因此,为了维护社会的稳定,任何违反道德的行为都不能不受惩治。

以下哪项对上述论证的评价最为恰当?

A. 上述论证是成立的。
B. 上述论证有漏洞,它忽略了:有些违法行为并未受到追究。
C. 上述论证有漏洞,它忽略了:由违法必究,推不出缺德必究。
D. 上述论证有漏洞,它夸大了违反道德行为的社会危害性。
E. 上述论证有漏洞,它忽略了:由否定"违反道德的行为都不受惩治",推不出"违反道德的行为都要受惩治"。

[解题分析]　正确答案:E。

根据题干前提:违反道德的行为几乎都不受到惩罚,从而引起道德失控,威胁社会稳定。因此,为了维护社会的稳定,应该得出的结论是:不应该"违反道德的行为都不受到惩罚",也即,有些违反道德的行为应该受到惩罚。

而题干论述的结论为:任何违反道德的行为都不能不受惩治。

可见,题干论证漏洞在于忽略了:由否定"违反道德的行为都不受惩治",推不出"违反道德的行为都要受惩治"。因此,E项正确。

(四)直言命题的负命题及其推理

通过对原命题断定情况的否定而作出的命题,就叫做负命题。例如:

并非这个班的学生都学英语。

并非有的金属不是导体。

负命题的逻辑公式是:如果用 P 表示原命题,那么,负命题即为"并非 P"。如果用符号"¬"(读为"非")表示否定的联结词,则 P 命题的负命题为 ¬P。

由于负命题是对原命题断定情况的否定,是对整个原命题的否定。因此,它和原命题之间(即负命题与其支命题之间)的真假关系是矛盾关系。即,如原命题真,其负命题必假;如原命题假,其负命题必真。这种真假关系如表 4-2 所示。

表 4-2

P	¬P
1	0
0	1

直言命题也叫简单命题,直言命题的负命题实质上即为对当关系中的相应矛盾命题。如 A 命题的负命题即为"非 A",它等值于 O 命题;E 命题的负命题为"非 E",它等值于 I 命题。这样,我们可以把 A、E、I、O 四种命题的负命题及其等值命题列出如下:

并非 SAP 等值于 SOP。

并非 SEP 等值于 SIP。

并非 SIP 等值于 SEP。

并非 SOP 等值于 SAP。

可见,简单的直言命题的负命题实质上即为对当关系中的相应矛盾命题。

例如,并非"发亮的东西都是金子",等值于"有的发亮的东西不是金子"。

■张经理在公司大会上宣布:"此次提出的方案得到一致赞同,全体通过。"会后,小陈对此事进行了调查,发现张经理所言不是事实。

如果小陈的发现为真,下面哪项也必然是事实?

A. 有少数人未发表意见。
B. 有些人赞同,有些人反对。
C. 至少有人不赞同方案。
D. 至少有人赞同方案。
E. 大家都不赞同。

[解题分析]　正确答案:C。

"并非:所有的人都赞同"="有人不赞同"。即¬SAP=SOP。因此,C为正确答案。其余选项均不必然为真。

二、直言命题的周延性与变形推理

(一) 直言命题的周延性

为了更好地把握直言命题(性质命题)的逻辑特点,有必要讲述一下周延性问题。

性质命题中的词项是指直言命题的主项和谓项。在性质命题中,如果断定了一个词项的全部外延,则称它是周延的,否则就是不周延的。因此,只有在性质命题中出现的词项,才有周延与否的问题;并且,词项是否周延,只取决于某个性质命题对其外延的断定,也就是取决于该命题本身的形式。

关于词项周延性,有如下结论。

(1) 全称命题的主项都是周延的。
(2) 特称命题的主项都是不周延的。
(3) 肯定命题的谓项都是不周延的。
(4) 否定命题的谓项都是周延的。

把这四条结论应用于 A、E、I、O 四种命题之上,得到表 4-3。

表 4-3

命题类型	主项 S	谓项 P
SAP	周延	不周延
SEP	周延	周延
SIP	不周延	不周延
SOP	不周延	周延

周延问题在处理整个性质命题推理时是非常重要的。演绎推理是一种必然性推理,它的结论是从前提中抽引出来的,因而结论所断定的不能超出前提所断定的。这一点在性质命题推理中的表现,就是要求"在前提中不周延的项在结论中不得周延",否则推理的有效性就得不到保证,会犯各种逻辑错误。

周延的用处是:推理中,结论周延的项,前提中该词项也必须周延(注意:对于结论不周延的项,就不必再检查前提了)。

[逻辑案例] 在审理小学生赵某为其班主任王某打开水致烫伤一案中,学校誉辩称,学校不应承担责任的理由是:团体意志的过错是法人的过错,所以,非团体意志的过错不是法人的过错。而教师王某让赵某为其打开水完全是她个人的意志和行为,不能体现学校的意志,所以,赵某造成的损害不是法人的过错,学校不应承担责任。

点评:学校推理是"团体意志的过错是法人的过错,所以,非团体意志的过错不是法人的过错"。在上述推理中,词项"法人的过错"在前提中作肯定命题的谓项是不周延的;在结论中作否定命题的谓项,是周延的,故学校的推理违反了"在前提中不周延的词项在结论中也不得周延"的推理规则,是不合逻辑的。

■《伊索寓言》中有这样一段文字:有一只狗习惯于吃鸡蛋,久而久之,它认为"一切鸡蛋都是圆的"。有一次,它看见一个圆圆的海螺,以为是鸡蛋,于是张开大嘴,一口就把海螺吞下肚去,肚子疼得直打滚。

狗误吃海螺是依据下述哪项判断?

A. 所有圆的都是鸡蛋。
B. 有些圆的是鸡蛋。
C. 有些鸡蛋是圆的。
D. 所有的鸡蛋都是圆的。
E. 有些圆的不是鸡蛋。

[解题分析] 正确答案:A。

狗看见海螺是圆的,就认为海螺是鸡蛋,其省略了"所有圆的都是鸡蛋"这一前提。

这只狗为什么上当?逻辑上讲,就是它把不周延的项变成周延的。在"一切鸡蛋都是圆的"这个全称肯定判断中,其谓项"圆的"不周延。而当它由这个判断进而得出:"圆的就是鸡蛋"时,就把"圆的"变成周延了。在直言命题推理中的表现,就是要求"在前提中不周延的项在结论中不得周延",所以狗犯了逻辑错误。

(二)直言命题的变形推理

直接推理是一种最简单的演绎推理,是以一个命题为前提而推出结论的推理。直言命题的直接推理,是以一个直言命题为前提而推出一个直言命题的结论的直接推理。这种推理可以运用不同方法来进行:一类是运用逻辑方阵中命题间的真假关系进行推论的方法,这已介绍过;另一类是运用命题变形的方法,即运用换质法、换位法以及换质位法。

1. 换质法

换质法通常又称"换一个说法",即改变命题的质(肯定变否定,否定变肯定)的方法,具体是指从肯定判断推出否定判断,或从否定判断推出肯定判断。步骤是:首先,改变原判断的联项,将"是"改为"不是"或将"不是"改为"是"。其次,把结论中的谓项变为前提谓项的矛盾概念。

性质命题A、E、I、O四种命题都可以按此方法变形。如果原命题是真的,则变形后的命题也是真的,如表4-4所示。

表 4-4

原 命 题	换质命题	举 例
SAP	SEP̄	所有商品都是有价值的,所以,所有商品都不是没有价值的
SEP	SAP̄	所有行星不是自身发光的,所以,所有行星是非自身发光的
SIP	SOP̄	有的金属是液体,所以,有的金属不是非液体
SOP	SIP̄	有的鸟不是会飞的,所以,有的鸟是不会飞的

2. 换位法

换位法是把命题主项与谓项的位置加以更换的方法。换位法遵循如下规则。

第一,换位只是更换主项和谓项的位置,命题的质不变。

第二,换位的主项与谓项在原命题中不周延的,换位后仍不得周延。如果换位时扩大了原来项的周延性,那就犯了项的外延不当扩大的逻辑错误,而使换位后的命题与原命题不能等值。

关于性质命题 A、E、I、O 四种命题的换位情况,可概括为表 4-5。

表 4-5

原 命 题	换位命题	举 例
SAP	PIS	所有商品都是劳动产品,所以,有的劳动产品是商品
SEP	PES	科学不是迷信,所以,迷信不是科学
SIP	PIS	有些花是红色的,所以,有些红色的是花
SOP	不能换位	"有些人不是大学生"不能换位为"有些大学生不是人"

[逻辑案例] 逻辑学教师编的一段相声如下。

甲:会说话的人可以把话倒过来说。不信,我这就说。用人不疑,疑人不用;会者不难,难者不会;男人不是女人,女人不是男人。

乙:好啦,不必往下说了。这样倒过来说,我也会。你听,来者不善,善者不来;狗是动物,动物是狗。

甲:不对,不对。难道动物都是狗吗?和尚都是剃光头的,但你不能说剃光头的都是和尚呀!

乙:怎么我倒过来说就不行了呢?还是您说,我再好好学学。

甲:好,您再听听。有医生是妇女,妇女是医生;有学生是观众,观众是学生。

乙:好了,好了,现在我真的会了。有姑娘是演员,有演员是姑娘。这可以吗?

甲:行,再往下说。

乙:好,有人不是演员,有演员不是人。

甲:咳!有您这样说话的吗?您自己就是演员,你不是人了?

点评:"倒过来说",在逻辑上就是换位法直接推理的运用。在上面这段相声中,乙两次闹笑话。一次从狗是动物推出动物是狗,另一次是从有人不是演员推出有演员不是人。乙之所以两次出洋相,是由于不懂得直言命题变形推理的规则。

3. 换质位法

换质位法是把换质法和换位法结合起来连续交互运用的命题变形法。通过换质推理得到的结论还可以进行换位，通过换位推理得到的结论还可以进行换质。这关键是要看具体推理过程的需要。

例如，既然证人都必须是精神上没有缺陷的人，所以，精神上有缺陷的人都不能作证人。上述推理就是先通过换质，得到"证人都不是精神上有缺陷的人"，再进行换位得到的。

性质命题 A、E、I、O 四种命题的换质位情况可以概括如下（"→"表示推出关系）。

SAP→SEP̄→P̄ES→P̄AS̄→S̄IP→S̄OP̄

SAP→PIS̄→POS̄

SEP→SAP̄→P̄IS→P̄OS̄

SEP→PES→PAS̄→S̄IP̄→S̄OP

SIP→SOP̄（先换质，就不能得到换质位命题）

SIP→PIS→P̄OS̄

SOP→SIP̄→P̄IS→P̄OS̄

SOP→（不能先换位）

例如，先把"所有的大学生都是青年"换质为"所有的大学生都不是非青年"，然后再换位为"所有的非青年都不是大学生"，或者接着再换质为"所有的非青年都是非大学生"，然后再换位为"有些非大学生是非青年"。

■ "有些好货不便宜，因此，便宜不都是好货。"

与以下哪项推理作类比说明以上推理不成立？

A. 湖南人不都爱吃辣椒，因此，有些爱吃辣椒的不是湖南人。

B. 有些人不自私，因此，人并不自私。

C. 好的动机不一定有好的效果，因此，好的效果不一定都产生好的动机。

D. 金属都导电，因此，导电的都是金属。

E. 有些南方人不是广东人，因此，广东人不都是南方人。

[解题分析]　正确答案：E。

题干"有些好货不便宜，因此，便宜不都是好货"，这一推理实际上是把 SOP 换位为 POS。

E 项与题干犯了同样的逻辑错误，明显都是前提真而结论假。

■ 经贸大学的学生都是严格选拔出来的。其中，有些学生是共产党员，但所有学生都不是民主党派的成员；有些学生学理科，有些学生学文科；很多学生爱好文学；有些学生今后将成为杰出人士。

以下除了哪项外，其余命题都能够从前提推出？

A. 并非所有贸大学生都不是共产党员。

B. 有些非民主党派成员不是非贸大学生。

C. 并非所有学文科的都是非贸大学生。

D. 有些今后不会成为杰出人士的人不是贸大学生。

E. 有些贸大学生是非民主党派成员。

[解题分析] 正确答案：D。

选项 A 可以根据对当关系推理,从"有些贸大学生是共产党员"推出来。

选项 B 可以通过连续的换质位,从"所有贸大学生都不是民主党派的成员"推出来。

从"有些贸大学生学文科"出发,通过连续的换位质,可以推出"有些学文科的不是非贸大学生",再根据对当关系,可以推出选项 C。

从"有些贸大学生今后将成为杰出人士"出发,经过换质,可以推出"有些贸大学生不是今后不会成为杰出人士的人",而后者不能再换位为选项 D。

从"所有贸大学生都不是民主党派的成员"出发,先换质,再根据对当关系推理,可以推出选项 E。

第二节 直言三段论

三段论是直言命题推理的核心理论,它不仅是演绎逻辑理论的重要组成部分,而且是言语交际中广泛使用的一种推理。

一、三段论及其结构

直言三段论是由包含一个共同的项的两个直言命题推出一个直言命题的推理。

例如：知识分子都是应该受到尊重的,

人民教师都是知识分子,

所以,人民教师都是应该受到尊重的。

其中,结论中的主项叫做小项,用 S 表示,如上例中的"人民教师"；

结论中的谓项叫做大项,用 P 表示,如上例中的"应该受到尊重"；

两个前提中共有的项叫做中项,用 M 表示,如上例中的"知识分子"。

在三段论中,含有大项的前提叫大前提,如上例中的"知识分子都是应该受到尊重的"；含有小项的前提叫小前提,如上例中的"人民教师是知识分子"。

三段论推理是根据两个前提所表明的中项 M 与大项 P 和小项 S 之间的关系,通过中项 M 的媒介作用,从而推导出确定小项 S 与大项 P 之间关系的结论。

如果注意这些项所指的对象范围(外延),就会发现它们的大小是按照 S＜M＜P 的顺序排列的。由于在图 4-3 中见到的这种外延的关系,所以分别称之为小项、中项和大项。

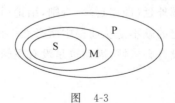

图 4-3

二、三段论的一般规则

三段论的规则概括起来共有五条,分述如下。

(1) 在一个三段论中,必须有且只能有三个不同的概念。

三段论中的三个概念,在其分别重复出现的两次中,所指的必须是同一个对象,具有同一的外延。违反这条规则就会犯四概念的错误。所谓四概念的错误就是指在一个三段论中出现了四个不同的概念。四概念的错误又往往是由于作为中项的概念未保持同一而引起的。比如:

我国的大学是分布于全国各地的,

清华大学是我国的大学,

所以,清华大学是分布于全国各地的。

这个三段论的结论显然是错误的,但其两个前提都是真的。为什么会由两个真的前提推出一个假的结论来了呢?原因就在中项("我国的大学")未保持同一,出现了四概念的错误。即"我国的大学"这个语词在两个前提中所表示的概念是不同的。在大前提中它是表示我国的大学总体,表示的是一个集合概念。而在小前提中,它可以分别指我国大学中的某一所大学,表示的不是集合概念,而是一个一般的普遍概念。因此,它在两次重复出现时,实际上表示着两个不同的概念。这样,以其作为中项,也就无法将大项和小项必然地联系起来,从而推出正确的结论。

(2) 中项在前提中至少必须周延一次。

如果中项在前提中一次也没有被断定过它的全部外延(即周延),那就意味着在前提中大项与小项都分别只与中项的一部分外延发生联系,这样,就不能通过中项的媒介作用,使大项与小项发生必然的确定的联系,因而也就无法在推理时得出确定的结论。例如,有这样的一个三段论:

一切金属都是可塑的,

塑料是可塑的,

所以,塑料是金属。

在这个三段论中,中项的"可塑的"在两个前提中一次也没有周延(在两个前提中,都只断定了"金属"、"塑料"是"可塑的"的一部分对象),因而"塑料"和"金属"究竟处于何种关系就无法确定,也就无法得出必然的确定结论,所以这个推理是错误的。

如果违反这条规则,就要犯"中项不周延"的错误,这样的推理就是不合逻辑的。

(3) 大项或小项如果在前提中不周延,那么在结论中也不得周延。

这也就是说,如果大项或小项在前提中不周延,即只断定了它的部分外延(即大项或小项在前提中只使用了它们的一部分外延与中项发生联系),那么,在结论中也只能断定它们的部分外延,而不得断定其全部外延(即周延)。否则,结论所断定的对象范围就超出了前提所断定的对象范围,结论所断定的就不是从前提中所必然推出的,前提的真实就不能保证结论的必然真实,得出的结论就没有必然性,因而也是没有逻辑的。比如:

黄马是马,

白马不是黄马,

所以,白马不是马。

在这个三段论中,大项"马"在大前提中不周延而在结论中周延,犯了"大项不当周延"或"大项不当扩大"的错误。

(4) 两个否定前提不能推出结论;前提之一是否定的,结论也应当是否定的;结论是否定的,前提之一必须是否定的。

前面已经提到,在三段论中,大项和小项之所以能在结论中形成确定联系,并由前提中必然推出,这是由于在前提中中项发挥了媒介作用的结果,即由于中项在前提中分别与大项、小项有着一定的联系,从而通过中项把大项、小项在结论中联系起来。但是,如果在前提中两个前提都是否定命题,那就表明,大项、小项在前提中都分别与中项互相排斥,在这种情况下,大项与小项通过中项就不能形成确定的关系,因而也就不能通过中项的媒介作用而确定地联系起来,当然也就无法得出必然确定的结论,即不能推出结论了。比如,下例推理就是错误的:

没有种族主义者是公正的,
有些种族主义者不是警察,
所以,有些警察不是公正的。

那么,为什么前提之一是否定的,结论必然是否定的?这是因为,如果前提中有一个是否定命题,另一个则必然是肯定命题(否则,两个否定命题不能得出必然结论),这样,中项在前提中就必然与一个项(大项或小项)是否定关系,与另一个项是肯定关系。这样,大项和小项通过中项联系起来的关系自然也就只能是一种否定关系,因而结论必然是否定的了。例如:

一切有神论者都不是唯物主义者,
某人是有神论者,
所以,某人不是唯物主义者。

在这个推理中,大前提是否定的,所以,结论也就是否定的了。

为什么结论是否定的,前提之一必定是否定的呢?因为如果结论是否定的,那一定是由于前提中的大项、小项有一个和中项结合,而另一个和中项排斥。这样,大项或小项与中项相排斥的那个前提就是否定的,所以结论是否定的则前提之一必定是否定的。

从另一个方面来说,如果结论是否定的,那就意味着它否定了包含关系。但是,肯定的前提则是反映了包含关系,因此,由两个肯定的前提推不出否定的结论。也就是说,两个肯定前提不能得到否定的结论。例如:

有些动物是哺乳动物,
哺乳动物是胎生动物,
所以,有些胎生动物不是哺乳动物。

这个例子就违反了这条规则,从两个肯定的前提中得出了否定的结论,因此是不正确的推理。

(5)两个特称前提不能得出结论;前提之一是特称的,结论必然是特称的。

这是因为,如果两个前提都是特称的,那么前提中周延的项最多只能有一个(即两个前提中可以有一个是否定命题,而这一否定命题的谓项是周延的,其余的项都是不周延的)。而这就不可能满足正确推理的条件。例如:

有的同学是南方人,
有的南方人是商人,
所以……

由这两个特称前提,我们无法必然推出确定的结论。因为,在这个推理中的中项("南方人")一次也未能周延。又如:

有的同学不是南方人，

有的南方人是商人，

所以……

这里，虽然中项有一次周延了，但仍无法得出必然结论。因为，在这两个前提中有一个是否定命题，按前面的规则，如果推出结论，则只能是否定命题；而如果是否定命题，则大项"商人"在结论中必然周延，但它在前提中是不周延的，所以必然又犯了大项扩大的错误。

因此两个特称前提是无法得出必然结论的。那么，为什么前提之一是特称的，结论必然是特称的呢？例如：

所有大学生都是青年，

有的职工是大学生，

所以，有的职工是青年。

这个例子说明，当前提中有一个判断是特称命题时，其结论必然是特殊命题；否则，如果结论是全称命题就必然会违反三段论的另几条规则（如出现大项、小项不当扩大的错误等）。

三、三段论的结构分析

由于中项在前提中位置的不同而形成的三段论的各种形式称做三段论的格。如果中项在前提中的位置确定了，那么大项、小项的位置随之也可以确定了。因此，三段论的格也可以定义为由于各个项在前提中位置的不同而形成的各不相同的三段论形式。

根据中项在前提中的不同位置，三段论可以分为四格：

第一格	第二格	第三格	第四格
M-P	P-M	M-P	P-M
S-M	S-M	M-S	M-S
S-P	S-P	S-P	S-P

三段论的式就是构成三段论前提和结论的直言命题的组合形式。即，由于 A、E、I、O 四种命题在前提和结论中组合的不同而形成的三段论的各种形式称为三段论的式。例如，如果有一个三段论，其大前提为 E 命题，小前提为 A 命题，结论为 O 命题，那么这个三段论的式为 EAO 式。

给出一个三段论，要能准确地分析出它的标准形式结构，方法如下。

（1）区分结论和大前提、小前提。

（2）按大前提、小前提、结论的顺序调整三段论三个直言判断的位置。

（3）确定大前提、小前提和结论的判断类型，并写出它们的标准形式。

例如，分析下面这个三段论的形式结构。

凡南方人不是东北人，

上海人是南方人，

所以，上海人不是东北人。

上述三段论可以表示如下：

MEP

SAM

SEP

■所有名词是实词,动词不是名词,所以,动词不是实词。
以下哪项推理与上述推理在结构上最为相似?
A. 凡细粮都不是高产作物。因为凡薯类都是高产作物,凡细粮都不是薯类。
B. 先进学生都是遵守纪律的,有些先进学生是大学生,所以,大学生都是遵守纪律的。
C. 铝是金属,又因为金属都是导电的,因此,铝是导电的。
D. 虚词不能独立充当句法成分,介词是虚词,所以,介词不能独立充当句法成分。
E. 实词能独立充当句法成分,连词不能独立充当句法成分,所以,连词不是实词。

[解题分析]　正确答案:A。

题干的结构是:MAP,SEM,所以,SEP。

A项:MAP,SEM,所以,SEP("凡细粮都不是高产作物"是结论,S:细粮;P:高产作物;M:薯类)。推理结构与题干一致。

B项:MAP,MIS,所以,SAP。

C项:SAM,MAP,所以,SAP。

D项:MEP,SAM,所以,SEP。

E项:PAM,SEM,所以,SEP。

四、复合三段论

在日常实际思维中,有时,会将几个三段论连续运用,即进行一连串的推理,因此又有复合三段论形式。

(一) 何谓复合三段论

复合三段论是由两个或两个以上的三段论构成的特殊的三段论形式。其中前一个三段论的结论组成后一个三段论的前提。它有以下两种形式。

1. 前进式的复合三段论

前进式的复合三段论是以前一个三段论的结论作为后一个三段论的大前提的复合三段论。例如:

一切造福于人类的知识都是有价值的,
科学是造福于人类的知识,
所以,科学是有价值的;
社会科学是科学,
所以,社会科学是有价值的;
逻辑学是社会科学,
所以,逻辑学是有价值的。

在这个推理中,思维的进程是由范围较广的概念逐渐推移到范围较狭的概念,由较一般的知识推进到较特殊的知识。

2. 后退式的复合三段论

后退式的复合三段论是以前一个三段论的结论作为后一个三段论的小前提的复合三段

论。例如:

逻辑学是社会科学,
社会科学是科学,
所以,逻辑学是科学;
科学是造福于人类的知识,
所以,逻辑学是造福于人类的知识;
一切造福于人类的知识都是有价值的,
所以,逻辑学是有价值的。

在这个推理中,思维的进程是由范围较狭的概念逐渐推移到范围较广的概念,由较特殊的知识推进到较一般的思维,即其思维推移的顺序正好和前进式相反。

(二) 复合三段论解题指导

三段论作为演绎推理的重要形式,实际上我们每个人在自觉或不自觉地经常运用它,很多逻辑考题也可转化为大前提、小前提和结论三个部分去思考。

直言三段论推论是题干给出两个以上的直言命题作为前提,要求从中推出结论,这类题可用集合图示法帮助解题。

但要注意,用画图法来处理,可以用集合图来排除错误的选项,但一般不要用集合图直接去验证某个选项是否一定正确,这往往是验证不了的,所以,画图法只是解集合题的有效的辅助手段,而不是全部。

■下列两题基于以下题干。

本问题发生在一所学校内。

学校的教授们中有一些是足球迷。

学校的预算委员会的成员们一致要把学校的足球场改建为一个科贸写字楼,以改善学校收入状况。

所有的足球迷都反对将学校的足球场改建成科贸写字楼。

(1) 如果以上各句陈述均为真,则下列哪项也必为真?

A. 学校所有的教授都是学校预算委员会的成员。
B. 学校有的教授不是学校预算委员会的成员。
C. 学校预算委员会有的成员是足球迷。
D. 并不是所有的学校预算委员会的成员都是学校的教授。
E. 有的足球迷是学校预算委员会的成员。

[解题分析] 正确答案:B。

根据题干条件,所有的足球迷都反对改建足球场,而所有的预算委员会的成员都主张改建足球场,可推出,所有的预算委员会的成员都不是足球迷。又有的教授是足球迷,因此,有的教授不是预算委员会的成员,如图 4-4 所示。所以,B 项必为真。

其余各项均不必定为真。

(2) 如果作为上面陈述的补充,明确以下条件:学校所有的教授都是足球迷,那么下列哪项一定不可能是真的?

A. 学校有的教授不是学校预算委员会的成员。

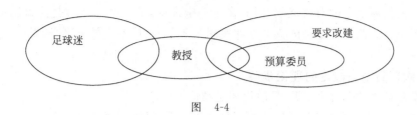

图 4-4

B. 学校预算委员会的成员中有的是学校教授。
C. 并不是所有的足球迷都是学校教授。
D. 所有的学校教授都反对将学校的足球场改建为科贸写字楼。
E. 有的足球迷不是学校预算委员会的成员。

[解题分析]　正确答案：B。

B项不可能真。因为所有的教授都是足球迷，因此所有的教授都反对改建足球场；而所有的预算委员会的成员都主张改建足球场。因此不可能有预算委员会的成员是教授，如图 4-5 所示。

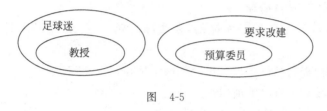

图 4-5

五、省略三段论

省略三段论具有明了简洁的特征，所以，它在人们的实际思想中被广泛地应用着。

（一）何谓省略三段论

省略三段论是省去一个前提或结论的三段论。例如：

你是共产党员，所以你就应当起模范带头作用。

这就是一个省略了大前提"共产党员应当起模范带头作用"的省略三段论。当然，省略三段论也可以是省去小前提或省去结论的。一般来说，被省去的部分往往带有不言而喻的性质。因此，在这种推理中，虽然推理的某个部分被省去了，但整个推理还是容易为人们所理解的。

由于省略三段论中省去了三段论的某一构成部分，因此，如果运用不当，就容易隐藏各种逻辑错误。比如有个大学生说：

我又不是哲学系的学生，我不需要学哲学。

把这个大学生的三段论推理补全了，就是：

哲学系的学生需要学哲学，我不是哲学系的学生，所以，我不需要学哲学。

这个结论显然是错误的。这个推理从逻辑上说错在哪里呢？主要错在"需要学哲学"这个大项在大前提中是不周延的（即"哲学系的学生"只是"需要学哲学"中的一部分人，而不是其全部），而在结论中却周延了（成了否定命题的谓项）。这就是说，它的结论所断定的对象范围超出了前提所断定的对象范围,因而在这一推理中,结论就不是由其前提所能推出的。其前提的真也就不能保证结论的真。这在逻辑上犯了"大项不当扩大"的错误。

(二)恢复省略三段论的理论步骤

(1)查看究竟省略的是什么,是前提还是结论?

通过考虑两个命题之间是并列关系还是推出关系,可以弄清楚这一点。

(2)如果结论没有省略,那就确定了大项和小项。

进一步确定省略的是大前提还是小前提:含结论主项的是小前提,含结论谓项的是大前提。

如果省略的是大前提,把结论的谓项(大项)与中项相联结,得到大前提。

如果省略的是小前提,则把结论的主项(小项)与中项相联结,得到小前提。

(3)如果省略的是结论,把小项与大项相联结,得到结论。

在做了所有这些工作之后,来看被省略的前提是否真实,推理过程是否正确。

(三)省略三段论解题指导

省略三段论多数是考察省略前提的,在实际解题中,一般可用如下方法来帮助快速解题:

(1)查看已知前提与结论中没有重合的两个项,将其联结起来。

(2)凭语感补全这个省略的前提。

(3)验证选项,可以借助画图法帮助判断。

■某些经济学家是大学数学系的毕业生,因此,某些大学数学系的毕业生是对企业经营很有研究的人。

下列哪项如果为真,则能够保证上述论断的正确?

A. 某些经济学家专攻经济学的某一领域,对企业经营没有太多的研究。
B. 某些对企业经营很有研究的经济学家不是大学数学系毕业的。
C. 所有对企业经营很有研究的人都是经济学家。
D. 某些经济学家不是大学数学系的毕业生,而是学经济学的。
E. 所有的经济学家都是对企业经营很有研究的人。

[解题分析]　正确答案:E。

如果E项真,即如果事实上所有的经济学家都是对企业经营很有研究的人,则依据:某些经济学家是大学数学系的毕业生,自然可以得出:某些大学数学系的毕业生是对企业经营很有研究的人,如图4-6所示。其余各项都不能保证题干论断成立。

图　4-6

■有些通信网络维护涉及个人信息安全,因而,不是所有通信网络的维护都可以外包。以下哪项可以使上述论证成立?

A. 所有涉及个人信息安全的都不可以外包。
B. 有些涉及个人信息安全的不可以外包。
C. 有些涉及个人信息安全的可以外包。
D. 所有涉及国家信息安全的都不可以外包。
E. 有些通信网络维护涉及国家信息安全。

[解题分析] 正确答案:A。

补充 A 项后,成为了一个有效的推理(见图 4-7):

所有涉及个人信息安全的都不可以外包,

有些通信网络维护涉及个人信息安全,

所以,有些通信网络维护不可以外包。

因而,不是所有通信网络的维护都可以外包。

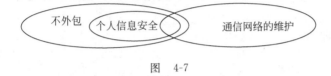

图 4-7

第三节 基本复合命题及其推理

复合命题是包含了其他命题的一种命题,一般来说,它是由若干个(至少一个)简单命题通过一定的逻辑联结词组合而成的。

一、联言命题及其推理

(一)联言命题

联言命题是断定事物的若干种情况同时存在的命题。如,"文艺创作既要讲思想性,又要讲艺术性"就断定了"文艺创作要讲思想性"和"文艺创作要讲艺术性"这两种情况同时存在。

如果取"并且"作为联言命题的典型联结词,用 P、Q 等来表示联言支,那么联言命题的形式可表示为

$$P 且 Q$$

现代逻辑则用"∧"(读作"合取")这一符号作为对联言命题联结词的进一步抽象,于是联言命题的公式就是

$$P \wedge Q（读作"P 合取 Q"）$$

由于联言命题同时断定了事物的几种情况,因此,联言命题的真假就取决于联言支的真假。一个联言命题只有当其每个支命题都为真时,这个联言命题才是真的;只要其中有一个支命题是假的,整个命题就是假的。

联言命题的逻辑值(即真假值)与其联言支逻辑值的关系可用表 4-6 来表示,其中 1 代

表真,0 代表假。

表 4-6

P	Q	P∧Q
1	1	1
1	0	0
0	1	0
0	0	0

这里要注意的是,在现代汉语中用"但是"、"还"、"尽管"等联结词所联结而成的联言命题并不完全等同于用"∧"所联结而成的合取式。"∧"是对联言命题联结词在真值方面的一种逻辑抽象,它舍弃了这些联结词在意义上的某些具体差异,而仅仅保留了"断定事物若干情况存在"这一意义。因而用"∧"所表示的联言命题的真假与联言支之间在内容上的联系无关。比如"他参加了奥运会,并且雪是白的"在逻辑上可以为真。因为,对于联言命题来说,在真值方面的唯一要求就是看其所有联言支是否为真,虽然二者无意义上的联系。

(二)联言推理

1. 分解式

分解式是根据一个联言命题为真而推出其各联言支为真,公式为

$$\frac{P \wedge Q}{P(\text{或 } Q)}$$

某同志曾有如下议论:既然大家都认为每个人既有优点又有缺点的看法是正确的,那么我说老王是有缺点的,这又有什么不对呢?

2. 组合式

组合式是根据一个联言命题的各个联言支为真而推出该联言命题为真,公式为

$$\frac{P \quad Q \quad R}{P \wedge Q \wedge R}$$

在国家建设时期,不仅工人和农民是国家建设的依靠力量,而且知识分子也是国家建设的依靠力量,所以,工人、农民和知识分子都是国家建设的依靠力量。

■男士不都爱看足球赛,女士都不爱看足球赛。

如果已知上述第一个断定真,第二个断定假,则以下哪项据此不能确定真假?

Ⅰ. 男士都爱看足球赛,有的女士也爱看足球赛。

Ⅱ. 有的男士爱看足球赛,有的女士不爱看足球赛。

Ⅲ. 有的男士不爱看足球赛,女士都爱看足球赛。

A. 只有 Ⅰ。　　　　B. 只有 Ⅱ。　　　　C. 只有 Ⅲ。　　　　D. 只有 Ⅰ 和 Ⅱ。

E. 只有 Ⅱ 和 Ⅲ。

[解题分析] 正确答案：E。

性质命题的对当关系。本题存在两个性质命题的推理。

题干第一个断定"男士不都爱看足球赛"为真，等同于"有的男士不爱看足球赛"。

对于性质命题的推理，O 真，则 A 假，I 和 E 真假不确定。即"男士都爱看足球赛"为假，不能确定"男士都不爱看足球赛"与"有的男士爱看足球赛"的真假。

题干第二个断定"女士都不爱看足球赛"（E）为假，可推出"有的女士爱看足球赛"（I）真，不能确定"有的女士不爱看足球赛"（O）与"女士都爱看足球赛"（A）的真假。

Ⅰ项是一个联言命题，其中"男士都爱看足球赛"假，整个复合命题为假。

Ⅱ项和Ⅲ项不能确定真假。

二、选言命题及其推理

选言命题是断定事物若干种可能情况的命题。如：

明天或者是晴天，或者是阴天。

一个物体要么是固体，要么是液体，要么是气体。

选言命题是由两个以上的支判断所组成的。包含在选言命题里的支命题称为选言支。

根据选言支是否相容，选言命题又可相应地区分为相容的选言命题与不相容的选言命题两种。

（一）相容的选言命题及其推理

断定事物若干种可能情况中至少有一种情况存在的命题就是相容的选言命题。如：

艺术作品质量差，也许由于内容不好，也许由于形式不好。

就表达了相容的选言命题，所断定的事物的若干可能情况是可以并存的。"内容不好"和"形式不好"也可共同导致"艺术作品质量差"这一结果。

我们通常用如下形式来表示相容的选言命题：

P 或者 Q

现代逻辑则用"∨"（读作"析取"）这一符号作为对相容选言命题联结词的进一步抽象，于是相容选言命题的公式就可表示为

P∨Q（读作"P 析取 Q"）

由于相容选言命题的各个支所断定的情况是可以并存的，因此，在相容选言判断中，可以不只有一个选言支是真的。但是，只有至少有一个选言支是真的，该选言命题才是真的，否则，就是假的。

相容选言命题的逻辑值与其选言支的逻辑值之间的关系如表 4-7 所示。

表 4-7

P	Q	P∨Q
1	1	1
1	0	1
0	1	1
0	0	0

例如，相容选言判断"小张学习成绩不理想或因学习方法不对，或因不努力"，只有在"小张学习方法不对"和"小张不努力"都假的情况下是假的，在其余情况下都是真的。

以相容的选言命题作为前提的选言推理就是相容的选言推理。由于一个相容的选言命题为真，当且仅当至少有一个选言支为真，因此，当选言前提为真时，我们便能推知选言支不可能都为假。这样，相容选言推理的形式是：

否定肯定式：

$$P \text{ 或者 } Q$$
$$\underline{\text{非 } P}$$
$$\text{所以，} Q$$

或

$$P \text{ 或者 } Q$$
$$\underline{\text{非 } Q}$$
$$\text{所以，} P$$

例如：人们过河或是游泳或是渡船，
　　　没有渡船，
　　　所以，只能游泳。

因为相容的选言命题的各选言支是可以同时为真的，所以，我们不可以通过肯定选言前提中一部分选言支为真而推出其另外的选言支为假。而只能通过否定选言前提中的一部分选言支而在结论中肯定其另外的选言支。据此，相容的选言推理的规则有以下两条。

（1）否定一部分选言支，就要肯定另一部分选言支。
明天会刮风或者下雨，
明天不会刮风，
所以，明天会下雨。
上述是个正确的推理。

（2）肯定一部分选言支，不能否定另一部分选言支。
明天会刮风或者下雨，
明天会刮风，
所以，明天不会下雨。

相容的选言推理的肯定否定式是无效式。因为对于相容的选言命题来说，其选言支是可以并存的，可以同真。所以，断定了一部分选言支为真，不能因此就断定其他选言支为假，也可能所有的选言支都是真的。

（二）不相容的选言命题及其推理

不相容的选言命题是断定事物若干可能情况中有且只有一种情况存在的命题。如：
一个三角形，要么是钝角三角形，要么是锐角三角形，要么是直角三角形。
不是老虎吃掉武松，就是武松打死老虎。
两个例子都表达了不相容的选言命题。它们分别断定的关于事物的几种可能情况是不能并存的。
我们通常用：

$$\text{要么 P, 要么 Q}$$

来表示不相容的选言命题。也可用符号"$\dot{\vee}$"（读作"强析取"）来代表其联结词，从而不相容的选言命题就可表示为：

$$P \dot{\vee} Q$$

由于不相容的选言命题断定了事物若干可能情况中，有且只有一种情况存在，这样，一个不相容的选言命题为真，当且仅当恰好有一个选言支为真。当所有的选言支都为假或不只一个选言支为真时，整个不相容的选言命题便为假，其真值表如表 4-8 所示。

表 4-8

P	Q	P$\dot{\vee}$Q
1	1	0
1	0	1
0	1	1
0	0	0

例如，不相容选言判断"一个人的世界观要么是唯物的，要么是唯心的"，在"一个人的世界观既唯物又唯心"和"一个人的世界观既不唯物又不唯心"的情况下是假的，在其余情况下都是真的。

以不相容的选言命题作为前提的选言推理就是不相容的选言推理。由于一个不相容的选言命题为真，当且仅当恰好有一个选言支为真，不相容的选言推理便有以下两种正确的推理形式。

（1）否定肯定式：

要么 P, 要么 Q
非 P
所以, Q

或

要么 P, 要么 Q
非 Q
所以, P

例如：要么甲是罪犯，要么乙是罪犯。
甲不是罪犯，
乙是罪犯。

（2）肯定否定式：

要么 P, 要么 Q
P
所以, 非 Q

或

要么 P, 要么 Q
Q
所以, 非 P

例如：小张现在不是在北京，就是在广州。
　　　　小张现在是在北京，
　　　　小张现在不在广州。
根据不相容选言命题的逻辑性质（选言支不能同真），不相容选言推理有以下两条规则。
(1) 肯定一个选言支，就要否定其余的选言支。
(2) 否定一个选言支以外的选言支，就要肯定未被否定的那个选言支。
■小李考上了清华，或者小孙没考上北大。
增加以下哪项条件，能推出小李考上了清华？
　A. 小张和小孙至少有一人未考上北大。
　B. 小张和小李至少有一人未考上清华。
　C. 小张和小孙都考上了北大。
　D. 小张和小李都未考上清华。
　E. 小张和小孙都未考上北大。
[解题分析]　正确答案：C。
根据"小李考上了清华，或者小孙没考上北大"要推出"小李考上了清华"，必须增加条件："小孙考上了北大"。
如果 C 项为真，即"小张和小孙都考上了北大"，显然能得到"小孙考上了北大"，从而与题干条件结合起来，必然能得到结论：小李考上了清华。
■已知：
第一，《神鞭》的首先翻译出版用的或者是英语或者是日语，二者必居其一。
第二，《神鞭》的首次翻译出版或者在旧金山或者在东京，二者必居其一。
第三，《神鞭》的译者或者是林浩如或者是胡乃初，二者必居其一。
如果上述断定都是真的，则以下哪项也一定是真的？
　Ⅰ.《神鞭》不是林浩如用英语在旧金山首先翻译出版的，因此，《神鞭》是胡乃初用日语在东京首先翻译出版的。
　Ⅱ.《神鞭》是林浩如用英语在东京首先翻译出版的，因此，《神鞭》不是胡乃初用日语在东京首先翻译出版的。
　Ⅲ.《神鞭》的首次翻译出版是在东京，但不是林浩如用英语翻译出版的，因此一定是胡乃初用日语翻译出版的。
　A. 仅Ⅰ。　　　　B. 仅Ⅱ。　　　　C. 仅Ⅲ。　　　　D. 仅Ⅱ和Ⅲ。
　E. Ⅰ、Ⅱ和Ⅲ。
[解题分析]　正确答案：B。
题干告诉我们：不是英语，必是日语；不是林浩如，必是胡乃初；不是在旧金山，必是在东京。这样，语种、翻译人和翻译地的组合一共有 2×2×2＝8 种情况。
看Ⅰ。"林浩如用英语在旧金山首先翻译出版"不成立，那只是意味着"林浩如"、"英语"、"旧金山"三个中间至少有一个不成立，但这并不能推出"胡乃初用日语在东京首先翻译出版"。也就是否定了 8 种中的 1 种情况，剩下还有 7 种，不能推出 7 种中的任何 1 种。所以，Ⅰ选项不一定为真。
看Ⅱ。"林浩如用英语在东京首先翻译出版"成立，则"林浩如"、"英语"、"东京"三个必须都成立,也就是说,与这三个不完全相同的任何一种组合都不成立,"胡乃初用日语在东京首先翻译出版"肯定不成立。所以,Ⅱ选项一定为真。

看Ⅲ。"林浩如用英语翻译出版"不成立,那只意味着"林浩如"、"英语"至少有一个不成立,但并不能推出"胡乃初"和"日语"的同时成立。语种、翻译人的组合一共有4种情况,否定了4种中的1种情况,剩下还有3种,不能推出3种中的任何1种。所以,Ⅲ项不一定为真。

三、假言命题及其推理

假言命题是断定事物情况之间条件关系的命题。假言命题中,表示条件的支命题称为假言命题的前件,表示依赖该条件而成立的命题称为假言命题的后件。假言命题因其所包含的联结词的不同而具有不同的逻辑性质。

(一) 充分条件假言命题及其推理

1. 充分条件假言命题

充分条件的假言命题是指前件是后件的充分条件的假言命题。例如:
如果你骄傲自满,那么你就要落后。
这就是一个充分条件的假言命题。因为,在这种假言命题中,前件"你骄傲自满",就是后件"你要落后"的充分条件。因为一个人只要他有骄傲自满的思想存在,他就必然要落后。但是,如果一个人没有骄傲自满的思想,他是否会落后呢?在这一命题中则未作断定。

充分条件假言命题联结词的语言标志通常是:"如果……那么……"、"只要……就……"、"若……必……"等。充分条件假言命题的逻辑公式为

如果 P,那么 Q

逻辑上则表示为

P→Q(读作"P 蕴含 Q")

充分条件假言命题的逻辑值与前后件逻辑值之间的关系如表 4-9 所示。

表 4-9

P	Q	P→Q
1	1	1
1	0	0
0	1	1
0	0	1

这就是充分条件假言命题的真值表。它告诉我们,一个充分条件的假言命题,只有当它的前件真、后件假时,该假言命题才是假的。在其他情况下,充分条件假言命题都是真的。弄清这一点,对于我们准确把握一个充分条件假言命题的逻辑性质来说,是非常重要的。

例如,充分条件假言判断"如果严重砍伐森林,那么就会水土流失",只有在"严重砍伐森林但水土没有流失"的情况下才是假的,在其他情况下都是真的。

2. 充分条件假言推理

（1）肯定前件式：

$$\frac{\begin{array}{l}如果 P，那么 Q\\ P\end{array}}{所以，Q}$$

例如：如果谁骄傲自满，谁就会落后。
　　　<u>某人骄傲自满，</u>
　　　某人会落后。

（2）否定后件式：

$$\frac{\begin{array}{l}如果 P，那么 Q\\ 非 Q\end{array}}{所以，非 P}$$

例如：如果天下雨，那么运动会延期。
　　　<u>运动会没有延期，</u>
　　　所以，天没有下雨。

运用充分条件假言推理时要注意，在通常情况下，充分条件假言命题的前件反映的只是能分别独立导致后件结果的若干条件之一，这种关系如图 4-8 所示：

$$\begin{array}{l}P \searrow \\ R \rightarrow Q \\ S \nearrow\end{array}$$

图 4-8

由图 4-8 可知，P、R、S 都可分别独立导致 Q，所以，在没有 P 时并不一定没有 Q（因为有 R 或 S 也会有 Q），在有 Q 时也并不一定就有 P（因为 Q 可由 R 或 S 所致）。可见，我们不可通过肯定一个充分条件假言命题的后件来肯定其前件，也不可通过否定一个充分条件假言命题的前件来否定其后件。以"如果谁骄傲自满，谁就会落后"为例来说，骄傲自满只是落后的条件（骄傲自满、悲观失望、墨守成规、方法不当等）之一，所以，我们不可由某人没骄傲自满而推知他不会落后，也不可由他落后了而推知一定是因为他骄傲自满。这样，充分条件假言推理就相应的有如下两条规则。

（1）肯定前件就要肯定后件，否定后件就要否定前件。

例如，"如果小王体内有炎症，则他血液中的白血球含量就会不正常升高。现在，小王体内有炎症，所以，血液中的白血球含量就会不正常升高。"这个推理是充分条件假言推理的肯定前件式，是正确的。

再如，"如果小王体内有炎症，则他血液中的白血球含量就会不正常升高。小王血液中的白血球含量正常，所以，小王的体内没有炎症。"这个推理是充分条件假言推理的否定后件式，是正确的。

（2）否定前件不能否定后件，肯定后件不能肯定前件。

例如，"如果小王患肺炎，则他会发烧。小王没患肺炎，所以，他一定不会发烧。"这个推理是充分条件假言推理的否定前件式,是错误的。因为,小王即使没患肺炎也可能感冒,也会发烧。

再如,"如果小王患肺炎,则他会发烧。小王发烧了,所以,他一定患了肺炎。"这个推理是充分条件假言推理的肯定后件式,是错误的。

■如果未来的父母在孩子出生前确实想要这个孩子,那么,孩子出生后肯定不会受虐待。

以下哪一项如果成立,那么以上的结论才会为真?

A. 未来的父母一旦有了自己的孩子,会改变原本只是想传宗接代的观念。
B. 爱孩子的人不会虐待下一代。
C. 不想要孩子的人通常也会抚养孩子。
D. 不爱自己孩子的人通常会虐待孩子。
E. 虐待孩子的人都是不想要孩子的。

[解题分析]　正确答案:E。

题干陈述了一个充分条件:"确实想要孩子"是"不虐待孩子"的充分条件。那么,否定后件就要否定前件,即:虐待孩子的人都是不想要孩子的。

■陈经理今天将乘飞机赶回公司参加上午 10 点的重要会议。秘书小张告诉王经理:如果陈经理乘坐的飞机航班被取消,那么他就不能按时到达会场。但事实上该航班正点运行,因此,小张得出结论:陈经理能按时到达会场。王经理回答小张:"你的前提没错,但推理有缺陷。我的结论是:陈经理最终将不能按时到达会场。"

以下哪项对上述断定的评价最恰当?

A. 王经理对小张的评论是正确的,王经理的结论也由此被强化。
B. 虽然王经理的结论根据不足,但他对小张的评论是正确的。
C. 王经理对小张的评论有缺陷,王经理的结论也由此被弱化。
D. 王经理对小张的评论是正确的,但王经理的结论是错误的。
E. 王经理对小张的评论有偏见,并且王经理的结论根据不足。

[解题分析]　正确答案:B。

前提一:陈经理的航班被取消→他就不能按时到达会场。

前提二:该航班正点运行(即航班没被取消)。

充分假言的否定前件式,后件不一定成立,即陈经理是否能按时到达会场是不一定的。

因此,小张得出"陈经理能按时到达会场"的结论这个推理是有缺陷的,同时,王经理得出"陈经理最终将不能按时到达会场"的结论同样是有缺陷的。可见,答案选 B。

D 项是干扰项,不能说王经理的结论一定错误,只能说可能错误,也有可能正确。

(二) 必要条件假言命题及其推理

1. 必要条件假言命题

必要条件的假言命题是指前件是后件的必要条件的假言命题。所谓前件是后件的必要条件是指:如果不存在前件所断定的情况,就不会有后件所断定的事物情况,即前件所断定

的事物情况的存在,对于后件所断定的事物情况的存在来说是必不可少的。如:

只有由细菌引起的疾病,才能用抗生素治疗。

我不去,除非你去。

不具备一定的专业知识,就不能做好工作。

表达必要条件假言命题的联结词有:"只有……才"、"不……(就)不……"、"没有……没有……"等。我们一般把必要条件假言命题表述成如下形式:

$$只有 P,才 Q$$

逻辑上则表示为:

$$P \leftarrow Q(读作"P 反蕴含 Q")$$

根据必要条件假言命题的逻辑特性,我们把它的逻辑值与其前后件逻辑值之间的关系列于表 4-10 中。

表 4-10

P	Q	$P \leftarrow Q$
1	1	1
1	0	1
0	1	0
0	0	1

例如,必要条件假言判断"只有年满 18 岁,才有选举权。"只有在"未满 18 岁但已有了选举权"的情况下才是假的,在其他情况下都是真的。

2. 必要条件假言推理

(1) 否定前件式:

$$只有 P,才 Q$$
$$非 P$$
$$所以,非 Q$$

例如:

只有年满十八岁,才有选举权。

<u>某人不到十八岁,</u>

某人没有选举权。

(2) 肯定后件式:

$$只有 P,才 Q$$
$$Q$$
$$所以,P$$

例如:

只有勤学苦练,才能成为技术能手。

<u>他想成为技术能手,</u>

所以,他必须勤学苦练。

在运用必要条件假言推理时要注意,必要条件假言命题的前件反映的情况通常只是后件情况必不可少的条件之一,它往往需要与其他条件相结合才能共同导致后件所反映的情况,这种关系如图4-9所示。

$$
\left.\begin{array}{c} P \\ + \\ R \\ + \\ S \end{array}\right\} \to Q
$$

图 4-9

由图4-9可知,要使Q成立,需P、R、S都同时成立。所以,没有P就没有Q,有Q就一定有P;但是,仅有P,不一定有Q(因为也许没有R或S);没有Q也不一定就没有P(因为没有R或S时,也就没Q)。可见,我们不可通过肯定一个必要条件假言命题的前件而肯定其后件,也不可通过否定一个必要条件假言命题的后件而否定其前件。按此,必要条件假言推理也相应有两条规则:

(1) 否定前件就要否定后件,肯定后件就要肯定前件。
(2) 肯定前件不能肯定后件,否定后件不能否定前件。

例如,"只有学习好,才能当三好学生。小王当选为三好学生。所以,他一定学习好。"这个推理是必要条件假言推理的肯定后件式,是正确的。

再如,"只有学习好,才能当三好学生。小王学习好。所以,小王一定能当三好学生。"这个推理是必要条件假言推理的肯定前件式,是错误的。

■ 只有较高艺术修养的学生,才能考上电影学院。
如果这个断定成立,则以下哪项一定为真?
A. 有较高艺术修养的学生,也可以考上其他大学。
B. 电影学院有时也招有较高艺术修养的成年人。
C. 王英有较高的艺术修养,所以她考上了电影学院。
D. 如果王英考上了电影学院,则她一定有较高的艺术修养。
E. 没有较高艺术修养的学生,一定不会去考电影学院。

[解题分析] 正确答案:D。

根据题干断定,"较高艺术修养"是"考上电影学院"的必要条件。那么,如果王英考上了电影学院,就可以必然得出结论:她一定有较高的艺术修养。

其余选项都不一定为真。

■ 奥运场馆的规定是:没有当场门票者不得进入比赛场馆。小梅持当场的门票来到比赛场馆入口说:根据规定我可以进入比赛场馆。

小梅最可能将奥运场馆的规定理解为:
A. 除非持有当场门票,否则不能进入奥运赛场。
B. 只有持有当场比赛门票的人,才能进入奥运赛场。
C. 只要持有当场比赛门票的人,就能进入奥运赛场。
D. 没有当场门票的人,如果是运动员就可以进入赛场。
E. 不是运动员的人,要想看比赛,就必须有当场的门票。

[解题分析] 正确答案:C。

奥运场馆的规定表明,"有当场门票者"是"进入比赛场馆"的必要条件。

而小梅持当场的门票认为自己就可进入比赛场馆,可见,小梅将奥运场馆的规定错误地理解为:"有当场门票者"是"进入比赛场馆"的充分条件。因此,C项为正确答案。

■有人说:"只有肯花大价钱的足球俱乐部才进得了中超足球联赛。"

如果以上命题是真的,可能出现的情况是:

Ⅰ. 某足球俱乐部花了大价钱,没有进中超。

Ⅱ. 某足球俱乐部没有花大价钱,进了中超。

Ⅲ. 某足球俱乐部没有花大价钱,没有进中超。

Ⅳ. 某足球俱乐部花了大价钱,进了中超。

A. 仅Ⅳ。　　B. 仅Ⅱ、Ⅲ。　　C. 仅Ⅲ、Ⅳ。　　D. 仅Ⅱ、Ⅲ、Ⅳ。

E. 仅Ⅰ、Ⅲ、Ⅳ。

[解题分析]　正确答案:E。

题干逻辑关系为:大价钱←进中超。即,肯花大价钱是进入中超的必要条件,而未必是充分条件;也就是说,花了大价钱是否进中超都是有可能的,Ⅰ、Ⅳ有可能出现。

没有花大价钱,那就一定进不了中超,Ⅱ必然错误,Ⅲ必定正确。

(三) 充分必要条件假言命题及其推理

1. 充分必要条件假言命题

如,"人不犯我,我不犯人;人若犯我,我必犯人"、"当且仅当三角形三内角相等,该三角形是等边三角形"等,都是这种充分必要条件的假言命题。

表达充分必要条件假言命题的联结词有:"只要而且只有……,才……"、"若……则……,且若不……则不……"、"当且仅当……,则……"等。我们一般将之表示为如下形式:

$$当且仅当 P, 则 Q$$

逻辑上则表示为:

$$P \leftrightarrow Q (读作 "P 等值于 Q")$$

充分必要条件假言命题的逻辑值与其支命题(前件或后件)逻辑值之间的关系如表 4-11 所示。

表 4-11

P	Q	P↔Q
1	1	1
1	0	0
0	1	0
0	0	1

例如,"能且仅能被 2 整除的数,才是偶数。"是充分必要条件假言判断。

可以看出,一个充分必要条件假言命题为真,当且仅当等值符"↔"所联结的支命题(前件与后件)同真同假。这也是这种复合命题被称为"等值式"的原因。

2. 充分必要条件假言推理

其推理式可概括表示为:

P 当且仅当 Q
P(非 P, Q, 非 Q)
所以, Q(非 Q, P, 非 P)

例如：

当且仅当一个三角形是等边三角形,则它是等角三角形。这个三角形是等边三角形,所以,这个三角形是等角三角形。

当且仅当一个三角形是等边三角形,则它是等角三角形。这个三角形不是等边三角形,所以,这个三角形不是等角三角形。

■当且仅当汤姆在法国时,列宾在英国且麦克不在西班牙。当且仅当麦克在西班牙时,劳力斯不在电视台露面；当且仅当劳力斯不在电视台露面,马力在剧场演出或者露丝参加蒙面舞会。

如果马力在剧场演出,下面哪项一定是真的？

A. 汤姆不在法国。　　　　B. 麦克不在西班牙。
C. 列宾在英国。　　　　　D. 劳力斯在电视台露面。
E. 露丝参加蒙面舞会。

[解题分析]　　正确答案：A。

(1) 汤姆↔列宾∧¬麦克。
(2) 麦克↔¬劳力斯。
(3) ¬劳力斯↔马力∨露丝。

既然马力在剧场演出,由(3)就可推出劳力斯不在电视台露面,再由(2)进一步推出麦克在西班牙,再由(1)可推出汤姆不在法国。即 A 项为真。

第四节　多重复合命题及其推理

一、复合命题的负命题及其等值推理

(一) 联言命题的负命题

由于联言命题只要其支命题有一个为假,该命题就是假的。因此,联言命题的负命题是一个相应的选言命题。如,"某某人工作既努力又认真",这个联言命题的负命题不是"某某人工作既不努力又不认真"这个联言命题,而是"某某人工作或者不努力,或者不认真"这样一个联言命题。如果用公式表示即为：

并非"P∧Q"等值于"非 P∨非 Q"

(二) 选言命题的负命题

1. 相容选言命题的负命题

因为相容选言命题只要其支命题中有一个为真,则整个选言命题就是真的,故相容选言命题的负命题不能是一个相应的选言命题,而必须是一个相应的联言命题。

如,"这个学生或者是文艺爱好者,或者是体育爱好者"这一选言命题的负命题就不是"这个学生或者不是文艺爱好者,或者不是体育爱好者"而只能是"这个学生既不是文艺爱好者,又不是体育爱好者"这样一个联言命题。如果用公式来表示即为:

$$并非"P \vee Q" 等值于 "非P \wedge 非Q"$$

又如,"并非:小张当选或小李当选"等值于"小张和小李都没当选"。

2. 不相容选言命题的负命题

由于不相容选言命题只有当选言支仅有一个是真的时,整个选言命题才是真的,当选言支同真或同假时,它就是假的,因此,如果用公式来表示即为:

$$并非"要么P要么Q" 等值于 "P且Q"或"非P且非Q"$$

例如,"并非:要么小张当选,要么小李当选"等值于"小张和小李都当选,或者,小张和小李都不当选"。

(三) 假言命题的负命题

1. 充分条件假言命题的负命题

由于充分条件假言命题只有当其前件真后件假时,它才是假的,因此,一个充分条件假言命题的负命题,只能是一个相应的联言命题。如,"如果起风了,就会下雨",其负命题则为"起风了,并未下雨"。如果用公式来表示即为:

$$并非"P \rightarrow Q" 等值于 "P \wedge 非Q"$$

又如,"并非:如果天下雨,那么会议延期"等值于"天下雨但会议不延期"。

2. 必要条件假言命题的负命题

由于必要条件假言命题只有当其前件假而后件真时,它才是假的。因此,一个必要条件假言命题的负命题,也只能是一个相应的联言命题。如"只有下雪天气才冷",其负命题则为"没有下雪天气也冷"。如果用公式来表示即为

$$并非"P \leftarrow Q" 等值于 "非P \wedge Q"$$

又如,"并非:只有是天才,才能创造发明"等值于"不是天才,也能创造发明"。

3. 充分必要条件假言命题的负命题

由于充分必要条件假言命题其前件既是后件的充分条件,又是后件的必要条件,因而,对于一个充分必要条件的假言命题来说,其负命题既可以是相应的充分条件假言命题的负命题,也可以是相应的必要条件假言命题的负命题。如用公式来表示则为:

$$并非" P \leftrightarrow Q" 等值于 "P \wedge 非Q" \vee "非P \wedge Q"$$

例如,并非:当且仅当得了肺炎才会发高烧,其等值命题是"或者得了肺炎但不发高烧,或者没有得肺炎但却发高烧"。

(四) 负命题的负命题

最后,就负命题自身作为一种较特殊的复合命题来说,其自身当然也有其相应的负命

题。如果用公式来表示即为：

$$\text{并非"并非 P"等值于 P}$$

■ 并非雅典奥运会既成功又节俭。

如果上述判断是真的，那么以下哪项必真？

A. 雅典奥运会成功但不节俭。

B. 雅典奥运会节俭但不成功。

C. 雅典奥运会既不节俭也不成功。

D. 如果雅典奥运会不节俭，那么一定成功了。

E. 如果雅典奥运会成功了，那么一定不节俭。

[解题分析]　正确答案：E。

并非既成功又节俭 ＝ 不成功或不节俭。

那么，如果成功了，一定不节俭。E 项正确。

其余选项都不一定为真。

■ 麦老师：只有博士生导师才能担任学校"高级职称评定委员会"评委。

宋老师：不对。董老师是博士生导师，但不是"高级职称评定委员会"评委。

宋老师的回答说明他将麦老师的话错误地理解为：

A. 有的"高级职称评定委员会"评委是博士生导师。

B. 董老师应该是"高级职称评定委员会"评委。

C. 只要是博士生导师，就是"高级职称评定委员会"评委。

D. 并非所有的博士生导师都是"高级职称评定委员会"评委。

E. 董老师不是学科带头人，但他是博士生导师。

[解题分析]　正确答案：C。

题干两位老师的推理如下：

麦老师：博导←评委。

宋老师：博导 ∧ ¬ 评委。

而宋老师推理并非是麦老师的负命题（即宋老师论述与麦老师并不矛盾），宋老师推理是下列推理的负命题：博导→评委。

也就是说宋老师的回答说明他将麦老师的话错误地理解为：博导是评委的充分条件。因此，本题正确答案为 C。

■ 总经理：根据本公司目前的实力，我主张环岛绿地和宏达小区这两项工程至少上马一个，但清河桥改造工程不能上马。

董事长：我不同意。

以下哪项，最为准确地表达了董事长实际同意的意思？

A. 环岛绿地、宏达小区和清河桥改造这三个工程都上马。

B. 环岛绿地、宏达小区和清河桥改造这三个工程都不上马。

C. 环岛绿地和宏达小区两个工程中至多上马一个，但清河桥改造工程要上马。

D. 环岛绿地和宏达小区两个工程至多上马一个，如果这点做不到，那也要保证清河桥改造工程上马。

E. 环岛绿地和宏达小区两个工程都不上马,如果这点做不到,那也要保证清河桥改造工程上马。

[解题分析] 正确答案:E。

令 P 表示"环岛绿地工程上马",Q 表示"宏达小区工程上马",R 表示"清河桥改造工程上马"。

总经理的意见是:(P∨Q)∧(¬R)。

董事长的意见是:¬((P∨Q)∧(¬R))＝¬(P∨Q)∨(¬(¬R))＝(¬P∧¬Q)∨R＝¬(¬P∧¬Q)→R。

这就是 E 项所断定的。

二、假言三段论与反三段论

(一)假言三段论

假言三段论又叫假言连锁推理,就是从前提中几个同样性质的假言命题推出一个新的同样性质的假言命题的假言推理。假言连锁推理要求前提中的第一个假言命题的后件必须与第二个假言命题的前件相同。

1. 充分条件假言连锁推理

充分条件假言连锁推理是以充分条件命题为前提的假言连锁推理。

(1)肯定式:

如果 P,那么 Q
如果 Q,那么 R
所以,如果 P,那么 R

例如:

如果此处是罪犯作案的现场,那么此处就留有罪犯作案的痕迹;
如果此处留有罪犯作案的痕迹,那么就能找到罪犯作案的证据;
所以,如果此处是罪犯作案的现场,那么就能找到罪犯作案的证据。

(2)否定式:

如果 P,那么 Q
如果 Q,那么 R
所以,如果非 R,那么非 P

例如:

如果你犯了法,你就会受到法律制裁;
如果你受到法律制裁,别人就会看不起你;
如果别人看得起你,你就没有犯法。

2. 必要条件假言连锁推理

必要条件假言连锁推理是以必要条件命题为前提的假言连锁推理。

(1) 肯定式：

只有 P，才 Q
只有 Q，才 R
所以，只有 P，才 R

例如：
只有有了第二味觉，哺乳动物才能边吃边呼吸；
只有边吃边呼吸，哺乳动物才能进行高效率的新陈代谢；
哺乳动物只有有了第二味觉，才能进行高效率的新陈代谢。

(2) 否定式：

只有 P，才 Q
只有 Q，才 R
所以，如果非 P，那么非 R

例如：
只有树立坚定的信心，才能不畏艰难险阻；
只有不畏艰难险阻，才能登上科学高峰；
所以，如果不树立坚定的信心，就不能登上科学高峰。

■如果你犯了法，你就会受到法律制裁；如果你受到法律制裁，别人就会看不起你；如果别人看不起你，你就无法受到尊重；而只有得到别人的尊重，你才能过得舒心。

从上述叙述中，可以推出下列哪一个结论？

A. 你不犯法，日子就会过得舒心。
B. 你犯了法，日子就不会过得舒心。
C. 你日子过得不舒心，证明你犯了法。
D. 你日子过得舒心，表明你看得起别人。
E. 如果别人看得起你，你日子就能舒心。

[解题分析]　正确答案：B。

题干的断定可整理为：

(1) 犯法→受到制裁。
(2) 受到制裁→别人看不起你。
(3) 别人看不起你→无法受到尊重。
(4) 受到尊重←舒心。

联立以上条件关系式，可得：犯法→制裁→看不起→非尊重→非舒心。

这样，就得到了"你犯了法，日子就不会过得舒心"，所以 B 项正确。

（二）反三段论

反三段论用公式表示即为

如果 P 且 Q，那么 R
所以，如果 P 且非 R，那么非 Q

或者

如果 P 且 Q，那么 R
所以，如果 Q 且非 R，那么非 P

在这两个公式中,前提"如果P且Q,那么R"可以看作一个三段论,其中P、Q、R分别看作大前提、小前提和结论。

结论"如果P且非R,那么非Q"也可以看作一个三段论,但这个三段论的前提之一"非R"和结论"非Q"是前一个三段论的结论R和一个前提Q的否定,所以称为反三段论。

<u>如果所有太阳系的大行星都有卫星,并且水星是太阳系的大行星,那么水星就有卫星。</u>

所以,如果水星是太阳系的大行星,而且水星没有卫星,那么,并非所有太阳系的大行星都有卫星。

在实际思维中,反三段论是有重要作用的。如果几个条件联合起来构成某一情况的充分条件,那么根据反三段论,当该情况不产生时,就可以推出几个条件中至少有一个条件未具备。由此,可以创造条件,促使某一情况的出现。

■如果丽达和露丝不去墨西哥,那么尤思去纽约。

以此为前提,再加上下列的哪个条件,就可以推出丽达去墨西哥的结论?

A. 尤思去纽约,露丝不去墨西哥。

B. 尤思不去纽约,露丝去墨西哥。

C. 露丝不去墨西哥。

D. 露丝不去墨西哥,尤思不去纽约。

E. 尤思不去纽约。

[解题分析] 正确答案:D。

"如果丽达和露丝不去墨西哥,那么尤思去纽约"等价于其逆否命题"如果尤思不去纽约,那么丽达或露丝至少有一人去墨西哥"。加上选项D这个条件,即"露丝不去墨西哥,尤思不去纽约",那么就可以肯定推出"丽达去墨西哥"。

■如果品学兼优,就能获得奖学金。

假设以下哪项,能依据上述断定得出结论:李桐学习欠优?

A. 李桐品行优秀,但未获得奖学金。

B. 李桐品行优秀,并且获得奖学金。

C. 李桐品行欠优,未获得奖学金。

D. 李桐品行欠优,但获得奖学金。

E. 李桐并非品学兼优。

[解题分析] 正确答案:A。

题干断定:品行优秀∧学习优秀→获得奖学金。

其等价的逆否命题是:品行欠优∨学习欠优←未获得奖学金。

这意味着,如果李桐未获得奖学金,就必然可得:品行欠优或者学习欠优。那么如果他品行优秀,就必然可得出结论:李桐学习欠优。

因此,A项为正确答案。

■在某次综合性学术年会上,物理学会作学术报告的人都来自高校;化学学会作学术报告的人有些来自高校,但是大部分来自中学;其他作学术报告者均来自科学院。来自高校的学术报告者都具有副教授以上职称,来自中学的学术报告者都具有中教高级以上职称。李默、张嘉参加了这次综合性学术年会,李默并非来自中学,张嘉并非来自高校。

以上陈述如果为真,可以得出以下哪项结论?

A. 张嘉如果作了学术报告,那么他不是物理学会的。
B. 李默不是化学学会的。
C. 张嘉不具有副教授以上职称。
D. 李默如果作了学术报告,那么他不是化学学会的。
E. 张嘉不是物理学会的。

[解题分析]　正确答案:A。

根据题干断定:物理学会作学术报告的人都来自高校,张嘉并非来自高校。

可必然推出:张嘉不会在物理学会作学术报告。

这意味着:张嘉如果作了学术报告,那么他不是物理学会的。

这是个反三段论推理,推理可表示如下:

物理学会∧作学术报告→来自高校
¬来自高校 ∧作学术报告
─────────────────
¬物理学会

三、二难推理

二难推理是由两个假言前提和一个具有二支的选言前提联合作为前提而构成的推理。二难推理也称为假言选言推理。

在辩论中人们经常运用这种推理形式。辩论的一方常常提出具有两种可能的大前提,对方无论肯定或否定其中的哪一种可能,结果都会陷入进退两难的境地。二难推理之所以叫做"二难"推理,也就是由于这个缘故。

[逻辑案例]　下面是根据古希腊斯多葛派提出的"鳄鱼悖论"改编的童话故事:

一位年轻的母亲带着女儿在河边玩耍。突然,鳄鱼咬住了她的女儿。

母亲要求鳄鱼放了她女儿。鳄鱼说:"你如果能猜对我的心思,我就放了你的女儿。"心思是隐性的,难以捉摸的,鳄鱼很是狡猾。这位聪明的母亲想:只有让鳄鱼处于两难,才能救回女儿。于是她说:"我猜你想吃掉我女儿。"这么一说,使鳄鱼左右为难,如果鳄鱼说"猜对了",那根据猜对就要放人的约定,应该放了女孩;如果它说"没猜对",那就是说,它不想吃掉她女儿,也应该放了女孩,鳄鱼或说"猜对了",或说"没猜对",无论鳄鱼怎样回答,它都得放了女孩。

点评:这个故事,体现了这位年轻母亲的智慧,也说明她正确地运用逻辑二难推理的技巧。

(一)简单构成式

古希腊雅典有一位青年,他能言善辩,四处奔波,到处发表演说。一天,他父亲忧心忡忡地对他说:"孩子,你可得当心!你那么热衷于演说,不会有好结果。说真话吧,富人或显贵会恨死你;说假话吧,贫民们不会拥护你。可是既要演说,你就只能是或者讲真话,或者讲假话,因此,不是遭到富人、显贵的憎恨,就是遭到贫民的反对,总之是有百弊而无一利啊!"

在这里,父亲劝儿子就使用了一个二难推理,形式是:

如果你说真话,那么富人恨你;

如果你说假话,那么穷人恨你。

或者你说真话,或者你说假话;

总之,有人恨你。

在这个推理中,两个假言前提有不同的前件,但有相同的后件,因此肯定其前件,就可以推出其相同的后件(结论)。它的推理结构可表述如下:

$$P \rightarrow Q, R \rightarrow Q;P \vee R;所以,Q$$

更简单的简约式为:

$$P \rightarrow R,非P \rightarrow R;所以,R$$

[逻辑案例] 上帝万能悖论。

如果上帝不能创造出一块他自己都不能搬动的石头,则他不是万能的;

如果上帝能创造出一块他自己都不能搬动的石头,则他同样不是万能的。

上帝或者能创造出一块他自己都不能搬动的石头,或者不能,二者必居其一;

因此,上帝不是万能的。

(二) 简单破坏式

这种形式是在前提中否定两个假言命题的不同后件,结论否定两个假言命题的相同前件。例如:

如果你是诚实的革命者,那么你就不能说假话;

如果你是诚实的革命者,那么你就不能隐瞒自己的过错。

你或者说假话或者隐瞒自己的过错,

所以,你就不是诚实的革命者。

在这个推理中,两个假言前提有不同的后件,但有相同的前件,因此不论否定哪一个后件,结果总是否定了相同的前件。这个推理的结构可表述如下:

$$P \rightarrow Q, P \rightarrow R;非Q \vee 非R;所以,非P$$

[逻辑案例] 秦宣太后很喜爱魏丑夫,她患重病将去世时下了这样一道命令:我死后安葬时,一定让魏丑夫为我殉葬。魏丑夫对此深感害怕。大臣庸芮就此事劝太后说:您认为死者有知吗?太后回答说:无知也。庸芮说:假如太后您的神灵明明知道死后无知,为何要让生前所喜爱的人白白地为无知的死人殉葬呢?如果死后有知,先王去世后您很少瞻仰他的寝陵,对您的积怨一定很久了,您为什么却私自让魏丑夫殉葬呢?太后赞同地说:好。于是废除了让魏丑夫殉葬的旨意。

点评:庸芮为了营救魏丑夫,就运用了简单破斥式的二难推理,其推理形式为:

如果太后死后无知而让魏丑夫殉葬,那么会白白葬送生前喜爱的人;

如果太后死后有知而让魏丑夫殉葬,那么会触怒先王。

太后或者不想白白葬送生前喜爱的人,或者不想触怒先王;

总之,太后都不应该让魏丑夫殉葬。

(三) 复杂构成式

这种形式是在前提中肯定两个不同假言命题的两个不同的前件,结论则肯定两个不同的后件,其结论是选言命题。例如:

如果别人的意见是正确的,那么你就应当接受;

如果别人的意见是错误的,那么你就应当反对。

别人的意见或者是正确的或者是错误的,

所以,你或者应当接受或者应当反对。

在这个推理中,两个假言前提有不同的前件和不同的后件。因此肯定这个或那个前件,结论便肯定这个或那个的后件。它的推理形式可表述如下:

$$P \to R, Q \to S; P \lor Q; 所以, R \lor S$$

[逻辑案例] 男人要不要结婚。

据说古希腊哲学家苏格拉底曾劝男人们都要结婚,他的规劝是这样进行的:

如果你娶到一个好老婆,你会获得人生的幸福;

如果你娶到一个坏老婆,你会成为一位哲学家。

你或者娶到好老婆,或者娶到坏老婆;

所以,你或者会获得人生的幸福,或者会成为一位哲学家。

不过,古希腊的斯多亚派却构造了另一个推理,其形式与苏格拉底的完全相同,其结论却与其相反,旨在劝男人们不要结婚:

如果你与一位美人结婚,那么你将要与他人分享她;

如果你与一位丑人结婚,那么她对你就是一个惩罚。

你或者与一位美人结婚,或者与一位丑人结婚;

所以,你或者将与人分享她,或者将面对一个惩罚。

所以,你不要结婚。

点评:苏格拉底和斯多亚派在规劝时所使用的就是二难推理的复杂构成式。其推理形式都正确,问题在于他们分别所用的前提都是有争议的。

(四)复杂破坏式

这种形式是在前提中否定两个不同假言命题的两个不同的后件,结论则否定两个不同的前件,其结论是选言命题。例如:

如果上帝是全能的,他就能够消除罪恶;

如果上帝是全善的,他就愿意消除罪恶。

上帝或者没能消除罪恶,或者不愿消除罪恶;

所以,上帝或者不是全能的,或者不是全善的。

在这个推理中,两个假言前提有不同的前件和不同的后件,因此否定这个或那个后件,结论便否定这个或那个前件,它的推理形式可表述如下:

$$P \to Q, R \to S; 非 Q \lor 非 S; 所以, 非 P \lor 非 R$$

任何形式的二难推理,必须具备前提真实和形式有效,才是正确的,不具备这两个条件的二难推理必是错误的。上述四式都是二难推理的有效的推理形式。即只要其前提是真实的,那么运用这四式都能得出必然可靠的结论。

[逻辑案例] 苏轼有一首《琴诗》,是七言绝句:

若言琴上有琴声,放在匣中何不鸣?

若言声在指头上,何不于君指上听?

点评:苏轼的推理是:

如果琴上本来就有琴声,那么放在匣中会鸣;
如果声只在指头上,那么在指头上能听琴声。
琴放在匣中不会鸣,或者在指头上不能听琴声;
那么,琴上本来没有琴声,或者声不在指头上。

这首诗是讲弹琴的道理。悦耳的琴声是怎么产生的呢?单有琴而不用指头弹,或单有指头都不行,两者必须结合起来,还要靠人的思想感情和技术的熟练。

(五) 如何破斥二难推理

由于二难推理是一种很有用的推理,是论辩中的一种有力工具,因此在人们的实际思维中经常地使用它。但是并非人人都能正确地使用这种推理形式,而且诡辩论者也经常利用二难推理进行诡辩,所以对于不正确的二难推理必须加以驳斥。破斥二难推理的方法主要有以下几种。

1. 指出其前提的虚假

即指出错误二难推理的前提不真实,指出对方预设的前提标准不真实。这需要具体知识来完成。

[**逻辑案例**] 旧西藏的乌拉差役制度中,有的寺庙规定农奴每年都要请喇嘛念冰雹经,祈求免除冰雹灾害。寺庙长老给农奴立下规矩:

如果天不下冰雹,是念经有功,那么要交费酬谢;
如果天下冰雹,是民心不纯,那么要交罚款。
天或不下冰雹,或下冰雹;
所以,农奴或要交酬谢费,或要交罚款。

点评:在上面这个二难推理的复杂构成式中,其前提是虚假的,是喇嘛为剥削农奴而人为捏造出来的。因为天是否下冰雹,跟喇嘛念经无关。

2. 指出推理形式无效

即指出其推论违反假言推理或选言推理的逻辑规则。下面是一单位领导就几位下属是否参加一次经贸洽谈会所作出的推理:

如果老王不出席,那么老李出席;
如果老张不出席,那么老白出席。
老王出席或老张出席,
所以,老李不出席或老白不出席。

上述推理是二难推理复杂构成式的否定前件式,是无效的。因为二难推理的构成式只有肯定前件式,没有否定前件式。

3. 指出选言支不穷尽

即在两个选言支以外,还有第三种选言情况存在,这样便瓦解了小前提的限制。例如:"如果天冷那么人难受,如果天热那么人难受。天气或者冷或者热,总之,人总是难受"。而事实上,天有既不冷也不热的时候。

[逻辑案例]　有教师对学生开展课外活动作出了这样一个二难推理：

如果课外活动搞得过多，那么会影响学生基础课的学习；

如果课外活动搞得过少，那么会影响学生知识面的拓宽。

或者课外活动搞得过多，或者课外活动搞得过少。

所以，或者会影响学生基础课的学习，或者会影响学生知识面的拓宽。

点评：这个选言前提的选言支没有穷尽所有的可能情况，它遗漏了课外活动搞得适中这种可能，而这种可能又是搞课外活动应遵循的一种可能。

4．构造一个反二难推理

构造一个反二难推理，是一种常用的反驳方法。所谓构造一个反二难推理，即构造一个与原二难推理的前提相反的二难推理，以便从中推出相反的结论，从而达到破斥的目的。

如本节开始那一例，儿子是这样反驳父亲的："父亲，您老不用担心。如果我说真话，那么贫民们就会赞颂我；如果我说假话，富人显贵们就会赞颂我。虽然我不是说真话，就是说假话，但不是贫民赞颂我，就是富豪显贵们赞颂我，何乐而不为呢？"

从"或者说真话或者说假话"这一前提中，儿子引申出与他父亲截然相反的结论，这就将父亲的非难有力地顶了回去。

构造一个反二难推理去反驳时，要注意两点：一是构造的这种二难推理务必保留原二难推理的假言前提的前件，而推出与原来相反的后件。如若不然，就达不到破斥的目的；二是构造相反的二难推理，虽然能驳斥原二难推理，但其本身不一定就是正确的推理。如前例儿子对父亲，虽然驳斥了原二难推理，但他们所构造的二难推理的假言前提与原二难推理的假言前提一样都是假的，即上述二难推理的结论都是不能成立的。但由于揭示了原二难推理中的虚假前提，因此，仍不失为一种有效的反驳方法。

（六）二难推理题解

二难推理不是基本的逻辑推理形式，它往往是为了说明结果的两难处境或者是为了强调某一结论所进行的推理。其在逻辑推理的解题中经常用到的是：

由 P→R 和 ¬P→R，推出，R。

也可由 P→R 和 ¬P→S，推出，R∨S。

■太阳风中的一部分带电粒子可以到达 M 星表面，将足够的能量传递给 M 星表面粒子，使后者脱离 M 星表面，逃逸到 M 星大气中。为了判定这些逃逸的粒子，科学家们通过三个实验获得了如下信息：

实验一：或者是 x 粒子，或者是 y 粒子。

实验二：或者不是 y 粒子，或者不是 z 粒子。

实验三：如果不是 z 粒子，就不是 y 粒子。

根据上述三个实验，以下哪项一定为真？

A．这种粒子是 x 粒子。　B．这种粒子是 y 粒子。

C．这种粒子是 z 粒子。　D．这种粒子不是 x 粒子。

E．这种粒子不是 z 粒子。

[解题分析]　正确答案：A。

实验二等价于：如果是z粒子，就不是y粒子。

这与实验三结合起来，得到：不管是不是z粒子，都推出，不是y粒子。

既然，不是y粒子，再结合实验一：或者是x粒子，或者是y粒子。

可得出一定是x粒子。因此，A项正确。

■威尼斯面临的问题具有典型意义。一方面，为了解决市民的就业，增加城市的经济实力，必须保留和发展它的传统工业，这是旅游业所不能替代的经济发展的基础；另一方面，为了保护其独特的生态环境，必须杜绝工业污染，但是，发展工业将不可避免地导致工业污染。

以下哪项能作为结论从上述断定中推出？

A．威尼斯将不可避免地面临经济发展的停滞或生态环境的破坏。

B．威尼斯市政府的正确决策应是停止发展工业以保护生态环境。

C．威尼斯市民的生活质量只依赖于经济和生态环境。

D．旅游业是威尼斯经济收入的主要来源。

E．如果有一天威尼斯的生态环境受到了破坏，这一定是它为发展经济所付出的代价。

[解题分析]　正确答案：A。

题干断定了以下几个条件关系：

(1) 促进经济→发展工业。

(2) 保护生态→杜绝污染。

(3) 发展工业→导致污染。

因此，由(3)、(2)得到：发展工业→破坏生态。

由(1)得到：不发展工业→经济停滞。

或者发展传统工业，或者不发展传统工业，对于威尼斯来说，二者必居其一。因此，可推出结论：威尼斯将不可避免地面临经济发展的停滞或生态环境的破坏，这正是A项所断定的。

其余各项均不能从题干推出。

四、演绎运算

复合命题的混合推理涉及对假言、联言和选言及负命题推理的综合运用，也就是用命题演算的方式来进行推理。下面再强调几个问题。

1. 命题理论——原命题与逆否命题为等价命题

原命题为 A→B。

逆命题为 B→A。

否命题为 ¬A→¬B。

逆否命题为 ¬B→¬A。

如果一个命题正确，那么它的逆否命题也一定正确；反之亦然。

2. 充分条件和必要条件的区分

(1) 充分条件：所谓充分条件就是仅有这条件就足以带来结果，无须考虑别的条件。它是谁成立，谁一定也成立。比如，如果A成立，那么一定有B，则A是B的充分条件，记作A→B。

(2) 必要条件：所谓必要条件就是没有这个条件，结论一定不对。注意："只有 A，才 B"、"除非 A，才(不)B"、"没有 A 就没有 B"等说法都表明 A 是 B 的必要条件，记作 A←B。

(3) 充要条件：全称为充分必要条件，即必须有而且只要有这个条件，就能带来某个结果，记作 A↔B。

3. 命题间的推理关系

或命题：B_1 或 B_2 表达为 $B_1 \vee B_2$。

与命题：B_1 与 B_2 表达为 $B_1 \wedge B_2$。

$A \to B_1 \vee B_2$ 的逆否命题为 $\neg B_1 \wedge \neg B_2 \to \neg A$。

$A \to B_1 \wedge B_2$ 的逆否命题为 $\neg B_1 \vee \neg B_2 \to \neg A$。

$B_1 \vee B_2 \to A$ 的逆否命题为 $\neg A \to \neg B_1 \wedge \neg B_2$。

$B_1 \wedge B_2 \to A$ 的逆否命题为 $\neg A \to \neg B_1 \vee \neg B_2$。

4. 熟练掌握两个等值公式

(1) $P \to Q = \neg P \vee Q$

即"如果 P，那么 Q"等价于"非 P 或 Q"。

(2) $P \leftarrow Q = P \vee \neg Q$

即"只有 P，才 Q"等价于"P 或非 Q"。

5. 解题关键

解这类题型要善于在读题中能迅速抽象出逻辑形式，同时要善于作关系的传递(比如：A→B，C→非 B，可得出 A→非 C)。解题主要步骤如下。

(1) 首先将题干中的命题符号化。

(2) 分析各逻辑式子的内在联系。

(3) 寻找解题突破口。

(4) 进行逻辑推导。

(5) 选择正确答案。

■如果秦川考试及格了，那么钱华、孙旭和沈楠肯定也都及格了。

如果上述断定是真的，那么，以下哪项也是真的？

A. 如果秦川考试没有及格，那么钱、孙、沈三人中至少有一人没有及格。

B. 如果秦川考试没有及格，那么钱、孙、沈三人都没及格。

C. 如果钱、孙、沈考试都及格了，那么秦川的成绩也肯定及格了。

D. 如果沈楠的成绩没有及格，那么钱华和孙旭不会都考及格。

E. 如果孙旭的成绩没有及格，那么秦川和沈楠不会都考及格。

[解题分析] 正确答案：E。

题干推理：秦→钱∧孙∧沈。

等价于逆否命题：非秦←非钱∨非孙∨非沈。

如果孙旭没及格，则由条件可推出秦川没及格，因此，秦川和沈楠不会都及格。

因此，E 是题干的一个推论。其余各项均不能从题干中推出。

■在强手棋游戏中,如果一位玩家在海滨路拥有一家旅馆,他就必须同时拥有海滨路和公园广场。如果他在马尔文花园拥有一家旅馆,他就必须拥有马尔文花园以及海滨路或公园广场。如果他拥有公园广场,则他还拥有马尔文花园。

如果上面所描述的玩家不拥有公园广场,可以推出下面哪一个结论?

A. 该玩家在海滨路拥有一家旅馆。
B. 该玩家在马尔文花园拥有一家旅馆,但在海滨路不拥有一家旅馆。
C. 该玩家拥有马尔文花园和海滨路,但在两块地产上不拥有一家旅馆。
D. 该玩家在马尔文花园不拥有一家旅馆。
E. 该玩家在海滨路不拥有一家旅馆。

[解题分析]　正确答案:E。

把四个陈述翻译后,我们得到:

(1) 海滨路→海滨路∧公园广场。
(2) 马尔文花园→马尔文花园∧(海滨路∨公园广场)。
(3) 公园广场→马尔文花园。
(4) 不拥有公园广场。

由(1)和(4),可以推出:该玩家在海滨路不拥有一家旅馆。

■根据一个心理学理论,一个人想要快乐就必须和周围的人保持亲密的关系,但是世界上伟大的画家往往是在孤独中度过了他们的大部分时光,并且没有亲密的人际关系。所以,这种心理学理论的上述结论是不成立的。

以下哪项最可能是上述论证所假设的?

A. 该心理学理论是为了揭示内心体验与艺术成就的关系。
B. 有亲密人际关系的人几乎没有孤独的时候。
C. 孤独对于伟大的绘画艺术家来说是必需的。
D. 有些著名画家有亲密的人际关系。
E. 获得伟大成就的艺术家不可能不快乐。

[解题分析]　正确答案:E。

心理学理论:要想快乐→有亲密的人际关系。

要说明这个理论不成立,就要找其反例,即找上述推理的负命题,为:快乐∧没有亲密的人际关系。

而题干断定:伟大的画家没有亲密的人际关系,因此,如果E项成立,就能说明伟大的画家是快乐的。这样就说明了心理学理论是不成立的。

可见,E项是题干推理所必须假设的,否则,如果获得伟大成就的艺术家有可能不快乐,那么,就无法说明心理学理论的上述结论是不成立的。

第五节　关系与模态

一、关系命题及其推理

所谓关系命题是断定事物与事物之间关系的命题。

关系命题由关系、关系项和量项三个部分组成。关系项是关系命题所陈述的对象。关系项可以是两个,也可以是三个,甚至是三个以上,关系项有几个,就称为几项关系命题。

两项关系命题由两个关系项和一个关系组成,其逻辑形式如下:

$$aRb$$

读作"a 与 b 有关系 R"。

根据关系命题的关系的逻辑性质,我们可以概括出以下两种关系：对称性关系和传递性关系。

(一) 对称性关系

对称性关系包括三种：对称关系、非对称关系和反对称关系。

(1) 当事物 a 与事物 b 有关系 R 时,并且 b 与 a 之间也有关系 R,则 R 是对称关系。如：当 a 是 b 的亲戚、邻居时,b 也是 a 的亲戚、邻居。公式表示为:

$$aRb\ 真,bRa\ 也真$$

对称性关系的表现,如对立关系、矛盾关系、交叉关系、相等关系、朋友关系、同乡关系等。

(2) 当事物 a 和事物 b 有关系 R,且 b 与 a 是否有关系 R 不定,即 b 与 a 既可能有关系 R,也可能没有关系 R 时,关系 R 就是非对称关系。如：a 喜欢 b,b 可能喜欢也可能不喜欢 a。用公式表示就是:

$$aRb\ 真,则\ bRa\ 真假不定$$

非对称性关系的表现,如批评、信任、尊敬、想念、认识、喜欢等。

(3) 当事物 a 与事物 b 有关系 R,且 b 与 a 肯定没有关系 R 时,关系 R 就是反对称关系。如：甲是乙的父亲,乙一定不是甲的父亲。用公式表示为:

$$aRb\ 真,则\ bRa\ 假$$

反对称关系的具体表现,如小于、多于、大于、重于、轻于、压迫等。

(二) 传递性关系

传递性关系包括三种：传递关系、非传递关系和反传递关系。

(1) 当事物 a 与事物 b 有关系 R,事物 b 与事物 c 有关系 R,且事物 a 与事物 c 也有关系 R 时,关系 R 就是传递关系。如：a 是 b 的祖先,b 是 c 的祖先,a 一定是 c 的祖先。用公式表示为:

$$aRb,并且\ bRc,则\ aRc$$

如先于、早于、晚于、相等、平等、大于、小于等都是传递关系。

(2) 当事物 a 与事物 b 有关系 R,事物 b 与事物 c 有关系 R,而事物 a 与事物 c 是否有关系 R 不定时,关系 R 就是非传递关系。如：a 与 b 相交,b 与 c 相交,a 与 c 可能相交也可能不相交。用公式表示是:

$$aRb,并且\ bRc,aRc\ 真假不定$$

如交叉、认得、喜欢、相邻、尊重等就是非传递关系。

(3) 当事物 a 与事物 b 有关系 R,事物 b 与事物 c 有关系 R,而事物 a 与事物 c 没有关系 R 时，关系 R 就是反传递关系。如：a 是 b 的祖父，b 是 c 的祖父，a 一定不是 c 的祖父。用公式表示为：

$$aRb，并且 bRc，则非 aRc$$

如父子、高多少、低多少等都是反传递关系。

■指出如下论证的谬误所在：

骄傲自满不算什么缺点。因为骄兵必败，而失败是成功之母。所以，骄傲最终会使我走向成功。

[解题分析]显然这个推理是荒谬的。如上推理可以整理成如下的标准方式：

P1：骄傲必然导致失败。

P2：失败必然导致成功。

C：骄傲必然导致成功。

P1 是必然性的导致关系，但是在 P2 中就不是必然性的，即论证者对 P2 的认识是错误的。所以，在骄傲、失败、成功之间的传递关系就是无效的。

■指出如下论证的谬误所在：

意大利甲级联赛中，罗马队 3∶0 大胜佛罗伦萨队，佛罗伦萨队 1∶0 战胜了 AC 米兰队。白小松认为，明天的比赛中，罗马队一定会战胜 AC 米兰队。

[解题分析]输赢是不具备传递性的。所以，明天的比赛情况是无法确定的。只是，从表面证据看，罗马队获胜的可能性比较大。

传递性关系在逻辑考试中的应用就是排序题型，该题型一般在题干部分给出不同对象之间的若干个两两对比的结果，要求从中推出具体的排序。解这类题型的主要思路是要把所给条件抽象成最简单的排序形式。

■甘蓝比菠菜更有营养。但是，因为绿芥蓝比莴苣更有营养，所以甘蓝比莴苣更有营养。

以下各项，作为新的前提分别加入到题干的前提中，都能使题干的推理成立，除了：

A. 甘蓝与绿芥蓝同样有营养。

B. 菠菜比莴苣更有营养。

C. 菠菜比绿芥蓝更有营养。

D. 菠菜与绿芥蓝同样有营养。

E. 绿芥蓝比甘蓝更有营养。

[解题分析]　正确答案：E。

题干根据：甘蓝＞菠菜，绿芥蓝＞莴苣。从而推出结论：甘蓝＞莴苣。

E 项断定：绿芥蓝比甘蓝更有营养。由这个断定和前提显然不能推出"甘蓝比莴苣更有营养"。

其余各项，作为新的前提分别加入到题干的前提中，都能使题干的推理成立。

■某单位有负责网络、文秘以及后勤的三名办公人员：文珊、孔瑞和姚薇，为了培养年轻干部，领导决定她们三人在这三个岗位之间实行轮岗，并将她们原来的工作间 110 室、111 室和 112 室也进行了轮换。结果，原本负责后勤的文珊接替了孔瑞的文秘工作，由 110 室调到了 111 室。

根据以上信息，可以得出以下哪项？

A. 姚薇接替孔瑞的工作。　　B. 孔瑞接替文珊的工作。
C. 孔瑞被调到了110室。　　D. 孔瑞被调到了112室。
E. 姚薇被调到了112室。

［解题分析］　正确答案：D。

从题干条件得知，三人要轮岗，即每个人的工作及工作间都要变动，文珊接替了孔瑞的工作，从110搬到111，孔瑞不可能接替文珊的工作，即孔瑞不可能搬到110，否则姚薇就不能轮岗了，如表4-12所示。因此，孔瑞只能接替姚薇的工作，即孔瑞只能搬到112。

表 4-12

岗　　位	后　　勤	文　　秘	网　　络
房间	110	111	112
轮岗前	文珊	孔瑞	姚薇
轮岗后	姚薇	文珊	孔瑞

二、模态命题及其推理

在逻辑中，"必然"、"可能"、"不可能"等叫做模态词，包含模态词的命题叫做模态命题。逻辑中，用"◇"表示"可能"模态词，"□"表示"必然"模态词：

"◇P"表示可能 P

"□P"表示必然 P

"必然 P"、"必然非 P(不可能 P)"、"可能 P"和"可能非 P"之间的真假关系，类似于直言命题 A、E、I、O 之间的真假关系，也可用一个对当逻辑方阵来表示，见图4-10。

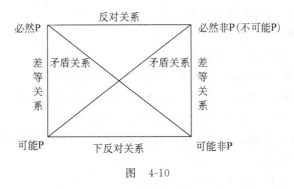

图　4-10

根据四种模态命题之间的逻辑关系（真假关系），便可构成一系列简单的模态命题的直接推理。

（一）根据模态命题矛盾关系的直接推理

(1) 必然 P，所以，并非可能非 P。

(2) 并非必然 P，所以，可能非 P。

(3) 可能非 P，所以，并非必然 P。

(4) 并非可能非 P，所以，必然 P。

(5) 必然非 P，所以，并非可能 P。

(6) 并非必然非P，所以，可能P。
(7) 可能P，所以，并非必然非P。
(8) 并非可能P，所以，必然非P。
上述第(1)式举例：正义必然战胜邪恶，所以，并非正义可能不战胜邪恶。
上述第(3)式举例：火星上可能没有生物，所以，并非火星上必然有生物。

(二) 根据模态命题反对关系的直接推理

(1) 必然P，所以，并非必然非P。
(2) 必然非P，所以，并非必然P。
上述第(1)式举例：蔑视辩证法是必然要受到惩罚的，所以，蔑视辩证法并非必然不受到惩罚的。
上述第(2)式举例：侵略战争必然是非正义战争，所以，侵略战争并非必然是正义战争。

(三) 根据模态命题下反对关系的直接推理

(1) 并非可能P，所以，可能非P。
(2) 并非可能非P，所以，可能P。
上述第(1)式举例：某君不可能吸烟，所以，某君可能不吸烟。
上述第(2)式举例：小王不可能不会游泳，所以，小王可能会游泳。

(四) 根据模态命题差等关系的直接推理

(1) 必然P，所以，可能P。
(2) 并非可能P，所以，并非必然P。
(3) 必然非P，所以，可能非P。
(4) 并非可能非P，所以，并非必然非P。
上述第(1)式举例：甲队必然得冠军，所以，甲队可能得冠军。
上述第(2)式举例：乙队不可能得冠军，所以，乙队不必然得冠军。
下列三题都是根据模态命题矛盾关系的直接推理来解决。

■某公司人力资源管理部人士指出：由于本公司招聘职位有限，在本次招聘考试中不可能所有的应聘者都被录取。

基于以下哪项可以得出该人士的上述结论？
A. 在本次招聘考试中，可能有应聘者被录用。
B. 在本次招聘考试中，必然有应聘者被录用。
C. 在本次招聘考试中，可能有应聘者不被录用。
D. 在本次招聘考试中，必然有应聘者不被录用。
E. 在本次招聘考试中，可能有应聘者被录用，也可能有应聘者不被录用。

[解题分析]　正确答案：D。

不可能"所有的应聘者都被录取"＝必然非"所有的应聘者都被录取"＝必然"有的应聘者不被录用"。

因此，D项为正确答案。

■所有错误决策都不可能不付出代价,但有的错误决策可能不造成严重后果。

如果上述断定为真,则以下哪项一定为真?

A. 有的正确决策也可能付出代价,但所有的正确决策都不可能造成严重后果。
B. 有的错误决策必然要付出代价,但所有的错误决策都不一定造成严重后果。
C. 所有的正确决策都不可能付出代价,但有的正确决策也可能造成严重后果。
D. 有的错误决策必然要付出代价,但所有的错误决策都可能不造成严重后果。
E. 所有的错误决策都必然要付出代价,但有的错误决策不一定造成严重后果。

[解题分析]　正确答案:E。

所有错误决策都不可能不付出代价=所有的错误决策都必然要付出代价。

有的错误决策可能不造成严重后果=有的错误决策不一定造成严重后果。

因此,E项为正确答案。

练习题

1. 在中唐公司的中层干部中,王宜获得了由董事会颁发的特别奖。

如果上述断定为真,则以下哪项断定不能确定真假?

Ⅰ. 中唐公司的中层干部都获得了特别奖。

Ⅱ. 中唐公司的中层干部都没有获得特别奖。

Ⅲ. 中唐公司的中层干部中,有人获得了特别奖。

Ⅳ. 中唐公司的中层干部中,有人没获得特别奖。

A. 只有Ⅰ。　　B. 只有Ⅲ和Ⅳ。　　C. 只有Ⅱ和Ⅲ。　　D. 只有Ⅰ和Ⅳ。

E. Ⅰ、Ⅱ和Ⅲ。

2. 在财务管理课期终考试后,班长想从老师那里打听成绩。班长说:"老师,这次考试不太难,我估计我们班同学们的成绩都在70分以上吧。"老师说:"你的前半句话不错,后半句话不对。"

根据老师的意思,下列哪项必为事实?

A. 多数同学的成绩在70分以上,有少数同学的成绩在60分以下。
B. 有些同学的成绩在70分以上,有些同学的成绩在70分以下。
C. 如果研究生的课程70分才算及格,肯定有的同学成绩不及格。
D. 这次考试太难,多数同学的考试成绩不理想。
E. 这次考试太容易,全班同学的考试成绩都在80分以上。

3. 姜昆是相声演员,姜昆是曲艺演员。所以,相声演员都是曲艺演员。

以下哪项推理明显说明上述论证不成立?

A. 人都有思想,狗不是人,所以狗没有思想。
B. 商品都有价值,商品都是劳动产品。所以,劳动产品都有价值。
C. 所有技术骨干都刻苦学习,小张不是技术骨干,所以,小张不是刻苦学习的人。
D. 犯罪行为都是违法行为,犯罪行为都应受到社会的谴责,所以,违法行为都应受到社会谴责。
E. 黄金是金属,黄金是货币。所以,金属都是货币。

4. 超过20年使用期限的汽车都应当报废。某些超过20年使用期限的汽车存在不同程度的设计缺陷。在应当报废的汽车中有一些不是H国进口车。所有H国进口车都不存在设计缺陷。

如果上述断定为真,则以下哪项一定为真?
A. 有些H国进口车不应当报废。
B. 有些H国进口车应当报废。
C. 有些存在设计缺陷的汽车应当报废。
D. 所有应当报废的汽车的使用期限都超过20年。
E. 有些超过20年使用期限的汽车不应当报废。

5. 所有物质实体都是可见的,而任何可见的东西都没有神秘感。因此,精神世界不是物质实体。

以下哪项最可能是上述论证所假设的?
A. 精神世界是不可见的。
B. 有神秘感的东西都是不可见的。
C. 可见的东西都是物质实体。
D. 精神世界有时也是可见的。
E. 精神世界具有神秘感。

6. 陈先生在鼓励他孩子时说道:"不要害怕暂时的困难和挫折,不经历风雨怎么见彩虹?"他孩子不服气地说:"您说得不对。我经历了那么多风雨,怎么就没见到彩虹呢?"

陈先生孩子的回答最适宜用来反驳以下哪项?
A. 如果想见到彩虹,就必须经历风雨。
B. 只要经历了风雨,就可以见到彩虹。
C. 只有经历风雨,才能见到彩虹。
D. 即使经历了风雨,也可能见不到彩虹。
E. 即使见到了彩虹,也不是因为经历了风雨。

7. 小张是某公司营销部员工,公司经理对他说:"如果你争取到这个项目,我就奖励你一台笔记本电脑或者给你项目提成。"

以下哪些项如果为真,说明该经理没有兑现承诺?
A. 小张没争取到这个项目,该经理没给他项目提成,但送了一台笔记本电脑。
B. 小张没争取到这个项目,该经理没奖励他笔记本电脑,也没给他项目提成。
C. 小张争取到了这个项目,该经理给他项目提成,但并未奖励他笔记本电脑。
D. 小张争取到了这个项目,该经理奖励他一台笔记本电脑并且给他三天假期。
E. 小张争取到了这个项目,该经理未给他项目提成,但奖励了他一台台式电脑。

8. 在中国,只有富士山连锁店经营日式快餐。

如果上述断定为真,以下哪项不可能为真?
Ⅰ. 苏州的富士山连锁店不经营日式快餐。
Ⅱ. 杭州的樱花连锁店经营日式快餐。
Ⅲ. 温州的富士山连锁店经营韩式快餐。
A. 只有Ⅰ。　　　B. 只有Ⅱ。　　　C. 只有Ⅲ。　　　D. 只有Ⅰ和Ⅱ。

E. Ⅰ、Ⅱ和Ⅲ。

9. 对本届奥运会所有奖牌获得者进行了尿样化验,没有发现兴奋剂使用者。

如果以上陈述为假,则以下哪项一定为真?

Ⅰ. 或者有的奖牌获得者没有化检尿样,或者在奖牌获得者中发现了兴奋剂使用者。
Ⅱ. 虽然有的奖牌获得者没有化检尿样,但还是发现了兴奋剂使用者。
Ⅲ. 如果对所有的奖牌获得者进行了尿样化验,则一定发现了兴奋剂使用者。

A. 只有Ⅰ。　　　B. 只有Ⅱ。　　　C. 只有Ⅲ。　　　D. 只有Ⅰ和Ⅲ。
E. 只有Ⅱ和Ⅲ。

10. 贾女士:在英国,根据长子继承权的法律,男人的第一个妻子生的第一个儿子有首先继承家庭财产的权利。

陈先生:你说得不对。布朗公爵夫人就合法地继承了她父亲的全部财产。

以下哪项对陈先生所作断定的评价最为恰当?

A. 陈先生的断定是对贾女士的反驳,因为他举出了一个反例。
B. 陈先生的断定是对贾女士的反驳,因为他揭示了长子继承权性别歧视的实质。
C. 陈先生的断定不能构成对贾女士的反驳,因为他对布朗夫人继承父产的合法性并未给予论证。
D. 陈先生的断定不能构成对贾女士的反驳,因为任何法律都不可能得到完全的实施。
E. 陈先生的断定不能构成对贾女士的反驳,因为他把贾女士的话误解为只有儿子才有权继承财产。

11. 正是因为有了第二味觉,哺乳动物才能够边吃边呼吸。很明显,边吃边呼吸对保持哺乳动物高效率的新陈代谢是必要的。

以下哪种哺乳动物的发现,最能削弱以上的断言?

A. 有高效率的新陈代谢和边吃边呼吸的能力的哺乳动物。
B. 有低效率的新陈代谢和边吃边呼吸的能力的哺乳动物。
C. 有低效率的新陈代谢但没有边吃边呼吸的能力的哺乳动物。
D. 有高效率的新陈代谢但没有第二味觉的哺乳动物。
E. 有低效率的新陈代谢和第二味觉的哺乳动物。

12. 只有通过身份认证的人才允许上公司内网,如果没有良好的业绩就不可能通过身份认证,张辉有良好的业绩而王维没有良好的业绩。

如果上述断定为真,则以下哪项一定为真?

A. 允许张辉上公司内网。
B. 不允许王维上公司内网。
C. 张辉通过身份认证。
D. 有良好的业绩就允许上公司内网。
E. 没有通过身份认证,就说明没有良好的业绩。

13. 粤西酒店如果既有清蒸石斑,又有白灼花螺,则一定会有盐焗花蟹;酒店在月尾从不卖盐焗花蟹;只有当粤西酒店卖白灼花螺时,老王才会与朋友到粤西酒店吃海鲜。

如果上述断定为真,以下哪项一定为真?

A. 粤西酒店在月尾不会卖清蒸石斑。

B. 老王与朋友到粤西酒店不会既吃清蒸石斑,又吃白灼花螺。
C. 粤西酒店只有在月尾才不卖白灼花螺。
D. 老王不会在月尾与朋友到粤西酒店吃海鲜,因为那里没有盐焗花蟹。
E. 如果老王在月尾与朋友到粤西酒店吃海鲜,他们肯定吃不到清蒸石斑。

14. 在潮湿的气候中仙人掌很难成活,在寒冷的气候中柑橘很难生长。在某省的大部分地区,仙人掌和柑橘至少有一种不难成活生长。
如果上述断定为真,则以下哪项一定为假?
A. 该省的一半地区,既潮湿又寒冷。
B. 该省的大部分地区炎热。
C. 该省的大部分地区潮湿。
D. 该省的某些地区既不寒冷也不潮湿。
E. 柑橘在该省的所有地区都无法生长。

15. 林园小区有住户家中发现了白蚁。除非小区中有住户家中发现白蚁,否则任何小区都不能免费领取高效杀蚁灵。静园小区可以免费领取高效杀蚁灵。
如果上述断定都真,则以下哪项据此不能断定真假?
Ⅰ. 林园小区有的住户家中没有发现白蚁。
Ⅱ. 林园小区能免费领取高效杀蚁灵。
Ⅲ. 静园小区的住户家中都发现了白蚁。
A. 只有Ⅰ。　　B. 只有Ⅱ。　　C. 只有Ⅲ。　　D. 只有Ⅱ和Ⅲ。
E. Ⅰ、Ⅱ和Ⅲ。

16. 王园获得的奖金比梁振杰的高。得知魏国庆的奖金比苗晓琴的高后,可知王园的奖金也比苗晓琴的高。
以下各项假设均能使上述推断成立,除了:
A. 魏国庆的奖金比王园的高。
B. 梁振杰的奖金比苗晓琴的高。
C. 梁振杰的奖金比魏国庆的高。
D. 梁振杰的奖金和魏国庆的一样。
E. 王园的奖金和魏国庆的一样。

17. 不必然任何经济发展都导致生态恶化,但不可能有不阻碍经济发展的生态恶化。
以下哪项最为准确地表达了题干的含义?
A. 任何经济发展都不必然导致生态恶化,但任何生态恶化都必然阻碍经济发展。
B. 有的经济发展可能导致生态恶化,而任何生态恶化都可能阻碍经济发展。
C. 有的经济发展可能不导致生态恶化,但任何生态恶化都可能阻碍经济发展。
D. 有的经济发展可能不导致生态恶化,但任何生态恶化都必然阻碍经济发展。
E. 任何经济发展都可能不导致生态恶化,但有的生态恶化必然阻碍经济发展。

18. 某公司规定,在一个月内,除非每个工作日都出勤,否则任何员工都不可能既获得当月的绩效工资,又获得奖励工资。
以下哪项与上述规定的意思最为接近?
A. 在一个月内,任何员工如果所有工作日不缺勤,必然既获得当月的绩效工资,又获得奖励工资。

B. 在一个月内,任何员工如果所有工作日不缺勤,都有可能既获得当月的绩效工资,又获得奖励工资。

C. 在一个月内,任何员工如果有某个工作日缺勤,仍有可能获得当月的绩效工资,或者获得奖励工资。

D. 在一个月内,任何员工如果有某个工作日缺勤,必然或者得不了当月的绩效工资,或者得不了奖励工资。

E. 在一个月内,任何员工如果所有工作日不缺勤,必然既得不了当月的绩效工资,又得不了奖励工资。

19. 只有不明智的人才在董嘉面前说东山郡人的坏话,董嘉的朋友施飞在董嘉面前说席佳的坏话,可是令人疑惑的是,董嘉的朋友都是非常明智的人。

根据以上陈述,可以得出以下哪项?

  A. 施飞是不明智的。   B. 施飞不是东山郡人。

  C. 席佳是董嘉的朋友。   D. 席佳不是董嘉的朋友。

  E. 席佳不是东山郡人。

20. 某中药制剂中,人参或者党参至少必须有一种,同时还需满足以下条件:

（1）如果有党参,就必须有白术。

（2）白术、人参至多只能有一种。

（3）若有人参,就必须有首乌。

（4）有首乌,就必须有白术。

根据以上陈述,关于该中药剂可以得出以下哪项?

  A. 没有党参。   B. 没有首乌。   C. 有白术。   D. 没有白术。

  E. 有人参。

21. 所有参加此次运动会的选手都是身体强壮的运动员,所有身体强壮的运动员都是极少生病的,但是有一些身体不适的选手参加了此次运动会。

以下选项不能从上述前提中得出?

  A. 有些身体不适的选手是极少生病的。

  B. 有些极少生病的选手感到身体不适。

  C. 极少生病的选手都参加了此次运功会。

  D. 参加此次运功会的选手都是极少生病的。

  E. 有些身体强壮的运动员感到身体不适。

答案与解析

1. 答案:D。

题干断定:中唐公司的中层干部王宜获得特别奖。

Ⅰ项,中唐公司的中层干部都获得了特别奖。这超出题干断定范围,不能确定真假。

Ⅱ项,中唐公司的中层干部都没有获得特别奖。既然王宜获得了,因此,此项必假。

Ⅲ项,中唐公司的中层干部中,有人获得了特别奖。既然王宜获得了,因此,此项必真。

Ⅳ项,中唐公司的中层干部中,有人没获得特别奖。这超出题干断定范围,不能确定真假。

2. 答案:C。

班长的"后半句话不对",也就是并非"所有同学的成绩在70分以上(包含70分)",意思是"有些同学的成绩在70分以下"。

那么,"如果70分才算及格,肯定有的同学成绩不及格"这个结论是必然可以得到的,因此,C为正确答案。

B项是干扰项,根据题干只能得出"有些同学的成绩在70分以下",但从中不能必然得出"有些同学的成绩在70分以上"的结论。

选A不对,因为从题干不能必然推出:有的同学成绩在60分以下。

选D不对,因为题干并未说明"多数"还是"少数"同学成绩不理想。

E项明显不对。

3. 答案:E。

问题"以下哪项推理明显说明上述论证不成立"就是要找一个与题干推理犯了同样错误的选项。

题干推理结构为:MaS,MaP,所以,SAP(其中S、M、P分别表示为相声演员、姜昆、曲艺演员)。

A项推理结构为:MAP,SeM,所以,SeP。

B项推理结构为:MAP,MAS,所以,SAP。

C项推理结构为:MAP,SeM,所以,SeP。

D项推理结构为:MAS,MAP,所以,SAP。

E项推理结构为:MaS,MaP,所以,SAP。

因此,只有E项与题干推理完全一致,明显前提真而结论假,这说明该推理形式不正确,因此说明题干的论证不成立。

4. 答案:C。

前提一:超过20年使用期限的汽车都应当报废。

前提二:某些超过20年使用期限的汽车存在不同程度的设计缺陷。

从中必然推出:有些存在设计缺陷的汽车应当报废如图4-11所示。

其余选项都不一定为真。

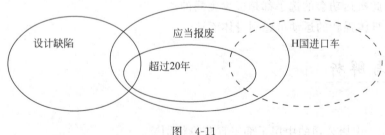

图 4-11

5. 答案:E。

所有物质实体都是可见的,而任何可见的东西都没有神秘感;可以推出,所有物质实体

都没有神秘感。这样,题干推理可简化为:

所有物质实体都没有神秘感,因此,精神世界不是物质实体。

实际上,题干的论述构成了一个缺少一个环节的推理链条,题目要求我们补上缺失的部分,就是在神秘感和精神世界之间添加一个连接部分。E项补充入题干,形成了一个完整的推理链条,因此,为正确答案,如图4-12所示。

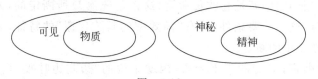

图 4-12

A项补充进题干论证:所有物质实体都是可见的,而任何可见的东西都没有神秘感,精神世界是不可见的,因此,精神世界不是物质实体。第1、3、4句话构成一个标准的三段论,能够合理推出结论,但是,第2句话的条件就显得多余,因此,不如E项合适。

B项仅重复并加强了题干给出的第2个环节,C项仅重复并加强题干论述的第1个环节,均没有涉及神秘感或者物质实体与精神世界之间的关系,排除;D项补充进题干,同样不能。

6. 答案:B。

陈先生孩子的回答:经历风雨∧没见到彩虹。

这和如下命题互为负命题:经历风雨→见到彩虹。

即陈先生孩子的回答最适宜用来反驳:只要经历了风雨,就可以见到彩虹。

7. 答案:E。

经理的意思是,"争取到这个项目"是"奖励笔记本电脑或给项目提成"的充分条件。

所谓"没有兑现承诺"就是求其负命题,应该是"争取到这个项目,但没给奖励笔记本电脑,也没给项目提成",E项中的台式电脑不是笔记本电脑,违背了经理的承诺,因此为正确答案。

8. 答案:B。

题干推理关系为:富士山←日式快餐。

"富士山连锁店"是"经营日式快餐"的必要条件,而不是充分条件,因此,各地的富士山可以经营也可以不经营日式快餐,而不是富士山则不可能经营日式快餐。

即Ⅰ、Ⅲ有可能为真,Ⅱ必然为假,因此,B为正确答案。

9. 答案:D。

由于 ¬(P∧Q) = ¬P∨¬Q = P→¬Q。

按照本题问题要求,作如下推理:

并非"所有奖牌获得者进行了尿样化验,没有发现兴奋剂使用者"=或者有的奖牌获得者没有化检尿样,或者在奖牌获得者中发现了兴奋剂使用者=如果对所有的奖牌获得者进行了尿样化验,则一定发现了兴奋剂使用者。

因此,Ⅰ和Ⅲ项正确,答案为D。

10. 答案:E。

陈先生反驳的是"只有儿子才有权继承财产",而没有反驳"一个儿子有首先继承家庭财产的权利"。因此,E 项为正确答案。

11. 答案:D。

在题干中"第二味觉"是"边吃边呼吸"的必要条件,而"边吃边呼吸"又是"高效率的新陈代谢"的必要条件,因此,"第二味觉"是"高效率的新陈代谢"的必要条件。即题干推理是:第二味觉(P)←边吃边呼吸←高效率的新陈代谢(Q)。

"P←Q",那么"非 P 且 Q"是它的负命题,这正是选项 D 所断定的,该项所举的哺乳动物不具备"第二味觉"这一必要条件,又有"高效率的新陈代谢"的特征,是题干中断言的反例,严重地削弱了题干中的断言。

A 符合题干的断言;B 与题干不矛盾,因题干说的"边吃边呼吸"是"高效率的新陈代谢"的必要条件,不一定是充分条件,因此,有 B 中所说的动物存在并不违反题干中的断言;C 所举的例证与题干中第二句的断言相符合;E 不削弱题干的断言,因为按题干"第二味觉"是"高效率的新陈代谢"的必要条件,不一定是充分条件。

12. 答案:B。

题干断定:通过身份认证←允许上公司内网,¬良好的业绩→¬通过身份认证。

由此可得:没有良好的业绩就不允许上公司内网。

张辉有良好的业绩,推不出他是否允许上公司内网。

王维没有良好的业绩,那他必然不允许上公司内网。

因此,B 项为正确答案。

13. 答案:E。

题干条件关系为:

(1) 粤西酒店:斑∧螺→蟹。

(2) 酒店在月尾→¬蟹。

(3) 粤西酒店:螺←老王与朋友吃海鲜。

从中可作如下推理:

由(2)、(3),如果老王在月尾与朋友到粤西酒店吃海鲜,则粤西酒店卖螺,但不卖蟹。(5)

由(1),粤西酒店不卖蟹,可得粤西酒店不卖斑,或者不卖螺。(6)

由(5)、(6)可得粤西酒店不卖斑。

所以,如果老王在月尾与朋友到粤西酒店吃海鲜,他们肯定吃不到清蒸石斑。

14. 答案:A。

题干断定:

(1) 潮湿的气候→仙人掌很难成活。

(2) 在寒冷的气候中→柑橘很难生长。

(3) 在某省的大部分地区:仙人掌不难成活∨柑橘不难生长。

从而显然可推出:在某省的大部分地区,不潮湿或者不寒冷。

由于:并非"在某省的大部分地区,气候不潮湿或者不寒冷"=该省少部分地区,既潮湿又寒冷。

因此,如果题干断定为真,A 项一定为假。

15. 答案:E。

题干作出了三个断定:

断定一：林园小区有住户家中发现了白蚁。

断定二：小区中有住户家中发现白蚁←该小区免费领取高效杀蚁灵。

断定三：静园小区可以免费领取高效杀蚁灵。

断定一是 I 判断,有 I 判断为真不能确定 O 判断的真假,因此,不能断定选项 I 的真假。

因为断定二断定的是必要条件关系,由断定一和断定二这两个断定的真,不能断定选项 II 的真假。

由断定二和断定三,可推出"静园小区有住户家中发现白蚁"真,但由 I 判断为真不能确定 A 判断的真假,因此,不能确定选项 III 的真假。

16．答案：A。

题干条件是：王＞梁,魏＞苗。

题干结论是：王＞苗。

A 项：魏＞王,与题干条件一起,显然不能得出题干的结论,因此 A 为正确答案。

B、C、D、E 项与题干条件一起,均能得出题干的结论。

17．答案：D。

不"必然任何经济发展都会导致生态恶化"＝可能有的经济发展不导致生态恶化。

不"可能有不阻碍经济发展的生态恶化"＝必然所有的生态恶化都阻碍经济发展。

因此,选项 D 为正确答案。

18．答案：D。

题干断定的条件关系为：每个工作日都出勤←绩效工资∧奖励工资。

其等价于：¬每个工作日都出勤→¬绩效工资∨¬奖励工资。

这就是 D 项所断定的。

19．答案：E。

题干断定：第一,只有不明智的人才在董嘉面前说东山郡人的坏话；第二,董嘉的朋友都是非常明智的人。

从而推出：董嘉的朋友不会在董嘉面前说东山郡人的坏话。

而题干又断定：董嘉的朋友施飞在董嘉面前说席佳的坏话。

这意味着,席佳不是东山郡人。

20．答案：C。

假定该药制剂中包含人参,由(3)推出,必包含首乌；再由(4)推出,必包含白术；这与条件(2)矛盾。所以,该药制剂中不可能包含人参。

根据题干陈述,人参或者党参至少必须有一种,从而推出该药制剂中必包含党参。

再由条件(1)进一步推出,该药制剂中必包含白术。

所以,C 项为正确答案。

21．答案：C。

根据题干条件,进行三段论推理：

所有参加此次运动会的选手都是身体强壮的运动员,

身体强壮的运动员都是极少生病的,

所以,所有参加此次运动会的选手都是极少生病的。

由此，按直言命题变形推理，只能得到"有的极少生病的运动员参加了运动会"，而不能必然推出"极少生病的选手都参加了此次运功会"，如图 4-13 所示。因此，答案选 C 项。其余选项都能从题干必然推出。

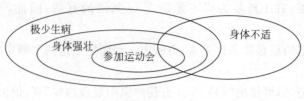

图 4-13

第五章 归纳逻辑

归纳逻辑是指对经验科学以及日常思维中非演绎论证类型的推理过程与方法的种种研究。前提必然蕴含结论的称为演绎的；前提不必然蕴含结论或者说前提与结论的关系是或然的，我们称为非演绎的。广义的归纳逻辑研究非演绎的推理过程。

第一节 归纳推理概述

广义归纳推理的前提与结论之间的联系不是必然性的，而是或然性的。也就是说，其前提真而结论假是可能的。

以任何一种草药来说吧，人们为什么会发现能治好某种疾病呢？原来，这是经过我们先人无数次经验（成功的或失败的）的积累的。由于某一种草无意中治好了某一种病，第二次，第三次……都治好了这一种病，于是人们就把这几次经验积累起来，做出结论说，"这种草能治好某一种病。"这样，一次次个别经验的认识就上升到对这种草能治某一种病的一般性认识了。这里就有着归纳推理的运用。根据常理的推理也是或然的，因为可能遇到例外情况，使得常理失效。比如，鸟会飞，那是一只鸟，所以它会飞。但是，当知道那只鸟是鸵鸟时，结论就得不出了。所以，鸟会飞这个常理的真实意思是：一般情况下、典型情况下、正规情况下……鸟会飞，换言之，这是一种允许例外的可废止概括，它不同于我们在演绎逻辑中遇到的全称概括。

归纳推理与演绎推理在人们的认识过程中是紧密联系的，两者互相依赖、互为补充，比如说，演绎推理的一般性知识的大前提必须借助于归纳推理从具体的经验中概括出来，从这个意义上我们可以说，没有归纳推理也就没有演绎推理。当然，归纳推理也离不开演绎推理。比如，归纳活动的目的、任务和方向是归纳过程本身所不能解决和提供的，这只有借助于理论思维，依靠人们先前积累的一般性理论知识的指导，而这本身就是一种演绎活动。而且，单靠归纳推理是不能证明必然性的，因此，在归纳推理的过程中，人们常常需要应用演绎推理对某些归纳的前提或者结论加以论证。从这个意义上我们也可以说，没有演绎推理也就不可能有归纳推理。

一、完全归纳推理

先看一个实例：当天文学家对太阳系的大行星运行轨道进行考察的时候，他们发现：水星是沿着椭圆轨道绕太阳运行的，金星是沿着椭圆轨道绕太阳运行的，地球是沿着椭圆轨道绕太阳运行的，火星是沿着椭圆轨道绕太阳运行的，木星是沿着椭圆轨道绕太阳运行的，土星是沿着椭圆轨道绕太阳运行的，天王星是沿着椭圆轨道绕太阳运行的，海王星是沿着椭圆轨道绕太阳运行的，而水星、金星、地球、火星、土星、木星、天王星、海王星是太阳系的全部大行星。由此，他们便得出如下结论：所有的太阳系大行星都是沿着椭圆轨道绕太阳运行的。这一结论，就是运用完全归纳推理得出的。

可见,完全归纳推理是这样一种归纳推理:根据对某类事物的全部个别对象的考察,发现它们每一个都具有某种性质,因而得出结论说:该类事物都具有某种性质。

根据完全归纳推理的这一定义,它的逻辑形式可表示如下(S表示事物,P表示属性):

$$S_1\text{——}P$$
$$S_2\text{——}P$$
$$\vdots$$
$$S_n\text{——}P$$

($S_1,S_2,\cdots,S_n$ 是 S 类的所有分子)

所以,S——P

从公式可见,完全归纳推理在前提中考察的是某类事物的全部对象,而不是某一部分对象,因此,其结论所断定的范围并未超出前提所断定的范围。所以其结论是根据前提必然得出的,即其前提与结论的联系是必然的。就此而言,完全归纳推理具有演绎的性质。

运用完全归纳推理必须注意以下两点。

(1) 前提所列举的应当是包括该类事物的每一个个别对象,一个也不能遗漏。

(2) 作为前提的每一个判断都应当是真的,即每一个个别对象都确实具有某种性质。

如果满足了这两条要求,那么完全归纳推理的结论就必然是真实的。否则,结论就不是必然真实的。

由于完全归纳推理要求对某类事物的全部对象一一列举考察,所以,它的运用是有局限性的。如果某类事物的个别对象是无限的(如天体、原子)或者事实上是无法一一考察穷尽的(如工人、学生),它就不能适用了。这时就只能运用不完全归纳推理了。

二、不完全归纳推理

不完全归纳推理是这样一种归纳推理:根据对某类事物部分对象的考察,发现它们具有某种性质,因而得出结论说,该类事物都具有某种性质。

■一个装满东西的袋子,第一个人从袋子里摸出三个东西,全部都是红色的木球。第二个人从袋子里摸出三个东西,全部是红色的玻璃球。第三个人从袋子里摸出三个东西,全部是红色的石球。对于袋子里剩下的东西,他们没有继续往下摸。

对袋子里的东西,下列哪项说法比较切合实际?

A. 袋子里的东西全部都是红色的球。

B. 袋子里的东西全部都是球。

C. 除了红色的球以外,袋子里没有其他的东西。

D. 袋子里的东西可能都是红色的球。

E. 袋子里的东西可能都是球。

〔解题分析〕 正确答案:D。

该题是要求对题干的现象进行归纳概括。简单枚举归纳所得出的结论只具有可能性,选项 A、B、C 都太绝对。

选项 E 和选项 D 都应该有道理,但选项 E 没有选项 D 好。

(一) 简单枚举归纳推理

简单枚举归纳推理的主要根据是：所碰到的某类事物的部分对象都具有某种性质，而没有发现相反的情况。比如：

《内经·针刺篇》记载了这样一个故事：有一个患头痛的樵夫上山砍柴，一次不慎碰破足趾，出了一点血，但头部不疼了。当时他没有引起注意。后来头疼复发，又偶然碰破原处，头疼又好了。这次引起了注意，以后头疼时，他就有意刺破该处，都有效应（这个樵夫碰的地方，即现在所称的大敦穴）。

现在我们要问，为什么这个樵夫以后头疼时就想到要刺破足趾的原处呢？从故事里可见，这是因为他根据自己以往的各次个别经验作出了一个有关碰破足趾能治好头痛的一个一般性结论。在这里，就其所运用的推理形式来说，就是一个不完全的归纳推理。具体过程是这样的：

第一次碰破足趾某处，头痛好了；

第二次碰破足趾某处，头痛好了；

（没有出现相反的情况，即碰破足趾某处，而头痛不好）

所以，凡碰破足趾某处，头痛都会好。

如用公式表示则是：

$$S_1 \text{——} P$$
$$S_2 \text{——} P$$
$$S_3 \text{——} P$$
$$\vdots$$
$$S_n \text{——} P$$

（$S_1, S_2, S_3, \cdots, S_n$ 是 S 类的部分对象，枚举中未遇相反情况）

所以，S——P

这种仅仅根据在考察中没有碰到相反情况而进行的不完全归纳推理，我们就称为简单枚举归纳推理，或简称枚举归纳推理。比如：

我们每次都发现天下雨前，蚂蚁搬家，没有发现相反的情况（即蚂蚁搬家，天不下雨），于是作出结论，"凡蚂蚁搬家，天要下雨"。

每年冬季下了大雪，第二年庄稼就获得丰收，没有发现相反情况（即前一年大雪，第二年不丰收的情况），于是作出结论"瑞雪兆丰年"。

以上两例都是简单枚举归纳推理的具体运用。

[逻辑案例] 在体育竞技中，人们也常常用简单枚举归纳法寻找战胜对手的途径。例如，第一届中日围棋对抗赛时，日方超一流棋手小林光一接连战胜中方五位棋手。中方主帅聂卫平收集了国内所能见到的小林光一的对局棋谱。他从中发现，凡是小林光一输棋时，布局总是成对角。于是他产生了一个大胆的设想，并考虑了上千种变化。当他与小林光一对弈时，他牵制小林光一走成了对角布局，结果获得了胜利。

为提高枚举归纳推理或统计推理结论的可靠性，要注意考察可能出现的反例。因为在前提中只要发现一个反面事例,结论就会被推翻。在运用枚举归纳推理时,如果不注意这条要求,往往会犯以偏概全的逻辑错误。

[逻辑案例] 贝蒂荣法则。

1879年,在巴黎警察厅抄写卡片的贝蒂荣厌倦了自己的工作,他产生了放弃现有工作进行人体测量的念头。他开始测量登记在案的一些囚犯的身体的部分部位,并记录下来。资料积累到一定的程度后,贝蒂荣按照自己的想法对资料进行了分析和归类,并运用到囚犯识别上。1883年2月,贝蒂荣运用自己的人体测定法则成功地识别出一名囚犯的前科身份从而成为人体测定法成功的开始。1884年,一年之内他鉴别了300名有前科的罪犯,而且也没有遇到两个人人体测量资料完全相同的情况。于是法国人认为以测量人体某些不变部位的骨骼为基础的贝蒂荣法则是19世纪警务中最伟大的发明,这个发明不仅使法国而且使全世界的辨真工作不再出错,贝蒂荣法则在历史上曾经风靡一时。岂料在后来一次鉴别中贝蒂荣却发现了两名人体测量数据完全一样的囚犯,贝蒂荣法则失败了。

■ 人们早已知道,某些生物的活动是按时间的变化(昼夜交替或四季变更)来进行的,具有时间上的周期性节律,如鸡叫三遍天亮、青蛙冬眠春晓、大雁春来秋往、牵牛花破晓开放等。人们由此做出概括:凡生物的活动都受生物钟支配,具有时间上的周期性节律。

下述哪段议论的论证手法与上面所使用的方法不同?

A. 麻雀会飞,乌鸦会飞,大雁会飞,天鹅、秃鹫、喜鹊、海鸥等也会飞。所以,所有的鸟都会飞。

B. 我们摩擦冻僵的双手,手便暖和起来;我们敲击石块,石块会发出火光;我们用锤子不断地锤击铁块,铁块也能热到发红;古人还通过钻木取火。所以,任何两个物体的摩擦都能生热。

C. 在我们班上,我不会讲德语,你不会讲德语,红霞不会讲德语,阳光也不会讲德语。所以我们班没有人会讲德语。

D. 外科医生在给病人做手术时可以看X光片,律师在为被告辩护时可以查看辩护书,建筑师在盖房子时可以对照设计图,教师备课可以看各种参考书,为什么独独不允许学生在考试时看教科书及其相关的材料呢?

E. 张山是湖南人,他爱吃辣椒;李司是湖南人,他也爱吃辣椒;王武是湖南人,更爱吃辣椒。我所碰到的几个湖南人都爱吃辣椒,所以,所有的湖南人都爱吃辣椒。

[解题分析] 正确答案:D。

题干中所使用的方法是简单枚举法,只有选项D所使用的是在不同事物之间进行类比,其方法与题干不同,其他各项都与题干相同。因此,正确答案是D项。

(二)科学归纳推理

不是对某类事物的部分对象,碰到哪个就考察哪个(简单枚举归纳推理就是如此),而是按照事物本身的性质和研究的需要,选择一类事物中较为典型的个别对象加以考察;通过这种对部分对象的考察而作出某种一般性的结论时,也不只是根据没有碰到例外相反的情况,而是分析和发现所考察过的某类事物的部分对象何以具有某种性质的客观原因和内在必然性。建立在这种对事物进行科学分析基础上的不完全归纳推理,我们就称之为科学归纳推理。

两种不完全归纳推理的根据是完全不同的,因而它们所得出结论的性质也是不同的。简单枚举归纳推理所依据的仅仅是没有发现相反的情况,而这一点对于作出一个一般性的结论来说,是必要的,但并不是充分的。因为,没有碰到相反的情况,并不能排除这个相反情况存在的可能性。而只要有相反情况的存在,无论暂时碰到与否,其一般性结论就必然是错的。科学归纳推理则不同,它所根据的是对事物何以存在某种性质的必然原因进行科学的分析,因而它的结论是比较可靠的。

■一些哺乳动物的牙齿上有明显的"年轮"痕迹——来自于在夏天时形成的不透明的牙骨质沉淀和在冬天形成的半透明的牙骨质沉淀的积累。在对一个石器时代的遗址的发掘中发现的猪的牙齿的横断面表明,除最外一层以外,其他的各层"年轮"都有令人惊讶的相似的宽度。最外这一层大概只有其他各层一半左右的宽度,而且是半透明的。

上文的论述最强地支持了以下哪一项关于这些动物死亡的结论?

A. 死在一个反常的初冬。
B. 大约死于相同的年龄。
C. 大约死在一个冬季的中期。
D. 死于一次自然灾害中。
E. 由于饥饿而死。

[解题分析] 正确答案:C。

这是一则用科学归纳法做出的论证。题干断定:

第一,牙齿年轮反映时间变化,在冬天形成半透明的牙骨质沉淀。

第二,遗址中的猪的牙齿最外面半透明的冬季特征年轮等于其他各层的一半宽度。

这就可以合理地得出结论:最后一个冬季过了一半,因此C项正确。

如果猪死在初冬,根据题干,牙齿反映冬季的年轮应该刚刚出现,不会达到其他各层一半的厚度,A项排除;题干并没有关于全部动物牙齿的年轮层数相等之类的描述,不能推出B项;D、E项讨论的情况题干都没有涉及,排除。

(三)评估不完全归纳推理批判性准则

(1) 有无反例?

没有发现与结论相关的反例,结论的可靠性就越大。

(2) 前提中例子的数量多大?

样本容量越大,结论的可靠性就越大。

(3) 前提中例子是否多样化?

样本的个体之间差异越大,结论的可靠性就越大。

(4) 观察到的事物和属性有什么关系?

样本属性与描述属性具有同质性的概率越大,结论的可靠性就越大。

■社会成员的幸福感是可以运用现代手段精确量化的。衡量一项社会改革措施是否成功,要看社会成员的幸福感总量是否增加,S市最近推出的福利改革明显增加了公务员的幸福感总量。因此,这项改革措施是成功的。

以下哪项如果为真,最能削弱上述论证?

A. 上述改革措施并没有增加S市所有公务员的幸福感。

B. S市公务员只占全市社会成员很小的比例。

C. 上述改革措施在增加公务员幸福感总量的同时，减少了S市民营企业人员的幸福感总量。

D. 上述改革措施在增加公务员幸福感总量的同时，减少了S市全体社会成员的幸福感总量。

E. 上述改革措施已经引起S市市民的广泛争议。

[解题分析]　正确答案：D。

题干结论是：福利改革增加了公务员的幸福感总量，因此，这项改革措施是成功的。

理由是：社会改革措施是否成功的衡量标准要看社会成员的幸福感总量是否增加。

D项如果为真，则说明上述改革措施减少了全体社会成员的幸福感总量，因此，是不成功的。

A、E项不能削弱；B、C项也能起到削弱作用，但削弱力度不如D项。

（四）归纳谬误

不完全归纳虽然有着自己的独特作用，但是，它的前提和结论之间的逻辑联系具有或然性，所得出的结论不是很可靠的。在运用这种方法时，要防止犯轻率概括或以偏概全的逻辑错误，其谬误的根源在于根据部分具有的属性概括了整体的属性。

还有一种归纳谬误是赌徒谬误，这是误用大数定律所产生的一种谬误。通俗地说，在输赢概率为1/2的情况下，赌徒一般认为，每输一次，就增大了赢的机会；相反，赢一次，就会增加输的可能。岂不知，每次赌博都是独立事件，概率不变。也就是说，一个人连赢100场也有可能，而且并不违背统计规则。并不是说，你扔10000次硬币都是正面，下一次是反面的概率就很高，其实每次概率都是一样的，都是1/2。当试验的次数足够多时，随机事件发生的频率与它们的概率可以无限接近。然而，就某一次随机事件而言，它都是独立的，上一次发生的事件既不会增加，也不会减少下一次事件发生的可能性。

■某国对吸烟情况进行了调查，结果表明，最近三年来，中学生吸烟人数在逐年下降。于是，调查组得出结论：吸烟的青少年人数在逐年减少。

下述哪项如果为真，则调查组的结论受到怀疑？

A. 由于经费紧张，下一年不再对中学生作此调查。

B. 国际上的香烟打进国内市场，香烟的价格在下降。

C. 许多吸烟的青少年不是中学生。

D. 近三年来，反对吸烟的中学生在增加。

E. 近三年来，帮助吸烟者的戒烟协会在增加。

[解题分析]　正确答案：C。

题干结论是：吸烟的青少年人数在逐年减少。理由是：中学生吸烟人数在逐年下降。

选项C中指出，不仅有中学生以外的青少年吸烟，而且还有"许多"。这正是针对题干中的推理错误：用对中学生的调查数据得出对整个青少年群体的结论。

其他选项明显地不适合作为答案。

■当牧师向奥德塞斯展示一幅关于那些尊敬上帝并都从沉船中逃生的人的图画时，问他现在是否仍不承认上帝的力量，他回答得很好，"是的"，他说，"但是画中那些祈祷后又被淹死的人在哪呢?"这就是所有迷信的方式,在迷信上,人们都喜欢这样的虚荣心,把他们成功的事情都记下来,而忽视并且忘记那些他们失败的,即使那些更经常发生的事情。

下面哪一点含有作者在文中所指出的推理错误?

A. 我发现5月13号确实是不吉利的一天,就是在上个星期五,13号,我被锁在了门外。

B. 尽管伟人拿破仑和亚历山大个子矮,但是亚伯拉罕·林肯和查利斯·得高利个子高。因此,个子矮的人追求当领导是为了克服他们的低人一等的感觉。

C. 在过去15年的每个学期中,平均都有10名学生在考前放弃了爱丽特的历史课。因此,我们可以期望今年也有10%的学生会放弃她的历史课。

D. 没有可依赖的观察者曾经真地看到过雪人,最有力的证据好像是一些可疑的踪迹。因此,我认为这次搜寻雪人是毫无希望的愚蠢之举。

E. 我不能再相信我的幸运衬衫了,我今天穿上它去看比赛,结果我们的队输了。

[解题分析]　正确答案:A。

题干所叙述的推理错误是不完全归纳所得出的,迷信就是记住成功的事情而忘记失败的事情,也就是说迷信就只是看到了事物的一面而没有看到另一面,即根据不具备代表性的证据得出了错误的结论。

A项仅仅因为被锁在了门外这一片面的事实,就做出了5月13日是不吉利的错误结论,这同样属于迷信的推理,显然与作者文中描述的推理错误一致,因此A项为正确答案。

B项犯了证据和结论在逻辑上不具相关性的推理错误;C项用的是归纳论证法;D项犯了诉诸无知的谬误。

E项是比较容易误选的选项。但是应注意的是,我们的队今天输了得出幸运衬衫不幸运的结论是正确的,因为幸运衬衫本身就无幸运可言,因此,破除了迷信。

第二节　统计推理与论证

统计推理(统计概括)是由样本具有某种属性的单位频率(百分比)推出总体具有某种属性的概率(可能性)的推理。

一、统计推理概述

统计推理是从样本过渡到总体的推理,属于不完全归纳推理,其结论所断定的范围超出了前提所断定的范围,前提与结论之间的联系不是必然的。因而,它的结论是或然的,不一定可靠。

（一）抽样要科学

要提高统计推理结论的可靠程度,关键在于从对象中抽选出的样本是否具有代表性。抽样的代表性,是指被调查的对象能够反映其他未被调查的对象的性质。

具体要求如下:

(1) 样本数量多。

(2) 样本分层抽取。

(3) 随机抽样。
(4) 样本要有代表性。
抽样缺乏科学性的常见错误如下。
(1) 样本太少的谬误。
(2) 抽样缺乏代表性。

■据对一批企业的调查显示,这些企业总经理的平均年龄是57岁,而在20年前,同样的这些企业的总经理的平均年龄大约是49岁。这说明,目前企业中总经理的年龄呈老化趋势。

以下哪项,对题干的论证提出的质疑最为有力?

A. 题干中没有说明,20年前这些企业关于总经理人选是否有年龄限制。
B. 题干中没有说明,这些总经理任职的平均年数。
C. 题干中的信息,仅仅基于有20年以上历史的企业。
D. 20年前这些企业的总经理的平均年龄,仅是个近似数字。
E. 题干中没有说明被调查企业的规模。

[解题分析]　正确答案:C。

题干根据受调查的企业总经理年龄增大,得出结论:目前企业中总经理的年龄呈老化趋势。

本题论证的错误属于样本不具有代表性,只基于对具有20年以上历史的公司的抽样调查便得出目前公司总经理有年龄偏大趋势的结论。

C项所指出的,题干的论据仅仅基于有20年以上历史的老企业。而题干的结论,却是对包括新老企业在内的目前各种企业的一般性评价。因此,C项是对题干的有力质疑。

其余各项均不能构成对题干的质疑。

■1936年夏天,一个民意测验机构打电话给1万个美国选民,问他们在即将来临的总统选举中打算怎样投票。调查的样本包括各种回答者,他们来自各个州,有农村的和城镇的,有男人和女人。民意调查预示,阿尔弗雷德·兰顿将彻底击败富兰克林·罗斯福,然而,事实上罗斯福却取得了压倒性的胜利。

如果以下哪项为真,最好地解释了为什么民意调查的预言是不准确的?

A. 采访者没有向采访对象透露他们自己隶属的政治派别。
B. 只有在选举时有资格投票的人被采访了,因而调查样本不能代表所有美国人。
C. 调查样本只代表了那时能够安装电话的人,当时拥有电话的人没有现在这样普及。
D. 调查者没有尽力去确定回答者的政治派别。
E. 由于调查者只问被调查者选择候选人的倾向,这并不能搜集到他们支持兰顿或罗斯福的真实信息。

[解题分析]　正确答案:C。

本题论证的错误属于样本不具有代表性,调查样本只代表了那时能够安装电话的人,而当时有电话的人远没有现在这样普及。选项C指出民意测验机构的调查结论不准确是由于样本不具有代表性所导致的。

(二) 数据应用要合理

要合理地应用统计数据,得出的结论要恰当。

例1：有一年，哈佛大学毕业生临出校门前，校方对他们做了一个人生目标的调查，结果是：27%的人完全没有目标，60%的人目标模糊，10%的人有近期目标，只有3%的人有长远而明确的目标。25年过去了，那3%的人不懈地朝着一个目标坚韧努力，成为社会的精英，而其余的人，成就要差很多，这说明……

上述统计数据得出的结论应该是：是否有长远而明确的人生目标，对人生成就的大小有非常重要的影响。

例2：北京某报以"15%的爸爸替别人养孩子"为题，发布了北京某司法物证鉴定中心的统计数据：在一年时间内北京进行亲子鉴定的近600人中，有15%的检测结果排除了亲子关系。

分析：这个推理显然是不充分的，结论是值得怀疑的。

该统计推理只能说明：在进行亲子鉴定的人中，15%的爸爸替别人养孩子。因为，社会上绝大多数家庭并没有进行亲子鉴定，由于本推理抽样不科学，整体比例无从得知。该文标题应加限定：在进行亲子鉴定的人中，15%的爸爸替别人养孩子。

例3：从20世纪80年代末到20世纪90年代初，在5年时间内中科院7个研究所和北京大学共有134名在职人员死亡。有人搜集这一数据后得出结论：中关村知识分子的平均死亡年龄为53.34岁，低于北京市1990年人均期望寿命73岁，比10年前调查的58.52岁也低了5.18岁。

这一统计推理是有荒谬的，得出的结论不恰当。因为这个样本不具有代表性。因为在职人员的年龄一般不超过60岁，在职期间如果死亡，往往属于英年早逝，这个样本不能代表一般的知识分子的情况。

■许多消费者并没有充分利用他们所购买的运动器材。据调查，美国有17%的成年人都有跑鞋，但其中只有45%的人一年跑一次以上，17%的人一周跑一次以上。

下述哪项如果为真，则最能构成对于以上结论的质疑？

A. 跑步者在刚开始跑步的6个月里，很容易造成运动拉伤。
B. 在有关的调查中，跑步者经常夸大跑步的次数。
C. 许多消费者买跑鞋是为参加其他活动，而不是跑步。
D. 喜欢跑步的消费者通常买运动鞋，因为这可提高成绩。
E. 每周坚持跑步一次以上的人，往往是其他运动的积极分子。

[解题分析]　正确答案：C。

只有"17%的人一周跑一次以上"，跑鞋用来跑步的频率确实不高。但要得到"许多消费者并没有充分利用他们所购买的运动器材"，就得保证跑鞋买回来就是为了跑步的。

选项C"许多消费者买跑鞋是为参加其他活动，而不是跑步"正好反驳了这一点，从而质疑了题干的结论。

■为了估计当前人们对管理基本知识掌握的水平，《管理者》杂志为读者开展了一次管理知识有奖答卷活动。答卷评分后发现，60%的参加者对于管理基本知识掌握的水平很高，30%左右的参加者也表现出了一定的水平。《管理者》杂志因此得出结论，目前社会群众对于管理基本知识的掌握还是不错的。

以下哪项，如果为真，则最削弱以上结论？

A. 管理基本知识的范围很广，仅凭一次答卷得出结论未免过于草率。

B. 管理基本知识的掌握与管理水平的真正提高还有相当的差距。
C. 并非所有的《管理者》的读者都参加了此次答卷活动。
D. 从定价、发行渠道等方面看，《管理者》的读者主要集中在高等学历知识阶层。
E. 可能有几位杂志社的工作人员的亲戚也参加了此次答卷，并获了奖。

［解题分析］　正确答案：D。

题干根据《管理者》杂志的读者管理知识水平高，得出结论：社会群众对于管理知识的掌握还是不错的。

要削弱这个推理，就是要说明这两者之间是有差异的，即《管理者》杂志的读者不是社会群众的代表，题干推理犯了以偏概全的错误。如果D项为真，则由于事实上《管理者》的读者主要是高学历者和实际的经营管理者，因此就不能因为他们在问答中表现出较高的管理知识水平，就得出"目前社会群众对于管理基本知识的掌握还是不错的"的结论。

选项B与题干结论无关，选项A、C、E对题干结论构成轻度质疑，选项C、E在质疑抽样数据的可靠性与可信性，但比较而言，D项的质疑最根本。

二、警惕统计数字陷阱

统计学上的数字概念包括百分比、相对数量、绝对数量、比率和样本数据。在当代社会，各种数字、数据、报表可以说铺天盖地，频频出现在大众传媒之中，我们常常会想这些数字、数据准确、可靠吗？对"精确"数字保持必要的警惕，应该说是一种明智的、理性的态度。

（一）平均数的误用

算术平均数是这样计算的：用集合中数据的个数去除这些个别的数据的值之和。统计与宏观趋势的分析中可以用平均，但具体事物的处理时往往却不能用平均。

误用平均数的谬误就是把平均数和样本的可能取值混为一谈。例如，我们可能不大相信一位身高1.85m的小伙子会在平均不到半米深的河里淹死了这个事实，然而这就是把平均不到半米深和实际水深混为一谈造成的。也许这条河有的地方深达5m。

再如，网友评价平均收入数据：张姓一家一千万，九个邻居穷光蛋，平均起来算一算，个个都是张百万。

■东升商城公关部职工的平均工资是营业部职工的2倍，因此，公关部职工比营业部职工普遍有较高的收入。

以下哪项如果是真的，将最能削弱上述论证？
A. 公关部职工的人均周实际工作时数要超过营业部职工的50%。
B. 按可比因素计算，公关部职工为商城创造的人均价值是营业部职工的近10倍。
C. 公关部职工中最高工资与最低工资间的差别要远大于营业部职工。
D. 公关部职工的人数只是营业部职工的10%。
E. 公关部职工中有20%享受商城的特殊津贴，营业部职工中则有25%享受此种津贴。

［解题分析］　正确答案：C。

公关部职工的平均工资是营业部职工的2倍，能不能得出：公关部职工比营业部职工普遍有较高的收入呢？一种极端的情况是公关部有几个职工工资特别高，剩下的职工的工资普遍比营业部绝大部分职工的工资还低，但是平均下来，公关部的平均工资还是营业部的

2倍,这是可能的,所以选 C 项。

■公司规定,将全体职工按工资数额从大到小排序。排在最后 5%的人提高工资,排在最前 5%的人降低工资。小王的工资数额高于全体职工的平均工资,小李的工资数额低于全体职工的平均工资。

如果严格执行公司决定,以下哪几种情况是不可能的?

Ⅰ. 小王和小李都提高了工资。

Ⅱ. 小王和小李都降低了工资。

Ⅲ. 小王提高了工资,小李降低了工资。

Ⅳ. 小王降低了工资,小李提高了工资。

A. Ⅰ、Ⅱ、Ⅲ和Ⅳ。　　B. 仅Ⅰ、Ⅱ、Ⅲ。　　C. 仅Ⅰ、Ⅱ、Ⅳ。　　D. 仅Ⅲ。

E. 仅Ⅳ。

[解题分析]　正确答案:D。

题干断定:第一,排在最后 5%的人提高工资,排在最前 5%的人降低工资。第二,小王工资>平均工资>小李工资。

从中可得出:小王排在最后 5%并且小李排在最前 5%是不可能的,即Ⅲ项不可能成立。

至于小王和小李都排在最后 5%是有可能的,比如,小李是 100 元,然后是 200、300、400,小王是 10000,接着是 90 个 10100,最后是 5 个 10200,此时平均工资为 9710 元,满足题干条件,因此,Ⅰ项是有可能的。

同理,小王和小李都排在最前 5%也是有可能,比如,最低的 5 人都是 100 元,接着是 90 个 110 元,小李是 120 元,然后是 3 个 10000 元,小王是 20000 元,此时平均工资是 605.2 元,满足题干条件,因此,Ⅱ项也是有可能的。

Ⅳ项也是有可能的。

所以,D 项为正确答案。

(二) 相对量与绝对量

数据的相对性主要指的是百分比、基数与绝对量三者的相对关系,百分比高不意味着绝对量大,还要看基数。忽视三者的相对变化而导致对数据的滥用,在论证中也是常见的现象。"精确"数字背后的陷阱主要有:一是平均数陷阱,在对平均数的模糊理解做文章;二是百分比陷阱,一般题干仅提供两种事物的某种比率就比较出两种事物的结果,其实其陷阱就在于该百分比所赖以计算出来的基数是不同的。

■某国报载:"在过去的二十年里,州立法机关的黑人成员人数增长超过了 100%,而白人成员却略微下降。这充分说明黑人的政治力量将很快与白人基本相等。"

下列哪一事实有力地削弱了上述观点?

A. 州立法机关提供的席位总数在二十年里保持不变。

B. 二十年前,州立法机关成员中有 168 个黑人,7614 个白人。

C. 过去二十年里,选黑人为州长的州连五个也不到。

D. 过去二十年里,中等家庭的收入提高了 80%左右。

E. 过去二十年里,登记选举的黑人比例提高了,而白人比例却有所下降。

[解题分析]　正确答案：B。

增长的百分比多并不能说明最终的绝对量大，关键的是比较基数的大小。

若B项事实成立，虽然州立法机关的黑人成员人数增长超过了100%，而白人成员虽略有下降，但黑人和白人的数量比仍有很大的悬殊，因而得不出黑人的政治力量将很快与白人基本相等的结论。这就有力地削弱了题干的论证。

■郑兵的孩子即将上高中，郑兵发现，在当地中学，学生与老师的比例低的学校，学生的高考成绩普遍都比较好。郑兵因此决定，让他的孩子选择学生总人数最少的学校就读。

以下哪项最为恰当地指出了郑兵上述决定的漏洞？

A. 忽略了学校教学质量既和学生与老师的比例有关，也和生源质量有关。
B. 仅注重高考成绩，忽略了孩子的全面发展。
C. 不当地假设：学生总人数少就意味着学生与老师的比例低。
D. 在考虑孩子的教育时忽略了孩子本人的愿望。
E. 忽略了学校教学质量主要与教师的素质而不是数量有关。

[解题分析]　正确答案：C。

郑兵的想法是选择学生与老师的比例低的学校，但当他选择学校的时候只选择学生总人数最少的学校。

可见，郑兵是把相对比例（学生与老师之比）和绝对数（学生人数）弄混淆了，也就是他的决定忽略了：一个学生总人数少的学校，如果老师人数也相应少，则学生与老师的比例不一定低。选项C恰当地指出了这一点，因此，为正确答案。

（三）数据的可比性

数据的可比性是数据能够起到证据作用的必要条件。数据不可比的谬误指的是不设定供比较的对象，不设定比较的根据或基础，或者由于忽视统计对象和样本的实质差别，而将两个数据机械地进行比较而导致的错误（表面上在进行比较，实际上根本就不能比较）。

■在美国与西班牙作战期间，美国海军曾经广为散发海报，招募兵员。当时最有名的一个海军广告是这样说的：美国海军的死亡率比纽约市民的死亡率还要低。海军的官员具体就这个广告解释说："根据统计，现在纽约市民的死亡率是每千人有16人，而尽管是战时，美国海军士兵的死亡率也不过每千人只有9人。"

如果以上资料为真，则以下哪项最能解释上述这种看起来很让人怀疑的结论？

A. 在战争期间，海军士兵的死亡率要低于陆军士兵。
B. 在纽约市民中包括生存能力较差的婴儿和老人。
C. 敌军打击美国海军的手段和途径没有打击普通市民的手段和途径来得多。
D. 美国海军的这种宣传主要是为了鼓动入伍，所以，要考虑其中夸张的成分。
E. 尽管是战时，纽约的犯罪仍然很猖獗，报纸的头条不时地有暴力和色情的报道。

[解题分析]　正确答案：B。

这则广告想要告诉人们的是，加入美国海军并没有什么危险，因为到美国海军去当士兵比在纽约当市民还要安全。证据是，纽约市民的死亡率是16‰，海军士兵的死亡率9‰。

这个结论是建立在将两个具有不同内容的数字进行不恰当比较的基础上的。这里，16‰和9‰是不可比的，因为样本（质）不同。纽约市民中有婴儿、老年人和各式各样的病人,而美国海军士兵都是通过体检选拔出来的身强体壮、生命力旺盛的年轻人。海军士兵正处于生存能力最佳状态的年龄段,造成他们死亡的几乎唯一的原因,是直接死于战争。如果处于后方的纽约市民具有和海军士兵相同的生存能力状态,前者的死亡率无疑要低得多。

B 项就抓住了题干进行不恰当比较的实质,并为统计数据所显示的纽约市民死亡率高于海军士兵的现象提供了一个合理的解释。

C 项和 E 项断定的也是对纽约市民构成威胁的因素,但没有理由认为这些因素造成的威胁会大于直接的战争,因此如果不首先断定纽约市民和海军士兵处于不同的生存能力状态,C 项和 E 项都不能对题干的统计数据提供解释。

因为条件已假设题干提供的资料为真,所以,D 项不成立。

A 项的不成立是显然的。

■人们对于搭乘航班的恐惧其实是毫无道理的。所统计,仅 1995 年,全世界死于地面交通事故的人数超出 80 万,而在 1990—1999 年的 10 年间,全世界平均每年死于空难的还不到 500 人,而在这 10 年间,我国平均每年罹于空难的还不到 25 人。

为了评价上述论证的正确性,回答以下哪个问题最为重要?

A. 在上述 10 年间,我国平均每年有多少人死于地面交通事故?
B. 在上述 10 年间,我国平均每年有多少人加入地面交通,有多少人加入航运?
C. 在上述 10 年间,全世界平均每年有多少人加入地面交通,有多少人加入航运?
D. 在上述 10 年间,1995 年全世界死于地面交通事故的人数是否是最高的?
E. 在上述 10 年间,哪一年死于空难的人数最多?人数是多少?

[解题分析]　正确答案:C。

题干根据统计数据,地面交通比搭乘航班的死亡人数要大得多,得出结论:对搭乘航班感到恐惧是没有道理的。

为了评价上述论证的正确性,必须要知道每年加入地面交通和搭乘航班的人数。因为在对航运和地面交通的安全性进行比较时,在事故罹难者的绝对数量之间进行比较是没有意义的,正确的方法应是在事故率和事故死亡率之间进行比较。为了进行这种比较,不仅要知道统计年限内航运和地面交通事故罹难者的绝对数字,而且要知道有多少人加入地面交通,有多少人加入航运。选项 C 提出的正是这个问题,因此,为正确答案。选项 B 提出的是类似的问题,但它仅涉及我国,不符合题干。

(四)独立数据

独立数据是脱离比较基础的数据,具体是没有设定供比较的对象,没有设定比较的根据或基础,这在论证中的证据效力是不能令人信服的。

■据国际卫生与保健组织 1999 年年会"通信与健康"公布的调查报告显示,68%的脑癌患者都有经常使用移动电话的历史。这充分说明,经常使用移动电话将会极大地增加一个人患脑癌的可能性。

以下哪项如果为真,则将最严重地削弱上述结论?

A. 进入 20 世纪 80 年代以来,使用移动电话者的比例有惊人的增长。
B. 有经常使用移动电话的历史的人在 1990—1999 年超过世界总人口的 65%。
C. 在 1999 年全世界经常使用移动电话的人数比 1998 年增加了 68%。

D. 使用普通电话与移动电话通话者同样有导致癌的危险。

E. 没有使用过移动电话的人数在20世纪90年代超过世界总人口的50%。

[解题分析]　正确答案：B。

在统计论证中，脱离比较基础的独立数据，在论证中的证据效力是不能令人信服的。若使所列的数据成为有说服力的证据，就必须与相关的数据进行比较。

如果一份对中国人的调查显示，肺癌患者中90%以上都是汉族人，由此显然不能得出结论，汉族人更容易患肺癌，因为汉族人本身就占了中国人的90%以上。同样的道理，如果B项的断定为真，说明在世界总人口中，经常使用移动电话的人所占的比例，已接近在脑癌患者中经常使用移动电话的人所占的比例（见图5-1），这就严重削弱了题干的结论。其余各项均不能削弱题干的结论。

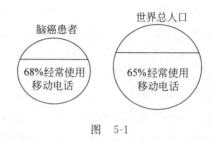

图　5-1

■某大都市最近公布了一组汽车交通事故的调查显示，在受重伤的司机和前座乘客中，80%是在事故发生时未系安全带的。这说明，系上安全带，就能使司机和前座乘客极大地减少在发生事故时受严重伤害的危险。

上述推断要成立，以下哪项必须是真的？

A. 在被调查的所有司机和前座乘客中，20%以上在发生事故时是系上安全带的。

B. 该大都市中的市民中，在驾车或在前座乘车时习惯于系上安全带的人数，远远超过20%。

C. 调查中发现，因汽车事故受重伤者中，司机和前座乘客要比后座乘客多。

D. 一半以上被调查的司机和前座乘客在事故发生时未系安全带。

E. 大多数在该大都市交通警察局记录在案的汽车交通事故都不是严重伤亡事故。

[解题分析]　正确答案：B。

题干从受重伤的司机和前座乘客中80%在事故发生时未系安全带，得出结论：系上安全带，就能使司机和前座乘客极大地减少在发生事故时受严重伤害的危险。

如果在所有市民中，没有系上安全带的司机和前座乘客的人数占80%，系上安全带的司机和前座乘客的人数占20%，那就说明系不系安全带与司机和前座乘客受严重伤害没有什么关系；只有系上安全带的司机和前座乘客的人数远远大于20%时，才能说明系上安全带确实可以极大地减小司机和前座乘客在发生事故时受严重伤害的危险（比如，司机和前座乘客计100人，系安全带的占80%即80人，不系安全带的占20%即20人，发生事故受严重伤害的司机和前座乘客计10人，系上安全带的在发生事故时受严重伤害的只占20%，即80人中只有2人受严重伤害，比例为1/40；不系安全带的受严重伤害的比例则为8/20即2/5），那么系安全带的作用就是十分明显的。选项B表述的正是这一点。

选项A只说20%以上，说服力不够。选项D说明安全带有一定作用，因为不系安全带的占50%以上,而在发生事故时受严重伤害的占80%,但比例尚嫌不足。选项C、E与题意不相干。

第三节　因果关系

一、因果关系的特点

客观世界是一个有内在联系的统一整体,其中各个对象或各个现象之间是互相密切联系着、互相依赖着、互相制约着的。因果联系是指原因和结果之间的联系。如果一个现象的出现必然引起另一个现象的出现,那么,这两个现象之间就有着因果联系。引起另一现象出现的现象叫原因,被引起的现象叫结果。

例如,加热和物体体积膨胀是两个互相联系的现象,只要加热就会引起物体体积的膨胀。在这里,加热是物体体积膨胀的原因,而物体体积膨胀则是加热的结果。

因果联系是世界万物之间普遍联系的一个方面,科学研究的一个重要任务就是要把握事物之间的因果联系,以便掌握事物发生、发展的规律。因果关系的主要特点如下。

一是普遍必然性,指任何现象都有其因,也有其果,且同因必同果,但同果却不一定同因。

因果联系是完全确定的。在同样的条件下,同样的原因必然产生同样的结果。例如,在通常的大气压力的条件下,把纯水加热到100℃,它就必然会产生气化的结果。

二是共存性,指原因和结果总是共同变化的。

三是先后性,即所谓的先因后果,但先后关系并不等于因果关系。

原因和结果在时间上是先后相继的,原因总在结果之前,而结果总在原因之后。因此,我们在探求因果联系时,只能从先行的情况中去找原因,从后行的情况中去找结果。不过需要注意的是,两个现象在时间上的先后相继并非都存在着因果联系。例如,白昼和黑夜,在时间上虽是先后相继的,但它们之间并不具有因果联系,它们都是由于地球自转和绕太阳旋转所引起的结果。因此,在探求因果联系时,如果只是根据两个现象在时间上是先后相继的,就作出它们之间具有因果联系的结论,那么,这就犯了以先后为因果的逻辑错误。

四是复杂多样性,指因果联系是多种多样的,固然有一因一果,但更多的时候是多因一果。

因果联系是复杂的、多样的。一个现象的产生,可以是一个原因引起的,也可以是多种原因引起的。例如,日光、二氧化碳和水是使植物叶子能进行光合作用的原因,而这三者则是植物的叶子能进行光合作用的不可缺少的条件,这种原因叫做复合原因。忽视原因的多样性,在实践上会导致有害的后果。例如,一块地里的农作物生长不好的原因,可以是水分不足,也可以是肥料太少,也可以是病虫害等。如果我们忽略了原因的多样性,只注意一种原因,比如,只注意施肥料,那就必然会导致减产的后果。因此,人们在探求因果联系时,特别应当注意复杂现象的构成原因或结果。

二、原因的类型

因果联系在我们的现实生活中扮演着重要的角色。对历史和现实的理解,需要追溯它们的原因,对未来的预见要求我们把握现实的可能发展结果。日常语言中的"原因"是有歧义的。有时,它指的是充分条件原因;有时,指的是必要条件原因;而在另一些场合下,可能指的是充分且必要条件原因。我们可以运用系统的方法,来探求不同条件意义上的原因。这种确认因果关系的推理可以构成以一个因果陈述为结论的论证。

(一) 原因的分类

1. 充分原因

当满足下列原因时,A 是 B 的充分原因(A、B 代表事件或属性):

A 出现时,B 也出现;

A 不出现时,B 可出现,也可不出现;

从未有 A 出现时,B 却不出现。

例如,"天下雨,地上就湿"。当天下雨时,地上湿就出现;天不下雨时,地上可能湿(比如自然水管破裂),也可能不湿。简言之,A 是 B 的充分原因:如果 A 出现,B 一定出现。

2. 必要原因

当满足下列原因时,A 是 B 的必要原因:

A 出现时,B 可出现,也可不出现;

A 不出现时,B 不出现;

从未有 A 不出现时,B 却出现。

例如,"只有存在阳光,植物才能光合作用"。当阳光出现时,光合作用可能出现,也可能不出现;没有阳光时,光合作用必定不出现。简言之,A 是 B 的必要原因:如果 A 不出现,B 一定不出现。

3. 充要原因

当满足下列原因时,A 是 B 的充要原因:

A 出现时,B 一定出现;

A 不出现时,B 一定不出现;

从未有 A 出现时,B 却不出现;A 不出现时,B 却出现。

例如,"当且仅当脑死亡,则人死亡"。意味着,"脑死亡"是"人死亡"的充分且必要原因。

4. 既非充分也非必要原因

把在总体中倾向于产生某一结果的原因称为统计性原因,或称随机性原因。这些原因往往既非结果的充分条件,也非必要条件。

吸烟易于致癌。

我们不能说每一个吸烟的人都将会得癌症,它表达的意思是:就很大的一个样本总体来说,吸烟有致癌的倾向性,或者说吸烟的人比不吸烟的人更容易得癌症。

■在青崖山区,商品通过无线广播电台进行密集的广告宣传将会迅速获得最大程度的知名度。

上述断定最可能推出以下哪项结论?
A. 在青崖山区,无线广播电台是商品打开市场的最重要的途径。
B. 在青崖山区,高知名度的商品将拥有众多消费者。
C. 在青崖山区,无线广播电台的广告宣传可以使商品的信息传到每户人家。
D. 在青崖山区,某一商品为了迅速获得最大程度的知名度,除了通过无线广播电台进行密集的广告宣传外,不需要利用其他宣传工具作广告。
E. 在青崖山区,某一商品的知名度与其性能和质量的关系很大。

[解题分析]　正确答案:D。

题干的意思是"商品通过无线广播电台进行密集的广告宣传"是"迅速获得最大程度的知名度"的充分原因,也即,只要无线广告宣传就足够了,不需要其他,就可获得知名度。因此,D项正确。

A项"商品打开市场"是个新概念,一个商品获得最大的知名度,不等于就能打开市场,因此 A 项不成立。

B、C、E 项超出题干断定范围,均排除。

(二) 混淆原因

因果论证是对因果关系的运用或确定,推理的前提或结论涉及对因果关系的认识。现实生活中的因果关系是非常复杂的,我们讲的因果关系一般是实验室情况,排除了其他背景因素的干扰。现实生活中原因可能是充分条件,也可能是必要条件,也可能是既非充分也非必要条件。

混淆原因的谬误的一个表现就是,将必要原因当作充分原因,或者将充分原因当作惟一原因。

■到目前为止,核威慑政策是成功的。第二次世界大战结束以后,对毁灭性的核战争的恐惧,使拥有核武器的超级大国都不敢轻易动用它。超级大国之间的第三次世界大战还没有爆发就足以证明了这一点。

以下哪一项如果为真,指出了上述论证中的错误?
A. 保持一个较高水平的核武器装备会枯竭一个国家的经济实力。
B. 根据以前的经验,我们无法对未来做出任何确定的预测,一个小的事故也可能触发第三次世界大战。
C. 超出核威慑所需要的最小的武器量而继续制造核武器会增加出现事故的可能性。
D. 第二次世界大战结束以后,在超级大国之间曾经爆发了多起小规模武装冲突,但都相互克制以防止大的核冲突。
E. 现在还不知道没有发生核冲突的原因是否真的就是核威慑的作用,也许是其他一些因素,比如认识到保持和平的经济价值起了作用。

[解题分析]　正确答案:E。

"核威慑政策"对抑制第三次世界大战来说,可能是非常必要的因素,但它未必是充分的因素。现在还不知道核威慑的作用是不是抑制第三次世界大战的充分因素,也许其他一些因素,比如和平时期的经济建设,也起到了相当大的作用。该论证将抑制第三次世界大战的必要因素视为充分因素,犯了混淆原因的错误。E项指出了可能另有他因的解释。

■洛杉矶这样的美国西部城市,几乎是和私人汽车业同步发展起来的,它的城市布局和风格明显带有相应的特点。由于有了私人汽车,住宅都散布在远离工作地点的地方;为了留出足够的停车空间,商业街的周边缺少林木绿化带。因此,如果私人汽车当初不发展,洛杉矶这样的城市会是另外一种完全不同的风貌。

以下哪项对上述论证的评价最为恰当?
A. 上述论证不恰当地假设:美国人可以接受没有私人汽车的生活。
B. 上述论证不恰当地依据某个特例,轻率概括出一般性的结论。
C. 上述论证不恰当地把某个结果归结为一个原因,并且仅仅归结为一个原因。
D. 上述论证忽视了:当原因发生变化时,相应的结果也会发生变化。
E. 上述论证忽视了:同一种原因,在不同的条件下可以产生不同的结果。

[解题分析]　正确答案:C。

题干断定:第一,私人汽车业的发展造成了洛杉矶现有的城市风貌。

第二,如果私人汽车当初不发展,洛杉矶不会是现在的风貌(即会是另一种完全不同的风貌)。

可见,题干把私人汽车业的发展看作是造成洛杉矶现有城市风貌的充分必要原因,即是唯一的原因,选项C指出了这一点,因此是对题干的恰当评价。

其余各项均不恰当。比如,题干并不是依据某个特例进行轻率概括(比如由洛杉矶推出全美,就有可能是轻率概括),B项不对。题干的推理漏洞也并没有忽视原因结果的变化情况,D项不对。题干的推理漏洞也并没有忽视同因不同果的情况,E项不对。

三、因果链条

因果关系一方面具有相对性,即一个现象对于这个现象来说是结果,但对于另一现象来说又是原因。因果关系的相对性,使事物之间可以形成一个没有起点和终点的因果链条。

(一)因果链条可能包含实质性的因果传递关系

实质性因果链条的形成关键在于这种因果关系能传递并直到最后仍然使因果关系得以保持。

[逻辑案例]　华盛顿广场有名的杰弗逊纪念大厦建成之后不久,墙面出现裂纹。最初大家认为损害建筑物的元凶是酸雨。进一步研究,却发现对墙体侵蚀最直接的原因,是每天冲洗墙壁所含的清洁剂对建筑物有酸蚀作用。而每天为什么要冲洗墙壁呢?是因为墙壁上每天都有大量的鸟粪。为什么会有那么多鸟粪呢?因为大厦周围聚集了很多燕子。为什么会有那么多燕子呢?因为墙上有很多燕子爱吃的蜘蛛。为什么会有那么多蜘蛛呢?因为大厦四周有蜘蛛喜欢吃的飞虫。为什么有这么多飞虫呢?因为飞虫在这里繁殖特别快。而飞虫在这里繁殖特别快的原因,是这里的尘埃最适宜飞虫繁殖。为什么这里最适宜飞虫繁殖?因为开着的窗阳光充足,大量飞虫聚集在此,超常繁殖……

所以这道难题的答案就是拉上窗帘就可以了!

(二)因果链条也可能不包含实质性的因果传递关系

因果关系并不是一定能传递的,即A是B的原因,并且B是C的原因,却不能得出A

是C的原因。即结果的原因的原因,不一定是结果的原因。

若因果链条不包含实质性的因果传递关系而断定其具有因果关系,那就会犯诉诸远因或滑坡论证的谬误。

1. 诉诸远因

诉诸远因是指论证中忽视关键的直接因素在原因链条中的影响而把较为遥远的某个因素看作直接原因的谬误。

例如,有些广告的广告词,经常宣传,喝了"好记星",学习就出众。这就是典型的诉诸远因。学习成绩好的原因很多,其中最重要的应该是学生个人学习动力充足、学习刻苦努力、学习方法得当、教师指导有方等这些直接因素和关键因素。至于服用一些安神补脑的口服液,都是次要的、遥远的因素。

2. 滑坡论证

滑坡论证从论证者接受的一个前提开始,通过小的步骤,经过一个论辩链,逐渐地推进到他并不接受的事物。根据渐进论证的否定形式,论证者主张假如一个步骤被采取,在经过一个不可返回的点(不能被明确的规定)的论辩链之后,引至一个灾难性的最终后果。

[逻辑案例] 明代江盈科编撰的《雪涛小说》中记载了如下这么一个故事。

城里有户非常贫困的市民,穷得吃了早饭还不知道晚饭在哪里。一天,丈夫偶然捡到一个鸡蛋,便欣喜若狂,赶快跑回家里,高兴地对妻子说:"我们有家当了!我们有家当了!"

妻子见他那高兴的样子,忙问:"家当在哪里?"

他拿出鸡蛋一晃说:"这就是!"

于是他便扳起指头,给妻子细细地计算起来:

"我拿这个鸡蛋借邻居的母鸡孵化一下,孵化出来后拿1个小鸡回来,它长大以后就下蛋,每个月可以得到15个鸡蛋;然后再孵成小鸡,两年内,鸡再生鸡,就可得到300只鸡,能卖10两金子。用这10两金子买5头牛,牛又生长,3年可得25头牛,牛再生牛,又过3年,就能发展到150头,可以卖300两金子。我用其中三分之一买房置地,三分之一买丫鬟、仆人,三分之一用来娶小老婆。我和你就可以优哉游哉地过上神仙一样的日子了。"

妻子一听他说要娶小老婆,勃然大怒,一拳就把鸡蛋打碎了,还没好声地说:"趁早打碎它,免得留下祸根!"

点评:那个丈夫的话显然是个滑坡论证,在其所预见的因果链条上,每一个环节都有可能由于其他因素的侵入而断开,鸡蛋未必能全部孵出小鸡,小鸡未必能够全部存活,小鸡长大后未必能下那么多蛋等。

滑坡论证的形式如下。

第一步前提:A_0被公开考虑为初看起来像是应该被产生的某个东西的提议。

递归前提:实现A_0将可能导致(在我们所了解的环境中)A_1,A_1将依次导致A_2,依此类推,导致整个序列$A_2,\cdots,A_n$。

坏结果前提:A_n是可怕的(损失惨重的、坏的)结果。

结论:A_0不应被产生。

批判性思考:(CQ为critical question(批判性问题)的缩写)

CQ1. 在 A_0 与 A_n 相连结的序列中,什么干涉建议实际上被给出了?

CQ2. 为了使事件序列是似真的,哪些其他步骤需要填充进去?

CQ3. 该序列中最弱的连结是什么,对它应该提出是否一个事件会真地导致另一个的批判性问题吗?

下述两个论证都属于滑坡论证。

(1) 失了一颗铁钉,丢了一只马蹄铁;丢了一只马蹄铁,折了一匹战马;折了一匹战马,损了一位国王;损了一位国王,输了一场战争;输了一场战争,亡了一个帝国。因此,失了一颗马蹄钉,亡了一个帝国。

(2) 因为阴天,所以关节疼。关节疼,导致我心情不好。心情不好,导致我和丈夫吵架,吵架导致丈夫离家出走。因此,阴天是丈夫离家出走的原因。

通俗地讲,滑坡论证谬误是利用一个看似内在密切相关的推理链条,一步步推理下去,从而在论证链条两端关系较远或毫无关系的两个命题之间建立直接因果联系的谬误。事实上,这个链条往往是不确定的,缺乏足够理由的。显然,这种论证,随着论证一步步推进,其确证性却一步步下降,最后,前提和结论的联系往往变得十分微弱,甚至毫无关系。因此,我们形象地把这种推理谬误叫做滑坡论证。这是因为把非传递性关系看作传递性关系所导致的。甲是乙的原因,乙是丙的原因,甲与丙就不一定有因果关系。平时,我们也经常说,原因的原因不是原因,就是对这种论证的批评。

四、单一原因与复合原因

我们称复合原因中的某一个原因为部分原因,或者叫做助成事实。如果导致一结果产生的事实不包含复合成分,这一事实就被称为单一原因。

例如,一位司机参加朋友聚会时喝了不少酒,在开车匆忙回家的路上撞到了停在主路昏暗灯光下的卡车,结果车毁人亡。导致这一结果发生的原因是复合的:酒后驾车、超速行驶、光线不足和停在主路上的车。

复合原因与充分条件,或者部分原因与必要条件是有区别的。对给定的结果而言,复合原因可能是它产生的必要条件,也可能充分且必要条件,也可能是既非充分又非必要条件。但是,部分原因不可能是导致其结果产生的充分条件。

如超速行驶是导致车祸的部分原因,但它不是导致车祸的必要条件,不超速行驶就一定不会发生车祸吗?显然不是。

单因的谬误产生于论证过程中只认定某个结果是由某一个单一原因引起,将导致结果产生的多种因素简单排除或忽视其存在。

■1985年,W 国国会降低了单身公民的收入税收比率,这对有两份收入的已婚夫妇十分不利,因为他们必须支付比分别保持单身更多的税。1985—1995年,未婚同居者的数量上升了 205%,因此,国会通过修改单身公民的收入税收比率,可使更多的未婚同居者结婚。

以下哪项如果为真,将最有力地削弱上述论证?

A. 1985—1995年,W 国的离婚率上升 185%,高离婚率对当事者特别是单亲子女造成的伤害,成为受到普遍关注特别是受到婚龄段青年人关注的社会问题。

B. 在 H 国,国会并未降低单身公民的收入税收比例,但在 1985—1995年其间,未婚同居者的数量也有上升。
C. W 国的税收率在相同发展水平的国家中并不算高。
D. 1985—1995 年,W 国的未婚同居者的数量并不呈直线上升,而是在 1990 年有所回落。
E. W 国的未婚同居的现象,并不像在有些国家中那样受到道义上的指责。

[解题分析]　正确答案：A。

题干结论是：通过修改相应税率,可使更多的未婚同居者结婚。

理由是：单身比结婚纳较少的税是未婚同居者的数量大幅上升的原因。

如果 A 项的断定为真,则有理由认为,从 1985 年到 1995 年间,未婚同居者的数量大幅度上升的另外一个原因是,高离婚率所造成的伤害使得人们对结婚更为保留和谨慎。因此,光通过修改相应税率,未必能使更多的未婚同居者结婚。这就有力地削弱了题干的论证。

[逻辑案例]　看病的逻辑

你去一家民营医院看病,检查出你身上携带了病毒 A。医生就会告诉你必须用大量的抗生素清除病毒 A。医生的理由是,A 会引起 B,B 会引起 C,C 会引起 D,而 D 是个严重的问题,所以,要治根就要清除 A。你听从医生后,最后往往花了大量的治疗费而去清除 A。

点评：其实,对医生的论证,我们必须进行一系列批判性思考。

第一,因为每一个引起都是一种可能性。如果做到其中一个因果链条不传递,这个 A 就不成为问题。但很多医生认为,由于 D 是个严重问题,所以 A 是个大问题,这是不合逻辑的。

第二,即使用了大量的抗生素,也因人而异,有些人身体里的 A 病菌无论怎么用抗生素,都是清除不掉的。

第三,即使能清除 A,但也有可能会引起另外的严重问题 E。

第四,类似 A 这样的病毒在身体中有很多,比如每个健康的人身体都带有各种各样的病菌,关键是做到菌群平衡。每个人身体中都有很多这样的病菌,没有这个 A,可能也有其他的病菌,也有现在许多医学没发现的病菌。

第五,以前的医学不能化验,所以,像遇到一些病菌只要没病症的就没事,也就没有心理负担。现在医学发达了,但往往发现的问题更多了,心理负担也更重了。

第六,人是有自愈能力的,即使不用抗生素,经过一定时间,有些人身体会自动清除病毒 A。

第七,用大量抗生素治疗,会造成病菌的耐药性,以后再得病,目前的抗生素就不管用了,可能会面临无药可治。

第八,用大量抗生素治疗,会造成很多副作用和医源污染,反而往往引起更多的其他问题。

当你考虑了这样一系列问题后,就不会轻易地相信某些仅仅以盈利为目的的民营医院的某些所谓的医生了。

第四节　因果推理与论证

一、从因到果的论证

从因到果的论证是指：预见一个事件将出现,因为其原因已经出现。

比如，如果水温达到了100℃，那么水会沸腾；这壶水的温度即将达到100℃；所以，这壶水即将沸腾。

论证一个事件将发生，因为其原因在事实集中出现。论证型式如下：

一般地，若A发生，那么B将（可能）发生。

在此情形下，A发生（可能发生）；

在此情形下，B将（可能）发生。

批判性思考：

CQ1. 因果概括问题：前提中反映某因果联系的命题是否为真？

CQ2. 证据力量问题：假如前提中存在证明某因果联系的证据，那么，这些证据足以证明某因果联系存在吗？

CQ3. 干扰因素问题：存在干预或抵消在此情形中产生那个结果的其他因素吗？

有学者考虑另外两个批判性问题：

所提到的因果联系是似真的吗？

提出的因果联系使得预言后果似真吗？

■最近的调查显示，许多寻求医疗帮助的人，处于很大的压力下。医学研究同时显示，压力能够恶劣地影响一个人的免疫系统。因此，当一个人处于压力下的时候，他更可能得病。

下列哪项如果正确，最能支持上述结论？

A. 许多为职员提供健康保险的企业同时提供压力处理研习班。

B. 许多企业反映职员在感到工作压力增大时，缺勤明显减少。

C. 在放假期间，大学医院的就诊人数显著增加。

D. 在考试期间，大学医院的就诊人数显著增加。

E. 大多数人报道，医院和诊所是有压力的环境。

[解题分析]　正确答案：D。

题干因果关系是压力大容易生病。D项表明，在考试期间，学生的压力会明显增加，很容易得病。D项为有因有果的支持。

■在过去的10年中，登山设备有了几项改进，这些改进使该运动对于经验丰富的登山者来说更加安全、更加惬意了。然而虽然有了这些改进，过去10年中登山事故发生率仍旧翻了一番。

如果以上的陈述完全正确，下列哪一项如果正确，最好地调和了它们之间明显的分歧？

A. 许多登山者误以为使用这些设备会很安全，试图使用新设备去创造他们能力所不及的登山业绩。

B. 一些登山事故的发生是由无法预测的天气情况所引起的。

C. 登山尽管是一种危险运动，但对于有经验的登山者，通常不会造成伤害。

D. 在过去的10年，不仅登山技术有了改善，登山设备也有了提高。

E. 尽管在登山活动中受伤的比例增加了，但在登山活动中死亡的比例没有变。

[解题分析]　正确答案：A。

本题需要解释的是，为什么登山设备先进了但登山事故发生率反而增加。

A项指出许多登山者误以为使用登山设备会很安全，就使用了设备以图达到他们能力所不及的登山业绩,从而导致了事故发生率的增加,解释了登山设备改进但事故发生率增加的事实,所以正确。

选择了 B 项的人认为受伤率的增加是由天气条件导致的,但这个受伤率的增加是与过去 10 年相比较的,未预见的天气条件在两个 10 年同样存在,并不是他们之间的区别,所以 B 项不对;同样 C、E 项均不正确。D 项中虽也涉及设备这个概念,但 D 项与事故增加无关。

二、从果到因的论证

如果说从因到果的论证是从过去到未来的预见性推理的话,那么,从果到因是从现在追溯过去的推理。例如:

如果咽喉发炎,那么就会咳嗽。老王咳嗽,所以,老王的咽喉发炎了。

典型的就是溯因推理或回溯论证,即从某种情形下一组证据的存在到对该证据集最佳说明的论证。根据所发现的和经验上验证的证据,正规地根据一个理论来论证说明它的一个临时假说。论证型式是:

F 是一个发现或给定的事实集。

E 是 F 的满意说明。

目前为止,没有一个不同于 E 的说明能像 E 一样满意。

因此,E 作为一个假说是似真的。

批判性思考:

CQ1. 除了对话中目前为止不同的可利用的说明以外,E 本身作为 F 的一个说明有多么满意?

CQ2. 假说 E 比目前为止对话中的其他可利用的不同假说好多少?

CQ3. 对话进行了多远?如果对话是一个探究,在案件的调查中搜索进行得有多彻底?

CQ4. 最好是使对话继续前行,而不是在这个点上得出一个结论吗?

从果到因的特点是:从已知的结果出发,寻找其原因;从已知的推断出发,追溯其理由。它不是一种必然性推理。必然性推理是从原因推出结果,回溯论证的方向与必然性推理的方面正好相反。此外,必然性推理前提真则结论必真;而回溯论证前提真,结论只是或然真,因此,它属于或然性推理。可把上述论证型式通俗化为:

一般情况下,如果 A 发生,那么 B 将发生;

在某一具体情况下,B 发生;

所以,在某一具体情况下 A 可能发生。

批判性思考:

CQ1. 前提中反映某因果联系的命题是否为真?

CQ2. 结果在某一情况下确实发生了吗?

CQ3. 造成一定结果的原因是否只有一种?

CQ4. 是否排除了其他原因的可能性?

例如,当我们了解到我国西北地区的农作物普遍歉收时,就会推测出可能是由于今年大面积干旱少雨造成的。因为西北地区十年九旱的气候条件告诉我们,如果这一地区大面积干旱少雨,农作物就会普遍歉收。不难看出,回溯论证的逻辑结构实际上就是以充分条件假言命题为前提的肯定后件肯定前件式,它不符合充分条件假言推理的规则:肯定后件不能因此而肯定前件。因为,在"如果 A,那么 B"中,从断定 A 可以演绎出 B,但是,前件 A 未必是后件的必要条件。比如,如果西北地区普遍干旱少雨,那么农作物大面积歉收;但是,如果西北地区没有普遍干旱少雨,该地区的农作物是不是就不歉收了呢?这也不一定。因为,还可能有其他的原因导致农作物歉收,如虫害、旱涝不均等。所以,回溯论证的前提与结论之间的联系是或然的,前提真,结论可能真,但结论不是充分可靠的。

[逻辑案例] 贝都印人的推断。

一个阿拉伯人在沙漠里与同伴失散了,他找了一天也没有找到。傍晚,他遇到了一个贝都印人,阿拉伯人连忙问他是否见过自己的同伴。

"你的同伴是胖子,而且是跛子,对吗?"贝都印人问,"他手里是不是拿一根棍子?他的骆驼只有一只眼,驮着枣子,是吗?"

阿拉伯人高兴地回答说:"对!这就是我的同伴和他的骆驼,你是什么时候看见的?他往哪个方向走了?"

贝都印人回答说:"我没有看见他。"

阿拉伯人生气地说:"你刚才详细地说出了我的同伴和他骆驼的样子,现在怎么又说没有见到过呢?"

"我确实没见过他。"贝都印人平静地说:"不过,我还知道,他在这棵棕榈树下休息了许多时间,然后向叙利亚方向走去了,这一切发生在三个小时前。"

"你既然没见过他,那你又是怎么知道这些的呢?"

"你看这个人的脚印:他左脚脚印大且深,这就说明他是个跛子;他的脚印比我的深,这就表明他比我胖。你看,骆驼只吃右边的草,这就说明,骆驼只有一只眼,它只看到路的一边。你看这些蚂蚁都聚在一起,难道你没有看清它们都在吸吮枣汁吗?"

"那么你怎么确定他在三个小时前离开这里的呢?"贝都印人解释说:"你看棕榈树的影子,在这样的大热天,一个人总不会坐在阳光下吧?

所以,你同伴留下印记的地方就是他离开时树的阴影。可以推算出,阴影从他躺下的地方移到现在我们站的地方,需要三个小时左右。"

阿拉伯人听罢,急忙往叙利亚方向去找,果然找到了他的同伴。

点评:贝都印人的推理如下。

(1)如果一个人是跛子,则他的脚印一边深一边浅。这个人左脚印大且深,所以,这个人是跛子。

(2)如果骆驼是一只眼,则必然只看见路的一边,只吃一边的草。这个人的骆驼只看见路的一边,只吃右边的草,所以,这个骆驼是一只眼。

这两个推理是以结果推导原因的回溯推理。

(3)如果一个人的脚印比我的深,那么表明他比我胖。这个人的脚印比我的深,所以,这个人是胖子。

(4)该案例中,贝都印人还根据棕榈树影子的移动时间,类比推算出阿拉伯人同伴及骆驼离开时的时间。

事实证明,贝都印人的推断都是正确的,因为阿拉伯人按照他的推断果然找到了他的同伴。

溯因推理或回溯论证是有客观根据的,这就是客观现实中一果多因现象的存在。例如,"花凋谢"这一现象的出现,可以是由于花缺水引起,可以是由于施肥过量而引起,也可以是由于水太多引起,也可以是由于病虫害所引起等。既然一果可以是多因所产生或引起,那么当已确知一个结果时,要找出它的原因,就可以有很多个。至于哪一个,在未进一步证实之前,只能进行分析、猜测、试错和选择等思维操作。

当然,在一定条件下,回溯论证也可以转化为必然性推理。这个条件就是在前提中穷尽引起某种结果的一切原因,在引起某种结果的各种原因中,如果能将可能引起某种结果的其他原因一一排除掉,留下一个唯一的原因,这个唯一的原因就是真正的原因。于是,回溯论证就由或然性推理转化为必然性推理。

回溯论证虽然结论是或然的,但运用却十分广泛。无论在日常生活和工作中还是在科学研究中,都有着重要的作用。例如,电工师傅运用回溯论证寻找日光灯不亮的原因,医生运用回溯论证给病人找出病因等。在科学研究中,回溯论证的作用主要体现在提出假说的过程中。

■高级经理人在报酬上的差距可反映公司各个部门之间的工作方式。如果这个差距较大,它激励的是部门之间的竞争和个人的表现;如果这个差距较小,它激励的是部门之间的合作和集体的表现。3M公司各个部门之间是以合作的方式工作的,所以……

将以下哪项陈述作为上述论证的结论最为恰当?

A. 3M公司的高级经理人在报酬上的差距较大。

B. 以合作的方式工作能共享一些资源和信息。

C. 3M公司的高级经理人在报酬上的差距较小。

D. 以竞争的方式工作能提高各个部门的工作效率。

E. 高级经理人在报酬上的差距影响激励效果。

[解题分析]　正确答案:C。

本题是溯因推理,推理过程如下。

已知:Q　　　　　　(3M公司各个部门之间是以合作的方式工作的)

已知:如果P,那么Q (如果这个差距较小,它激励的是部门之间的合作和集体的表现)

所以,P可能真　　　(很可能3M公司的高级经理人在报酬上的差距较小)

因此,C项作为上述论证的结论最为恰当,是正确答案。

■如果某个人的脑神经联系效能较高,那么他的脑神经联系的能耗较少。有一项实验的内容是:受试者被要求从一大堆抽象的图样中识别出一个样式,然后选择另一种图样来完善这个样式。实验的结果令人吃惊,在实验中表现最出色的受试者正是那些脑神经细胞耗能最少的人。

以下哪项假说最能够解释此项实验中的发现?

A. 当受试者尝试识别样式时,其脑神经细胞的反应比作其他类型的推理少。

B. 实验中在处理抽象样式时表现最佳的受试者比表现差一点的人享受了更多的满足感。

C. 较善于识别抽象样式的人具备更有效能的脑神经联系。

D. 当最初被要求识别的样式选定后,受试者大脑消耗的能量增加。

E. 运动员在休息时的能量消耗低于一般人的能量消耗,他们更适合完成给定的完善图样的任务。

[解题分析] 正确答案：C。

题干论述：如果某个人的脑神经联系效能较高，那么他不但能出色地完成任务，而且脑神经联系的能耗较少。已知某人在出色完成任务的同时脑神经联系的能耗较少。

根据溯因推理，可推断这个人的脑神经联系效能较高。C 项就是题干推理的回溯分析，为正确答案。

其他任务的情况如何与题干推理无关，A 项排除。B 项为明显无关选项，排除。D 项描述的细节题干没有反应，排除。题干讨论的是脑神经细胞的能耗，运动员的能耗未必与之相关，E 项排除。

三、从相关到因果的论证

（一）因果关系确立的要素

一般来说，有两种类型的相互关联可以作确立因果主张的初步证据：时间关联和统计关联。

（1）时间关联指的是在时间上的联系。

（2）统计关联指的是总体中的两个事实或者特征在统计上的相互关联。如果一事件发生（不发生）会增加另一事件发生（不发生）的机会，这两个事件便是正相关的，例如失业率和犯罪率；相反，如果一事件发生（不发生）会减低另一事件发生（不发生）的机会，这两个事件是负相关的，例如空气的相对湿度和山火；假若一事件发生（不发生）不会增加或者减低另一事件发生（不发生）的机会，那么，这两个事件便是不相关的或独立的，例如体重和智商。

■ 在对使用五大湖中两个湖的 10 处沙滩 8000 多人的调查研究中，多伦多大学的生态学家们发现游泳的人中呼吸道疾病和胃肠疾病的患病率达 69.6‰，而没有游泳的人这两类病的患病率为 29.5‰。

从上述数据能最恰当地得出如下哪一结论？

A. 人们容易低估在这些湖中游泳的危害。
B. 在这两个湖中任意一个湖中游泳，患上呼吸道和胃肠疾病的患病率比在其他湖中游泳的患病率高。
C. 除呼吸道、胃肠疾病之外的疾病不太可能与在这两个湖中的一个湖中游泳有关。
D. 在这些湖中游泳与呼吸道、胃肠疾病之间的联系为这两者之间的因果关系提供了证据。
E. 在这些湖中游泳的一大部分人对游泳可能引起的疾病有免疫力。

[解题分析] 正确答案：D。

本题通过对曾在湖中游泳和未曾在湖中游泳的人的调查，发现前者呼吸道疾病和肠胃疾病的发病率高于后者。根据调查的结果我们很容易得出 D 选项的结论，即在这些湖中游泳与呼吸道、胃肠疾病之间的联系为这两者之间的因果关系提供了证据，因此 D 项正确。

A、B、C 和 E 四个选项所述及的内容都与本题段落中的内容无关。

（二）从相关到因果的论证

所谓从相关到因果的推理就是根据两个事件之间存在一定的相关性，进而推断出它们之间存在着因果关系。除时间关联和统计关联外，两类因素要有因果关系关键是要有实质性的相关。

注意，不能对凡具有相关性的事件都做出同类型的推论：因为事件 A 和事件 B 具有相关性，所以 A 与 B 具有因果关系；否则，如果没有实质性的相关，便会犯相关误为因果这一谬误，原因是尚未排除其他不同的解释。比如下面这个论证：

某国的一项统计材料表明，该国的居民中喝牛奶的和死于癌症的比例都很高。因此，喝牛奶是引起癌症的原因。

这一论证是有问题的。其错误形式就是虚假相关。喝牛奶与癌症的关系需要进一步探讨。仅仅根据数据的表面相似，是不能建立实质性的相关性的。虚假相关是指把两类并非真正相关的事件误认为是相关事件而作出错误结论的谬误，也叫做虚假原因。

从相关到因果的论证型式如下：

相关性前提：A 和 B 之间存在正相关。

结论：A 引起 B。

在评估从相关到因果的推理之可靠性时，以下批判性问题需要考虑。

CQ1. 相关存在问题：在 A 和 B 之间真的存在正相关吗？

CQ2. 相关性证据问题：存在 A 和 B 之间正相关的大量实例吗？

CQ3. 因果方向的问题：有好证据表明，因果关系是从 A 到 B，而非恰恰是从 B 到 A？

CQ4. 独立第3因素问题：能够排除 A 和 B 之间的相关性是由某个既引起 A 又引起 B 的第3因素 C 加以说明吗？

CQ5. 因果间接性问题：是否存在能够表明 A 和 B 之间的因果关系是间接的干涉变量（A 和 B 间的因果关系是其他原因起中介作用产生的）引起的？

CQ6. 相干性范围问题：假如 A 和 B 之间的相关性在特定的范围之外不成立，那么，能否清楚地指明该限制范围？

CQ7. 归类 B 的方式问题：能够表明，B 的增加或变化不只是由于定义 B 或将事物归类于 B 的方式，或者由于在定义 B 或归类的方式的过程中改变标准吗？

■对东江中学全校学生进行调查发现，拥有 MP3 播放器人数最多的班集体同时也是英语成绩最佳的班集体。由此可见，利用 MP3 播放器可以提高英语水平。

以下哪项如果为真，最能加强上述结论？

A. 拥有 MP3 播放器的同学英语学习热情比较高。

B. 喜欢使用 MP3 播放器的同学都是那些学习自觉性较高的学生。

C. 随着 MP3 播放器性能的提高，其提高英语水平的作用将更加明显。

D. 拥有 MP3 播放器人数最多的班级是最会利用 MP3 播放器的班级。

E. 拥有 MP3 播放器人数最多的班上的同学更多地利用 MP3 进行英语学习。

［解题分析］　正确答案：E。

题干由"拥有 MP3 播放器人数最多"和"英语成绩最佳"这两个并存的现象，得出结论：MP3 播放器可以提高英语水平。

由于两个现象统计相关并不足以说明它们之间有因果关系,因此,要增加这两个现象之间有本质联系的证据,才能支持上述结论。在各选项中,E项最能支持这两个现象存在因果关系。

A、B项有利于说明上述两个现象为何统计相关,但不能说明两者有因果关系。

(三) 征兆

基于一个征兆或指示,论证某事出现了。

具体前提:A(一个发现)在这个情景中真。

一般前提:B一般被指示为是真的,当它的征兆A真时。

结论:在这个情景中B真。

批判性思考:

CQ1. 征兆与其所指示物之间的相关强度是什么?

CQ2. 存在其他更可靠说明该征兆的事件吗?

在较复杂的征兆论证中,存在证据累积的论证,一系列征兆出现,它们中的每一个只不过给赞成结论的假设较小的分量,但它们合在一起,整体形成支持结论的相当似真的论证。

[逻辑案例] 2008年5月12日,四川汶川发生强烈地震,伤亡惨重。有人联想到震前有媒体报道过绵竹发生了上万只蟾蜍集体大迁移的现象,认为这种动物异常行为是发生地震的预兆,质问为何没有引起地震专家的重视,及时做出地震预报,甚至嘲笑说"养专家不如养蛤蟆"。

点评:有人根据汶川地震前绵竹发生了蟾蜍集体大迁移的现象,就认为这两种现象具有因果相关。

其批判性问题如下。

(1) 为什么作为震中的汶川没有蟾蜍大迁移?为何其他受灾地区也没有蟾蜍大迁移?

(2) 国际地震学界难道认可蟾蜍大迁移这类动物异常行为与地震之间的相关性吗?

(3) 蟾蜍大迁移这类动物异常行为在全国范围内可谓天天都有,地震局若据此做出地震预报,我们岂不时时生活在恐惧之中?

(四) 因果主张的确立

(1) A与B时间相关或者统计相关,因为A导致B。

例如:先天性心脏病与心脏有杂音具有相关性,可见,先天性心脏病是心脏有杂音的原因。

(2) A与B时间相关或者统计相关,因为B导致A。

统计结果往往可以说明不同现象之间存在着因果关系。但是究竟哪个现象是原因,哪个现象是结果?这个问题是不能在统计数字中找到答案的。在因果解释中,如果错把原因当结果,或者错把结果当原因,就犯了因果倒置的错误。

[逻辑案例] 19世纪有一位英国改革家说,每一个勤劳的农夫,都至少拥有两头牛。那些没有牛的,通常是好吃懒做的人。因此,他的改革方式便是国家给每一个没有牛的农夫两头牛,这样整个国家就没有好吃懒做的人了。

点评:这位改革家明显犯了一个逻辑错误。实际上是因为勤劳才有了两头牛,并不是因为有了两头牛才勤劳起来。这是倒果为因。

■一位社会学家对两组青少年进行了研究。第一组成员每周看暴力内容的影视的时间平均不少于 10 小时,第二组则不多于 2 小时。结果发现,第一组成员中举止粗鲁者所占的比例要远高于第二组。因此,此项研究认为,多看暴力内容的影视容易导致青少年举止粗鲁。

以下哪项,如果为真,将对上述研究的结论提出质疑?

A. 第一组中有的成员的行为并不粗鲁。
B. 第二组中有的成员的行为比第一组有的成员粗鲁。
C. 第二组中很多成员的行为很文明。
D. 第一组中有的成员的文明行为是父母从小教育的结果,这使得他们能抵制暴力影视的不良影响。
E. 第一组成员中很多成员的粗鲁举止是从小养成的,这使得他们特别爱看暴力影视。

[解题分析]　正确答案:E。

题干由"看暴力内容的影视"与"青少年举止粗鲁"存在统计关联,就得出结论:前者是后者的原因。

E 项指出了题干犯了因果倒置的错误,即:并非因为看暴力影视才造成举止粗鲁,而是因为举止粗鲁,所以爱看暴力影视。有力地削弱了题干的结论。

■最近举行的一项调查表明,师大附中的学生对滚轴溜冰的着迷程度远远超过其他任何游戏,同时调查发现经常玩滚轴溜冰的学生的平均学习成绩相对其他学生更好一些。看来,玩滚轴溜冰可以提高学生的学习成绩。

以下哪项如果为真,最能削弱上面的推论?

A. 师大附中与学生家长订了协议,如果孩子的学习成绩的名次没有排在前二十名,双方共同禁止学生玩滚轴溜冰。
B. 玩滚轴溜冰能够锻炼身体,保证学习效率的提高。
C. 玩滚轴溜冰的同学受到了学校有效的指导,其中一部分同学才不至于因此荒废学业。
D. 玩滚轴溜冰有助于智力开发,从而提高学习成绩。
E. 玩滚轴溜冰很难,能够锻炼学生克服困难做好一件事情的毅力,这对学习是有帮助的。

[解题分析]　正确答案:A。

因果倒置型题目。选项 A 揭示了一个额外信息,说明经常玩滚轴溜冰的学生是被筛选过的,是因为成绩好才能玩,而不是因为玩才成绩好。

选项 B、D、E 都是支持题干推论的,排除。选项 C 虽然有一定的削弱作用,但是程度太弱。

(3) A 与 B 时间相关或者统计相关,纯属偶然的巧合,并没有因果关系。

有因果联系的两个现象通常具有时间相关或者统计相关,但具有时间相关或者统计相关的两个现象之间未必就有因果联系。如果只是根据两个现象在表面上所具有的关联之处,便假定两者之间存在因果关系,就犯了强加因果的错误。

■威胁美国大陆的飓风是由非洲西海岸高气压的触发而形成的。每当在撒哈拉沙漠以南的地区有大量的降雨之后,美国大陆就会受到特别频繁的飓风袭击。所以,大量的降雨一定是提升气流的压力而构成飓风的原因。

以下哪项论证所包含的缺陷与上述论证中的最相似?
A. 汽车在长的街道上比在短的街道上开得更快,所以,长街道上的行人比短街道上的行人更危险。
B. 许多后来成为企业家的人,他们在上大学时经常参加竞争性的体育运动。所以,参加竞争性体育运动一定能促进使人成为企业家的能力。
C. 桑菊的花瓣在正午时会合拢,所以,桑菊的花瓣在夜间一定会张开。
D. 东欧的事件会影响中美洲的政治局势,所以,东欧的自由化会导致中美洲的自由化。
E. 尽管许多连锁经营店盈利较多,但是把这种商业模式的成功仅仅归功于这种经营模式是没有道理的,因为只有资金雄厚的商家才能这样做。

[解题分析] 正确答案:B。

题干的逻辑缺陷在于仅根据两种现象的时间关联就确定它们之间的因果关系,属于强加因果的谬误。诸选项中只有 B 项犯了同样的逻辑缺陷。

■服用深海鱼油胶囊能降低胆固醇。一项对 6403 名深海鱼油胶囊定期服用者的调查显示,他们患心脏病的风险降低了三分之一。这项结果完全符合另一个研究结论:心脏病患者的胆固醇通常高于正常标准。因此上述调查说明,降低胆固醇减少了患心脏病的风险。

以下哪项最为恰当地指出了上述论证的漏洞?
A. 没有考虑到这种情况:深海鱼油胶囊减小了服用者患心脏病的风险,但不是降低胆固醇的结果。
B. 忽视了这种可能性:深海鱼油胶囊有副作用。
C. 由"心脏病患者的胆固醇通常高于正常标准",可以直接得出"降低胆固醇能减小患心脏病的风险"。因此,以上调查结论作为论据是没有意义的。
D. 上述调查的结论有关降低胆固醇对心脏病的影响,但应该揭示的是深海鱼油胶囊对胆固醇的作用。
E. 没有考虑普通人群服用深海鱼油胶囊的百分比。

[解题分析] 正确答案:A。

题干结论:降低胆固醇减小了患心脏病的风险。

理由:一是,服用深海鱼油胶囊能降低胆固醇;二是,服用深海鱼油胶囊降低了患心脏病的风险。

这一论证忽视了并存或相继出现的两个现象可能有因果联系,但不一定有因果联系。选项 A 指出了上述论证的漏洞,即深海鱼油胶囊减小了服用者患心脏病的风险,但不是降低胆固醇的结果。也就是说深海鱼油胶囊可能含一种物质,能减小患心脏病的风险,而不是降低胆固醇才导致减小患心脏病的风险的,这就是一种另有他因的削弱。

因为一个结论可以依据不同的论证得出,不能因为其中一个论证成立,就断定其余的论证没有意义;因此,C 项不恰当。其余选项也均不恰当。

(4) A 与 B 可能时间相关或者统计相关,因为 C 导致了 A 和 B。

两个现象有关联,也可能是第三个因素引起两个事件,产生了它们之间的相关,但在它们两者之间并没有任何直接的因果联系。

■一所大学的经济系最近作的一次调查表明,教师的加薪常伴随着全国范围内平均酒类消费量的增加。1980—1985 年,教师工资人均上涨 12%,酒类销售量增加 11.5%。1985—1990 年,教师工资平均上涨 14%,酒类销售量增加 13.4%。1990—1995 年,酒类销售量增加 15%,而教师平均工资也上涨 15.5%。

以下哪项最为恰当地说明了文中引用的调查结果?
A. 当教师有了更多的可支配收入,他们喜欢把多余的钱花费在饮酒上。
B. 教师所得越多,花在买书上的钱就越多。
C. 由于教师增加了,人口也就增加了,酒类消费者也会因此而增加。
D. 在文中所涉及的时期里,乡镇酒厂增加了很多。
E. 1980—1995 年,人民生活水平提高了,酒类消费量和教师工资也增加了。

[解题分析]　正确答案:E。

说明两类现象有规律地相伴出现,通常的思路是指出它们之间可能存在的因果关系。

E 选项说明,人民生活水平的提高,是引起老师工资提高和酒类销售量增加两类现象相伴出现的共同原因,作为共同结果相伴出现的这两类现象之间没有因果关系。这最为恰当地说明了题干的调查结果。

A 选项试图说明这种因果关系,但显然有失牵强。选项 B 与题干无关。选项 C 讲的是教师增加而不是教师加薪。选项 D 只是有可能解释酒类销售量的增加。

■对患有偏头痛的成年人的研究揭示,被研究者中有很大比例的人患有非常复杂的综合症,这种综合症的特征是有以下三种症状:那些患有综合症的人早在他们的孩童时代,就经历了极度的焦虑症;当到了青少年时,这些人开始患有偏头痛;当这些人到 20 岁时,他们还开始忍受循环性发作的抑郁症。既然这种模式是一成不变的,开始时总是伴随着过度焦虑症,那么就可推出孩童时代的过度焦虑症是偏头痛和后来的抑郁症的起因之一。

上述辩论的推理最易受到下面哪条理由的批评?
A. 它没有指明整个人口中患有偏头痛的人的比例。
B. 它没有排除该综合症的所有症状特征具有共同的起因的可能性。
C. 它的概括性论述与证据不一致。
D. 它没有证明被研究者是偏头痛患者的代表。
E. 它没有证实为什么对偏头痛患者的研究只局限于成年受试人员。

[解题分析]　正确答案:B。

题干根据综合症的三种症状中先出现的是极度的焦虑症,就推出极度焦虑症是偏头痛和抑郁症的起因之一。该推理模式把先出现的事物当作后出现的事物的原因,其结论成立的前提是先后出现的事物不可能具有共同的起因,而文中却没有给出这个前提,也就是没有考虑到这三种症状还可能有其他共同的起因的可能性,因此,B 项是正确答案。选项 A、C、D、E 均为无关选项。

(5) A 与 B 可能时间相关或者统计相关,因为 A 与 B 互为因果。

(6) A 与 B 时间相关或者统计相关,因为 A 与 C 相结合导致了 B,也就是说 A 是导致 B 的部分原因。

(7) A 与 B 时间相关或者统计相关,因为 B 与 C 导致了 A,也就是说明 B 是导致 A 的部分原因。

■在一项学习实验中,一位研究人员将老鼠置于一个迷宫之中,有的老鼠是瞎子,有的老鼠是聋子,有的老鼠没有嗅觉,还有一些老鼠没有感官缺陷。但是,所有的老鼠都在几乎同样多的时间里学会了自己的任务。在除视觉、听觉和嗅觉之外的感觉中,只有动觉以前没有被表明与迷宫学习无关。以这些事实为基础,研究人员得出结论说:动觉即身体运动的感觉对迷宫学习就已经足够了。

研究人员的推论最易于受到以下哪种批评的攻击?

A. 研究人员对老鼠跑迷宫在熟练程度上的细小差别没有给予足够的重视。

B. 动觉与至少其他一种感觉的相互作用是迷宫学习所需要的,这一可能性不能在上述资料的基础上被排除掉。

C. 从所给出的资料可以决定被剥夺感官刺激来源的老鼠比先前更加依赖动觉,但这一资料没有表明这样的转换是如何发生的。

D. 从所给出的资料可以得出结论说:老鼠能只凭动觉便学会跑迷宫,但并没排除对非动觉刺激的反应。

E. 从所给出的资料可以得出结论说:跑迷宫的老鼠至少依赖两种感觉刺激来源,其中之一是动觉,但剩下的是哪一种感觉必须使用就没有定论了。

[解题分析] 正确答案:B。

研究人员结论:身体运动的感觉对迷宫学习就已经足够了。

要注意考察相同点是导致某一现象产生的部分原因,还是全部的或唯一的原因。请注意:虽然题干的老鼠都失去了一种感觉,但不是同时失去所有动觉以外的感觉,因此有可能是动觉和其他感觉相结合进行迷宫学习,B项削弱研究者结论,正确。

A项为明显无关选项,排除。转换如何发生与题干无关,C项排除。D项说"老鼠能只凭动觉便学会跑迷宫",支持题干论述,排除。题干的资料只是没有排除老鼠使用两种感觉的可能性,但是得不出至少依赖两种感觉的确切结论,E项错误。

第五节 探求因果关系的逻辑方法

探求现象间的因果联系是一个复杂的思维和认识过程。但大致上可以概括为这样两个基本步骤。首先,确定可能的原因(或结果)。任何现象都有许许多多的先行状态或后继状况,人们必须根据已有的科学知识作出初步判定:究竟哪些现象是与被研究现象有关的,可能是被研究现象的原因(或结果)。其次,从可能的原因(或结果)中探求出真正的原因(或结果)。其方法主要是对被研究现象出现(或不出现)的各种场合进行比较,把那些不可能成为被研究现象原因(或结果)的那些现象排除出去,从而探求出真正的原因(或结果)来。

英国哲学家穆勒归纳了求同法、求异法、求同求异法、共变法和剩余法等探求因果关系的基本方法,这实际上是一种比较的方法,它们的原则可以简单归纳为:相同结果必然有相同的原因,不同结果必然有不同的原因,变化的结果必然有变化的原因,剩余的结果应当有剩余的原因。容易看到,穆勒五法是力图在现象的比较中发现因果关系。本节着重讲解求同法、求异法和共变法这三种主要的方法。

一、求同法

求同法又称契合法,它根据被讨论的现象出现的两种或两种以上不同场合中只有一种情况是共同的,进而推断该情况与被讨论的现象之间具有因果联系。例如,人们发现用不同材料做的、具有不同形状的摆,只要摆的长度相同,它们摆动时的振动周期就相同,于是,推断摆长是摆振动周期相同的原因。

我们常常发现一些同志身体很好,很结实。原因是什么呢?他们的情况各不相同,有的是教师,有的是学生,有的是工人;有的原来体质较好,有的原来体质较差;他们的工作条件、生活条件、学习条件也各不相同……但发现他们却有一个共同的情况,他们都持之以恒地锻炼身体。由此,我们可以作出结论,持之以恒地锻炼身体是他们身体好的原因,至少是身体好的部分原因。这里就有着求同法的应用。

(一) 求同法的推理

求同法是这样一种方法,当我们发现某一现象出现在几种不同的场合,而在这些场合里,只有一个条件是相同的(其他条件均不相同),这样,我们就可以推断说,这个相同条件就是各个场合出现的那个共同现象的原因。可以用这样一个公式来表示:

场合	先行情况	被研究现象
(1)	A、B、C	a
(2)	A、D、E	a
(3)	A、F、G	a
…	…	…

所以,A 是 a 的原因(或结果)

[逻辑案例] 据说夏威夷群岛中有个海岛,人称"狗叫岛"。在这个岛上的一些地方,人一走动,脚下就会传来"汪汪"的狗叫声。原来,这些地方的表层覆盖着厚达 18m 的珊瑚、贝壳层。所谓"狗叫"就是从这些物质组成的沙砾里发出来的。如果抓起一把这种物质在手里揉搓,就会发出"狗叫"声。人们后来解开了"狗叫岛"的秘密。

点评:事实上,这个例子中就用了上面所说的求同法。人走在岛上和用手搓"狗叫岛"地上的特殊物质是两种现象,虽然场合不同,但发生了相同的情况,即特殊物质受到摩擦,结果都发生了狗叫声。因此这种特殊物质摩擦是产生"狗叫"的原因。

(二) 求同法的特点

求同法的特点是从异中求同。它主要是一种观察的方法,通过排除现象间不同的因素、寻找共同的因素来确定现象间的因果联系。这种方法虽然比简单枚举归纳法前进了一大步,但是,归纳强度还是比较低,所得的结论的可靠性还不高,也就是说求同法的结论是或然的。也就是说,应用求同法所得到的认识(即找出的原因)并不都是正确的。因为在各种不同场合里存在的共同条件可能不止一个,而作为真正原因的某一共同条件可能正好被忽视了。因此,通过求同法所得到的认识,应当通过实践或用其他方法去进一步检验。

但是,求同法为我们提供了找到现象原因的线索。所以,它作为一种发现现象因果联系的方法,在科学研究和日常生活中经常被人们应用。

[逻辑案例]　在19世纪,人们还不知道为什么某些人的甲状腺会肿大,后来人们对甲状腺肿大盛行的地区进行调查和比较时发现,这些地区的人口、气候、风俗等状况各不相同,然而有一个共同情况,即土壤和水流中缺碘,居民的食物和饮水也缺碘,由此作出结论:缺碘是引起甲状腺肿大的原因。

[逻辑案例]　对6位患罕见癌症的病人的研究表明,虽然他们生活在该县不同地方,有很不相同的病史、饮食爱好和个人习惯——其中2人抽烟,2人饮酒——但他们都是一家生产除草剂和杀虫剂的工厂的员工。由此可得出结论:接触该工厂生产的化学品很可能是他们患癌症的原因。

点评:上述结论是根据研究发现,6位患罕见癌症的病人生活的地域、病史、饮食爱好、个人习惯等都不相同,但有一个因素相同,即他们都是一家生产除草剂和杀虫剂的工厂的员工。从而得出结论:接触该工厂生产的化学品很可能是他们患癌症的原因。可见,题干推理用的是求同法,即消除不相干因素,找出一个共同特征,由此断定该特征与所研究事件有因果联系。

求同法所得的结论的可靠性还不高,这主要是由于:

(1) 使用求同法时,前提并没有对出现被研究现象的所有场合都加以考察,而只考察了部分场合。

(2) 不同场合中的先行情况是众多的和复杂的,往往无法加以考察,这样就可能会把与被研究现象不相干的表面相同的先行情况看作是它的原因,而把表面看来不相同而实质上却隐含着共同因素的先行情况当作无关情况而加以排除,因而获得的结论就不可靠。

(三) 求同法的批判性准则

针对运用求同法推出的因果主张,所提出的批判性准则:

1. 考察的场合是否足够多,是否有反例存在

使用求同法时,前提并没有对出现被研究现象的所有场合都加以考察,而只考察了部分场合。因此,要想把求同法运用得好,应尽可能多地考察被研究现象出现的不同场合。考察的场合愈多,愈能排除偶然性,不相干的共同现象出现的可能性就会越小,从而结论的可靠程度相应也就得到了提高。

2. 是否另有他因

(1) 不同场合中所具有的相同因素是不是唯一的

有时人们忽略了不同场合中的另一个情况,而它可能恰好就是被研究现象的真正原因。还应当仔细分析不同场合中除表面相同的情况外,还有无其他共同情况。

[逻辑案例]　最初,人们只知道疟疾是由疟原虫引起的,它一旦钻入人体,便会致病。但是,人们并不知道疟原虫是怎样钻进人体的。因此必须寻找出传播疟原虫的媒介物,防治疟疾才有可能。1895年7月,英国医生罗斯为寻找传播疟原虫的媒介物,从英国来到了疟疾猖獗的印度。他调查了几个疟疾流行最严重的地区,这些地区的自然条件和社会条件并不相同,但为什么疟疾同样流行呢?他发现这些地区有一个共同的特点:蚊子特别多,他想:难道传播疟原虫的是它?后来罗斯经过反复实验,证实了自己的推论。他因此而获得

了诺贝尔奖。

点评：罗斯所应用的就是求同法，罗斯在印度调查了疟疾猖獗的几个地区，发现这些地区的自然条件和社会条件很不相同，只有一个唯一共同的先行情况：蚊子特别多（A）。于是得出结论：疟原虫通过蚊子钻入人体（A）是发生疟疾（a）的原因。

而在罗斯之前，欧洲人一直认为引起疟疾的原因是沼泽地，因为凡是流行疟疾的地方都有沼泽地这一共同情况。后来，罗斯才发现产生疟疾的原因不是沼泽地，真正原因是疟原虫通过蚊子叮咬钻入人体。沼泽地只是容易孳生蚊子，因此容易流行疟疾。把沼泽地当作了引起疟疾的原因，这是将原先的相同情况找错了。由此可见，在寻找原因的时候，不能被表面现象所迷惑，而应仔细加以分析。

（2）表面不同是否实质相同

场合	先行情况	被研究现象
（1）	A、B、C	a
（2）	A、D、E	a
（3）	A、F、G	a

比如 B、D、F 表面不同，实质相同。

[**逻辑案例**] 某人一连三个晚上失眠，回想起来：第一天晚上看了书，喝了几杯咖啡；第二天晚上也看书，喝了几杯浓茶；第三晚上同样看了书，还吸了许多香烟。于是他断定看书是失眠的原因。这个结论显然是不对的，原来另一个真正的原因他没有注意到，咖啡、浓茶、香烟虽是三个不同的东西，但它们却有一个共同的因素，即有大量兴奋剂，而这才是引起失眠的真正原因。假如再考察第四天和第五天，虽然同样每晚看书，但只喝了几杯白开水，结果失眠现象消失了，这样也就不容易把每晚看书误认为是失眠的原因。

（四）求同法论证的强化

（1）增加另一个场合，即增加论据来强化一个论证。

（2）从正面指出相同的因素对导致某个现象的出现是唯一的或关键的，或从反面指出在所比较的两种现象之间不存在其他相同的因素。

■**售货员**：显像管是任何一台电视机的核心元件，长虹牌电视和康佳牌电视使用相同质量的显像管。由于长虹牌电视的价格较低，所以，当你购买长虹而不是康佳时，便用较低的价钱买到了图像质量相同的电视。

如果以下哪项假设被证明为真，能使售货员的结论在其论证中适当地推出？

A. 康佳牌电视比长虹牌电视所作的广告更加广泛。

B. 电视的图像质量只由显像管的质量来决定。

C. 售货员销售长虹牌电视赚的钱少于销售康佳牌电视赚的钱。

D. 长虹牌电视每天要比康佳牌电视销售得多。

E. 长虹牌电视与康佳牌电视是在同一个工厂组装的。

[**解题分析**] 正确答案：B。

售货员观点：因为两种电视的显像管一样，所以图像质量一样。

这是一则用求同法做出的论证，即比较两个对象所具有的相同点（核心元件显像管），并以此相同点为原因推出其产生的结果（图像质量的效果）也相同。为这种论证类型找假设要考虑：相同点是导致某个现象产生的部分原因（即使是主要的原因）还是全部的原因。若得出该论证的结论，就必须假设显像管是影响图像质量的全部原因（唯一的原因）。

B项是必须假设的，否则，如果电视的图像质量"不"只由显像管的质量来决定，那么售货员的说法就不成立了。

A、C、D项为明显无关选项，直接排除。E项加非：长虹牌电视与康佳牌电视"不"是在同一个工厂组装的。暗示也许会有其他因素影响图像质量，有削弱的味道，但是售货员讨论的是显像管，跟组装方式关系不明显，削弱力度不足，排除。

（五）求同法论证的弱化

（1）增加另一个相反的场合，即提出一个反例来弱化论证。

（2）从正面指出在被讨论的现象出现的不同场合中某个相同的因素并不是唯一的，或从反面指出在所比较的两种现象之间存在其他相同的因素。

（3）是否还存在其他隐含的相同因素。

■光线的照射，有助于缓解冬季忧郁症。研究人员曾对九名患者进行研究，他们均因冬季白天变短而患上了冬季抑郁症。研究人员让患者在清早和傍晚各受三小时伴有花香的强光照射。一周之内，七名患者完全摆脱了抑郁，另外两人也表现了显著的好转。由于光照会诱使身体误以为夏季已经来临，这样便治好了冬季抑郁症。

以下哪项如果为真，最能削弱上述论证的结论？

A. 研究人员在强光照射时有意使用花香伴随，对于改善患上冬季抑郁症的患者的适应性有不小的作用。
B. 九名患者中最先痊愈的三位均为女性，而对男性的治疗效果较为迟缓。
C. 该实验均在北半球的温带气候中，无法区分南北半球的实验差异，但也无法预先排除。
D. 强光照射对于皮肤的损害已经得到专门研究的证实，其中夏季比起冬季的危害性更大。
E. 每天六小时的非工作状态，改变了患者原来的生活环境，改善了他们的心态，这是对抑郁症患者的一种主要影响。

［解题分析］ 正确答案：E。

本题开头"光线的照射，有助于缓解冬季忧郁症"就是观点（结论），后面是对其的论证。研究人员得出这个结论的方法就是求同法。即其他条件都不同，只有光照相同。

E项对题干的实验，进行了另一种解释，如果这种解释成立，也就是说，如果事实上使患者痊愈或好转的原因，是每天六小时的非工作状态，改善了他们的心态（正是这种心态是导致忧郁的主因），那么，就可得出结论，光线照射的增加和冬季忧郁症缓解这两者之间的联系只是一种表面的非实质性的联系。这就有力地削弱了题干的结论。

A项对题干的实验，也进行了另一种解释，也能起到削弱作用，但只是说"有不小的作用"，而E项说的是"主要影响"。因此，E项的削弱力度大。

选项B、C、D与该结论不相干，均不能削弱题干。

■尽管迈克一贯胃口不好，但是他却非常喜欢在德普饭店吃的三顿饭。然而不幸的是他每次饭后都得了病。第一次，他吃了一块巨大的香肠比萨饼外加一道辣椒；第二次，他尽其所能吃了"吃你所能吃炸虾"和辣椒特价菜；第三次，他就着辣椒吃了两个德普饭店的大肉团三明治。因为这三顿饭中每次都有的菜，只有辣椒，所以迈克推论出他生病就是因为德普饭店的辣椒。

迈克的推理最易受到下面哪一项的批评？
A. 作为得出他的结论的基础，在德普饭店食用的包括辣椒的饭的次数太少了。
B. 他在没有确定假设的原因是否先于假设的结果的情况下，假定了一个因果关系。
C. 他让自己继续在德普饭店进餐的愿望使他的结论带上了偏见。
D. 他没有证明每个在德普饭店吃过辣椒的人都生了病。
E. 他忽视了这样的事实，即对他来说所有这三餐饭他都吃得太多了。

[解题分析]　正确答案：E。

题干推理是求同法：迈克在饭店吃了三餐饭后都得了病，他吃的三餐饭都不同，但每餐都包含有辣椒这个共同因素，因此，他认为生病的原因就是辣椒。

那么，如果他除了每餐都包含有辣椒这个共同因素外，还有别的共同因素，比如这三餐饭他都吃得太多了，那么，就不能认为生病的原因就是辣椒，而是另外的共同因素，即吃得太多造成的。由此分析可知 E 项是正确答案。

二、求异法

求异法又称差异法，是指这样一种方法：如果某一现象在一种场合下出现，而在另一场合下不出现，但在这两种场合里，其他条件都相同，只有一个条件不同（在某现象出现的场合里有这个条件，而在某现象不出现的那一场合里则没有这个条件），那么，这唯一不同的条件，就是某现象产生的原因。

例如，某食品研究中心把两块同样的鲜牛肉同时放上大肠杆菌和沙门氏菌，其中一块经过辐照后长时间内仍然保持新鲜，而另一块没有经过辐照的牛肉很快就腐烂了。由此推断，利用辐照的放射线杀死细菌是使牛肉保鲜的原因。

（一）求异法的推理

求异法可用下述公式来表示：

场合	先行情况	被研究现象
(1)	A、B、C	a
(2)	—、B、C	—

所以，A 是 a 的原因（或结果）

求异法在科学研究中，特别是科学试验中，是一种被广泛运用的方法。下面举例说明：

[逻辑案例]　据报导，在一些国家里，大气污染极为严重，不仅严重影响人们的身体健康，也影响农作物的产量和树木的成长，如使白杨树提早落叶等。有一个国家的研究人员曾在环境暴露室中的两间实验室里做过下面的一个实验：将大气中被污染的空气放入一间实验室里，而在另一间的入气孔上装上活性炭过滤器等清除污染物的装置，使送入的空气变为洁净的空气。两间实验室中的土壤、水分、湿度、日照时间等与植物生长有关的其他条件完全相同。在两间实验室里，分别栽上同样的白杨 15 株。4 个月之后，在空气洁净的实验室里，15 株白杨新长出的茎平均高 2.95m，而在污染室中，新茎的平均高度只有 2.09m；叶数

前者平均为71片,后者仅为36片。而且,前者在九月上旬叶子还在继续生长,而后者在八月初即开始落叶。这清楚表明,白杨树提早落叶的原因是大气污染。

[逻辑案例] 三国时的浦元是诸葛亮手下著名的制刀匠,他特别擅长淬火。公元227年时,为诸葛亮铸刀3000把,被人称为"神刀浦元"。他起初是在成都比武应试后被诸葛亮派到斜谷关担任军械监造这一官职的。可是到了斜谷关,打成的刀,不是卷刃,就是容易断裂。是锻打的次数不够,还是淬火时间没掌握好?浦元仔仔细细比较了成都和斜谷关制刀的全过程:在炭火中烧成熟铁块,再在铁砧上加以煅打,再烧红,再煅打,最后放到水中淬火,煅打的次数,淬火的时间完全一样。想来想去,只有一样不同,在成都用的是蜀江水,这里却是汉水。他连夜打了一把刀,放到汉水中,水缸里泛起黄色的泥沙。蜀江水是凉的呈绿色,汉水是温的呈黄色,估计刀的质量与水质有关。于是派人费尽千辛万苦取来真正的蜀江水,铸成了锋利的钢刀。

为了检查某种因果关系是否为真,最可靠的实验方法是改变原因后,看结果是否不同,即进行对比实验,对比实验的关键是让实验对象的其他方面的条件相同。

我们可以在种植同一作物的同一块田上,一部分用某种肥料,一部分不用。因此,就可以清楚地通过作物的不同增产结果来判明施放这种肥料后的效果是否显著。

■在新近的医学实验中,对黄热病免疫的20名志愿者,在一种防蚊的环境中,与已经出现黄热病症状的病人生活很长一段时间。志愿者经常与这些病人接触,但没有一个志愿者染上黄热病。当该实验在不防蚊的环境中重复时,几名志愿者被蚊虫叮咬。在这种情况下,被叮咬过的志愿者全都染上了黄热病。基于这个实验,可以有信心推出:蚊虫的叮咬,而不是与患这种病的病人接触,是患黄热病的原因。

上面的论证使用了下面哪一种推理方法?

A. 通过排除所有其他的候选原因而只留下一个候选原因,由此确立一个因果结论。
B. 根据对一个先于该结果的事件的辨认而确立一个因果结论。
C. 根据两个不同环境之间的类比,确立一个因果结论。
D. 确立一个因果结论。
E. 使用实验中专家证言作为结论的根据。

[解题分析] 正确答案:A。

这个论证所使用的推理方法是差异法。该方法消除在两个场合的所有因素,而留下两个场合赖以区别的唯一方式作为原因。

■化学课上,张老师演示了两个同时进行的教学实验:一个实验是 $KClO_3$ 加热后,有 O_2 缓慢产生;另一个实验是 $KClO_3$ 加热后迅速撒入少量 MnO_2,这时立即有大量的 O_2 产生。张老师由此指出:MnO_2 是 O_2 快速产生的原因。

以下哪项与张老师得出结论的方法类似?

A. 同一品牌的化妆品价格越高卖得越火。由此可见,消费者喜欢价格高的化妆品。
B. 居里夫人在沥青矿物中提取放射性元素时发现,从一定量的沥青矿物中提取的全部纯铀的放射线强度比同等数量的沥青矿物中放射线强度低数倍。她据此推断,沥青矿物中还存在其他放射性更强的元素。
C. 统计分析发现,30～60岁之间,年纪越大胆子越小,有理由相信:岁月是勇敢的腐蚀剂。

D. 将闹钟放在玻璃罩里,使它打铃,可以听到铃声;然后把玻璃罩里的空气抽空,再使闹钟打铃,就听不到铃声了。由此可见,空气是声音传播的介质。

E. 人们通过对绿藻、蓝藻、红藻的大量观察,发现结构简单、无根叶是藻类植物的主要特征。

[解题分析]　正确答案:D。

题干归纳推理求因果联系的方法为求异法。D项得出结论的方法同样为求异法,为正确答案。

(二) 求异法的特点

求异法的特点是:从同中求异。既然是从同中求异,它就必须有正反两个场合。也就是说,求异法要求的是其他现象不变,只有一个现象A变化,A在,则被考察现象a在;A不在,则被考察对象a就不存在。所以求异必须有正反两个场合加以对比。

求异法大多是以实验观察为依据的。由于它能够经过人们自觉的安排,既考虑到被研究对象出现的场合,更注意到被研究对象不出现的场合。因此,它的结论比求同法的结论更为可靠。

正是因为求异法所得结论的可靠程度高,因此,人们经常使用这种逻辑方法来探寻现象间的因果联系。具体做法是:把被研究对象分为实验组和对照组。在实验组中加入某种情况(即某种条件、某种原因),进一步观察被研究对象是否出现。在对照组中,则不加入某种情况。再将两个场合的情况进行比较,推出可靠程度较高的结论。科学史上许多重要发现和科学原理都是在科学实验中运用求异法取得的。例如,空气能传声、氧气能助燃等原理都是运用求异法得到的。

[逻辑案例]　一封顾客的投诉信。

有一天,美国通用汽车公司客户服务部收到一封信,"这是我为同一件事第二次写信,我不会怪你们没有回信给我,因为我也觉得这样别人会认为我疯了,但这的确是一个事实。我家有个习惯,就是每天晚餐后,都会以冰淇淋来当饭后甜点。由于冰淇淋的口味很多,所以我们家每天饭后才投票决定要吃哪一种口味,决定后我开车去买。但自从我买了新的庞帝雅克后,我去买冰淇淋的这段路程问题就发生了。每当我买香草口味时,我从店里出来车子就发不动。但如果买其他口味,发动就顺得很。我对这件事是非常认真的:为什么当我买了香草味冰淇淋它就罢工,而我不管什么时候买其他口味,它就像一尾活龙?为什么?"

对于这辆"对香草冰淇淋敏感"的汽车,售后服务部没有一笑置之,而是专门派出一位工程师跟随这位客户验证并探索原因。工程师将每次买冰淇淋所花费的时间、地点、汽油型号、冰淇淋品种、次数等数据一一记录,发现买香草冰淇淋所使用的时间比买其他冰淇淋的时间短,此时引擎还热,所产生的汽锁耗散不掉,形成气阻现象导致汽车发动不起来。终于探明了真正的原因。

为了提高求异法推理结论的可靠性,应该注意以下两点。

(1) 正反两种场合除了有一种情况不同外,其余情况必须完全相同。因为求异法是从同中求异,如果相异之处不止一个,就很难判定真正的原因了。

(2) 要注意探求是否还有隐藏着的其他原因。

例如,有个同学每逢看书就头疼,不看就好了。他认为是看书引起头疼,担心自己患了神经衰弱。经医生检查,发现他看书时戴眼镜,不看书时不戴眼镜,引起他头痛的真正原因是他那副近视度数不合适的眼镜。

求异法的特点是同中求异。应用求异法时要注意:前提中比较两个不同场合所出现的不同情况,必须是唯一的,而且确实不同。如果所比较的两个不同场合中出现的不同情况不是唯一的,或者所比较的两个不同场合中出现的"不同情况"实际上是相同的,那么求异法就失去了根据,其结论就是不可靠的。

(三) 求异法的批判性准则

针对运用求异法推出的因果主张所提出的批判性准则如下。
(1) 不同场合中所具有的差异因素是不是唯一的?
(2) 注意在相同因素中有无差异因素。
例如,某人第一天晚上看书3小时,同时喝茶,结果失眠;第二天晚上做作业2个小时,同时喝茶,结果没有失眠。从而认为,看书3小时是失眠的原因。但是,可能真正的原因是第一天喝的是浓茶,第二天喝的是淡茶。
(3) 要注意探求是否还有隐藏着的其他原因。
(4) 不同场合中所具有的差异因素是部分原因,还是全部原因。
(5) 正反两个场合的背景因素是否一样。

(四) 求异法论证的强化

(1) 通过对比观察或对比实验增加一个论据。
(2) 增加另一个对比场合。
(3) 指出导致不同结果的原因方面差异因素是唯一的或关键的。
(4) 正面指出除这个差异因素之外,其他背景因素(先行条件)都是相同的。
(5) 从反面指出导致不同结果的原因方面不存在其他方面的差异(没有他因)。

■壳牌石油公司连续三年在全球500家最大公司净利润总额排名中位列第一,其主要原因是该公司比其他公司有更多的国际业务。

下列哪项如果为真,则最能支持上述说法?

A. 与壳牌公司规模相当但国际业务少的石油公司的利润都比壳牌石油公司低。

B. 历史上全球500家大公司的净利润冠军都是石油公司。

C. 近三年来全球最大的500家公司都在努力走向国际化。

D. 近三年来石油和成品油的价格都很稳定。

E. 壳牌石油公司是英国和荷兰两国所共同拥有的。

[解题分析] 正确答案:A。

题干断定的壳牌公司的因果关系为:因(国际业务多)——果(利润高)。

A项是个无因无果的支持:无因(国际业务少)——无果(利润低)。由求异法,就支持了利润与国际业务之间存在因果关系。

B、D项与国际化无关。C项谈的是"500家公司"都在"国际化",而题干强调的是各公司的国际化程度的差异。E项好像与国际业务有一定的关系,但国际业务的多少与公司是否由多国共管并无直接的关系。

■《星岛日报》和《星岛晚报》都有一个专门的校对小组负责防止错别字出现在每天刊出的报纸中。但是,《星岛日报》发表的文章中2%的文字有错误,而《星岛晚报》却没有出现此类错误。因此,《星岛晚报》的校对小组在发现错别字方面比《星岛日报》的校对小组更有效率。

以上论述是以以下哪项假设为前提的?

A. 大多数在《星岛日报》上发表的文章中都或多或少有错别字出现。
B. 在《星岛晚报》上发表的文章,在校对之前至少是有错别字存在的。
C. 从总体上看,《星岛晚报》校对小组的成员比《星岛日报》校对小组的成员素质更高。
D. 一份报纸错别字数量的多少是衡量该报纸编辑工作是否细致的一个重要标准。
E. 《星岛晚报》的记者和给该报投稿的作者比《星岛日报》的记者和给该报投稿的作者更认真。

[解题分析]　正确答案:B。

题干结论为:《星岛晚报》的校对小组在发现错别字方面比《日报》的校对小组更有效率。

理由是:《星岛晚报》无文字错误而《星岛日报》有文字错误。

本题是使用求异法做出的论证,比较的对象是《星岛日报》和《星岛晚报》,比较的现象是"有无文字有错误",得出的结论是:差异因素(校对小组的效率)是导致某种现象(有无文字有错误)产生的原因。要使这个论证成立,就必须指出除了"校对小组的效率"这个差异因素外,其他先行情况必须是相同的。

选项B就是指出了两个比较的对象在校对之前,都是存在错别字的。可见,B项是题干推理必须假设的,否则,如果在《星岛晚报》上发表的文章,在校对之前是"没有"错别字存在的,意味着即使校对小组没有效率,晚报上的文章也会没有错误。

A项为明显无关选项。C项是无关比较,素质更高未必就效率更高。D项讨论编辑工作,而不是"校对工作",无关选项。如果"提供给晚报的文章更认真",那么就可能无错别字,就暗示也许发表的文章错别字少不是校对的功劳,有削弱味道,E项排除。

■在一项阿斯匹林对心血管健康影响的研究中,发现定期服用阿斯匹林的参与者比其他参与者得心脏病的可能性小。研究者得到结论:服用阿斯匹林显著减小得心脏病的可能性。

研究者在得到他们的结论时作了下列哪一个假设?

A. 诸如家庭健康史和饮食这样的因素可能影响阿斯匹林在减小心脏病的机会中所扮演的角色。
B. 只有那些已经不会得心脏病的参与者才可能从日常服用阿斯匹林中获益。
C. 日常不服用阿斯匹林但有健康的习惯并且吃健康食品的人比其他得心脏病的可能性小。
D. 日常服用阿斯匹林的参与者并不比其他参与者在服用阿斯匹林之前身体更好。
E. 服用阿斯匹林仅仅可能对心脏和循环系统有益。

[解题分析]　正确答案:D。

题干给出对照实验,即从服用阿斯匹林的人比不服用的人得心血管疾病的可能性小中得到结论,服用阿斯匹林减小患心脏病的可能性。

本题结论对上面的实验结果作出解释。假设应为"排除他因",D项说明在服食之前,参与者的健康并不比其他人的健康更好,排除了由于本身身体好而少得心血管疾病的可能性,所以是正确选项。

其他四个选项均达不到这个效果。

■人们知道鸟类能感觉到地球磁场,并利用它们导航。最近某国科学家发现,鸟类其实是利用右眼"查看"地球磁场的。为检验该理论,当鸟类开始迁徙的时候,该国科学家把若干知更鸟放进一个漏斗形状的庞大的笼子里,并给其中部分知更鸟的一只眼睛戴上一种可屏蔽地球磁场的特殊金属眼罩。笼壁上涂着标记性物质,鸟要通过笼子口才能飞出去。如果鸟碰到笼壁,就会黏上标记性物质,以此判断鸟能否找到方向。

以下哪项如果为真,最能支持研究人员的上述发现?

A. 戴眼罩的鸟,不论左眼还是右眼,顺利从笼中飞了出去;没戴眼罩的鸟朝哪个方向飞的都有。

B. 没戴眼罩的鸟和左眼戴眼罩的鸟顺利从笼中飞了出去,右眼戴眼罩的鸟朝哪个方向飞的都有。

C. 没戴眼罩的鸟和右眼戴眼罩的鸟顺利从笼中飞了出去,左眼戴眼罩的鸟朝哪个方向飞的都有。

D. 没戴眼罩的鸟顺利从笼中飞了出去;戴眼罩的鸟,不论左眼还是右眼,朝哪个方向飞的都有。

E. 没戴眼罩的鸟和左眼戴眼罩的鸟朝哪个方向飞的都有,右眼戴眼罩的鸟顺利从笼中飞了出去。

[解题分析]　正确答案:B。

研究人员发现,鸟类是利用右眼"查看"地球磁场从而进行导航的。

B项表明,右眼没戴眼罩的鸟能有效导航,而右眼戴眼罩的鸟不能导航。这作为一个证据,有力地支持了研究人员的发现。

(五) 求异法论证的弱化

(1) 增加另一个场合,即增加一个反例。

(2) 正面指出除这个差异因素之外,其他背景因素存在不同。

(3) 反面指出在所比较的两种现象之间存在其他差异因素,或指出导致不同结果的原因方面差异因素不是唯一。

■在村庄东西两块玉米地中,东面的地施过磷酸钙单质肥料,西面的地则没有。结果,东面的地亩产玉米300kg,西面的地亩产仅150kg。因此,东面的地比西面的地产量高的原因是由于施用了过磷酸钙单质肥料。

以下哪项如果为真,最能削弱上述论证?

A. 给东面地施用的过磷酸钙是过期的肥料。

B. 北面的地施用过硫酸钾单质化肥,亩产玉米220kg。

C. 每块地种植了不同种类的四种玉米。

D. 两块地的田间管理无明显不同。

E. 东面和西面两块地的土质不同。

[解题分析]　正确答案:E。

要使这则通过求异法作出的论证成立,必须保证对照实验中的这两块地除了是否施了过磷酸钙单质肥料外,其他背景因素都应该相同。

E项表明,东面和西面两块地的土质不同。这就说明了存在其他因素影响论证,能有效地削弱题干,为正确答案。

其余选项难以削弱题干。比如A项,给东面地施用的过磷酸钙是过期的肥料,东面的产量都比没施肥的西面高,可见过期的过磷酸钙有作用,那么不过期的肥料就更有作用了,支持了题干。C项意思是这两块地都种植了不同种类的四种玉米,而不是说这两块地种植的玉米不一样,因此,不能削弱题干。

■在美国,实行死刑的州,其犯罪率要比不实行死刑的州低。因此,死刑能够减少犯罪。

以下哪项如果为真,最可能质疑上述推断?

A. 犯罪的少年,较之守法的少年更多出自无父亲的家庭。因此,失去了父亲能够引发少年犯罪。
B. 美国的法律规定了在犯罪地起诉并按其法律裁决,许多罪犯因此经常流窜犯罪。
C. 在最近几年,美国民间呼吁废除死刑的力量在不断减弱,一些政治人物也已经不再像过去那样在竞选中承诺废除死刑了。
D. 经过长期的跟踪研究发现,监禁在某种程度上成为酝酿进一步犯罪的温室。
E. 调查结果表明:犯罪分子在犯罪时多数都曾经想过自己的行为可能会受到死刑或常年监禁的惩罚。

[解题分析] 正确答案:B。

题干根据实行死刑的州犯罪率比不实行死刑的州低,得出结论:死刑能够减少犯罪。

要削弱这个推断,就是要说明存在别的因素影响这个推理。如果B项真,则可以认为,许多罪犯,为了躲避死刑的风险,宁愿采取流窜作案的方式,选择不实行死刑的州作案。这样,虽然实行死刑的州犯罪率因此下降,但全美国的犯罪率并没有下降。所以不能由此得出死刑能够减少犯罪的结论。

其余各项均不能质疑题干的推断。

(六)求异法论证的结论

基于某种条件存在的情况下,某种现象就产生;在某种条件不存在的情况下,某种现象没有产生。从而应该合理地得出的结论是:这一差异因素是导致某种现象产生的原因。

■一项对西部山区小塘村的调查发现,小塘村约五分之三的儿童入中学后出现中度以上的近视,而他们的父母及祖辈,没有机会到正规学校接受教育,很少出现近视。

以下哪项作为上述断定的结论最为恰当?

A. 接受文化教育是造成近视的原因。
B. 只有在儿童期接受正式教育才易于成为近视。
C. 阅读和课堂作业带来的视觉压力必然造成儿童的近视。
D. 文化教育的发展和近视现象的出现有密切关系。
E. 小塘村约有五分之二的儿童是文盲。

[解题分析] 正确答案:D。

题干根据调查发现:小塘村约五分之三的儿童入中学后出现近视,而他们没有接受学校教育的父母及祖辈却很少出现近视。

根据求异法的推理,上述调查比较的现象是"是否近视",差异因素是"是否接受学校教育",从而有利于得出结论:文化教育的发展和近视现象的出现有密切关系。因此,D项为正确答案。

(七)求异法论证的说明解释

若论述,一方面,差异因素(先行情况)发生正反两方面的变化,比较的现象(结果)也变化,按理应该有因果关系;但另一方面,又说明它们没有因果关系。为什么?这时,就要从另外角度,比如背景因素不一样,来解释它们的分歧。

■研究表明,很少服用抗生素的人比经常服用抗生素的人有更强的免疫系统。然而,没有证据表明,服用抗生素会削弱免疫系统。

下面哪一项如果正确,最能够调和题干中信息之间的不一致?

A. 有些人常吃抗生素类药,因为他们的医生无论是对病毒感染还是对细菌感染都开抗生素类药物。
B. 免疫力强的人很少感染上人们通常用抗生素来治疗的疾病。
C. 尽管抗生素会产生许多副作用,有些人依然使用这类药。
D. 免疫力差的人,如果不服用抗生素类药,很难从细菌传染病中恢复过来。

[解题分析] 正确答案:B。

很少服用抗生素的人比经常服用抗生素的人有更强的免疫系统,按求异法推理,正常情况应该是,服用抗生素会削弱免疫系统;然而,题干认为没有证据表明这一结论,为什么呢?肯定是存在别的原因使求异法得出的这一结论不可靠。

B项就指出了"免疫力强的人很少感染上人们通常用抗生素来治疗的疾病",说明了很少服用抗生素的人本来就免疫系统强;也就是说,不是因为服用抗生素削弱了免疫系统,而是免疫系统强的人不需要服用抗生素。

D项对题干也能起到解释作用,该项表明,免疫力差的人确实需要服用抗生素,只是有助于说明,服用抗生素可能不是削弱免疫力的原因,但解释力度不如B项。

三、共变法

共变法是指,在其他条件不变的情况下,如果一个现象发生变化,另一个现象就随之发生变化,那么,前一现象就是后一现象的原因或部分原因。

(一)共变法的推理

共变法可用下述公式来表示:

场合	先行情况	被研究现象
(1)	A_1、B、C、D	a_1
(2)	A_2、B、C、D	a_2
(3)	A_3、B、C、D	a_3
…	…	…

所以,A是a的原因

比如，长期以来，人们在自己的生活和工作实践中常常发现这样一种情况：一种现象变化了，另一种现象就随之发现变化。比如，气温上升了，放置在器皿中的水银体积就膨胀了；气温下降了，水银体积就缩小了。在农业生产中，只要不超过合适的限度，肥料施得多，农作物产量的增加就多；肥料施得少，农作物的产量就减少。从这些变化里，人们逐渐摸索和认识到事物的原因和结果，在一定条件下有着一种共同变化的关系。于是人们根据这种关系，积累和总结了另一种求原因的方法——共变法。

[逻辑案例] 有一年，在伦敦举行了一次学术讨论会，内容是讨论船舶遇难而落水的人在水中最多能坚持多长时间的问题。有人根据实验提出，人在水中坚持时间与水温有关。当水温在0℃时，人可以在水中坚持15min；当水温在2.5℃时，人可以在水中坚持30min；当水温在5℃时，人可以在水中耐受1h；当水温在10℃时，人可以在水中耐受3h；当水温在25℃时，人可以在水中活一昼夜以上。

共变法在科学研究和日常生活实践中都有很大作用，它不仅可以用来确定因果联系，而且也可以用来作为反驳事物间具有因果联系的根据。只要我们能够证明假定原因的变化并不引起作为预想结果的变化，我们也就可以因此而否认它们之间可能存在的因果联系。另外，共变法的作用还表现在：几乎所有测量仪器（比如温度计）的构造，都是以互有因果联系的现象间的共变关系为基础的，从而也就可以使我们能根据一种现象的量来判断另一种现象的量。

地区磁场发生磁暴的周期性经常与太阳黑子的周期一致。随着太阳黑子数目的增加，磁暴的强度增大；当太阳黑子的数目减少时，磁暴的强度降低。所以科学家推测，太阳黑子的出现可能是磁暴的原因。

（二）共变法的特点

共变法的特点是：从同中求变。求同法、求异法和求同求异并用法，都是从先行情况与被研究现象的出现与不出现来判明因果联系的。而共变法却是从先行情况与被研究现象的数量或程度的变化来判明因果联系的。在运用共变法时，先行情况与被研究现象在被考察的几个场合始终存在，只是两者在量上发生一定的变化，根据这种变化，不但能找出原因，还能初步确定原因与结果之间的数量关系，因而共变法的结论具有较大可靠性。

共变法在科学研究中有着广泛的应用。在一些不能用求同法和求异法的场合，共变法是可行的方法。当有些先行情况或被研究现象不能消除或不易消除时就不能用求异法，也不能用求同法。例如温度、压力、引力、摩擦就是无法消除或很难消除的，而我们却可以运用共变法从量的变化上来研究与这些情况有关的现象间的因果联系。我们不能从太阳黑子的有无来研究它与磁暴间的因果关系，却可以从太阳黑子的变化来研究它与磁暴的因果关系。科学史上许多定律和学说都曾经借助共变法才得以确立。例如，关于气体压力、温度、容积之间关系的波义耳定律和查理定律就是通过共变法得到的。

共变法在生产实践和日常生活中也经常为人们所运用，几乎所有的测量仪器和体温表、气压表、行车里程表等都是根据共变关系的原理制成的。

运用共变法必须注意以下几点。

（1）事物间的共变现象往往有一定限度，超过限度，共变现象就会发生变化或消失。例如，温度下降与金属电阻减小的共变关系只在一定温度界限内才能成立，如果温度降低到一定限度,金属的电阻就会完全消失,即出现超导性。

(2) 与被研究现象发生共变的先行情况必须是唯一的。就是说,运用共变法只能有一个情况发生变化而另一现象随之发生变化,其他情况应保持不变。如果还有其他情况也在发生变化,那么运用共变法就容易出错。例如,物体的体积与温度之间热胀冷缩的共变关系,是以压力、引力不变为条件,如果压力、引力相关情况发生变化,就不再有上述的因果联系。如果对物体增大压力,即使对它加热,也不会出现体积膨胀现象。

(3) 要具体分析因果之间的共变关系。共变可以是正的,也可以是逆的。当因果两个现象的量同时增加或同时减少时,可看成是正的;当其中之一增加而另一减少时,可看成是逆的。例如,气体的温度和体积(在压力不变时)是正的共变,而气体的压力和体积(在温度不变时)是逆的共变。有的共变还可以在不同阶段分别呈现正变和逆变。例如水温和体积的变化,在 4～100℃之间是正的共变,但在 0～4℃之间却是逆的共变。

(4) 要区分有因果联系的共变现象和无因果联系的共变现象,以免找错原因。例如,闪光和打雷也有共变关系,闪光强,雷声大,但两者无因果联系,因为它们都是云层放电作用引起的;闪光不是雷声的原因,放电作用才是真正的原因。

(三) 共度法的批判性准则

针对运用共变法推出的因果主张,所提出的批判性准则如下。

(1) 被研究现象发生共变的情况是否是唯一的。
(2) 在考察两个现象之间的共变关系时,其他条件是否保持不变。
(3) 两种现象的共变是否具有相关性。

(四) 共变法论证的强化

强化一个用共变法做出的论证的方法是指出发生共变的两个现象之间有实质性的相关。

■最近几年,外科医生数量的增长超过了外科手术数量的增长,而许多原来必须施行的外科手术现在又可以代之以内科治疗,这样,最近几年,每个外科医生每年所做的手术的数量平均下降了四分之一。如果这种趋势得不到扭转,那么,外科手术的普遍质量和水平将会不可避免地降低。

上述论证基于以下哪项假设?
  A. 一个外科医生不可能保持他的手术水平,除非他每年所做手术的数量不低于一个起码的标准。
  B. 新上任的外科医生的手术水平普遍低于已在任的外科医生。
  C. 最近几年,外科手术的数量逐年减少。
  D. 最近几年,外科手术的平均质量和水平下降了。
  E. 一些有经验的外科医生最近几年每年所做的外科手术,比以前要多。

[解题分析]　正确答案:A。

本题涉及的共变关系是:随着外科医生平均手术量的不断下降,他们的医术水平也会下降。假设的类型都是:指出发生共变的两个现象之间有实质性的相关。

A项的意思就是,如果他每年所做手术的数量低于一个起码的标准,那么他不可能保持他的手术水平,与题干的意思一致。可见,由 A 项必然可以使题干论证成立,为正确答案。

其余选项都不是题干论证基于的假设。

■在 1988 年,波罗的海有很大比例的海豹死于病毒性疾病;然而在苏格兰的沿海一带,海豹由于病毒性疾病而死亡的比率大约是波罗的海的一半。波罗的海海豹血液内的污染性物质水平比苏格兰海豹的高得多。因为人们知道污染性物质能削弱海洋生哺乳动物对病毒感染的抵抗力,所以波罗的海中海豹的死亡率较高很可能是由于它们的血液中污染性物质的含量较高所致。

下面哪一点如果正确,能给上述论述提供最多的附加支持?
A. 绝大多数死亡的苏格兰海豹都是老的或不健康的海豹。
B. 杀死苏格兰海豹的那种病毒击垮损害的免疫系统的速度要比击垮健康的免疫系统的速度快得多。
C. 在波罗的海海豹的血液中发现的污染性物质的水平略有波动。
D. 在波罗的海发现的污染性物质种类与在苏格兰沿海水域发现的大相径庭。
E. 1988 年,在波罗的海内,除了海豹之外的海洋生哺乳动物死于病毒性疾病的死亡率要比苏格兰海岸沿海水域的高得多。

[解题分析]　正确答案:E。

题干结论是,波罗的海中海豹的死亡率高是由于它们的血液中污染性物质的含量较高所致。

如果 E 项为真,作为一个证据,表明了污染性物质能使海洋生哺乳动物死于病毒性疾病的死亡率上升,有力地支持了题干的论证。

(五) 共变法论证的弱化

削弱一个用共变法做出的论证的方法是指出发生共变的两个现象之间没有实质性的相关;或存在其他共变情况,即存在反例。

■世界卫生组织在全球范围内进行了一项有关献血对健康影响的跟踪调查。调查对象分为三组。第一组对象中均有两次以上的献血记录,其中最多的达数十次;第二组中的对象均仅有一次献血记录;第三组对象均从未献过血。调查结果显示,被调查对象中癌症和心脏病的发病率,第一组分别为 0.3% 和 0.5%,第二组分别为 0.7% 和 0.9%,第三组分别为 1.2% 和 2.7%。一些专家依此得出结论,献血有利于减小患癌症和心脏病的风险。这两种病已经不仅在发达国家而且也在发展中国家成为威胁中老人生命的主要杀手。因此,献血利己利人,一举两得。

以下哪项如果为真,将削弱以上结论?

Ⅰ. 60 岁以上的调查对象,在第一组中占 60%,在第二组中占 70%,在第三组中占 80%。

Ⅱ. 献血者在献血前要经过严格的体检,一般具有较好的体质。

Ⅲ. 调查对象的人数,第一组为 1700 人,第二组为 3000 人,第三组为 7000 人。

A. 只有Ⅰ。　　B. 只有Ⅱ。　　C. 只有Ⅲ。　　D. 只有Ⅰ和Ⅱ。
E. Ⅰ、Ⅱ和Ⅲ。

[解题分析]　正确答案：D。

题干结论是：献血利己利人。

理由是：调查发现，献血与健康有共变关系，献血次数越多，癌症和心脏病的发病率越低。

Ⅰ能削弱题干的结论。说明背景不同，因为在三个组中，60岁以上的被调查对象呈10％递增，又题干断定，癌症和心脏病是威胁中老人生命的主要杀手。因此，有理由认为，三个组的癌症和心脏病发病率的递增，与其中中老年人比例的递增有关，而并非说明献血有利于减小患癌症和心脏病的风险。

Ⅱ能削弱题干的结论。因为如果献血者一般有较好的体质，则献血记录较高的调查对象，一般患癌症和心脏病的可能性就较小。因此，并非是献血减小了他们患癌症和心脏病的风险。

Ⅲ不能削弱题干。因为题干中进行比较的数据是百分比，被比较各组的绝对人数的一定差别，不影响这种比较的说服力。

第六节　类比推理与论证

一、类比推理概述

类比推理是根据两个或两类对象在某些属性上相同，推断出它们在另外的属性上（这一属性已为类比的一个对象所具有，另一个类比的对象那里尚未发现）也相同的一种推理。

例如，据科学史上的记载，光波概念的提出者，荷兰物理学家、数学家赫尔斯坦·惠更斯曾将光和声这两类现象进行比较，发现它们具有一系列相同的性质，如直线传播、有反射和干扰等。又已知声是由一种周期运动所引起的、呈波动的状态，由此，惠更斯作出推理，光也可能有呈波动状态的属性，从而提出了"光波"这一科学概念。惠更斯在这里运用的推理就是类比推理。

（一）类比推理的结构

类比推理的结构，可表示如下：

$$A 有属性 a、b、c、d$$
$$B 有属性 a、b、c$$
$$所以，B 有属性 d$$

由于"属性"包括事物具有或不具有的性质，也包括事物之间所具有或不具有的关系。因此，按上述类比推理的定义和结构，类比推理主要有两种：性质类比推理与关系类比推理。

性质类比推理是根据两个或两类对象在某些性质上的相同或相似，又知其中一个或一类对象还具有另外一种性质，从而推知另一或一类对象也具有另外一种性质的类比推理。

关系类比推理是根据两个或两类对象之间的关系在某些方面（如a、b、c、d等方面）类似于另两个或两类对象之间的关系，现又知前两个或两类对象在另一方面存在关系，从而推知后两个或两类对象也在另一方面存在关系。这是一种以关系的相同或相似为根据而进行的类比推理。

[逻辑案例] 人们最爱用的例子就是通过对地球的认识,认为火星上也可能有生命现象,其思维过程如下。

地球是行星,绕轴自转,有昼夜,被大气包围,有水,有生命现象。

火星是行星,绕轴自转,有昼夜,被大气包围,有水。

类比推理的客观根据是什么呢?在客观现实里,事物的各个属性并不是孤立的,而是相互联系和相互制约的。因此,如果两个事物在一系列属性上相同或相似,那么,它们在另一些属性上也可能相同或相似。客观事物属性之间的这种相互联系和相互制约的关系就是类比推理的客观根据。由于类比推理有其客观基础,因此,人们就可以应用类比推理去认识客观事物。

科学技术史上的许多发明创造,就是受益于类比推理。

[逻辑案例] 1816年的一天,法国医生雷奈克出诊为一位年轻的女性看病,一见病人,雷奈克犯起愁来:她身体非常肥胖,要诊断她的心脏和肺部是否正常,按当时医生惯用的方法,把耳朵贴近病人的胸部来听,肯定听不清楚,更何况她是一位年轻的女性。雷奈克抬头看了看院子里正在玩耍的小孩,脑子里突然浮现出几年前看到一个孩子们玩的游戏:一个孩子用钉子敲打木板的一头,另外的孩子争先恐后地跑着把耳朵贴近木板的另一头,兴致勃勃地倾听着。

为什么木头能够把声音清晰地传过来呢?雷奈克稍微想了想,只见他狠狠地拍了一下手说:"就是这样!就是这样!"雷奈克要来一叠纸,紧紧地卷成一个卷,然后把纸卷的一端放在姑娘的胸部,另一端放在自己的耳朵上,侧着脸听了起来。"真是一个妙法!"雷奈克高兴地喊了一句。回到家里,雷奈克找到一根木棒,制成了历史上第一个听诊器。

(二)类比推理的特点

类比推理是一种同中求同的推理形式。

类比推理的两个基本特点如下。

(1)从思维进程来看,类比推理主要是由个别到个别的推理,它的前提和结论一般都是对个别对象的断定。

(2)类比推理的结论是或然的,结论所断定的范围超出了前提的断定范围。因此,当前提真时,结论未必真。

类比推理尽管其前提是真实的,也不能保证结论的真实性。这是因为,A和B毕竟是两个对象,它们尽管在一系列属性上是相同的,但仍存在着差异性,这种差异性有时就表现为A对象具有某属性,而B对象不具有某属性。类比推理的结论是否可靠要看进行类比的两个或两类事物所具有的共同属性与类推属性(类比推出的结论所反映的属性)之间是否有必然的联系。如果有,用类比推理所得到的认识就是可靠的,否则就是不可靠的。由此可见,类比推理的结论只具有或然性,即可能真也可能假。由于运用类比推理所得到的认识有时可能是不正确的,我们就应当进一步去验证它,不能将它当作完全正确的认识来加以运用。

（三）弱类比的谬误

类比推理中，最常犯的错误就是机械类比。机械类比就是仅仅根据事物表面的相似性，机械地进行类推的推理错误。这是一种假类比，弱类比，也称谬比。在类比论证中，如果把对象间的偶然相似作为根据，或者在实质上不同的两类对象之间进行类比，就会产生这种谬误。

例如，基督教神学家们就曾用机械类比来"证明"上帝的存在。在他们看来，宇宙是由许多部分构成的一个和谐的整体，正如同钟表是由许多部分构成的和谐整体一样，而钟表有一个创造者，所以，宇宙也有一个创造者——上帝。这就是把两类根本性质不同的对象，按其表面相似之处，机械地加以类比。这种类比显然是错误的，不合逻辑的。

再如，看到鱼类和鲸都是水生生物，都有相似的体型，就类推鲸也是一种鱼，就是机械类比。实际上，鲸用肺呼吸，胎生，是哺乳动物；鱼类是卵生的。二者区别很大。生物学上形态学分类也容易导致这样的错误，所以，后来用基因距离来分类就可靠得多。

下面两则也都犯了谬比的错误：

[逻辑案例]　孩子："爸爸，小明的爸爸游泳游得可好了，你怎么不会呢？"

爸爸："小明的爸爸总吃鱼，所以会游泳；我不爱吃鱼，怎么会游泳呢？"

孩子："可是，爸爸，你总吃鸡，你下过蛋吗？"

爸爸："混蛋。"

[逻辑案例]　当时有个学贯中西但思想非常守旧的大学者辜鸿铭，就一直死抱着一夫多妻的论调不放，有一回，几个奉行女权主义的洋妞公然质问辜鸿铭：凭什么男人能娶多个老婆，女人就不能嫁几个男人？只见老先生怡然自得地指着桌上的茶具说道："自古只有一个茶壶配四个茶杯，哪有一个茶杯配四个茶壶的道理？"

■今年，我国的小汽车交易十分火爆。在北京，小汽车的平均价格是13万8千元；在石家庄，其平均价格仅为9万9千元。所以，如果你想买一辆新的小汽车，若去石家庄购买，有可能得到一个更好的价钱。

下面哪一个选项最好地描述了作者推理中的漏洞？

A. 作者假定，在北京和石家庄两地所卖的汽车档次差不多。
B. 作者假定，一类商品的平均价格就是它的中位价格。
C. 作者假定，在北京所卖的汽车数量与在石家庄所卖的汽车数量相同。
D. 作者假定，在石家庄新汽车的价格比在北京的新汽车价格更便宜。
E. 作者假定，北京和石家庄两地的消费者偏好相同。

[解题分析]　正确答案：A。

题干根据北京交易的小汽车的平均价格高于石家庄，得出结论：去石家庄购买小汽车更合算。这个论证犯了弱类比的谬误。

要使这一论证成立，必须假设在北京和石家庄两地所卖的汽车档次差不多。否则，如果北京所卖的汽车档次要高于石家庄，那么，这两地的汽车售价就不具有可比性，这样就得不出题干的结论。因此，A项最好地描述了作者推理中的漏洞，为正确答案。

其余选项不恰当，比如D项，在石家庄新汽车的价格比在北京的新汽车价格更便宜，这是题干作者隐含的结论，而非作者的假定。

（四）类比的可靠性

如何提高类比推理的结论的可靠性呢？

（1）前提中确认的相同属性越多，那么结论的可靠程度也就越大。

（2）前提中确认的相同属性越是本质的，相同属性与要推出的属性之间越是相关的，那么结论的可靠程度也就越大。

但是，也要明白，既然进行类比的是两类对象，它们总有不同之处。因此，当我们由两类对象在一些属性上相同而推出它们在另一属性上也相同时，这另一属性很有可能正好是它们两者的不同之处。在这种情况下，类比得出的结论就会是不正确的。

类比推理的结论虽然只具有或然性，但这种推理形式在人们的认识活动中还是具有重要作用的。在科学研究中，许多科学假说最初都是通过类比推理提出的。例如，我们在前面讲的惠更斯的光波概念最初就是应用类比推理提出的。又如，天文学上关于火星上有生物存在的推测和假说的提出，就是运用类比推理的结果（天文学家通过对地球与火星相同条件的分析，发现它们同样具有大气、水、空气、适当的温度等生物存在的必须条件。现在地球上存在生物，故推断火星上也可能有生物）。在这里，类比推理的应用就为科学研究提供了重要的线索。

类比推理是人们在日常思维活动过程中经常运用的一种思维形式。因为，人们在实践活动中，常常要借助某些已经认识的个别事物与其他相似的事物比较，从它们之间已知的共同点出发，进一步判明它们的另一些方面的共同点，从而扩大人们的认识领域，从对某些特殊事物的认识过渡到对另一些特殊事物的认识。

（五）类比要恰当

类比推理就是以类比的方式得出结论或者反驳他人论点的推理。一般来说，可以类比的事物都具有某些共性，要么形式，要么内容。

■我国著名的地质学家李四光，在对东北的地质结构进行了长期、深入的调查研究后发现，松辽平原的地质结构与中亚细亚极其相似。他推断，既然中亚细亚蕴藏大量的石油，那么松辽平原很可能也蕴藏着大量的石油。后来，大庆油田的开发证明了李四光的推断是正确的。

以下哪项与李四光的推理方式最为相似？

A. 他山之石，可以攻玉。
B. 邻居买彩票中了大奖，小张受此启发，也去买了体育彩票，结果没有中奖。
C. 某乡镇领导在考察了荷兰等国的花卉市场后认为要大力发展规模经济，回来后组织全乡镇种大葱，结果导致大葱严重滞销。
D. 每到炎热的夏季，许多商店腾出一大块地方卖羊毛衫、长袖衬衣、冬靴等冬令商品，进行反季节销售，结果都很有市场。小王受此启发，决定在冬季种植西瓜。
E. 乌兹别克地区盛长长绒棉。新疆塔里木河流域和乌兹别克地区在日照情况、霜期长短、气温高低、降雨量等方面均相似，科研人员受此启发，将长绒棉移植到塔里木河流域，果然获得了成功。

[解题分析]　正确答案：E。

一个类比推理的结论要可靠,进行类比的对象必须具有某种相关的共同属性。选项 E 与题干的推理都体现了这一点,是合理的类比推理。

A 项不是类比。B、C、D 项也运用了类比,但不是合理的类比,推出的结论不可靠。

■小光和小明是一对孪生兄弟,刚上小学一年级。一次,他们的爸爸带他们去密云水库游玩,看到了野鸭子。小光说:"野鸭子吃小鱼。"小明说:"野鸭子吃小虾。"哥俩说着说着就争论起来,非要爸爸给评评理。爸爸知道他们俩说得都不错,但没有直接回答他们的问题,而是用例子来进行比喻。说完后,哥俩都服气了。

以下哪项最可能是爸爸讲给儿子们听的话?

A. 一个人的爱好是会变化的。爸爸小时候很爱吃糖,你奶奶管也管不住。到现在,你让我吃我都不吃。

B. 什么事儿都有两面性。咱们家养了猫,耗子就没了。但是,如果猫身上长了跳蚤,也是很讨厌的。

C. 动物有时也通人性。有时主人喂它某种饲料吃得很好,若是陌生人喂,怎么也不吃。

D. 你们兄弟俩的爱好几乎一样,只是对饮料的爱好不同。一个喜欢可乐,一个喜欢雪碧。你妈妈就不在乎,可乐、雪碧都行。

E. 野鸭子和家里饲养的鸭子是有区别的。虽然人工饲养的鸭子是由野鸭子进化来的,但据说已经有几千年的历史了。

[解题分析]　正确答案:D。

在题干中,两人说的"野鸭子吃小鱼"和"野鸭子吃小虾"都有可能性,可能一部分野鸭子吃小鱼,另一部分野鸭子吃小虾,也可能是野鸭子既吃小鱼又吃小虾。所以两个孩子的话并不矛盾,他们只是片面地看到了野鸭子某一种行为,各执一词,争论不休。

在 D 项中,爸爸用哥俩各有偏好和妈妈既喝可乐又喝雪碧的例子进行类比,说明同一个群体的不同个体可能有不同偏好,一个主体也可以有不同的行为。由于类比恰当,哥俩也就服气了。

选项 A 虽然用了类比,但是说的是小孩和大人的区别,而题干中并未讨论小鸭子和大鸭子。选 B 项不妥,因为 B 项讲的是事物的两面性,与题干的含义相距较远。选项 C、E 用的不是类比,与题干不符。

二、类比论证的强化与弱化

典型的类比论证某情况在一个特定情形下存在,因为它在一个相似的情形下存在,可表示如下。

相似前提:一般地,案例 C1 类似于案例 C2。

相干的相似性前提:迄今观察到的 C1 和 C2 之间的相似性与正在谈论的另一个相似性相关联。

案例前提:命题 A 在 C1 中为真(假)。

结论:命题 A 在案例 C2 中为真(假)。

CQ1. 确认案例问题:A 在 C1 中确实真(假)吗?

CQ2. 相似问题:在所引用的那些方面,C1 和 C2 相似吗?

CQ3. 不相似问题:在 C1 和 C2 之间存在重要差异,它会破坏所引用的相似性的作用吗?

CQ4. 反案例问题：存在另一案例 C3，它也相似于 C1，但在其中 A 是假(真)的吗?

1. 类比论证的强化

强化一个类比论证的方法是指出两种现象的可类比性(保证类比的两类对象有实质性的相关)，或者指出不存在与类推属性相关的反例。

■去年引进国外大片《马语者》，仅仅在白山市放映了一周，各影剧院的总票房收入就达到八百万元。这一次白山市又引进了《空军一号》，准备连续放映 9 天，一千万的票房收入应该能够突破。

根据上文包括的信息，分析以上推断最可能隐含了以下哪项假设？

A. 白山市很多人因为映期时间短都没有看上《马语者》，这一次可以补偿一下了。
B. 有《马语者》作铺垫，《空军一号》的票房应当会更火爆。
C. 这两部片子的上座率、票价等将非常类似。
D. 连续放映 9 天是以往比较少见的映期安排，可以吸引更多的观众。
E. 总统题材的影片的影响力和票房号召力是巨大的。

[解题分析] 正确答案：C。

要在两样东西或是两种方法间类推，很重要的一点就是这两者实质性相关，即两者之间具有可类比性。对于本题来说，映期上可以类比，剩下的就是票价和上座率了，这些指标的综合就是一部影片的票房。因此，C 项是必须假设的，否则，如果《空军一号》的上座率、票价不如《马语者》，那么《空军一号》的票房收入的预计就显然缺乏说服力了。

其余选项作为答案均不恰当。

■食用某些食物可降低体内自由基，达到排毒、清洁血液的作用。研究者将大鼠设定为实验动物，分为两组，A 组每天喂养含菌类、海带、韭菜和绿豆的混合食物，B 组喂养一般饲料。研究观察到，A 组大鼠的体内自由基比 B 组显著降低。科学家由此得出结论：人类食入菌类、海带、韭菜和绿豆等食物同样可以降低体内自由基。

以下哪项最可能是上述论证所假设的？

A. 一般人都愿意食入菌类、海带、韭菜和绿豆等食物。
B. 不含菌类、海带、韭菜和绿豆的食物将增加体内自由基。
C. 除食用菌类、海带、韭菜和绿豆等食物外，一般没有其他的途径降低体内自由基。
D. 体内自由基的降低有助于人体的健康。
E. 人对菌类、海带、韭菜和绿豆等食物的吸收和大鼠相比没有实质性的区别。

[解题分析] 正确答案：E。

题干论证，由大鼠食用菌类等会使体内自由基降低，类推出：人类食用菌类等食物同样可以降低体内自由基。

类比推理要成立，必须保证类比的两类对象没有实质性的不同。E 项是题干论证必须的假设，否则，如果人对菌类、海带、韭菜和绿豆等食物的吸收和大鼠相比存在实质性的区别，那么，就推不出人类食用菌类、海带、韭菜和绿豆等食物同样可以降低体内自由基这一结论了。因此，E 项为正确答案。

2. 类比论证的弱化

削弱一个类比论证的方法是指出两种现象不可比(类比的两类对象存在实质性的区别，即存在其他不同)，或者在可比的情况下指出反例的存在。

■地球和月球相比，有许多共同属性，如它们都属太阳系星体，都是球形的，都有自转和公转等。既然地球上有生物存在，因此，月球上也很可能有生物存在。

以下哪项如果为真，则最能削弱上述推论的可靠性？

A. 地球和月球大小不同。

B. 月球上同一地点温度变化极大，白天可以上升到100℃，晚上又降至零下160℃。

C. 月球距地球很远，不可能有生物存在。

D. 地球和月球生成时间不同。

E. 地球和月球旋转速度不同。

[解题分析]　正确答案：B。

题干通过地球和月球类比，推出月球上也很可能有生物存在。

削弱一个用类比推理做出的论证的方法：指出两种现象不可比，各选项对题干都有所削弱，但显然B项削弱力度最大。

■某市繁星商厦服装部在前一阵疲软的服装市场中打了一个反季节销售的胜仗。据统计，繁星商厦皮服的销售额在6、7、8三个月连续成倍数增长：6月527件，7月1269件，8月3218件。市有关主管部门希望在今年冬天向全市各大商场推广这种反季节销售的策略，力争今年11、12月和明年1月全市的夏衣销售能有一个大突破。

以下哪项如果为真，能够最好地说明该市有关主管部门的这种希望可能会遇到麻烦？

A. 皮衣的价格可以在夏天一降再降，是因为厂家可以在皮衣淡季的时候购买原材料，其价格可以降低30%。

B. 皮衣的生产企业为了使生产销售可以正常循环，宁愿自己保本或者微利，把利润压缩了55%。

C. 在盛夏里搞皮衣反季节销售的不只是繁星商厦一家。但只有繁星商厦同时推出了售后服务由消协规定的三个月延长到七个月，打消了很多消费者的顾虑，所以在诸商家中独领风骚。

D. 今年夏天繁星商厦的冬衣反季节销售并没有使该商厦夏衣的销售获益，反而略有下降。

E. 根据最近进行的消费者心理调查的结果，买夏衣重流行、买冬衣重实惠是消费者极为普遍的心理。

[解题分析]　正确答案：E。

市有关主管部门的建议依据的就是类比推理：夏季反季节销售冬季服装销量大增，因此，若在冬季反季节销售夏季服装也将销量大增。显然这个类比结论可能是错的，题目所要求的就是找出使这个类比不成立的理由。

选项E非常准确地概括了买夏衣和买冬衣时人们的不同消费心理，说明繁星商厦夏季售皮衣之所以成功，是因为消费者买冬衣重实惠；但因为消费者买夏衣重流行，所以，冬季售夏衣的计划可能难以奏效。这就使题干中所设想的反季节的一般规律不成立了。

选项 A、B、C 都只是部分地说明了反季节销售冬装成功的原因,与"反季节销售夏装是否会成功"并不相干。选项 D 只是陈述了夏天反季节销售没有获益这一事实,但这并不能推翻销量增加这一事实。

第七节　根据常理的论证

根据常理的论证也称为论证型式,它是根据一般情况下成立的原则,在没有发现例外情形的条件下,得出一个暂时的、合乎情理的结论。为了排除可能的例外情形,需要对每一种根据常理的论证提出相应的一系列批判性问题,如果这些批判性问题得到令人满意的回答,接受结论就是合理的。比如,司法审判中常常根据证人证言确定法律事实,对方的律师或法官要考虑的是:证人是不是目击证人?证人是否有机会目击事件发生?证人当时的观察器官是否功能正常?当时的环境条件是否能够得到那样的观察结果;证人的报告与事件发生的时间间隔是否太长?多个证人之间的证词是否一致?证人证词与已确认的证据是否一致?证人提供这样的证词是否有获益嫌疑……凡是经不起诸如此类的批判性检验,根据常理的论证就不成立。

下面列出常见的根据常理的论证及其匹配的批判性问题的描述,其中所列的 CQ 即 critical question(批判性问题)。

一、实效论证型式

(一) 实践推理

实践推理在主体指向目标的行动的理智商议情形的范例中最为明显,展示 11 个性质:目标、行动、知识、反馈、行动顺序的复杂性、行动描述的层级、预见后果、可塑性(不同的行动路线)、知识储存(知识库收回或添加新命题)、持续(当某个行动被阻碍时尝试其他的)和批评(批评或评估行动)。

实践推理的基本型式

从目标到实现该目标所需要的行动的论证如下:

目标前提:我有一个目标 G。

手段前提:执行行动 A 是实现 G 的手段。

结论:因此,我应该(从实践上说)执行行动 A。

批判性思考:

CQ1. 我有应该考虑的和 G 可能冲突的其他目标吗?

CQ2. 那些与我采取 A 不同但也将实现 G 的其他行动应被考虑吗?

CQ3. 在 A 和这些其他行动之中,哪个可被证明是最有效的?

CQ4. 对我采取 A,存在证明它在实践上可行的理由吗?

CQ5. 我采取 A 的何种后果也应被考虑?

Ⅰ 实践推理:必要条件型式

(N1)目标前提:我的目标是产生 A。

(N2)可选前提:我理智地考虑了给定的信息,至少产生 $[B_0, B_1, \cdots, B_n]$ 之一对于产生

A 是必要的。

(N3) 选择前提：我把成员 B_i 选为对 A 可接受的,或者选为最可接受的必要条件。

(N4) 实践前提：就我所知,没有什么不可改变的东西阻止我产生 B_i。

(N5) 副作用前提：产生 A 对我来说比不产生 B_i 更可接受。

结论：因此,我产生 B_i 是必需的。

批判性思考：

CQ1. 选择手段问题：除了 B,有实现 A 的不同手段吗？

CQ2. 可接受/最佳可能选项问题：B 是一个可接受的(或最佳的)选择吗？

CQ3. 可能性问题：主体 a 做 B 是可能的吗？

CQ4. 否定性副作用问题：存在 a 应考虑的产生 B 而形成的否定性副作用吗？

CQ5. 冲突目标问题：除了 A,a 有与实现 A 可能冲突的其他目标吗？

Ⅱ 基于价值的实践推理型式

我有目标 G。

G 被我的价值集 V 支持。

产生 A 对于我产生 G 是必要的(或充分的)。

因此,我应该(在实践上的应该)产生 A。

批判性思考：

CQ1. 我有与 G 可能冲突的其他目标吗？

CQ2. G 得到我的价值 V 多大的支持(或者至少与 V 一致)？

CQ3. 对我产生 A 也将产生 G 的何种可选择行动应被考虑？

CQ4. 在产生 A 和这些可选择的行动中,按照对产生 G 的功效的考虑,哪个可证明是全部之中的最佳？

CQ5. 在产生 A 和这些可选择的行动中,按照我的价值 V,哪个可论证是全部之中最佳的？

CQ6. 存在何种理由论证,对我来说产生 A 在实践上是可能的？

CQ7. 我应考虑我产生 A 所形成的后果具有的负面价值可能甚至比 G 的积极价值更大吗？

(二) 后果

一个行动路线被推荐(或不推荐),因为它有好的(坏的)后果。

1. 根据消极后果的论证

前提：如果 A 被产生,那么,坏的后果很可能出现。

结论：A 不应被产生。

批判性思考：

CQ1. 所引用的后果将(也许、较可能、必定)发生的可能性或似真性有多大？

CQ2. 有怎样的证据支持如果 A 发生则这些后果也将(也许、较可能、必定)发生的主张？

CQ3. 存在应该加以考虑的相反价值的后果吗？

2. 根据积极后果的论证

前提：如果 A 被产生，那么，好的后果很可能出现。
结论：A 应被产生。
CQ 与消极后果型式相同。

3. 实效论辩

后果论证在法律论辩中是实效论辩，实效论辩的基本型式是：
行动 X 是合意的。
a 行动 X 导致 Y。
b Y 是合意的。
这个型式背后有一个隐含前提：
c 如果行动 X 导致 Y，且 Y 是合意的，那么行动 X 是合意的。
批判性思考：
CQ1. 在这个语境中，实效论证是恰当的辩护方式吗（辩护经验陈述构成的论点，实效论证就不恰当）？
CQ2. 结果 Y 是合意的吗？
CQ3. 行动 X 导致结果 Y 吗？
常见的实效论证是"为达到一个目的而提出一个方法或建议"，对这样的论证要注意以下批判性问题：
CQ1. 方法、建议或是计划否可行，是否能达到目的或目标？
不可行是指，计划、建议或方法达不到目标、目的或要解决的问题，计划、建议或方法本身不完善或不能执行。也就是，无法那样做，或即使那样做也解决不了问题。
CQ2. 方法、建议或计划是否可取，是否有副作用，优点是否大于缺点？
不可取是指，计划、建议或方法可能能达到目的，但有副作用，并且缺点往往大于优点。也就是，不能那样做，那样做就有害。
CQ3. 是否有更好的其他解决方法？

■学校董事会决定减少员工中教师的数量。学校董事会计划首先解雇效率较低的教师，而不是简单地按照年龄的长幼决定解雇哪些教师。
校董事会的这个决定假定了：
A. 有能比较准确地判定教师效率的方法。
B. 一个人的效率不会与另一个人的相同。
C. 最有教学经验的教师就是最好的教师。
D. 报酬最高的教师通常是最称职的。
E. 每个教师都有某些教学工作是自己的强项。

[解题分析] 正确答案：A。
要解雇效率较低的教师，首先必须能依据一定的方法来较为准确地判定一个教师是否有效率。因此，A 项是校董事会的决定必须假设的。

■长盛公司的管理者发现，和同行业其他企业相比，该公司产品的总成本远远高于其他企业,因而在市场上只能以偏高的价格出售,导致竞争力较弱。通过研究,公司决定降低工人工资,使之和同行业企业差不多。

以下哪项,如果为真,将使公司的决定见效不大?

A. 长盛公司的产品质量和其他公司的相比,相差无几。
B. 长盛公司的销售费用比其他公司大。
C. 长盛公司员工工资总额只占产品成本的一小部分。
D. 长盛公司的设备比较落后。
E. 长盛公司交货速度不是特别快。

[解题分析] 正确答案:C。

选项C所述"长盛公司员工工资总额只占产品成本的一小部分",这就使得公司想通过降低工人工资来大幅度减少总成本的梦想告吹。其他几个选项都与该措施没有太大关系。

■目前,港南市主要干道上自行车道的标准宽度为单侧 3m。很长一段时期以来,很多骑自行车的人经常在机动车道上抢道骑行。在对自行车违章执法还比较困难的现阶段,这种情况的存在严重地影响了交通,助长了人们对交通法规的漠视。有人向市政府提出,应当将自行车道拓宽为 3.5m,这样,给骑自行车的人一个更宽松的车道而能够消除自行车抢道的违章现象。

下列哪项如果为真,最能削弱上述论点?

A. 拓宽自行车道的费用较高,此项建议可行性较差。
B. 自行车道宽了,机动车走起来不方便,许多乘坐公共交通的人会很有意见。
C. 拓宽自行车道的办法对于机动车的违章问题没有什么作用。
D. 当自行车道拓宽到 3.5m 以后,人们仍会在缩小后的机动车道上抢道违章。
E. 自行车车道拓宽,自行车车速加快,交通事故可能增多。

[解题分析] 正确答案:D。

论点的主旨是说如果拓宽自行车道,自行车就不会再抢道,隐含着说自行车抢道的原因是因为自行车道窄。选项D正面削弱了这一论点,说明即使拓宽自行车道,人们仍会在机动车道上抢道违章,说明这个建议不可行。

选项A、B、C、E都是在谈论与该论点无关的一些其他推测,均应排除。

二、依据信息源的论证型式

(一)根据知情地位的论证

知情地位前提:a 处于知道 A 是真还是假的地位。
断言前提:a 断定 A 是真的(假的)。
结论:所以,A 是真的(假的)。
批判性思考:
CQ1. a 处于知道 A 为真(假)的地位吗?
CQ2. a 是一个诚实的(值得信赖的、可靠的)来源吗?
CQ3. a 的确断定了 A 是真(假)的吗?

许多情况下,第三个问题是关键,直接引证和精确引证 a 所说的 A 与间接引证或推导出 A 有所不同。来源的名称反映来源的特性:"据内部人士"、"据可靠来源"。论证涉及"双来源":既要依赖来源的可靠性,也要依赖报告者的可靠性。按照沃尔顿的观点,在对话语境中存在三个参与者:提议者、回应者和来源(提议者使用其断言来支持他的论证)。论证本质上取决于来源的可靠性。根据知情地位的论证在不同领域有更具体的型式,比如在法律领域的根据证人证言的论证。

(二) 证人证言

知情地位前提:证人 W 处于知道是否 A 为真的地位。

说出真相前提:证人 W 陈述 A 是真(假)的。

概括:如果(证人 W 处于知道 A 是否为真的地位且证人 W 正在说出真相(他所知道的),且证人 W 陈述 A 是真(假)的),那么(可废止地),A 是真(假)的。

结论:因此(可废止地)A 是真(假)的。

批判性思考:

CQ1. 内在一致性问题:证人所说的话是内在一致的吗?

CQ2. 事实的一致性问题:证人所说的与案件的已知事实一致吗(基于该证人证实的东西之外的证据)?

CQ3. 与其他证人一致性的问题:该证人所言与其他证人已经(独立地)证实的东西一致吗?

CQ4. 可信赖问题:作为一个来源,该证人本身是可靠的吗?

CQ4.1. (偏见问题):存在某种能归因于该证人给出的说明的偏见吗?

CQ5. 似真性问题:由该证人断定的陈述 A 有多似真?

(三) 专家意见

大前提:资源 E 是一个包括命题 A 的学科领域 S 内的专家。

小前提:E 断定(D 领域内的)命题 A 是真(假)的。

结论:A 可被似真地当作真(假)的。

批判性思考:

CQ1. 专门技术问题:E 作为一个专家源如何可信?

CQ2. 领域问题:E 是 A 所属领域的一个专家吗?

CQ3. 意见问题:E 所断定的意味着 A 吗?

CQ4. 可信赖问题:E 本人作为来源是可靠的吗?

CQ5. 一致性问题:A 与其他专家的断言一致吗?

CQ6. 支持证据问题:E 的断定基于证据吗?

权威是重要的置信因素。在专家的知识技能领域之内合理地相信权威是恰当的做法,比如,生病我们要找医生、投资要找投资顾问。但是在日常生活中,由于每个人的经验和知识都有限,包括某一领域的专家也一样,他们也不是全能的。一旦,某一权威在超出其专业的另一领域上作判断时,而我们依然毫无保留地接受他的判断,我们就犯了诉诸不适当的权威的谬误。

比如哲学家的论证:运动是绝对的,这个 18 世纪的命题宣称在一定的时间里,客体位置的变化可以在不参考其他物体位置的情况下便能测定出来。但是,一个颇有声望的物理学家声明,这一立论是前后不一致的。由于一个前后不一致的立论不能被认为是对现实的描述,因此,运动不可能是绝对的。

该哲学家的论证就犯了诉诸不当权威的谬误,他仅仅依靠一个专家(颇有声望的物理学家)的权威来支持推论的前提。

■王鸿的这段话不大会错,因为他是听他爸爸说的。而他爸爸是一个治学严谨、受人尊敬、造诣很深、世界著名的数学家。

如果以下哪项是真的,则最能反驳上述结论?

A. 王鸿谈的不是关于数学的问题。
B. 王鸿平时曾说过错话。
C. 王鸿的爸爸并不认为他的每句话都是对的。
D. 王鸿的爸爸已经老了。
E. 王鸿很听他爸爸的话。

[解题分析]　正确答案:A。

当王鸿谈数学问题时,他爸爸的话有权威性,当讨论其他问题时,比如关于体育、音乐或生物等方面的问题时,王鸿的爸爸的见解可能与常人无异,甚至很差。因此,选项A能直接针对题干论证所犯的诉诸权威的谬误进行了反驳。

■语法学家多年来一直指责英语短语"between you and I"的用法是不合语法的,坚持正确的用法是"between you and me",即在介词后加宾语。然而,这样的批评显然是站不住脚的,因为莎士比亚自己在《威尼斯商人》中写到"All debts are cleared between you and I"。

如果以下哪项为真,最严重地削弱了上述论证?

A. 在莎士比亚的戏剧中,他有意让一些角色使用他认为不合语法的短语。
B. "between you and I"这样的短语很少出现在莎士比亚的作品中。
C. 越是现代的英语词语或短语,现代的语言学家越认为它们不适合在正式场合使用。
D. 现代说英语的人有时说"between you and I",有时说"between you and me"。
E. 许多把英语作为母语的人选择说"between you and I",是因为他们知道莎士比亚也用这个短语。

[解题分析]　正确答案:A。

题干论述:因为莎士比亚用过某种语法,所以该语法是正确的。

A项指出莎士比亚很有可能是故意使用了错误的用法,意味着用莎士比亚的用法为论据是站不住脚的,削弱了题干论证。

无论出现频率如何,只要出现了就不影响题干的论述,B项排除;C、E项为明显无关选项,排除;D项意味着两种用法在现代都是可用的,中立态度不影响题干论述。

(四) 流行意见

一个陈述被普遍接受,因此它可以暂时地被当作似真的接受。

普遍接受前提:A 当作真的而被普遍接受。

假设前提:如果 A 当作真的而被普遍接受,就存在有利于 A 的一个假设。

结论：存在有利于 A 的一个假设。

批判性思考：

CQ1. 有什么证据，比如说一种民意测验或对常识的诉求，支持 A 当作真的而被普遍接受的主张？

CQ2. 即使 A 被当作真的普遍接受，存在怀疑它为真的任何理由吗？

诉诸众人，也叫以众取证，是指援引众人的意见、见解、信念或常识来进行论证的一种谬误。其谬误就是不论述自己的观点何以成立，而是以哗众取宠来取胜。其一般形式是：因为众人都是这样认为的，所以是正确的。

例如，"曾子杀人"；"三人成虎"；"大家都这么认为，所以某事可信"就是典型的"诉诸众人"。超女、快男还有红楼梦选秀等群众参与性节目，其内在逻辑就是"诉诸众人"。因为大家都喜欢的，未必是优秀演员。

■政治评论家们认为最近政府对 X 国的政策是彻头彻尾的绥靖政策。但是，这一看法本质上是错误的。因为民意调查表明大多数公众不同意政治评论家们有关政府对 X 国政策的观点。

上述论证的推理是有问题的，因为：

A. "政策"一词在上述论证中的使用含混不清（暧昧）。

B. 没有对上文中所讨论的政治评论家作鉴定。

C. 只根据大多数人相信一种观点为假推断这种观点为假。

D. 把政治评论家们的主张既作为论证的前提又作为其结论，这是错误的。

E. 假设对于一个个人为真的事情，对于一个国家的整体也为真。

[解题分析]　正确答案：C。

题干论证属于诉诸众人的谬误。

（五）无知

一个陈述是真的，基于它并未被知道是假的。如果假定认识封闭，诉诸无知就有两个演绎有效的论证形式（KA 代表"命题 A 被知道为真"）：

肯定的诉诸无知的论证型式为：

$\sim$KA

如果 A,则 KA

因此，$\sim$A

否定的诉诸无知的论证型式为：

$\sim$K$\sim$A

如果$\sim$A,则 K$\sim$A

因此，A

沃尔顿把诉诸无知论证理解为对话或辩证型式，它的批判性问题有三个：

CQ1. 搜索证据进行得有多远？

CQ2. 哪一方在对话中有总体的证明责任？换言之，要求的最终的待证主张是什么，谁应该证明它？

CQ3. 这个团体要成功完成证明责任，该证明需要有多强？

所谓的诉诸无知谬误,即根据一个命题未被证明为假,就得出它被证明为真;或者,根据一个命题未被证明为真,就得出它被证明为假。事实上,有很多命题,例如科学猜想,我们既未证明它为真,也未证明它为假。

型式1:因为尚未证明(或不能证明)A真,所以A假。

无神论者对"上帝不存在"的论证:你能证明上帝存在吗?不能,所以上帝不存在。

型式2:因为尚未证明(或不能证明)A假,所以A真。

有神论者对"上帝存在"的论证:你能证明上帝不存在吗?不能,所以上帝存在。

诉诸无知的论证谬误,其实质是推卸证明责任,其结论是缺乏论证性的。因为我们从对p无知既不能推出p是假的,也不能推出p是真的。

再比如,计算机科学家已经发现称为"阿里巴巴"和"四十大盗"的两种计算机病毒。这些病毒常常会侵入计算机系统文件中,阻碍计算机文件的正常储存。幸运的是,目前还没有证据证明这两种病毒能够完全删除计算机文件,所以,发现有这两种病毒的计算机用户不必担心自己的文件被清除掉。

这实际上犯了诉诸无知的谬误。目前还没有证据证明这两种病毒能够完全删除计算机文件,并不能排除它们能够完全删除计算机文件的可能性。也即没有考虑这种可能性:即使尚未证明因果关系的存在,这种关系也是存在的。

■在一次聚会上,10个吃了水果色拉的人中,有5个很快出现了明显的不适。吃剩的色拉立刻被送去检验。检验的结果不能肯定其中存在超标的有害细菌。因此,食用水果色拉不是造成食用者不适的原因。

如果上述检验结果是可信的,则以下哪项对上述论证的评价最为恰当?

A. 题干的论证是成立的。

B. 题干的论证有漏洞,因为它把事件的原因当作该事件的结果。

C. 题干的论证有漏洞,因为它没有考虑到这种可能性:那些吃了水果色拉后没有很快出现不适的人,不久也出现了不适。

D. 题干的论证有漏洞,因为它没有充分利用一个有力的论据:为什么有的水果色拉食用者没有出现不适?

E. 题干的论证有漏洞,因为它把缺少证据证明某种情况存在,当作有充分证据证明某种情况不存在。

[解题分析]　正确答案:E。

题干的结论是:食用水果色拉不是造成食用者不适的原因,其根据是检验的结果不能肯定送检的色拉中存在超标的有害细菌。不能肯定送检物中存在超标的有害细菌,不等于否定送检物中不存在超标的有害细菌。而只有否定送检物中不存在超标的有害细菌,才能得出结论:食用水果色拉不是造成食用者不适的原因。因此,题干论证的漏洞是:把缺少证据证明某种情况存在,当作有充分证据证明某种情况不存在。因此,E项正确。

其余各项均不恰当。比如B项是因果倒置,原文并没有这样做。

(六)承诺

从回应者先前的承诺到某个陈述或行动路线的论证。

承诺证据前提:此情形表明,按照a所言或所行的证据,他承诺命题A。

承诺前提的连接:一般地,当论证者承诺 A 时,就可推出他也承诺 B。

结论:在这个情形中,a 承诺 B。

批判性思考:

CQ1. 在该情形中,什么证据支持 a 承诺 A 的主张,它包括指示 a 或许不承诺 A 的相反证据吗?

CQ2. 在此情形中,是否存在承诺 A 意味承诺 B 的一般规则的例外?

(七)不一致承诺

论证提议者自己承诺一个陈述及其对立(否定)。

初始承诺前提:a 宣称或指明他承诺命题 A(一般地或由于他过去所说的)。

对立承诺前提:在特殊情形下的其他证据表明 a 并不真正承诺 A。

结论:a 的承诺是不一致的。

批判性思考:

CQ1. 表明 a 承诺 A 的证据是什么?

CQ2. 为表明 a 没有承诺 A,在此情形中被声称的进一步证据是什么?

CQ3. 来自 CQ1 和 CQ2 的证据如何证明存在承诺的冲突?

(八)直接地针对人身

通过主张另一方是一个坏的人(有某些负面的性格特征、特性或品性),来反对他的论证。

品性攻击前提:a 是一个有坏品性的人。

结论:a 的论证不应被接受。

批判性思考:

CQ1. 在品性攻击前提中做出的断言由证据很好地予以支持了吗?

CQ2. 在使用该论证的对话类型中,品性问题是相关的吗?

CQ3. 即使支持论证的其他证据已被提出,论证也应该被(绝对地)拒斥吗?

诉诸人身即通过对论敌的人格、品质、处境等的评价来论证他的某种言论为假,或者至少是降低其言论的可信度。其中"人身攻击"是一种谬误性反驳,即它的抨击不是指向结论,而是指向断定结论或为结论辩护的人。

■病人:药剂师们认为医生不应当被允许自行销售他们自己开的药。如果这样做的话,医生就会为谋利而多开一些无用的药。但是,药剂师们自己却十分想在经济上垄断药物的销售,所以他们对医生的反对不应被给予过多的重视。

病人的论证是通过以下哪一种论证方法得出的?

A. 指出并推翻了药剂师们的论证所依赖的一个假设。

B. 试图以质疑持某一立场者的动机来否定这一立场的正确性。

C. 通过证明药剂师们的论证中的一个前提是假的,来削弱他们的论证。

D. 用公众的意见来反驳一个一般的论题。

E. 断言药剂师们不具备讨论当前问题所需要的知识。

[解题分析]　正确答案：B。

本题是论据虚假这种逻辑错误常见的表现形式。一种行为(好的行为或坏的行为)的动机不能成为证明这种行为的真实性的证据,可见,题干犯了诉诸动机的逻辑错误。因此,B项正确。

(九) 环境地针对人身

通过主张另一方的论证与他自己的承诺或实践不一致,这是一个坏的品性(就像是一个伪君子),来攻击另一个团体的论证。

论证前提：a 赞成把命题 A 作为其结论的论证 a。

不一致承诺前提：a 亲自承诺 A 的对立(否定)命题,这通过他的个人行为的承诺或表达这个承诺的个人环境表现出来。

质疑可信性前提：作为相信他自己论证的真诚的人,a 的可信性(由于以上两个前提)变得成问题。

结论：a 的论证的似真性被降低或被摧毁。

批判性思考：

CQ1. 存在能被辨识的一对承诺,由 A 的承诺和 a 在实际中所表明的证据证明是不一致的吗？

CQ2. 一旦实际的不一致性被辨识,它是攻击的焦点,它能通过进一步的对话被解释或解决吗？由此保持论证者的承诺在对话中一致,或者表明 a 的不一致承诺并不支持 a 缺乏可信性的主张。

CQ3. 在对话中,品性是一个相关问题吗？更特别地,a 的论证取决于他的可信性吗？

CQ4. 结论是一个弱的主张,即 a 的可信性是一个未决问题,还是一个强的主张,即 a 的结论是假的吗？

■所谓的环境保护论者争辩说,提议中的格登湖发展计划将会干扰鸟的迁徙模式,然而同样的这些人近年来对议会提出的几乎每一个发展建议都提出环境上的反对这一事实表明,他们对鸟类迁徙模式所表达的关注只不过是他们反对发展、阻碍进步的一个借口。因此,应该不用进一步考虑而应忽略他们的宣称。

上面段落使用了下面哪一个可疑的论证技术？

A. 把不能够得出它的结论的某一论述作为那个结论所表达的观点是错误的宣称的基础。

B. 基于提出论述的那些人的动机的宣称而反驳一个论点的结论。

C. 使用一些例外案例作为一宣称总体上是正确的基础。

D. 误用了该论述要去驳斥的立场的那些支持性证据。

E. 假设作为一个整体正确是整体里面每一个成员都正确的必要条件。

[解题分析]　正确答案：B。

段落里根据"环境保护论者总是提出反对意见",就得出结论"他们的宣称应该被忽略"。

显然,其推理错误在于基于论述者的动机而反驳一个结论,即 B 项正确。

三、依据规则的论证

(一) 语词归类
因为能够以某种方式在语词上被分类,所以某事有某种性质。
个体前提:a 有特性 F。
归类前提:对所有 x,如果 x 有特性 F,那么 x 可被归类为有特性 G。
结论:a 有特性 G。
批判性思考:
CQ1. 存在 a 明确有特性 F 的证据,但也存在相反的证据指明怀疑是否它应被如此归类的余地吗?
CQ2. 归类前提中的归类仅基于遭到怀疑的约定定义或带偏见的定义吗?

(二) 先例
根据类比的一种型式。论证者引证一个在先被接受的个案,作为给争论中的一个特定情形的可接受性提供一个指导方针。
大前提:一般地,按照已确立的规则,如果 x 有性质 F,则 x 也有性质 G。
小前提:在这个法律案件中,a 有性质 F,但没有性质 G。
结论:因此,该规则的一个例外必须被承认,该规则适当被修改或限制。
批判性思考:
CQ1:已确立的规则真的适用这个案件吗?
CQ2:所引用的案例是合法的,或能被解释为该规则的唯一明显的违反吗?
CQ3:所引用的案例可以在早已认可的例外范畴之下被处理,而不需要改变规则吗?

(三) 例外
论证一个特定的情形是一个规则的例外,因此并不受该规则约束。
大前提:如果案例 x 是一个例外,那么已确立的规则可在 x 案例中被放弃。
小前提:a 案例是一个例外。
结论:已确立的规则可在 a 案例中被放弃。
批判性思考:
CQ1. 该案例是一个被认可的例外吗?
CQ2. 如果它不是一个被认可的案例,那么,能给出为什么已确立规则不适用于它的证据吗?
CQ3. 如果它是一个边界情形,能引证一个可比较的案例吗?
■以下两题基于以下共同题干:
史密斯:根据《国际珍稀动物保护条例》的规定,杂种动物不属于该条例的保护对象。《国际珍稀动物保护条例》的保护对象中,包括赤狼。而最新的基因研究技术发现,一直被认为是纯种物种的赤狼实际上是山狗与灰狼的杂交来重新获得它。由于赤狼明显需要保护,所以条例应当修改,使其也保护杂种动物。

张大中:您的观点不能成立。因为,如果赤狼确实是山狗与灰狼的杂交种的话,那么,即使现有的赤狼灭绝了,仍然可以通过山狗与灰狼的杂交来重新获得。

(1) 以下哪项最为确切地概括了张大忠与史密斯争论的焦点?

A. 赤狼是否为山狗与灰狼的杂交种。

B. 国际珍稀动物保护条例的保护对象中,是否应当包括赤狼。

C. 国际珍稀动物保护条例的保护对象中,是否应当包括杂种动物。

D. 山狗与灰狼是否都是纯种物种。

E. 目前赤狼是否有灭绝的危险。

[解题分析]　正确答案:C。

史密斯的观点是:《国际珍稀动物保护条例》的保护对象中,应当包括杂种动物。其根据是:《国际珍稀动物保护条例》的保护对象中,包括赤狼。赤狼是杂种动物。既然赤狼明显需要保护,所以一般地,杂种动物需要保护。

张大中的观点是:《国际珍稀动物保护条例》的保护对象中,不应当包括杂种动物。其根据是:如果某种杂交动物物种灭绝的话,可以通过动物的杂交来重新获得它,不需要保护。

因此,两人争论的焦点是:《国际珍稀动物保护条例》的保护对象中,是否应当包括杂种动物。

(2) 以下哪项最可能是张大中的反驳所假设的?

A. 目前用于鉴别某种动物是否为杂种的技术是可靠的。

B. 所有现存杂种动物都是现存纯种动物杂交的后代。

C. 山狗与灰狼都是纯种物种。

D. 国际珍稀动物保护条例执行效果良好。

E. 赤狼并不是山狗与灰狼的杂交种。

[解题分析]　正确答案:B。

为使张大中的反驳成立,B 项是必须假设的,否则,如果有的杂交动物不是现存纯种动物杂交的后代,那么,此种杂交动物物种一旦灭绝,就不能通过杂交来重新获得它,张大中反驳的根据就不能成立。

其余各项均不是需要假设的。

练习题

1. 老林被誉为"股票神算家"。他曾经成功地预测了 1994 年 8 月"井喷式"上升行情和 1996 年下半年的股市暴跌,这仅是他准确预测股市行情的两个实例。

回答以下哪个问题对评价以上陈述最有帮助?

A. 老林准确预测股市行情的成功率是多少?

B. 老林是否准确地预言了 2002 年 6 月 13 日的股市大跌?

C. 老林准确预测股市行情的方法是什么?

D. 老林的最高学历和所学专业是什么?

E. 有多少人相信老林对股市行情的预测?

2. 经 A 省的防疫部门检测,在该省境内接受检疫的长尾猴中,有 1% 感染上了狂犬病。但是只有与人及其宠物有接触的长尾猴才接受检疫。防疫部门的专家因此推测,该省长尾猴中感染狂犬病的比例将大大小于 1%。

以下哪项如果为真,将最有力地支持专家的推测?

A. 在 A 省境内,与人及其宠物有接触的长尾猴只占长尾猴总数的不到 10%。
B. 在 A 省,感染有狂犬病的宠物约占宠物总数的 0.1%。
C. 在与 A 省毗邻的 B 省境内,至今没有关于长尾猴感染狂犬病的疫情报告。
D. 与和人的接触相比,健康的长尾猴更愿意与人的宠物接触。
E. 与健康的长尾猴相比,感染狂犬病的长尾猴更愿意与人及其宠物接触。

3. 一种为机场安全而设计的扫描仪在遇到行李中藏有易爆品时会发出警报,扫描仪把没有易爆品的行李误认为有易爆品的可能性只有 1%。因此,在 100 次报警中有 99 次会发现易爆品。

上述论证的推理是错误的,因为:

A. 忽略了在有爆炸品存在的情况下误报为无爆炸品的可能性。
B. 基于一个可能存有偏倚的事例概括出一个关于可靠性的普遍的结论。
C. 忽略了扫描仪在检验易爆品时操作员可能发生的人为错误。
D. 没有说明该扫描仪是否对所有易爆品都同样敏感。
E. 在讨论百分比时替换了一组数据的概念。

4. 认为大学的附属医院比社区医院或私立医院要好,是一种误解。事实上,大学的附属医院抢救病人的成功率比其他医院要小。这说明大学的附属医院的医疗护理水平比其他医院要低。

以下哪项,如果为真,最能驳斥上述论证?

A. 很多医生既在大学工作又在私立医院工作。
B. 大学,特别是医科大学的附属医院拥有其他医院所缺少的精密设备。
C. 大学附属医院的主要任务是科学研究,而不是治疗和护理病人。
D. 去大学附属医院就诊的病人的病情,通常比去私立医院或社区医院的病人的病情重。
E. 抢救病人的成功率只是评价医院的标准之一,而不是唯一的标准。

5. 一项调查统计显示,肥胖者参加体育锻炼的月平均量,只占正常体重者的不到一半,而肥胖者的食物摄入的月平均量,基本和正常体重者持平。专家由此得出结论,导致肥胖的主要原因是缺乏锻炼,而不是摄入过多的热量。

以下哪项如果为真,将严重削弱上述论证?

A. 肥胖者的食物摄入平均量总体上和正常体重者基本持平,但肥胖者中有人是在节食。
B. 肥胖者由于体重的负担,比正常体重者较为不乐意参加体育锻炼。
C. 某些肥胖者体育锻炼的平均量,要大于正常体重者。
D. 体育锻炼通常会刺激食欲,从而增加食物摄入量。
E. 通过节食减肥有损健康。

6. 一项研究将一组有严重失眠的人与另一组未曾失眠的人进行比较,结果发现,有严重失眠的人出现了感觉障碍和肌肉痉挛,例如,皮肤过敏或不停的"眼跳"症状。研究人员的这一结果有力地支持了这样一个假设:失眠会导致周围神经系统功能障碍。

以下哪项如果为真,最能质疑上述假设?

A. 感觉障碍或肌肉痉挛是一般人常有的周围神经系统功能障碍。
B. 常人偶尔也会严重失眠。
C. 该项研究并非由权威人士组织实施。
D. 周围神经系统功能障碍的人常患有严重的失眠。
E. 参与研究的两组人员的性别与年龄构成并不完全相同。

7. 越来越多的有说服力的统计数据表明,具有某种性格特征的人易患高血压,而另一种性格特征的人易患心脏病,如此等等。因此,随着对性格特征的进一步分类研究,通过主动修正行为和调整性格特征以达到防治疾病的可能性将大大提高。

以下哪项,最能反驳上述观点?

A. 一个人可能会患有与各种不同性格特征均有关系的多种疾病。
B. 某种性格与其相关的疾病可能由相同的生理因素导致。
C. 某一种性格特征与某一种疾病的联系可能只是数据上的巧合,并不具有一般性意义。
D. 人们往往是在病情已难以扭转的情况下,才愿意修正自己的行为,但已为时太晚。
E. 用心理手段医治与性格特征相关的疾病的研究,导致心理疗法遭到淘汰。

8. 具有大型天窗的独一无二的赛发特百货商场的经验表明,商店内射入的阳光可增加销售额。赛发特的大天窗可使商店的一半地方都有阳光射入,这样可以降低人工照明需要,商店的另一半地方只有人工照明。从该店两年前开张开始,天窗一边的各部门的销售量要远高于其他各部门的销售量。

下列哪一项,如果正确,最能支持上面论述?

A. 在某些阴天里,商场中天窗下面的部分需要更多的人工灯光来照明。
B. 在商场夜间开放的时间里,位于商场中天窗下面部分的各部门的销售额不比其他部门高。
C. 许多顾客在一次购物过程中,在商场两边的部门都购买商品。
D. 除了天窗,商场两部分的建筑之间还有一些明显的差别。
E. 位于商场天窗下面部分的各部门,在赛发特的其他一些连锁店中也是销售额最高的部门。

9. 硕鼠通常不患血癌。在一项实验中发现,给300只硕鼠同等量的辐射后,将它们平均分为两组,第一组可以不受限制地吃食物,第二组限量吃食物。结果第一组75只硕鼠患血癌,第二组5只硕鼠患血癌。因此,通过限制硕鼠的进食量,可以控制由实验辐射导致的硕鼠血癌的发生。

以下哪项如果为真,最能削弱上述实验结论?

A. 硕鼠与其他动物一样,有时原因不明就患有血癌。
B. 第一组硕鼠的食物易于使其患血癌,而第二组的食物不易使其患血癌。
C. 第一组硕鼠体质较弱,第二组硕鼠体质较强。

D. 对其他种类的实验动物,实验辐射很少导致患血癌。
E. 不管是否控制进食量,暴露于实验辐射的硕鼠都可能患有血癌。

10. 赞扬一个历史学家对于具体历史事件阐述的准确性,就如同是在赞扬一个建筑师在完成一项宏伟建筑物时使用了合格的水泥、钢筋和砖瓦,而不是赞扬一个建筑材料供应商提供了合格的水泥、钢筋和砖瓦。

以下哪项最为恰当地概括了题干所要表达的意思?
A. 合格的建筑材料对于完成一项宏伟的建筑是不可缺少的。
B. 准确地把握具体的历史事件,对于科学地阐述历史发展规律是不可缺少的。
C. 建筑材料供应商和建筑师不同,他的任务仅是提供合格的建筑材料。
D. 就如同一个建筑师一样,一个历史学家的成就,不可能脱离其他领域的研究成果。
E. 一个历史学家必须准确地阐述具体的历史事件,但这并不是他的主要任务。

11. 所有的灰狼都是狼,这一断定显然是真的。因此,所有的疑似 SARS 病例都是 SARS 病例,这一断定也是真的。

以下哪项最为恰当地指出了题干论证的漏洞?
A. 题干的论证忽略了:一个命题是真的,不等于具有该命题形式的任一命题都是真的。
B. 题干的论证忽略了:灰狼与狼的关系,不同于疑似 SARS 病例和 SARS 病例的关系。
C. 题干的论证忽略了:在疑似 SARS 病例中,大部分不是 SARS 病例。
D. 题干的论证忽略了:许多狼不是灰色的。
E. 题干的论证忽略了:此种论证方式会得出其他许多明显违反事实的结论。

12. 斯地驳尔是一种经常毁坏北美谷类庄稼的有害昆虫。在其他一些大陆上,斯地驳尔对庄稼的毁坏可以被某种蜂所控制。因为这种蜂只以斯地驳尔为食,将其引进北美可使庄稼免遭斯地驳尔的毁坏且不危害其他北美的昆虫。

下面哪一个是上面论述所基于的假设?
A. 谷物是生长在北美以外大陆的斯地驳尔的主要食物。
B. 这种蜂能够在北美长期存活以吃掉大量的斯地驳尔。
C. 在北美没有与吃斯地驳尔的蜂相似的蜂。
D. 在北美以外的大陆,这种蜂能比其他昆虫控制方法更有效地控制斯地驳尔。
E. 北美大陆以外的谷物庄稼不会被任何斯地驳尔以外的昆虫毁坏。

13. 也许令许多经常不刷牙的人感到意外的是,这种不良习惯已使他们成为易患口腔癌的高危人群。为了帮助这部分人早期发现口腔癌,市卫生部门发行了一本小册子,教人们如何使用一些简单的家用照明工具,如台灯、手电等,进行每周一次的口腔自检。

以下哪项如果为真,最能对上述小册子的效果提出质疑?
A. 有些口腔疾病的病症靠自检难以发现。
B. 预防口腔癌的方案因人而异。
C. 经常刷牙的人也可能患口腔癌。
D. 口腔自检的可靠性不如在医院所做的专门检查。
E. 经常不刷牙的人不大可能进行每周一次的口腔自检。

14. 某乡间公路附近经常有鸡群聚集,这些鸡群对这条公路上高速行驶的汽车的安全造成了威胁。为了解决这个问题,当地交通部门计划购入一群猎狗来驱赶鸡群。

以下哪项如果为真,最能对上述计划构成质疑?

A. 出没于公路边的成群猎狗会对交通安全构成威胁。
B. 猎狗在驱赶鸡群时可能伤害鸡群。
C. 猎狗需要经过特殊训练才能够驱赶鸡群。
D. 猎狗可能会有疫病,有必要进行定期检疫。
E. 猎狗的使用会增加交通管理的成本。

15. 澳大利亚是个地广人稀的国家,不仅劳动力价格昂贵,而且很难雇到工人,许多牧场主均为此发愁。有个叫德尔的牧场主采用了一种办法,他用电网把自己的牧场圈起来,既安全可靠,又不需要多少牧牛工人。但是反对者认为这样会造成大量的电力浪费,对牧场主来说增加了开支,对国家的资源也不够节约。

以下哪项如果为真,能够削弱批评者对德尔的指责?

A. 电网在通电 10 天后就不再耗电,牛群因为有了惩罚性的经验,不会再靠近和触碰电网。
B. 节省人力资源对于国家来说也是一笔很大的财富。
C. 使用电网对于牛群来说是暴力式的放牧,不符合保护动物的基本理念。
D. 德尔的这种做法,既可以防止牛走失,也可以防范居心不良的人偷牛。
E. 德尔的这种做法思路新颖,可以考虑用在别的领域以节省宝贵的人力资源。

16. 本州的医生执照委员会坚持认为,唯有由该委员会授权的医学院才能被允许培训医生。对这一政策所给出的主要理由是,由未经授权的机构培养的医生可能缺乏成为一名合格医生所必需的训练。但是,既然执照委员会完全由医生所组成,并且他们明显地能够从限制新医生的供应中获得经济利益,他们的理由不能被认真地对待。

下面哪一种论证技巧在上文中被使用?

A. 通过指出用来支持该结论的一个陈述是假的,从而削弱了执照委员会的论证。
B. 通过质疑提出该论证的执照委员会的动机,使该委员会的论证不被信任。
C. 通过表明执照委员会在该论证的主题上不是可信的权威,使该委员会的论证不被信任。
D. 通过指出在被执照委员会授权的那些机构之外的其他机构能够培养合格的医生,使该委员会的论证不被信任。
E. 执照委员会的论证受到挑战,理由是:该委员会的结论所依赖的大前提是有问题的。

17. 一艘远洋帆船载着 5 位中国人和几位外国人由中国开往欧洲。途中,除 5 位中国人外,全患上败血症。同乘一艘船,同样是风餐露宿,漂洋过海为什么中国人和外国人如此不同呢?原来这 5 位中国人都有喝茶的习惯,而外国人却没有,于是得出结论:喝茶是这 5 位中国人未得败血症的原因。

以下哪项和题干中得出结论的方法最为相似?

A. 警察锁定了犯罪嫌疑人,但是从目前掌握的事实看,都不足以证明他犯罪。专案组由此得出结论,必有一种未知的因素潜藏在犯罪嫌疑人身后。

B. 在两块土壤情况基本相同的麦地上,对其中一块施氮肥和钾肥,另一块只施钾肥。结果施氮肥和钾肥的那块麦地的产量高于另一块,可见,施氮肥是麦地产量较高的原因。

C. 孙悟空:"如果打白骨精,师父会念紧箍咒;如果不打,师父就会被妖精吃掉。"孙悟空无奈得出结论:"我还是回花果山算了"。

D. 天文学家观测到天王星的运行轨道有特征 a、b、c,已知特征 a、b 分别是由两颗行星甲、乙的吸引造成的,于是猜想还有一颗未知行星造成天王星的轨道特征 c。

E. 一定压力下的一定量气体,温度升高,体积增大;温度降低,体积缩小。气体体积与温度之间存在一定的相关性,说明气体温度的改变是其体积改变的原因。

18. 人们普遍认为适量的体育运动能够有效降低中风,但科学家还注意到有些化学物质也有降低中风风险的效用。番茄红素是一种让番茄、辣椒、西瓜和番木瓜等蔬果呈现红色的化学物质。研究人员选取一千余名年龄在 46~55 岁之间的人,进行了长达 12 年的跟踪调查,发现其中番茄红素水平最高的四分之一的人中有 11 人中风,番茄红素水平最低的四分之一的人中有 25 人中风。他们由此得出结论:番茄红素能减低中风的发生率。

以下哪项如果为真,能对上述研究结论提出质疑?

A. 番茄红素水平较低的中风者中有三分之一的人病情较轻。
B. 吸烟、高血压和糖尿病等会诱发中风。
C. 如果调查 56~65 岁之间的人,情况也许不同。
D. 番茄红素水平高的人约有四分之一喜爱进行适量的体育运动。
E. 被跟踪的另一半人中 50 人中风。

答案与解析

1. 答案:A。

题干结论是:老林被誉为"股票神算家"。

根据是:他准确预测了股市行情的两个实例。

可见,题干仅根据两个个案,就归纳出一般性的结论,这样的结论是缺乏说服力的。

因此,为了评价题干的结论,显然应当知道,老林准确预测股市行情的成功率是多少。

2. 答案:E。

题干结论:该省长尾猴患病率大大小于 1%。

理由有二:第一,受检的长尾猴患病率为 1%;第二,只有与人接触的长尾猴才接受检疫。

这是由样本(与人接触的长尾猴的患病率)推出总体(该省所有长尾猴的患病率)的统计推理。

A 项实际上指的是样本占总体的比率,实际上统计推理的有效性主要看样本是否具有代表性,由于抽样调查结果的可靠性主要不取决于抽样的比例,因此,A 项实际上对题干起不到作用。

如果 E 项的断定为真,即事实上,染病的长尾猴更愿意与人及其宠物接触,又根据题干,只有与人及其宠物有接触的长尾猴才接受检疫,则说明在接受检疫的长尾猴中感染狂犬病的比例,要高于未接受检疫的长尾猴。这就有力地支持了专家的推测。

其余各项均不能支持专家的推测。

3. 答案：E。

从"把没有易爆品误报为有易爆品的可能性为1‰"中推不出"100次报警中有99次是真的"。

比如连续检验10000件没有易爆品的行李,扫描仪可能会发出100次报警,而这100次警报可能都是假的。

4. 答案：D。

本题推理是由一个统计事实"大学的附属医院抢救病人的成功率比其他医院要小",而得出一个解释性结论"大学的附属医院的医疗护理水平比其他医院要低"。

这个结论是建立在将两个具有不同内容的数字进行不恰当比较的基础上的。要削弱这则论证,就要指出样本(质)不同。D项断定,去大学附属医院就诊的病人的病情,通常比去私立医院或社区医院的病人的病情重,因此,显然不能根据大学附属医院抢救病人的成功率比其他医院小,就得出大学的附属医院的医疗护理水平比其他医院要低的结论。这就有力地驳斥了题干的论证。

A、B、C和E项或为无关项,或都对题干削弱程度较低。

5. 答案：B。

题干结论是：缺乏锻炼导致了肥胖

如果B项为真,则有助于说明,对于肥胖者来说,是由于肥胖导致较少锻炼,而不是缺乏锻炼导致了肥胖。这就有力地削弱了题干的论证。

6. 答案：D。

如果D项为真,则有利于说明：不是失眠会导致周围神经系统功能障碍,而是周围神经系统功能障碍的人常患有严重的失眠。这就有力地削弱了题干的论证。

7. 答案：B。

题干根据统计发现：甲现象(某性格特征)总伴随着乙现象(某疾病)出现,因此推断,甲是乙的原因。

B项指出甲和乙可能是丙(某种生理因素)的共同结果。既然在性格特征和疾病之间没有确定的因果关联,通过主动修正行为和调整性格特征以防治疾病的设想就不具有可行性,从而反驳了题干中甲和乙存在因果关系(可通过调整性格来治病)的观点。

选项A表面上看好像能够削弱统计结论,其实它对该结论提供支持：某种性格导致某种疾病,他具有多种不同的性格,所以他患有多种不同的疾病。

选项C是干扰项,也能起到削弱作用,但其本身的观点就不十分肯定,只对题干中的设想构成轻度质疑,没有B项的削弱程度大。

选项D、E与题干所问不相干。

8. 答案：B。

题干根据赛发特百货商场中有阳光射入的地方比只有人工照明的地方销售量要高的事实,得出结论：商店内射入的阳光可增加销售额。

B项说明在商场夜间开放时,天窗下面的各部门无阳光射入,那么其销售额并不比其他部门高,这有利于说明商店内射入的阳光和销售额之间是有因果关系的,没有这个原因就没有这个结果,这就有效地支持了题干结论,为正确答案。

E 项易误选,也能起到支持作用,但支持力度不如 B 项大。E 项与题干构成求同法得出结论,B 项与题干构成求异法的结论,相比较而言,求异法得出的结论更可靠。E 项只能说明天窗下商店的销售量高的原因是因为天窗这个因素,但是不是阳光还不好说(也许是空气更新鲜呢)。

其余选项不能支持题干论述,比如,A 项说明在阴天时候天窗下面部分的采光方式,与这个论证的中心思想没有关系。C 项说明的情况似乎有削弱该论证的倾向。D 项说明商厦的建筑形式与风格,与论证没有关系。

9. 答案:B。

题干的实验运用的是差异法。在运用差异法求因果联系时,必须保持背景条件的相同。在上述实验中,考察的是进食量的差异,除此以外,其他实验条件应当相同。而 B、C 项都表明了背景因素不同,都能削弱题干。

如果 B 项为真,能有力地说明硕鼠患血癌的原因,极可能与进食量无关,而与进食的食物有关,这就有力削弱了题干的实验结论。由于 B 项直接点明了食物与血癌的关系,因此,削弱力度要大于 C 项所指的体质差异。

10. 答案:E。

建筑师和建筑材料供应商的区别在于:对于建筑材料供应商来说,如果他提供的建筑材料是合格的,他的任务就完成了;对于建筑师来说,使用合格的建筑材料,只是他完成任务的必要条件,而不意味着他已完成了任务。

题干把具体历史事件的准确阐述,比作使用了合格的建筑材料;把作了此种准确阐述的历史学家,比作建筑师,而不是比作完成了任务的建筑材料供应商,这意在说明,准确地阐述具体历史事件,对于历史学家的工作来说是必不可少的,但这并不是他的主要任务(也许他的主要任务是发现历史规律)。这正是 E 项所断定的。

其余各项对题干的概括均不如 E 项恰当。

11. 答案:B。

题干是个类比论证,把"所有的疑似 SARS 病例都是 SARS 病例"类比为"所有的灰狼都是狼"。

此论证的漏洞在于类比不当,"灰狼"从属于"狼",是包含关系;而"疑似 SARS 病例"并不从属于"SARS 病例",不是包含关系,B 项恰当地指出了这一漏洞。

12. 答案:B。

本题解题思路为:方法可行,B 项是必须假设的,否则,如果这种蜂不能够在北美长期存活以吃掉大量的斯地驳尔,那么引进这种蜂也起不到作用。

13. 答案:E。

题干断定,小册子的目的是帮助经常不刷牙的人进行口腔自检。而 E 项则断定经常不刷牙的人不大可能进行每周一次的口腔自检,恰恰说明了小册子的效果是不可信的。

14. 答案:A。

反对方法的削弱就是指出"方法不可取",即解决问题的办法本身就是个问题,有负面作用。

A 项暗示用猎狗来驱赶鸡群,虽然可能减少鸡群对交通安全的威胁,但因此带来了猎狗对交通安全的威胁,这就有力地质疑了题干,为正确答案。

其余各项不能有力地削弱题干。比如 B 项,伤害鸡群虽然会带来损失,但是跟交通安全无关。C 项指出使用猎狗的计划有一定难度,但是并不意味着一定不可行。D 项指出猎狗计划需要其他手段支持,也不意味着不可行。E 项指出猎狗计划有不利的影响,但是不意味着猎狗计划不能解决交通安全问题。

15. 答案:A。

批评者对德尔的指责是:用电网把牧场圈起来的做法会造成大量的电力浪费。

如果 A 项的断定为真,则题干中反对者所指责的电力浪费,即使存在,也至多只会持续10 天,这就有力地削弱了题干中对德尔的指责。

其余各项均不能削弱题干中的指责。

16. 答案:B。

该论证犯有处境式人身攻击的谬误,这意味着:它试图通过指出预先剥夺了论证者如此论证的权利的情景,来使该论证不被信任。

17. 答案:B。

选项 B 和题干推理方法均为求异法。

其余选项与题干不相似,比如,A 项属于猜想,C 项是针对二难情况做出逃避的选择,D项是剩余法,E 项是共变法。

18. 答案:E。

题干结论得出的依据是,红素水平最高的四分之一的人比番茄红素水平最低的四分之一的人的中风发生率低。

如果选项 E 为真,意味着红素水平中等的一半人的中风发生率和番茄红素水平最低的四分之一的人的中风发生率一样高,这说明番茄红素不一定减低中风的发生率,因此,对题干结论最能削弱。

第六章 逻辑谬误

真理常常是在与谬误的辩驳中成长起来的,因此,我们不得不关注谬误。谬误常常出现在前提与结论的逻辑关系上,它是指那些貌似正确、具有某种心理说服力,但经仔细分析之后却发现其为无效的推理或论证。

第一节 谬误概述

一、什么是谬误

从词源上说,英语词 fallacy(谬误)就是指"有缺陷的推理或论证"。"谬误"一词有广义、狭义之分。广义是泛指人们在思维和语言表达中所产生的一切逻辑或语用错误,即与真理相反的虚假的、错误的或荒谬的认识、命题或理论;狭义是指在推理或论证过程中所犯的逻辑错误,即从前提得不出结论。

违反思维规则或者违反论证的规则就会导致谬误。无意间违反了论证推理的规则所出现的谬误,也经常被看作论证缺陷;如果是有意违反推理规则来构建论证,则被看作是一种诡辩。

二、谬误的分类

1. 形式谬误与非形式谬误

这是按谬误的产生是否是由于违反推理形式的逻辑规则而对谬误所作的分类。形式谬误也就是前述所说的演绎的谬误,它是指那种由于违反形式逻辑的规则而产生的逻辑形式不正确的各种谬误。所谓非形式谬误则泛指一切并非由于逻辑形式上的不正确而产生的谬误。比如,论证中的预期理由的错误、以人为据的错误等。

2. 语形谬误、语义谬误和语用谬误

这是从逻辑符号学的角度进行的分类。

(1) 语形谬误是指运用符号过程中,产生在符号之间关系方面的谬误,也就是由于推理形式不正确而产生的种种谬误,它是将一些演绎推理非有效式视为有效式而引起的谬误。

(2) 语义谬误是指运用符号过程中,产生于符号同其指谓对象关系方面的谬误,也就是由于表达式的意义方面的原因而引起的各种谬误。如语词歧义的谬误和语句歧义的谬误就属于此类。

(3) 语用谬误是指运用符号过程中,产生于符号同其解释者之间关系方面的谬误,也就是同语言使用者和语境密切相关的一种谬误。如诉诸无知的谬误、诉诸怜悯的谬误等。

其实,语形谬误就是前述分类中的形式谬误,而语义谬误和语用谬误大体上则属于前述分类中的非形式谬误。不满足批判性问题所要求的条件的根据常理的论证属于非形式谬误。

第二节 逻辑基本规律

很多谬误产生的根源在于违反逻辑基本规律。逻辑基本规律是正确思维的根本假定，也是理性交流的必要条件。主要的逻辑基本规律有四条：同一律、矛盾律、排中律及充足理由律。

一、同一律

（一）同一律的基本内容

同一律的基本内容是：任何一个思想与其自身是等同的。

逻辑思维确定性，三同一条件：在同一思维过程中，对同一对象的同一方面的思想。

同一律内容/要求：三同一条件下，思想保持自身确定性。

同一律的公式是：

$$A \rightarrow A \text{（A 是 A）}$$

任何一个概念都有其确定的内涵和外延，是这个概念就是这个概念，而不是别的概念。任一命题都有其确定的命题内容，是这个命题就是这个命题，而不是别的命题。

[逻辑案例] 有人梦见自己在和上帝对话。"伟大的上帝，在你眼里，1000 年意味着什么？"上帝回答说："只不过一分钟罢了。"那人又说："大慈大悲的上帝，请告诉我，10 万金币意味着什么？""一个铜板罢了。""至高无上的上帝，请您恩赐我一个铜板吧！"上帝说："也好，那就请等一分钟吧！"

点评：在这则幽默中，意味着这位"贪财"之人要得到上帝恩赐的 10 万金币，得等上足足 1000 年！

（二）同一律的逻辑要求以及违反同一律要求的常见逻辑错误

同一律的逻辑要求是：在同一思维过程中，一个思想必须保持其确定和同一。具体一些说，这个要求包括两方面的内容：第一，在同一思维过程中，每个思想都必须是确定的；第二，在同一思维过程中，每个思想前后应当保持一致。

同一律对词项运用的要求是：在同一思维过程中，任何词项必须保持内涵和外延的同一，原来在某一意义上使用某一词项指称什么对象，表达什么概念，在同一思维过程中就要保持它原来的意义，而不能用同一词项指称不同的对象，表达不同的概念。与此对应，不同的词项应该表达不同的概念，指称不同的对象。违反同一律要求的逻辑错误主要有两种：混淆或偷换概念、转移或偷换论题。混淆概念和偷换概念的逻辑谬误在前面已阐述，此处不再赘述。转移或偷换论题这种逻辑错误是在论证过程中把两个不同的论题（判断或命题）这样或那样地混淆或等同起来，从而用一个论题去代换原来所论证的论题。

[逻辑案例] 明代有位姓靳的内阁大学士（相当于宰相），他的父亲不太出名，他的儿子

很不成材,可他的孙子却考中了进士。这位内阁大学士经常责骂他的儿子,骂他是不肖之子,是不成材的东西。后来,这个不肖子实在忍受不了责骂,就和内阁大学士顶了起来:"汝父不如吾父,汝子不如吾子。"意思就是,你的父亲不如我的父亲,你的儿子不如我的儿子,我有什么不成材的呢? 这位内阁大学士听了后,放声大笑,就不再责备儿子了。

点评:在当时情况下,这个不肖子所要论辩的是自己是否成材的问题,但是却故意将这一辩题偷换成你的儿子和我的儿子相比怎么样,你的父亲和我的父亲相比怎么样,这恰好把原来所要论证的论题回避了,这就是偷换论题。

[逻辑案例] 有五名日本侵华时期被抓到日本的原中国劳工起诉日本一家公司,要求赔偿损失。2007年日本最高法院在终审判决中声称,根据《中日联合声明》,中国人的个人索赔权已被放弃,因此驳回中国劳工的起诉请求。查1972年签署的《中日联合声明》,是这样写的:"中华人民共和国政府宣布:为了中日人民的友好,放弃对日本国的战争赔偿要求。"

点评:日本最高法院的论证偷换了论题,《中日联合声明》写的"中华人民共和国政府宣布放弃对日本国的战争赔偿要求",这与"中国人的个人索赔权已被放弃"是两个不同命题,中国政府放弃对日本索赔并不意味着放弃中国人个人的战争索赔权。

■1988年,乔治·布什与詹姆斯·丹·奎尔搭档竞选美国总统。当时人们攻击奎尔,说他的家族曾帮他挤进印第安纳州的国民卫队,以逃避去越南服兵役。对此,布什反驳说:"奎尔曾在国民卫队服役,他的分队当时尚有空缺;现在,他却受到了爱国派们尖锐的攻击……诚然,他没去越南,但他的分队也没有被派往那里。有些事实谁也不能抹杀:他没有逃往加拿大,他没有烧掉应征卡,也肯定没有烧过美国国旗!"

以下哪些议论的手法与布什的手法最为相似?

A. 某公司用淀粉加红糖制成所谓营养增高剂,被骗者甚众。工商管理人员因它是假药要查封它。该公司董事长振振有词,不让查封,他说:"我没有害死人。营养增高剂吃不死人,你不信,我现在就吃给你看,并且吃了它还顶事,管饱。"

B. 一公司经理说:"过去有个说法,金钱关系最肮脏。其实从某种意义上讲,金钱关系最纯洁,人情关系最复杂,说不清什么肮脏的东西在那里边。所以,我跟朋友都不借钱,也绝不与朋友做生意。"

C. 某研究生对导师说:"学习成绩全优的学生学习都很刻苦,你要是想让我学习刻苦,最好的办法是给我的所有课程都判优。"

D. 你说"所有的天鹅都是白的"不对,因为在澳洲早就发现了黑天鹅。

E. 张一弛解决了一个数学史上一百多年未被解决的难题,所以,他是一位优秀的数学家。

[解题分析] 正确答案:A。

题干中的问题在于奎尔的家族是否曾经帮助他避服兵役,而不在于他是否爱国。布什所提出的那些事实性断言与结论不相干,他靠诉诸我们的情感因素,诱使我们从基本问题游离开去。在各个选项中,B项中经理的说话方式与布什的没有任何类似。D、E项所提出的论据是支持其结论的充分理由。而选项A中那位董事长用一些不相干的事实来逃避管理人员的问题,与布什的手法最为类似。

■某对外营业游泳池更衣室的入口处贴着一张启事,称"凡穿拖鞋进入泳池者,罚款五至十元"。某顾客问:"根据有关法规,罚款规定的制定和实施,必须由专门机构进行,你们怎么可以随便罚款呢?"工作人员回答:"罚款本身不是目的。目的是通过罚款,来教育那些缺乏公德意识的人,保证泳池的卫生。"

上述对话中工作人员所犯的逻辑错误,与以下哪项中出现的最为类似?

A. 管理员:"每个进入泳池的同志必须戴上泳帽,没有泳帽的到售票处购买。"

某顾客:"泳池中那两个女同志怎么没戴泳帽?"

管理员:"那是本池的工作人员。"

B. 市民:"专家同志,你们制定的市民文明公约共15条60款,内容太多,不易记忆,可否精简,以便直接起到警示的作用。"

专家:"这次市民文明公约,是在市政府的直接领导下,组织专家组,在广泛听取市民意见的基础上制定的,是领导、专家、群众三结合的产物。"

C. 甲:什么是战争?

乙:战争是两次和平之间的间歇。

甲:什么是和平?

乙:和平是两次战争之间的间歇。

D. 甲:为了使我国早日步入发达国家之列,应该加速发展私人汽车工业。

乙:为什么?

甲:因为发达国家私人都有汽车。

E. 甲:一样东西,如果你没有失去,就意味着你仍然拥有,是这样吗?

乙:是的。

甲:你并没有失去尾巴,是这样吗?

乙:是的。

甲:因此,你必须承认,你仍然有尾巴。

[解题分析] 正确答案:B。

题干工作人员所犯的逻辑错误属于转移论题来回避矛盾,选项 B 中专家使用的手法与其相同。

二、矛盾律

(一)矛盾律的基本内容

矛盾律又称不矛盾律。

矛盾律的内容是:在同一思维过程中,两个互相矛盾或反对的思想不能同时是真的。

矛盾律的要求是:在同一思维过程中,对两个相互矛盾或反对的思想不能都加以认可,而必须指出其中有一个是假的。

矛盾律的公式是:

$$\neg A \land \neg A \text{ (A 不是非 A)}$$

（二）矛盾律的逻辑要求以及违反矛盾律要求常见的逻辑错误

矛盾律的要求是：对于同一对象不能同时作出两个互相矛盾的断定，即不能既肯定它是什么，同时又否定它是什么。换句话说，矛盾律要求在同一思维过程中，思想必须前后一贯，不能自相矛盾。

矛盾律要求对两个互相矛盾或互相反对的判断不能都肯定，必须否定其中的一个。否则，会犯自相矛盾的错误。

[逻辑案例] 关于思想的逻辑矛盾，我国战国时代的思想家韩非子曾经谈到过这样一个故事：有一个卖矛（长矛）和盾（盾牌）的人，先吹嘘他的盾如何的坚固，说："吾盾之坚，物莫能陷"。过了一会，他又吹嘘他的矛是如何的锐利，说："吾矛之利，物无不陷"。这时旁人讥讽地问："以子之矛，攻子之盾，何如？"卖矛与盾的人无言以答了。因为，当他说"我的盾任何东西都不能刺穿"时，实际上是断定了"所有的东西都是不能够刺穿我的盾"这个全称否定命题；而当他说"我的矛可以刺穿任何东西"时，实际上又断定了"有的东西是能够刺穿我的盾的"这一特称肯定命题。这样，由于他同时肯定了两个具有矛盾关系的命题，因而就陷入了自相矛盾的境地。

[逻辑案例] 看不见。

一个军人想找个借口离开军队。于是他找到军医，说："真糟糕，我的视力越来越差了，不适宜参军当兵。"医生给他看了一会儿，说："你能证明你的视力不好吗？"此人环顾一下四周，指着远处墙上的一颗钉子说："医生，你能看见墙上的那个钉子吗？""能看到。"医生回答。"可我看不见。"此人说。

[逻辑案例] "二十二条军规"。

第二次世界大战时某国空军有一条军规：如果飞行员被医生诊断有精神病，则他可以不参加作战飞行；但假如他要不参加作战飞行，则本人应该提出不参加作战的理由；而假如他意识到自己有病不能参加作战，那就证明他头脑健全，没有精神病。请问：如该国空军确有飞行员患有精神病，这条军规是否可行？为什么？

评论："二十二条军规"，此语常用来比喻圈套、枷锁等，是一套自相矛盾的诡辩逻辑。这条军规不可行，违反了矛盾律。飞行员被诊断有精神病，说明头脑不健全，所以可以不参加作战飞行；而不参加作战飞行的精神病人又需要自己提出不参战的理由，这就反过来又肯定精神病人头脑健全，没有精神病。军规对互相矛盾的两个判断都予以肯定，故违反了矛盾律。

■曾经有位雄心勃勃的年轻人，想发明一种可以溶解一切物质的万能溶液。但这位年轻人的理想注定是不能实现的。假若您想劝告这位年轻人放弃这项计划，那么，您认为以下哪一项劝告更能为这位年轻人所接受？

A. 根据目前已有的科学理论研究成果，发明这种溶液缺乏理论上的支持。

B. 发明这种溶液需要掌握极其复杂的技术和工艺，你目前的条件和能力远没有达到这一步。

C. 如果世界上真有这样一种溶液的话，别人早就发明出来了，怎么可能等到今天你来发明呢？

D. 据考证,世界上曾有许多人和你一样想发明这种溶液,但遗憾的是,他们全都失败了。

E. 这种溶液发明出来之后,你用什么器皿来盛它呢？

[解题分析]　正确答案：E。

E项,"这种溶液发明出来之后,你用什么器皿来盛它呢？"生动地揭示了"可以溶解一切物质的万能溶液"所蕴含的矛盾：它是溶液,需要器皿来盛它；但它又能溶解一切物质,故没有任何器皿能够盛它。上述矛盾的存在有力地说明了发明万能溶液是不可能的。

选项A、B、C、D都从不同角度说明了发明"可以溶解一切物质的万能溶液"之不现实,但均显得无力。

■按当前消费计算,每加仑汽油增收1分钱的汽油税每年会增加10亿元的收入。由于每加仑征收50分的汽油税每年就会增加500亿的收入,这看起来是解决财政赤字的一个好办法。这样做还可以降低对汽油的需求,以保护生态,它使国家不至于过分依赖外国石油产品。

以下哪一项最清楚地指明了作者推论中的错误？

A. 作者引用了无关的数据。

B. 作者所依据的当前的消费数据是错误的。

C. 作者使用了相互矛盾的假设。

D. 作者错把结果当作了原因。

E. 作者诉诸良知而不是理性。

[解题分析]　正确答案：C。

本题论证属于自相矛盾。要想多收汽油税,就得鼓励多消耗汽油；而降低对汽油的需求、保护生态等,则要鼓励少消耗汽油。

三、排中律

（一）排中律的基本内容

排中律的基本内容是：在同一思维过程中,两个互相矛盾的思想不能同时是假的。

排中律内容/要求：三同一条件下,相互否定的思想,不同假,必有一真。

排中律的公式是：

$$A \vee \neg A（A 或者非 A）$$

公式中A或非A表示两个互相矛盾的命题。因此,这一公式是说,任一命题A及其矛盾命题非A不可能同时都是假的。或者A真,或者非A真,两者必居其一。

（二）排中律的逻辑要求以及违反排中律要求常见的逻辑错误

排中律的逻辑要求是：对于两个互相矛盾的判断,必须明确地肯定其中之一是真的,不能对两者同时都加以否定。违反排中律就要犯两不可的逻辑错误。在概念方面的表现是：

在一个论域中,对两个相互矛盾的概念都不加以认可;或提出一个所谓的中性概念来回避对它们作出明确的选择。在判断方面的表现是:对两个相互矛盾的判断都加以否定,或杜撰出一个所谓的居中判断来回避对两个相互矛盾的判断作出明确的表态。

下面这些都犯了两不可的逻辑错误。

[逻辑案例] "这篇文章的观点不能说是全面的,也不能说是片面的。"

[逻辑案例] 不实行按劳分配不好,不利于调动群众的生产积极性。但是,实行按劳分配也不好,容易滋长只追求个人物质利益的倾向。

[逻辑案例] 有人说:"世界上究竟有没有鬼呢?有人说有,有人说没有,我认为两种看法都不对。鬼这个东西应该介于有和没有之间。"这个人对互相矛盾的命题同时加以否定,违反了排中率的要求,犯了两不可的逻辑错误。"说世界上有鬼,这不对,这是迷信;但要说世界上没鬼,也未免武断,因为有些现象还真不好解释。"

■有一块空着的地可以种庄稼,甲、乙、丙、丁四个人讨论这块地种什么庄稼好。甲一会儿说应该种小麦,一会儿说不应该种小麦。乙对甲说:"你的两种意见,我都不同意。"丙说:"我看还是种小麦好。"丁说:"我看还是种油菜好。"针对丙、丁的发言,乙又说:"你们两人的意见,我都不同意。"

以下哪项判断正确?

A. 甲的说法不存在逻辑错误。

B. 乙对甲的说法不存在逻辑错误。

C. 乙对丙、丁两人的说法存在逻辑错误。

D. 乙对丙、丁两人的说法不存在逻辑错误。

E. 乙的两次回答都不存在逻辑错误。

[解题分析] 正确答案:D。

甲一会儿说应该种小麦,一会儿说不应该种小麦。因此,甲犯了自相矛盾的逻辑错误,A项淘汰。

乙对甲说:"你的两种意见,我都不同意。"种不种小麦乙都反对,违反了排中律,因此,乙犯了"两不可"的逻辑错误,B、E项排除;

乙对丙、丁两人的说法没有违反排中律,不存在逻辑错误。因此,D项为正确答案。

■这次新机种试飞只是一次例行试验,既不能算成功,也不能算不成功。

以下哪项对于题干的评价最为恰当?

A. 题干的陈述没有漏洞。

B. 题干的陈述有漏洞,这一漏洞也出现在后面的陈述中:这次关于物价问题的社会调查结果,既不能说完全反映了民意,也不能说一点也没有反映民意。

C. 题干的陈述有漏洞,这一漏洞也出现在后面的陈述中:这次考前辅导,既不能说完全成功,也不能说彻底失败。

D. 题干的陈述有漏洞,这一漏洞也出现在后面的陈述中:人有特异功能,既不是被事实证明的科学结论,也不是纯属欺诈的伪科学结论。

E. 题干的陈述有漏洞,这一漏洞也出现在后面的陈述中:在即将举行的大学生辩论赛中,我不认为我校代表队一定能进入前四名,我也不认为我校代表队可能进不了前四名。

[解题分析]　正确答案:E。

题干的逻辑错误是:对试验成功和试验不成功这两个互相矛盾的命题同时否定。这一错误也出现在E项中,该项对"一定能进入前四名"和"可能进不了前四名"这两个互相矛盾的命题同时否定。可见,选项E和题干论证都违反了排中律,均犯了两不可的逻辑错误。

其余选项均不恰当。例如,D项不恰当,"特异功能是被事实证明的科学结论""特异功能是纯属欺诈的伪科学结论"互相反对,但不互相矛盾,同时否定没有逻辑错误。

四、充足理由律

(一) 充足理由律的基本内容

充足理由律的内容是:在同一思维和论证过程中,一个思想被确定为真,要有充足的理由。它可以表达成:A真,因为B真并且B可以推出A。充足理由律的作用在于确保思维的论证性。

(二) 充足理由律的逻辑要求以及违反充足理由律要求常见的逻辑错误

充足理由律要求在一个论证过程中,任何一个论断被确定为真的,必须具有真实的充足理由,并且理由与推断之间要有必然的逻辑联系。充足理由律实际上是要求在严密的逻辑证明时,怎样使它具有说服力。

充足理由律的具体要求主要有以下三点。

(1) 对所要论证的观点必须给出理由。
(2) 给出的理由必须真实。
(3) 从给出的理由必须能够推出所要论证的观点。

否则,就会犯虚假理由和推不出的错误。

1. 虚假理由

虚假理由指用虚假的理由充当论据去证明自己的观点,但实际上根本起不到这种证明作用。

比如,"宇宙在时间上是有开端的。因为,宇宙是上帝创造的,而上帝创造的东西在时间上是有一定开端的。"

上述推理所依据的理由——"宇宙是上帝创造的",不真实,因此,这一推理犯了虚假理由的逻辑错误。

[逻辑案例]　战国时期,楚国文人宋玉的《登徒子好色赋》,就是运用诡辩来证明自己不好色,而楚国大夫登徒子是一个好色之徒。宋玉论证到,登徒子的妻子非常丑陋,头发蓬乱,耳朵不灵,嘴巴秃短。而登徒子竟然喜欢她,并和她生了五个孩子。连这么难看的女人都钟爱,若对漂亮一些的女人不就更爱吗?这就充分说明了登徒子是个好色之徒。

点评：逻辑上稍加分析，就不难看出这个论证的诡辩性质。根据充足理由律的要求，在论证某一观点时，所持的理由不仅要真实，而且从理由能够推出所要论证的观点。"登徒子和他貌丑的妻子关系很好"，这个前提虽然真实，但从中根本不能推出"登徒子好色"的结论。而且结论恰恰相反，登徒子是个重情重义不看重美色的好人。

宋玉推出"登徒子好色"的结论，其实犯了虚假理由的错误。他实际上使用了一个虚假的未陈述前提"凡不嫌弃妻子貌丑的人都是好色之徒"，这个大前提显然是不成立的。

2. 推不出

推不出是指在一个推理过程中，理由虽然真实，但是理由和推断之间没有必然的逻辑联系。在一个推理论证过程中，如果前提或论据与结论或论题之间没有必然的联系，就可能推不出结论或不能证明论题的真实性。下面两个案例都犯了推不出的谬误。

[逻辑案例] 甲说："信不信由你！我在五分钟内打死了10只苍蝇，而且有六只是母的，四只是公的。"乙说："我不信！你怎么认得出来哪些是母的，哪些是公的？"甲说："那最简单不过了。我在镜子上打死的肯定都是母的，而在酒杯上打死的肯定都是公的。"

[逻辑案例] 最好的证据。

一个男孩向他的同伴炫耀："有一次，我爸爸不小心掉进河里，眼看就要淹死了，幸好他急中生智抓住身边游过来的两条小鱼，被这两条小鱼带到了岸上"，同伴们听了都不信，纷纷要求男孩拿出证据来。"这还要证据？"男孩睁大眼睛不解地说，"我爸爸至今还好好地活着，这难道不是最好的证据？"

■1908年，清朝3岁的宣统皇帝继位，接受文武百官的朝贺，钟鼓齐鸣，三呼万岁，把宣统皇帝吓得直哭。抱着宣统皇帝的摄政王安慰小皇帝说："快完了，快完了。"后来，清王朝于1911年被辛亥革命推翻。清朝的遗老遗少怪罪摄政王说，就是他在登基大典上说"快完了"，所以把大清朝的江山给葬送了。

以下的哪一项与清朝的遗老遗少的手法相似？

A. 这个码头坍塌，固然与建筑的质量有关，但与今年潮水过大也有一定的关系。
B. 这座大桥被冲垮了，完全是由于百年未遇的洪水的缘故。
C. 兴达公司如此兴旺发达，完全是由于这个公司的名字取得好。
D. 暂时没有攻克这个难关，是由于我们掌握的资料还不完全。
E. 只要真理在我们手里，就没有什么困难可以阻止我们取得胜利。

[解题分析] 正确答案：C。

题干中所述清朝遗老遗少的讲法犯有推不出的谬误。与其手法相似的是选项C。所以，正确的答案是选项C。

第三节 非形式谬误

按谬误的产生是否是由于违反推理形式的逻辑规则区分，谬误可分为形式谬误与非形式谬误。

形式谬误与非形式谬误的区别在于：形式谬误只会在演绎论证中出现。因此，如果所给出的论证是归纳论证，它就不可能包含形式谬误。非形式谬误是一种必须通过考查论证的内容才能查明的谬误。形式谬误与推理的各种形式相对应。各种形式谬误在演绎逻辑部分已经有非常详细的讲解,此处不再赘述。所谓非形式谬误就是指一种不正确的推理或论证,其不正确性并不是因为它具有无效的推理形式,而是由于其推理中语言的歧义性或者前提(论据)对结论(论题)的不相关性或不充分性。这些谬误往往是论证有效分析的重头戏。

非形式谬误中有一类叫弱归纳谬误,其谬误产生是因为前提与结论的逻辑关系不足以为结论提供有力的支持。这类与归纳论证或因果论证相关的谬误也在前面归纳逻辑中已有阐述,此处不再赘述。本节重点论述含混谬误、预设谬误和相干谬误三大类非形式谬误。

当然,谬误的分类不具有绝对性。某个论证谬误可以从多个角度进行分析。一种谬误和另一种谬误往往有密切联系,有时还是重合的。我们仅从论述和理解方便的角度,对各类论证谬误进行分类,这些分类大都是相对的。

一、含混谬误

含混谬误是由于在前提或结论中出现语义的含糊而产生的。主要有语词歧义、结型歧义、强调歧义、含混笼统、合成谬误、分解谬误等。

1. 语词歧义

所谓歧义,简单地说,就是一种语言形式可以有两种或两种以上的意义理解。论证中的歧义性谬误是指在确定的语言环境下,没有保持所用语言的确定性和明晰性,一种论证表述,产生了多种意义上的理解,从而影响语言表达和交流的谬误。其本质在于,论证者没有保持论证中所使用的概念、命题的确定性。

语词歧义是指在确定的语言环境下对同一语词在不同意义下使用(即表达了不同概念)而引起的逻辑谬误。

■试分析如下陈述的谬误所在:
(1)所有的鸟是有羽毛的,拔光了羽毛的鸟是鸟,所以拔光了羽毛的鸟是有羽毛的。
(2)他的邻居原来在北京一家著名的医院做大夫。

[解题分析] (1)这是一个典型的由语词歧义引起的谬误。第一个前提"所有的鸟是有羽毛的"是从生理上说,鸟的与生俱来的特征是身上长有羽毛。即这里的"鸟"是就鸟之所以为鸟应当是有羽毛的这个意义而言的。而在第二个前提中,是就鸟的一种特殊状态,即拔毛鸟这个意义而言的。"鸟"这一语词在这一推理中具有歧义。正是这种歧义造成了上述推理结论的错误。

(2)此陈述也是语词歧义的一个例证。"原来"有两层意思,既可以表示"以前",也可表示"原来如此",则此项陈述既可理解为:他的邻居以前曾在北京一家著名的医院做大夫。又可理解为:突然知晓他的邻居原来在北京一家著名的医院做大夫。

2. 构型歧义

构型歧义,也叫做语法歧义。所谓构型歧义是指在确定的语言环境下,同一语句包含两种或两种以上的意义。这类错误包含的种类很多。如果留心也会发现,生活中这样的例子也很多。论证分析不要求进行细致的语法分析,所以,指出论证中存在构型歧义就可以了,不必深究。

■分析如下陈述的歧义类型：
(1) 我们学校有 56 名围棋选手和象棋选手，所以我们学校的围棋选手是 56 名。
(2) 评鲁迅论孔子。
(3) 他的笑话讲不完。
(4) 他连我都不认识。
(5) 10 天前，我访问了上海的朋友以后，去深圳了。
(6) 批评的是三位青年艺术家。

[解题分析] (1) 定语修饰不明。"56 名"作为定语，修饰对象不明。这个表面成立的推理是有问题的。我们学校有 56 名围棋选手和象棋选手，有两种理解：一个理解是：这 56 人既是围棋选手，也是象棋选手。另一个理解是：这 56 人中，一部分是围棋选手，一部分是象棋选手。因为围棋选手和象棋选手的集合不一定重合，所以上述推理就犯了语句歧义的错误。

(2) 词语关系不明。"评鲁迅论孔子"的一种理解是：鲁迅曾评论孔子，本文是对鲁迅写的这个关于孔子的论述进行评论。另一种理解是：评论鲁迅，并且评论孔子。

(3) 指代不明。"他的笑话讲不完"中的"笑话"既可理解为：关于他这个人自身的笑话很多。也可以理解为：他知道很多笑话。

(4) 动宾关系不明。"他连我都不认识"的一个理解是：他居然不认识我。另一个理解是：我也不认识他。

(5) 状语修饰不明。其中，"10 天前"究竟修饰"访问"还是修饰"去"不明确。

(6) 施受关系不清。"三位青年艺术家"既可以理解成被"批评"的对象，也可以理解成"批评"者。

3. 强调歧义

这是指在确定的语言环境下对同一语句强调的不同，而导致语句具有不同意义的谬误。

■试分析如下陈述是否存在歧义：
(1) 发现了敌人的哨兵。
(2) 咬死了猎人的狗。
(3) 一个农民创建的企业实现了海外并购的梦想。
(4) H 国对 M 国的进攻早有准备。

[解题分析] 这些命题都存在强调歧义。

(1) 此句的一个理解是：发现了哨兵，哨兵是敌对一方的。另一种理解是：我方的哨兵发现了敌人。

(2) 此句的一个理解是：一条狗，咬死了猎人。另一种理解是：猎人的狗被咬死了。

(3) 通过语音重读可以强调"一个"，也可以强调"农民"，由于对语词强调的不同，这一语句所表达的意思显然也就不同。前者从数量上强调，这个企业是由一个人(农民)开办的；后者强调这个企业是农民创办的企业。

(4) 此句的一个理解是：H 国蓄谋已久做好了准备要进攻 M 国。另一种理解是：M 国进攻 H 国，但 M 国早有准备。

4. 含混笼统

含混笼统，也可以叫做模棱两可。有时候，由于概念界定不清，会出现模棱两可甚至模棱多可的歧义表达。

比如，有关父母存亡问题的"父在母先亡"这个命题。就有四种解释：第一种，父亲在，母亲先死了；第二种，父亲死在母亲的前面了，即母亲在，父亲先死了；第三种，如果父母全死了，就是说，父先死，母后死这个先后顺序；第四种，如果父母都健在，那就是对未来情况的判断。

5. 合成谬误

合成谬误是指从部分出发、从某些元素的性质出发不恰当地推论整体性质的谬误。一般包括由部分到整体和由元素到集合两种无效论证。

（1）由部分到整体的无效论证。整体不是部分的简单叠加，从局部的属性是不能推论整体属性的。这种错误的实质是把"凡是部分具有的属性，整体一定具有"这个命题误认为真，然后以此为前提进行推论。

比如，从"每个战士都做好了战斗准备"，是不能推论，"整个部队已经做好了战争准备"的。再如，"钠和氯都是有毒的，因此由钠和盐构成的食盐是有毒的"就是一个错误的推论。

（2）由元素到集合的无效论证。集合包含一系列元素，但是元素的性质是元素的性质，集合不一定具有这个性质。比如由"一头大象比一只老鼠吃得多"，推不出，"大象吃的东西比老鼠多"。

[逻辑案例] 分析下面论证中的谬误：

很多科学家的职业行为只是为了提高他们的职业能力，做出更好的成绩，改善他们的个人状况，对于真理的追求则被置于次要地位。因此，科学家共同体的行为也是为了改善该共同体的状况，纯粹出于偶然，该共同体才会去追求真理。

点评：上述论证是由很多科学家的职业行为的特点，来推出科学家共同体的行为的特点。这个论证是由部分所具有的属性推断整体也具有这种属性，这属于合成的谬误。

■舞蹈学院的张教授批评本市芭蕾舞团最近的演出没能充分表现古典芭蕾舞的特色。他的同事林教授认为这一批评是个人偏见。作为芭蕾舞技巧专家，林教授考察过芭蕾舞团的表演者，结论是每一位表演者都拥有足够的技巧和才能来表现古典芭蕾舞的特色。

以下哪项最为恰当地概括了林教授反驳中的漏洞？

A. 他对张教授的评论风格进行攻击而不是对其观点加以批驳。
B. 他无视张教授的批评意见是与实际情况相符的。
C. 他仅从维护自己的权威地位的角度加以反驳。
D. 他依据一个特殊的事例轻率概括出一个普遍结论。
E. 他不当地假设，如果一个团体每个成员具有某种特征，那么这个团体总能体现这种特征。

[解题分析] 正确答案：E。

林教授认为："本市芭蕾舞团最近的演出没能充分表现古典芭蕾舞的特色"的看法不对。理由是：每一位表演者都拥有足够的技巧和才能来表现古典芭蕾舞的特色。其论证的漏洞在于,每一位表演者都拥有足够的技巧和才能来表现古典芭蕾舞的特色,而整个芭蕾舞团却不一定能充分表现古典芭蕾舞的特色。因此,选项 E 最为恰当地概括了林教授反驳中的漏洞。

■某大学的哲学学院和管理学院今年招聘新教师,招聘结束后受到了女权主义代表的批评,因为他们在 12 名女性应聘者中录用了 6 名,但在 12 名男性应聘者中却录用了 7 名。该大学对此解释说,今年招聘新教师的两个学院中,女性应聘者的录用率都高于男性的录用率。具体的情况是:哲学学院在 8 名女性应聘者中录用了 3 名,而在 3 名男性应聘者中录用了 1 名;管理学院在 4 名女性应聘者中录用了 3 名,而在 9 名男性应聘者中录用了 6 名。

以下哪项最有助于解释女权主义代表和大学之间的分歧?
A. 各个局部都具有的性质在整体上未必具有。
B. 人们往往从整体角度考虑问题,不管局部。
C. 有些数学规则不能解释社会现象。
D. 现代社会提倡男女平等,但实际执行中还是有一定难度。
E. 整体并不是局部的简单相加。

[解题分析]　正确答案:A。

女权主义代表从整体来看问题,认为没体现男女权力平等。校方从具体院系来看,如表 6-1 所示,说明女性权力得到了体现。

表 6-1

性别	哲学学院录取比例	管理学院录取比例	合计录取比例
女	3/8	3/4	6/12
男	1/3	6/9	7/12

二者从不同的角度来看,即整体与部分有区别,且各有各的理。这说明,部分具有的性质而整体未必有。因此,A 项正确。

6. 分解谬误

分解谬误是指由整体或集合的性质不当推论部分或元素的性质。

(1) 由整体到部分的无效论证。比如,由"高中生身材高于初中生"推不出"某个高中生一定比初中生高"。再如,"英国的表演比美国的表演好,T 是一个英国的演员,所以,他一定是比他的美国同行好的演员",就是无效论证。

(2) 由集合到元素的无效论证。例如,从"这片森林是茂密的"推不出"林中的某棵树是茂密的"。

■公达律师事务所以为刑事案件的被告进行有效辩护而著称,成功率达 90% 以上,老余是一位以专门为离婚案件的当事人成功辩护而著称的律师。因此,老余不可能是公达律师事务所的成员。

以下哪项最为确切地指出了上述论证的漏洞?
A. 公达律师事务所具有的特征,其成员不一定具有。
B. 没有确切指出老余为离婚案件的当事人辩护的成功率。

C. 没有确切指出老余为刑事案件的当事人辩护的成功率。
D. 没有提供公达律师事务所统计数据的来源。
E. 老余具有的特征,其所在工作单位不一定具有。

[解题分析]　正确答案：A。

公达律师事务所以刑事案件的有效辩护而著称,老余不是以刑事案件的有效辩护而著称的律师(是以离婚案件成功辩护而著称)。因此,老余不可能是公达律师事务所的成员。可见其论证的漏洞在于,整体所具有的特征其个体不一定都具有,即 A 项为真。

E 项为干扰项,但不如 A 项确切。

二、预设谬误

在推理中,有些错误是因为引入了不正当的前提而导致的。这类谬误就是所谓预设的谬误。理清论证结构,精确描述整个论证链条对识别这类谬误有重要意义。我们常常可以用明确这个不当前提或补充未陈述的前提的方法,把不当预设的谬误显现出来。

常见的预设谬误主要有如下四种。

1. 复杂问语

复杂问语也叫误导性问题,是指该问题的预设是假的,或者是有争议的。当预设为真时,问题有意义;当预设为假时,问题无意义。对这种问题的贸然回答,会使回答者陷入困境。这类问题中预设着回答者不能接受的前提,而如果对它作肯定的回答或作肯定的回答,都意味着回答者承认了问语中所预设的前提。比如,"做案后,你是回家还是去了其他地方?"预设了"你做了案"这个前提。也即,这类最常见的预设谬误,是由于问题自身包含了不当前提而产生的。处理误导性问题的常规方法是对它做出修正性回答。比如,有人问你,"你是否停止打你的妻子了?"这个人的预设是,你有妻子,而且你经常打妻子。如果你不能接受这个预设,那你不能简单地用肯定或否定来回答,而应这样回答："我还没结婚",或者"我从来没打过妻子"。

[逻辑案例]　在上海举办的一次中学生智力竞赛中,有一道题难倒了全部竞赛者,他们个个吃零蛋。这道题目是：

(1) 怎样识别雌雄蚯蚓?

类似的题目是：

(2) 一群狗赛跑,请问跑第一名的狗与跑最后一名的狗哪一条出的汗多?

(3) 雄蚊咬人狠还是雌蚊咬人狠?

点评：以上这三个问题都包含了有疑问的预设,属于误导性问题。要知道雌雄蚯蚓是同体的,根本就没有雌雄之分,哪有什么识别方法呢?狗没有汗腺,压根就不出汗,任你怎么猜也没门。雌蚊咬人吸血,而雄蚊仅仅吸食花果液汁。

2. 非黑即白

非黑即白就是在两个极端之间不恰当地二者择一所犯的论证谬误。顾名思义,就是忽视了第三种情况的存在,机械地进行非此即彼的选择。

例如,美国在遭受"9·11"恐怖袭击之后,对整个世界摆出了一副异常强硬的姿态:"或者与我们站在一起反恐,那么你是我们的朋友;或者不与我们站在一起反恐,那么你就是我们的敌人。"

"不是朋友,就是敌人"就是一种非黑即白的想法。其实,不是朋友,不一定是敌人,大多数人都是中间力量。毛泽东在《中国各阶级分析》一文中,就突破了"不是革命者,就是反革命"这种非黑即白的、旧有的革命理论。把中国各阶级的处境、革命意愿分析得十分清楚,从而把工人阶级作为革命的领导力量,联合了最广泛的同盟军——农民,最大限度地联合了包括小资产阶级、民族资产阶级,甚至反动阶级中同情革命的有识之士,从而为新民主主义革命奠定了基础。

论证中否定一个观点,从而就认可另一个相反的观点,就是非黑即白。其实,这两个极端的观点都有可能是错误的。我们在论证分析中,要注意,把各种中间情况补充出来,这样,非黑即白的错误就昭然若揭了。

■电视是现代文明的产物,但也给人们带来很多麻烦。对于有孩子的家庭,来自电视节目正反两方面的诱惑力都很大。电视看久了,也会影响学习。更使家长担心的是电视中的暴力片等的副作用。因此,家长应对孩子看电视给以指导与约束。

以下哪种做法与以上观点不符?

A. 为保护孩子的视力,对孩子看电视的时间加以限制。
B. 教会孩子对各种电视节目作出正确的选择。
C. 看电视影响孩子的学习,索性把电视机关掉。
D. 只要不影响学习和身心健康,让孩子适当看电视,会达到增长知识的目的。
E. 教育孩子对电视节目要有分析,即使是好节目,也不能什么都模仿。

[解题分析] 正确答案:C。

题干的观点是要注意克服电视对孩子的负面影响,但题干同时也肯定了电视的正面影响。因此,A、B、D、E项都符合题干观点。

C选项,因为电视对孩子有负面影响而主张对它采取完全排斥的态度,属于非黑即白的谬误,不符合题干的观点。

3. 乞求论题

乞求论题是指把需要通过论证推出的结论作为论据来应用的谬误。这类谬误的实质就是,论题的真实性是要靠论据来证明的,而论据的真实性又要靠论题去证明。

这种谬误较常见的形式是通过遗漏一个可能假的、关键性的前提来制造错觉,这种错觉使人觉得,对于确立该论证的结论来说,不需要再提供任何论据。例如,谋杀是违反道义的行为,既然如此,那么堕胎也是违反道义的行为。该论证遗漏的前提是:堕胎是一种谋杀行为,而这一遗漏的前提本身基本上是不成立的。

循环论证是乞求论题谬误另一种常见的形式,举例如下。

一个瘦子问胖子:"你为什么长得胖?"
胖子回答:"因为我吃得多而且爱睡觉。"
瘦子又问胖子:"你为什么吃得多又爱睡觉?"

胖子回答:"因为我长得胖。"

该例子就是一个令人啼笑皆非的循环论证。

■雄孔雀漂亮的羽毛主要是吸引雌孔雀的,但没人知道一身漂亮的羽毛能在求偶中具有竞争的优势。一种解释是雌孔雀更愿意与拥有漂亮羽毛的雄孔雀为偶。

以下哪项陈述准确描述了上文推论中的错误?

A. 把属于人类的典型特征归属于动物。

B. 把对一类事物中的个别种类断定不能证明为真的结论推广到这类事物的所有种类。

C. 这种解释,使用了一种原则上既不能证明为真也不能证明为假的前提。

D. 把所提供的需要做出解释的现象本身作为对那种现象的一种解释。

E. 毫无根据地假设有漂亮羽毛的雄孔雀有其他吸引雌孔雀的特征。

[解题分析] 正确答案:D。

题干论述:因为雌孔雀更愿意找羽毛漂亮的雄孔雀,所以羽毛漂亮的雄孔雀在择偶中有竞争优势。

用"雌孔雀更愿意与拥有漂亮羽毛的雄孔雀为偶"来解释为什么"漂亮的羽毛能在求偶中具有竞争的优势",这两句话是一个意思,此论证实际上等于什么理由也没有给出。提供的原因仅仅重述了需要解释的现象,这是犯了循环论证的逻辑错误。所以选 D 项。

题干根本没有提到人类,A 项为明显无关选项,排除。

题干一直在讨论一个普遍性的问题,没有涉及任何个别种类,B 项排除。

仔细分析题干我们能够知道,题干已经假设了论据的真实性,并且没有提供任何能够质疑论据的信息,C 项排除。

4. 预期理由

预期理由是指用本身的真实性尚待证明的命题充当论据,因而起不到证明的作用。

[逻辑案例] 昆曲《十五贯》中,无锡知县过于执,仅凭尤胡芦(被害人)养女苏戌娟年轻貌美,便判定她是与熊友兰勾搭成奸而谋财杀死养父的凶手。其论断是:"看你艳如桃李,岂能无人勾引?年正青春,岂能冷若冰霜?你与奸夫情投意合,自然要生比翼双飞之意。父亲拦阻,因之杀其父而盗其财,此乃人之常情。"

点评:糊涂知县就是用想当然的方式判案,是典型的预期理由。

三、不相干谬误

论证的本意在于以理服人,因此,所谓相干性其实就是说在逻辑推理上是相干的。在论证中,将不相干的理由或前提用来支持结论,就是犯了不相干谬误,但是,(在实际论证中)这种论证的前提常常在心理上与结论是相干的,而正是这种相干性使得它们似乎正确和有说服力。

所谓不相干,就是逻辑上无关。有效的论证,前提与结论之间具有逻辑相干性,由于情感、心理等因素而使用不相干的论据,就会犯这种不相干谬误。常见的不相干谬误如主要有如下七种。

1. 人身攻击

人身攻击也是常见的论证谬误。在辩论中,论辩者不是依靠客观证据来攻击别人的论证,而是转而攻击论者本身。这样就是犯了人身攻击的错误,其论证当然是无效的。这类谬误可分为人格攻击和处境攻击。

(1) 人格攻击:是指在论辩中用攻击论敌的个人品质,甚至谩骂论敌的手段,来代替对论题的论证,也就是用人格侮辱替代论证。历史上,大主教威尔伯福斯与赫胥黎之间进行的有关进化论的著名辩论,大主教就使用了人格攻击的手段奚落对手。当然这样的论证是无效的。

(2) 处境攻击:这种人身攻击的谬误的着眼点是将某人的观点或论证与其所处的环境及职位关联起来,利用其所处之位来否定其言论。这是一种间接人身攻击。

有些广告就经常犯这样的误导性错误。在宣传某个产品的时候,广告商会指出,所有精明的人都选择我们的产品,我们相信你也会作出精明的选择。就暗含处境人身攻击。因为,你如果不购买他们的产品,就被归入不精明的人群中。广告商其实是试图利用这个处境压力来达到推销目的。

因人废言也是这类论证错误的一个表现。这是指在论辩过程中,仅根据立论者的道德品质或自己个人对立论者的厌恶态度,对立论者的论点加以否定的论证谬误。例如,认为"同性恋者的话不可信","从某个人的品行不好,推出其人的理论研究成果不可信"就是因人废言。

这类人身攻击的一种常见形式是用"你也是"来反唇相讥。比如,在一次有关"狩猎是否道德"的争论中,一个猎人被对手指责是残害无辜动物的屠夫,猎人大怒,反唇相讥,说:"你凭什么批评我,你不也是天天在吃无辜的牛羊的肉吗?"

■亲爱的编辑:约翰的新书有可能会毁掉在国内危机期间担任高级政府职位的人的名誉。然而,读者们应该不考虑琼斯的批评。约翰的反政府态度是众所周知的,他的批评只能说服和他一样的人,即那些从未有过、以后也不会有真正的责任感的人,因此他们没有资格作出评判。

上述论述用了下面的哪一种有质疑的技巧?

A. 用的"责任"这一词来表达了不同的意思。

B. 假设攻击某一宣称的来源就足以否定这一宣称。

C. 假定大多数人与约翰持相同的反政府政策的态度。

D. 呼吁一个不可靠的权威人士作为它的立场的支持者。

E. 将因果混淆。

[解题分析]　正确答案:B。

题干论述:约翰的新书有可能毁坏别人的名誉,读者不应该理会,原因是因为约翰本人的反政府观点是众所周知的。

题干要拒绝约翰的新书,却去攻击约翰本身,说他本人怎么不好,显然不对。你要说约翰的书不好,就应该说书不好在哪儿,而不应该攻击他本人。这是逻辑上的一个谬误,称为人身攻击,其隐含假设是攻击某一宣称的来源(约翰这个人本身),就是否定这一宣称(约翰的新书可能会毁掉某些人的名誉),所以 B 项正确。

"责任"在段落推理中只有一个意义,所以 A 项不对。C 项与上面推理相违背。段落推理并未提到"一个不可靠的权威人士",所以 D 项不正确。段落推理的因果并未倒置,所以 E 项不正确。

2. 诉诸情感

诉诸情感有多种方式,可以说,人有多少种情感类型就会产生多少种利用它来作为依据的谬误。其中:诉诸可怜,也叫诉诸同情。是以值得同情为理由来证明某一主张合理性的论证谬误。比如,一名用残暴手段谋杀丈夫的妻子,以经常受到丈夫虐待,不堪其辱,才痛下杀手,就是诉诸可怜。某大学的一位教授,被人怀疑学术造假,他义愤填膺,用自己家里一贫如洗,一生都在兢兢业业做学问为依据来论证自己的无辜,也是典型的诉诸可怜。

3. 诉诸恐惧

诉诸恐惧也是一种常见的非形式谬误。诉诸恐惧是在宣传与广告上广泛使用的技巧。从心理角度而言,趋利避害、去危就安是认知常情,人们会本能地采取某些抵抗恐惧的措施,或为了避免恐惧接受某些信念。诉诸恐惧的一般推理格式是:你有 A、B 两个选择。A 令你恐惧,所以选择 B。这个推理是无效的。比如,"把票投给他们就等于把票投给恐怖分子","考不上大学,就只好穷苦一辈子",这样的话语都是诉诸恐惧的典型例证。

■分析这段论证的主要漏洞所在。

伊拉克拥有"大规模杀伤性武器",如果不能在伊拉克真正拥有具有足够危害别国能力之前摧毁它,那么,我们会付出比现在对伊拉克开战更大的代价,那个时候,国际局势也会变得更加复杂。萨达姆政权对内压迫伊拉克人民,对外穷兵黩武,这样的政权存在一天,世界就无法安宁。"销毁大规模杀伤性武器,解放伊拉克人民,保卫世界和平",是我们义不容辞的责任。

[解题分析] 显然,这是诉诸恐惧的论证。英美为首的西方国家要对伊拉克二次动武,所以,宣称伊拉克拥有大规模杀伤性武器,其流氓政府是恐怖主义根源,借此合理化出兵伊拉克的行动。

4. 诉诸强力

诉诸强力的谬误就是指论证者借助武力或威胁,迫使对方接受其观点的论证谬误。

[逻辑案例] 传说,泰国有个聪明的大臣希特努塞,大臣们都想杀一杀他的威风,要与他打赌,他居然毫不含糊地说:"我会猜心术,我能知道大家心里想什么,就赌这个吧!"大家认为,这下子希特努塞说了大话,看他如何收场,所以决定每人出二两银子,在国王面前与他打赌。希特努塞说:"我已经猜出各位心中的想法了。你们心里想的是:一生一世忠诚于国王,永不背叛。是不是?如果谁不是这样想的,请站出来!"大家张口结舌,只好认输。

这也是个典型的二难推理。

如果承认希特努塞猜中了大家的心思,就要输掉赌赛;如果不承认,就等于承认自己不忠诚于国王,就是叛国大罪。所以,大家只好两害相权取其轻,乖乖认输。

点评：这是历史上著名的"猜心术之辩"。尽管希特努塞赢得了辩论，但是这里面，他是利用国王对敢于当面表白不能一生一世忠诚于国王者的死亡威胁为前提的。所以，这不仅是二难推理的成功狡辩，也是诉诸强力的一个经典例证。俗话说的"秀才遇见兵，有理说不清"和"强权胜于公理"都是诉诸强力。

5. 诉诸武断

诉诸武断是指既未提出充分的论据，也未进行必要的论证，就主观作出判断的一种谬误。比如，"旺发公司如此兴旺发达，完全是这个公司的名字取得好"之类的说法，就是犯了诉诸武断的谬误。

6. 稻草人谬误

稻草人谬误，是指在辩论中，先歪曲对方论点，然后再加以攻击的论证谬误。这个名字很形象，这种谬误论证，就像用稻草人替代真人一样，用某个观点替代对方的真实观点，攻击这个替代观点来冒充对论敌的反驳。稻草人谬误的主要表现有歪曲论点、虚构论点和避强击弱三种。

(1) 歪曲论点

歪曲论点就是把一个比较容易驳倒的、显然荒谬的论点强加在论敌身上，然后加以驳斥。常见的歪曲论点的方法包括有意夸张、歪曲概括、推广引申、简化省略、挖补论点、断章取义、绝对化、弱化和强化等。

(2) 虚构论点

虚构论点的一种方式，就是强调某个论点，暗示对方的观点与我方相反，从而把相反的论点强加在对方头上的论证谬误。把虚构的论点与论敌所属群体相联系，利用群体的氛围作用，把虚构的论点强加给论敌也是虚构论点的常用方法。例如，"我如果早一点告诉大家他有前科，那么，大家就更加坚信，在这个问题上，他是不可能讲实话的"，这个陈述就是一个典型的稻草人谬误。

(3) 避强击弱

避强击弱，就是在论证中绕开主要的论据或理由，攻击那些较弱的论据的论证谬误。

7. 熏鲱谬误

熏鲱谬误，是指转换论题逃避论证责任的论证谬误。通常，熏鲱谬误会引入一个不相干的问题，从而转移了人们对论题的注意力。这种谬误也叫"红鲱鱼"、迁题、转移论题。

熏鲱谬误这个概念，据说起源于动物保护者用熏鲱鱼干扰猎狗的嗅觉。当时，动物保护者为了避免野生动物被猎狗发现，就在保护区内放置用烟熏过的鲱鱼，以转移猎狗的注意力。也有人认为，这个名词起源于越狱罪犯为了逃过警犬的嗅觉，而在逃跑的路上放置红鲱鱼。

例如，有些刑事法庭上，诉讼人在缺乏证据的情况下，为了博得陪审团的同情，就绕开被告的实质性犯罪证据，慷慨激昂地陈述被害者的无辜，陈述谋杀是多么令人发指，就是典型的熏鲱谬误。

第四节　诡辩和悖论

诡辩和悖论是论证中经常遇到的逻辑现象，这里作一个简要的说明。

一、诡辩

诡辩都包含谬误，但谬误并不都是诡辩。诡辩与一般的谬误最大的区别在于：谬误是无意的，而诡辩是有意的。不经意的论证失误或推理不当，是在所难免的，只要发现了谬误然后纠正即可。如果有意识地运用谬误的推理去证明某个明显错误的观点，以诱使人上当，这就是诡辩。也就是说诡辩的恶劣性在于其主观上的故意，即有意识地为某种谬误而作的论证的态度。

（一）何谓诡辩

所谓诡辩，是无理的狡辩，就是故意运用貌似正确的推理手段，作出似是而非的推论。黑格尔给诡辩下了一个较好的定义："'诡辩'这个词通常意味着以任意的方式，凭借虚假的根据，或者将一个真的道理否定了，弄得动摇了；或者将一个虚假的道理弄得非常动听，好像真的一样"。

[逻辑案例]　两个中学生找到他们的老师，问道："老师，究竟什么叫诡辩呢？"老师稍稍考虑了一下，然后说："有两个人到我这里来做客，一个人很干净，另一个人很脏，我请这两个人洗澡，你们想想，他们两个人中谁会洗呢？"

"那还用说，当然是那个脏人。"学生脱口而出。

"不对，是干净人。"老师反驳说，"因为他养成了洗澡的习惯，而脏人却觉得自己没有什么可洗的。再想想看，是谁洗澡了呢？"

"干净人。"两个青年改口说。

"不对，是脏人，因为他需要洗澡。"老师反驳说，然后再次问到："如此看来，我的客人中谁洗澡了呢？"

"脏人！"学生喊着重复了第一次的回答。

"又错了，当然是两个人都洗了。"老师说，"因为干净人有洗澡的习惯，而脏人需要洗澡。怎么样？到底谁洗澡了呢？"

"那看来是两个人都洗了。"青年人犹豫不决地回答。

"不对，两个人都没有洗，因为脏人没有洗澡的习惯，干净人不需要洗澡。"

"有道理，但是我们究竟该怎样理解呢？"学生不满地说，"您每次都讲得不一样，而且似乎总是有道理！"

"正是如此。你们看，这就是诡辩：以貌似讲理的方式行不讲理之实。"

（二）诡辩的特征

诡辩从表面上来看，似乎很有道理。论证一个问题，也总是可以拿出许多"根据"和"理由"。但是，这些根据和理由都是经不起推敲的。诡辩者往往玩弄概念、故弄玄虚，做出歪曲的论证，其目的是为自己荒谬的理论和行为作辩护。诡辩论往往夸大相对性，脱离客观标准,论证中概念、主题不能保持一贯性。

诡辩的基本特征有以下三个。

(1) 外表上、形式上伪装为正确的推理形式。

(2) 违背论证规则,即出现谬误。

(3) 出于辩护需要,主观故意地颠倒是非、混淆黑白。

[逻辑案例] 报载某人年初向另一人借钱 1.6 万元,年中还了 1 万元,另一人向其出具了"某今还欠款 1 万元整"的纸条,一式两份。虽然纸条上签有两人的名字,但没有写明是收据,落款也没有写明"收款人某"。当这个人后来再还所欠余款时,另一个人说应还 1 万元,并拿出当初的纸条为证:"某今还(hái)欠款 1 万元整"。

点评:利用词语歧义的这一现象,故意模糊其在特定语境中的确切含义,就是模糊语境的诡辩了。按常理,还钱时所出具的只能是"收到还(huán)款多少"的收据,不可能出具"还(hái)欠款多少"的收据。这是还钱时的特定语境所决定的。但由于上例纸条中有一个并非多余的"欠"字,就给诡辩者利用"还"的语音歧义来模糊语境造成了口实。对付这类的诡辩,我们只能还原其特定的语境,并在特定的语境中解释某一概念的确切含义。

[逻辑案例] 2009 年 11 月,当某社会公众人物代言十个虚假广告被曝光后,他通过博客表示了道歉,但在央视《经济半小时》记者采访时,他又说了这样的话:"可以说全世界的广告,都有夸张的成分在里面,因为要不夸张就不叫广告……"

点评:这是一种诡辩,"不夸张就不叫广告"有一定的蛊惑性。作为一种修辞手段,夸张指为了启发对方的想象力和加强所说话语的力量,用夸大的词句来形容事物。广告准许一定程度的夸张,夸张要有一定的限度,夸张如果无限延伸就会成为虚假。该公众人物所代言这些广告已超出夸张的程度,变成了虚假,明显有诱使人上当受骗之嫌。

[逻辑案例] 据说,从前有个道士专给人算命,算得十分灵验,前往找他算命的人很多。一天有三个要进京赴考的考生,在进京之前想问问三人之中谁能考中。于是他们就到道士那里,说明来意,点了香,叩了头。只见道士闭着眼朝他们伸出一个指头,却不说话。考生们不知其意,请求道士说明。道士拿起拂尘一挥,说道:"去吧,到时自然明白,此乃天机不可明言。"三个考生只好怏怏地走了。

考生们走后,小道童好奇地走过来问道:"师父,他们三人到底有几个得中?"

道士:"中几个都说到了。"

道童:"你这一个指头是什么意思?是一个中吗?"

道士:"是的。"

道童:"他们要是中了两个呢?"

道士:"那这个指头就是指有一个不中。"

道童:"如果他们三个都中了呢"

道士:"那这个指头就是指一齐中。"

道童:"要是三个都不中呢?"

道士:"这个指头就是指一齐都不中。"

道童:"原来这就是'天机'呀!"

点评:这位道士利用同一语词的不同意义,把"一"这个概念变换成四个不同含义的概念,是一种不正当论证的诡辩手法。

[逻辑案例] 白马非马。

中国逻辑史上,著名的"白马非马论"也是典型的诡辩。在著名的《白马论》中,公孙龙的论证如下:马是用来称谓马的形体的,白是用来称谓马的颜色的,不是称呼马的名或形体,所以说白马不是马;再从概念的外延上对"白马"与"马"加以区别,"马"这个概念的外延广,包括所有各种不同颜色的马,"白马"这个概念的外延狭,只限于白色的马,与黑马、黄马的外延排斥,所以"白马"是与"马"不同的。

点评:实质上,公孙龙把"马"、"白"、"白马"这些概念都理解成全是孤立的,即割裂了一般和个别统一的关系,把差异和统一绝对对立起来,认为一般可以脱离个别存在,这是典型的诡辩。

[逻辑案例] 半费之讼。

在雅典民主制时期,传说有一个叫欧提勒士的人,向著名的辩者普罗塔哥拉斯学习法律。两人订下合同:欧提勒士分两次付清学费,开始学习时先付一半,另一半等欧提勒士毕业第一次出庭打官司打赢了再付。但是欧提勒士毕业后迟迟不出庭打官司。普罗塔哥拉斯等得不耐烦,准备向法院提出诉讼。他对欧提勒士说:"我要到法院告你。如果我打赢了官司,那么按照法庭判决,你应该付给我另一半学费;如果我打输了官司,那么按我们的合同,你也应该付给我另一半学费。不论这场官司我是赢还是输,反正,你应付给我另一半学费。"欧提勒士也不示弱,他针锋相对地说:"只要你到法院告我,我可以不给你另一半学费。因为:如果我的官司打赢了,那么按照法庭的判决,我不应付给你另一半学费;如果我的官司打输了,那么,按我们的合同,我也不应付给你另一半学费。不论这场官司我是赢是输,反正,我不应付你另一半学费。"据说,这场官司后来难倒了法官,以至无法作出判决。

点评:乍看起来,师生双方的主张都有道理,但是仔细推敲我们不难发现,他们都是采用了双重标准。当法庭判决对自己有利的时候,他们就以法庭的判决为准;当契约对自己有利的时候,就以契约为准。也就是说,老师普罗塔哥拉斯看到自己胜诉的时候就主张以法庭判决为准,要求学生付费;当老师败诉的时候,就根据契约要求学生付费。学生的主张与老师相反,当他败诉的时候,也就是老师胜诉要求以法庭判决为准的时候,他要求以契约为准,所以,不必付费;而学生欧提勒士胜诉的时候,也就是老师败诉要求以契约为准的时候,学生要求按照法庭的裁决为准,也就是说不必付费。

这就是逻辑史上著名的"半费之讼"。从形式上看,师生双方都是用二难推理进行诡辩。但是,学生是用了"以子还矛,陷子之盾"的反驳方法,把对方逼进难以自拔的泥淖。

二、悖论

(一)悖论的概念

悖论(paradox)是指荒谬的理论或自相矛盾的语句和命题。其要点:推理的前提明显合理,推理过程合乎逻辑,推理的结果则是自相矛盾。

悖论是具有如下模式的推理:如果承认陈述 A 为真,就会推出陈述 A 为假;如果承认陈述 A 为假,就会推出陈述 A 为真。于是,就陷入了悖论。

[逻辑案例] 《朗春秋》公孙龙论秦赵之约。

秦国与赵国订立条约：今后，秦国想做的，赵国帮助；赵国想做的，秦国帮助。不久，秦国兴师攻打魏国，赵国打算援救魏国。秦王不高兴，差人对赵王说：秦国想做的，赵国帮助；赵国想做的，秦国帮助。现在秦国要打魏国，而赵国援救他们，这是违约。赵王把这个消息转告给平原君，平原君向公孙龙请教。公孙龙回答："赵王也可以派人对秦王说：赵国打算援救魏国，现在秦国却不帮助赵国，这也不合乎条约。"

[逻辑案例] 说谎者悖论。

公元前6世纪古希腊克里特岛人埃匹门尼德提出的说谎者悖论："所有的克里特岛人都说谎"。他究竟说了一句真话还是假话？如果他说的是真话，由于他也是克里特岛人之一，他也说谎，因此他说的是假话；如果他说的是假话，则有的克里特岛人不说谎，他也可能是这些不说谎的克里特岛人之一，因此他说的可能是真话。

点评：说谎者悖论是最早的悖论，该悖论在当时就引起广泛关注。据说科斯的斐勒塔更是潜心研究这个悖论，结果把身体也弄坏了，瘦骨嶙峋，为了防止被风刮跑，不得不在身上带上铁球和石块，但最后还是因积劳成疾而一命呜呼。为提醒后人免蹈覆辙，他的墓碑上写道："科斯的斐勒塔是我，使我致死的是说谎者，无数个不眠之夜造成了这个结果。"

（二）悖论的特征

悖论的特征是：推理过程符合逻辑，已表述前提的意义是清晰一致的，推理的结论是相互矛盾的。

悖论早在古希腊时已被提出，悖论在古代西方主要是指与常识相违的命题或推论，如芝诺悖论、蕴涵悖论等。古希腊芝诺著名论断"阿基里斯永远追不上乌龟"就是这一类众所周知的悖论。阿基里斯是古希腊神话中善跑的英雄。假设乌龟先爬一段路然后阿基里斯去追它。他论证说：这样的话，阿基里斯永远追不上乌龟。因为前者在追上后者之前必须首先达到后者的出发点，可是，这时后者又向前爬了一段路了。于是前者又必须赶上这段路，可是这时后者又向前爬了。由于阿基里斯和乌龟之间的距离可依次分成无数小段，因此阿基里斯虽然越追越近，但永远追不上乌龟。显然，这个结论与现实明显相悖，但逻辑上似乎没有毛病。

在古希腊文明早期，悖论的产生推动了逻辑学的发展。古今中外有不少著名的悖论，它们震撼了逻辑和数学的基础，激发了人们求知和精密的思考，吸引了古往今来许多思想家和爱好者的注意力。解决悖论难题需要创造性的思考，悖论的解决又往往可以给人带来全新的观念。

[逻辑案例] 理发师悖论。

最著名的悖论是英国哲学家、逻辑学家罗素于1920年提出的"罗素悖论"（"集合悖论"）。后来，罗素本人用通俗的语言将其改为"理发师悖论"：某村子里有个理发师，他规定：在本村我只给而且一定要给那些自己不刮胡子的人刮胡子。请问：这个理发师给不给自己刮胡子？

点评：理发师给不给自己刮胡子呢？只有两种情况：不给自己刮，或者给自己刮。

如果理发师不给自己刮胡子，那么按照他的规定（我一定要给那些自己不刮胡子的人刮胡子），他就应该给自己刮胡子。这就是说，从理发师不给自己刮胡子出发，必然推出理发师应该给自己刮胡子的结论,这本身就构成逻辑矛盾。

如果理发师给自己刮胡子,那么按照他的规定(我只给那些自己不刮胡子的人刮胡子),他就应该不给自己刮胡子。这就是说,从理发师给自己刮胡子出发,必然推出理发师应该不给自己刮胡子的结论,这本身也是一个逻辑矛盾。

(三) 悖论的产生与解决

历史上出现了许许多多的悖论。从中世纪一直到当代,悖论都是一个热门话题,并且对于下面这样一些问题,如悖论究竟是如何产生的?又如何去克服和避免?是否应该容忍悖论,学会与它们和平共处?迄今为止,仍莫衷一是,没有特别令人满意的解决方案。

我们在日常的论证分析中,可能涉及的大都是语用悖论,即经典的概念问题、意义问题、定义问题等,这类悖论源于认识论和心理等关于意义和断定的含混以及自我指称等。哲学认为悖论产生与在人类思维中进行相对与绝对的割离性联结之时。现代逻辑认为悖论产生的一般原因有自我指称、绝对否定、总体无限等。为了消除逻辑悖论,现代逻辑学家提出了类型论、语言层次理论等,促进了逻辑学的发展。

[逻辑案例] 囚徒困境。

有两个嫌疑犯 A 和 B 被警方捕获,这两个人确实作案了,但警方实际上没有掌握他们作案的确切证据。警方把他们俩分开关押,分别审讯。A 和 B 各自都有两种策略可供选择:坦白或者抵赖,其选择会影响到自己乃至对方最终将受何种处罚,具体如下。

(1) 如果两个人都抵赖,因证据不足,两个都只被判 1 年徒刑。

(2) 如果两个人都坦白,因证据确凿,两个人都被判 7 年徒刑。

(3) 如果一个坦白,一个抵赖,那么,根据"坦白从宽,抗拒从严"的政策,坦白的人将无罪释放,而抵赖的人会被重判 10 年徒刑。

两个人的策略选择对于判决结果的影响如表 6-2 所示。

表 6-2

甲/乙	坦 白	抵 赖
坦白	−7,−7	0,−10
抵赖	−10,0	−1,−1

假如你是这两个囚徒之一,你会作怎样的选择?

点评:显然,对方的选择对于最终结果有直接影响,我们必须针对对方的行动来决定自己的对策。如果对方选择坦白,那么自己坦白只判 7 年,如果抵赖则会被重判 10 年,所以,选择坦白划算;如果对方选择抵赖,那么,自己坦白会被无罪释放,抵赖反而要判 1 年,仍然是选择坦白划算。所以,无论对方如何选择,只要选择坦白,对于自己而言都是最优策略。

结论似乎出来了,即甲和乙都应该选择坦白。但仔细一想,又显然不妥。因为假如甲、乙都选择坦白,对应的结果是第一种,两人都被判 7 年徒刑;假如两人都选择抵赖,对应的结果就变成各判 1 年徒刑,相比之下显然更优。这就是说,两个最优策略的叠加,却并不是最优策略,这个结果是悖论性的。

[逻辑案例] 赎尸博弈。

春秋时期,有一年郑国发洪水,一个富商不小心溺水身亡。有人碰巧得到了这位富商的尸体,富商的家属想赎回尸体,但得到尸体的那个人要价很高。富商的家属问邓析(名家学派的创始人)怎么办,怎么避免出高价,邓析说:"不必着急,得尸者不可能把尸体卖给别人的。"得尸者听说后,着急了,也找到邓析,问他有什么好办法争取得高价。邓析说:"不用急,富商的家属在别处是买不到尸体的。"

请问:得尸者和赎尸者最有可能达成什么样的成交价格?

点评:赎尸博弈与囚徒困境也有相悖类似之处。

从这个案例中我们看出,邓析清楚地觉察到,得尸者能否以高价卖出尸体有赖于家属是否愿意接受这样的高价,家属能否以尽可能低的价钱赎回尸体有赖于得尸者能否接受这样的低价。邓析的建议是:每个局中人都可以根据自己的目标偏好与对方理性地讨价还价。

我们可分析一下"赎尸博弈"的效用矩阵(见表6-3)。

表6-3

得尸者 \ 赎尸者	出 高 价	出 中 价	出 低 价
要高价	3,1	2,1	1,1
要中价	0,0	2,2	1,1
要低价	0,0	0,0	1,1

可见,这个博弈有三个均衡:

一是(出高价、要高价),这是一个有利于得尸者的结果;如果赎尸者(富商的家属)不能正确判断得尸者的行动选择,就会因急于赎回尸体而出高价,(出高价、要高价)这一均衡就很有可能出现。

二是(出低价、要低价),这是一个有利于赎尸者的结果。如果得尸者不能正确判断赎尸者(富商的家属)的行动选择,他就会因急于卖出尸体而要低价,(出低价、要低价)这一均衡就很有可能出现。

三是(出中价、要中价),这是一个双赢结果。如果得尸者和赎尸者都听从邓析的建议,他们就会在坚持自己的目标偏好的前提下理性地与对方讨价还价,那么,最有可能达成一致的成交价格就是中价(出中价、要中价),最终的结果将达到双赢,使目标冲突转化为合作。

■从前,一个孤岛上有一个奇怪的风俗:凡是漂流到这个岛上的外乡人都要作为祭品被杀掉,但允许被杀的人在临死前说一句话,然后由这个岛上的长老判定这句话是真的还是假的。如果说的是真话,则将这个外乡人在真理之神面前杀掉;如果说的是假话,则将他在错误之神面前杀掉。有一天,一位哲学家漂流到了这个岛上,他说了一句话,使得岛上的人没有办法杀掉他。

该哲学家必定说了下面哪一句话?

A. 你们这样做不合乎理性。

B. 我将死在真理之神面前。

C. 你们还讲不讲道德良心。

D. 我将死在错误之神面前。

E. 要杀要剐,由你们决定,但上帝会惩罚你们的。

[解题分析] 正确答案：D。

选项 D 为正确答案,使题干形成了一个悖论。

假设"我将死在错误之神面前"是真话：一方面,按题干规定,他应在真理之神面前被杀掉；另一方面,这句话本身是真话,他应在错误之神面前被杀掉。这就形成了矛盾,使得岛上的人没有办法杀掉他。

假设"我将死在错误之神面前"是假话：一方面,按题干规定,他应在错误之神面前被杀掉；另一方面,这句话本身是假话,他应在真理之神面前被杀掉。这就形成了矛盾,使得岛上的人没有办法杀掉他。

总之,哲学家说了 D 项的这句话,使得岛上的人没有办法杀掉他。

练习题

1. 许多人并不了解自己,也不去试图了解自己。这些人可能会去试图了解别人,但很少会成功,因为连自己都不了解的人是不可能了解别人的。所以,缺乏自我了解的人是不会了解别人的。

以上论证的推理是错误的,因为：

A. 错误地把某一事件的必要条件作为这一事件的充分条件。

B. 没有估计到并非每个人都想完全了解自己。

C. 因某事而指责人们,而他们按理对此事并无责任。

D. 在没有定义"自我了解"的情况下使用了这个原本就含糊的词。

E. 结论仅仅是重复了论据。

2. 我们能够制造出比现在一般的自行车更结实的自行车,我们也能够制造出比现在一般的自行车更轻便的自行车。所以,我们能够制造出同时具有以上两种优点的自行车。

上述论证中的推理缺陷与以下哪项推理中的缺陷最相似？

A. 现在没有能源利用效率高的汽车,也没有不造成污染的汽车。因此,现在没有能源利用效率高,又不造成污染的汽车。

B. 写一部畅销小说是可能的,写一部能得到好评的小说也是可能的。因此,一位作者有可能写出一部既畅销又能得到好评的小说。

C. 小王说外面很冷,小张说外面下雪了。所以,外面不但很冷,而且下雪了。

D. 有用来包饺子的机器,也有用来压果汁的机器,所以,总有一天能够制造出同时具有这两种功能的机器。

E. 在办公室,电脑可能损坏,也可能被人误操作,所以办公室里的电脑可能因为被人误操作而损坏。

3. M 小学 T 的班的学生所收集的铝罐总量超过了该校其他的各个班。因而,M 小学收集了最多铝罐的学生一定在 T 的班里。

以下哪个选项中的逻辑错误与上文中的最相似？

A. K 的班的学生植树的数量超过了 L 和 J 的班的总和。因而,K 的班的学生所植的树要多于 J 的班的学生。

232

B. M 小学的学生有一多半参加了乐队,一多半参加了唱诗班。因而,M 小学的学生不是在乐队,就是在唱诗班。
C. R 的班通过卖糖果条比 H 的班卖彩券募集到更多的钱。因而,R 的班所售出的糖果条的数量要大于 H 的班所卖出的彩券的数量。
D. R 的班所卖出的学校博览会门票的总数比其他任何一个班都多。因而,该校卖出门票最多的学生一定在 R 的班上。
E. V 的班所组装的鸟舍比其他任何一个班都多,由于 V 的班的学生比其他任何班的人数都少,所以,V 的班的学生平均组装的鸟舍比任何其他班的学生都多。

4. 在所有市内文物区的建筑中,泰勒家族的房屋是最著名的。由于文物区是全市最著名的区,所以,泰勒家族的房屋是全市最著名的房屋。

以下哪一项与上述论证中的推理错误最相似?

A. 在海岸山脉所有的山峰中,威廉峰最高,由于整个地区最高的山峰都集中在海岸山脉,所以,威廉峰是全地区最高的山峰。
B. 吸烟是最容易造成人们患肺癌的行为,由于格林县的人所吸的烟比全世界任何地方的都多,所以,格林县患肺癌的人数也居世界之首。
C. 苏珊是他们家三个孩子中年龄最大的,由于苏珊他们家中三个孩子的每一个都比楼里的其他孩子年龄要大,所以,苏珊是院子里年龄最大的孩子。
D. 在港口地区所有的鱼店中,米勒的鱼店鱼类品种最多,由于港口地区的鱼店比城里其他地方的都多,所以,米勒的鱼店是这个城市中鱼类品种最多的鱼店。
E. 在学校植物园的所有花中,玫瑰是最漂亮的,而学校的植物园是这一地区最漂亮的花园了,所以,学校植物园中的玫瑰就是这一地区最美的花。

5. 社会学家认为,我们社会中存在大量暴力犯罪的说法是错误的。因为这种说法的根据是报纸上有关暴力犯罪的大量报道。实际上,正因为暴力犯罪并不多见,报纸才愿意刊登这种报道。

社会学家的论证是错误的,因为它:

A. 预先假定报纸上的大部分报道都是有关暴力犯罪的。
B. 预先假定他所要证明的结论为真。
C. 未经证实就假定他所探讨的有关报道并无偏见。
D. 把群体中每一个体的属性与整个群体的属性混为一谈。
E. 不加分辨地由一个在过去正确的结论推论出该结论在将来也必然正确。

6. 小李将自家护栏边的绿地毁坏,种上了黄瓜。小区物业管理人员发现后,提醒小李:护栏边的绿地是公共绿地,属于小区的所有人。物业为此下发了整改通知书,要求小李限期恢复绿地。小李对此辩称:"我难道不是小区的人吗?护栏边的绿地既然属于小区的所有人,当然也属于我。因此,我有权在自己的土地上种黄瓜。"

以下哪项论证,和小李的错误最为相似?

A. 所有人都要对自己的错误行为负责,小梁没有对他的这次行为负责,所以小梁的这次行为没有错误。
B. 所有参展的兰花在这次博览会上被订购一空,李阳花大价钱买了一盆花,由此可见,李阳买的必定是兰花。

C. 没有人能够一天读完大仲马的所有作品,没有人能够一天读完《三个火枪手》,因此,《三个火枪手》是大仲马的作品之一。

D. 所有莫尔碧骑士组成的军队在当时的欧洲是不可战胜的,翼雅王是莫尔碧骑士之一,所以翼雅王在当时的欧洲是不可战胜的。

E. 任何一个人都不可能掌握当今世界的所有知识,地心说不是当今世界的知识,因此,有些人可以掌握地心说。

7. 一个美国旅游者去希腊克里特岛观光,碰到了一个年轻人。年轻人对美国人说:"别相信克里特人,他们说的每句话都是谎话。我最了解这一点,因为我就是克里特人"。这个美国人对年轻人说:"我无法相信你的话,既然克里特人不说真话,那么,凭什么让我相信你这个克里特人没说谎呢?"

以下哪项最为确切地评价了美国人的反应?

A. 这是站不住脚的,因为年轻人并无恶意,他仅仅想帮助陌生人。
B. 这是自我相悖的,因为不相信年轻人的话正是由于相信了他的话。
C. 这是可以理解的,一个陌生人特别是一个年轻的陌生人的话不应完全相信。
D. 这是非常生硬的,容易使人对美国旅游者产生不好的印象。
E. 这过于谨慎了,因为年轻人既然敢于承认包括自己在内的克里特人都说谎,这说明他是真诚的。

8. 根据现代科学,宇宙中的一切物质都是由特别小的原子构成的。事实上,即使用强大的显微镜也无法看到它们,因为它们对视觉神经并不提供足够的刺激,即使是在被放大的情况下。但是,如果宇宙中的一切物质真的是由不可见的原子构成的,那就确实可以推出:宇宙中的一切物质都是不可见的。不过,以下事实证明了这一点的显著荒谬性:桌子、椅子和日常物品都是可见的。所以,由此可以推出:现代科学的断言,即一切东西都是由原子构成的,必定是错误的。

下面哪一个选项最好地描述了作者推理中的漏洞?

A. 作者的推理依赖于一个错误的信念:仅仅因为某物先于另外一物出现,前者必定就是后者的原因。
B. 作者的推理依赖于一个错误的信念:凡对于部分为真的,对于整体必然为真。
C. 作者在两种不同的涵义上使用了"不可见的"一词。
D. 作者的推理依赖于一个错误的信念:一个观点的起源与它的真或假是相关的。
E. 作者的推理依赖于一个错误的信念:凡是不能被证明为真的,就必定是假的。

9. 观察到某个群体的每一个个体都可能具有某一个特性不能轻易地得出群体的所有成员都具有这一特性的结论。道理很简单,每个进场的网球选手都有可能赢这场比赛,但不可能所有进场的选手都能赢这场比赛。

以下哪一项犯了上文所描述的逻辑错误?

A. 你可以一直骗某些人,也可以有时骗所有的人,但不可能一直骗所有的人。
B. 每个竞选市长的人乍一看都具备当选的资格,所以,不经过一番考查就排除他们中的任一个都是错误的。
C. 在许多候选人中,每个候选人都有机会被指定为三个委员会成员中的一个,所以,有可能所有的候选人都被指定为委员会成员。

D. 如果一枚普通的硬币被掷五次,每次正面向上的机会都是二分之一,所以,五次都是正面的机会也是二分之一。

E. 据估计银河系中有一千万颗行星可能有生命存在,因此,为了排除其他星球有生命存在的可能性,需要进行一千万次宇宙探险。

10. 吉瑞最近完成的一个大学图书馆的设计,它的每个部分都是抄袭其他图书馆的设计。该设计包括了许多古希腊式、伊斯兰式、莫卧尔式和罗马式的结构,由于没有一个部分的设计是原创的,所以,整个图书馆的设计也不能被认为是原创的。

以下哪项指出了上述论证中的推理错误?

A. 假设每个部分所具有的特性,作为各部分总和的整体也具有。

B. 仅凭一类事物中部分对象的性质便不合逻辑地概括出适用于这类事物全体的结论。

C. 认为一个未知的现象肯定也具有所有已知现象的特征。

D. 假定单个选择是合理的,合起来就不是合理的。

E. 以审美观念为基础得出了一个事实性的判断。

11. 为了在今天的社会中成功,你必须有大学文凭。对此持怀疑态度的人认为,有许多人高中都没有上完,但他们却很成功。不过,这种成功只是表面的,因为没有大学文凭,一个人是不会获得真正成功的。

题干的论证是错误的,因为它:

A. 假设了它所要证明的结论。

B. 将一种相互关联错认为一种因果联系。

C. 从与个别的案例有关的论据中推出一个高度概括的结论。

D. 没有考虑到与所断言的反例存在的情形。

E. 基于大多数人都会相信这个结论的假设而得出这个结论。

12. 目前给大学生较宽的修课权的建议应当取消。对于支持这个建议的学生来说,永远不会满足,无论他们确立什么样的要求。他们有些已经到三年级了还仍然没有确定选择一个专业。有个一年级学生还没有完成四门必修课,其他的一些学生则对学习成绩和智力进步毫不在乎。

以下哪项指明了上述论证中的缺陷?

A. 通过将矛头指向建议的支持者而逃避议论的主题。

B. 通过在所陈述的前提中假设结论为真而进行循环论证。

C. 没有对"满足"这个关键词作精确的解释。

D. 曲解对方所拥护的建议。

E. 对"学生"这个词的使用模棱两可。

答案与解析

1. 答案:E。

题干的结论是:缺乏自我了解的人是不会了解别人的。

题干的理由是:连自己都不了解的人是不可能了解别人的。

属于循环论证,结论直接重复了理由。

2. 答案：D。

题干推理有可能会犯合举的谬误，所谓合举的谬误，就是指在论证中，由部分元素所具有的性质推断整体也具有同样的性质。

D项和题干的推理缺陷相似，其推理结构都是：既然可以分别制造出具有P和Q两种不同功能的机器，那么也就可以制造出同时具备这两种功能的机器。这样的推理不一定成立，因为这两种功能很可能是不兼容的。

注意，B项不能选，因为该项所说的两种情况是可以兼容的。

3. 答案：D。

题干和D项都属于典型的分解的谬误。

4. 答案：E。

题干和E项都属于典型的分解的谬误。

A项和C项的结构非常相似；而D项和E项有所不同，在D项中，集合体属性（港口地区的鱼店比其他地方都多）与个体的属性（鱼类品种最多）不一致。

5. 答案：B。

题干推理的简化形式是：因为暴力犯罪并不多见，所以报纸才愿意刊登这种报道。因而，报纸上有关暴力犯罪的大量报道不足为据，事实上暴力犯罪并不多见。这是一则循环论证，可见，B项为正确答案。

6. 答案：D。

小李的论证是："绿地既然属于小区的所有人，我是小区的人，因此，我有权在自己的土地上种黄瓜。"其错误在于，根据一整体具有某种属性，推出该整体中的每一个体也具有某种属性。D项也犯了同样的错误。

7. 答案：B。

克里特岛的年轻人说："别相信克里特人，他们说的每句话都是谎话。我最了解这一点，因为我就是克里特人。"既然克里特人说的每句话都是谎话，而这个年轻人又是克里特人，所以他的"别相信克里特人"也就是谎话。显然，那位美国人之所以说："我无法相信你的话，既然克里特人不说真话，那么，凭什么让我相信你这个克里特人没说谎呢"，这正是因为他相信了这位年轻人的"别相信克里特人"的话，而这位年轻人的话已表明他自己的每句话包括"别相信克里特人"都是谎话。由此可见，那位美国人的反应是自我相悖的，因为他不相信年轻人的话正是由于相信了他的话。这里涉及悖论问题，属于语义悖论。因此，B项为正确答案。

其他选项皆与题意不相关。

8. 答案：B。

这个论证犯有合成的谬误，意味着该结论依赖于一个性质从某物的部分到其整体的转移。这个论证说，因为原子（部分）是不可见的，所以，整体也是不可见的。

9. 答案：C。

题干所描述的逻辑错误是合成的谬误，同样，C项也犯了合成的谬误的错误。每个候选人都有机会被指定为三个委员会成员中的一个，但不可能所有的候选人都被指定为委员会成员。

10. 答案：A。

本题 A 项指出了题干论证犯了合成的谬误的错误。选项 B 指的是轻率概括的错误。

11. 答案：A。

题干的论题是：为了在今天的社会中成功，你必须有大学文凭。

题干的理由是：因为没有大学文凭，一个人是不会获得真正成功的。

因此，题干犯了循环论证的错误。即 A 项为正确答案。

12. 答案：A。

题干论证都属于转移论证责任，属于转移论题的谬误，通过将矛头指向建议的支持者而逃避议论的主题。

第七章 逻辑推理

逻辑和批判性思维能力是人最重要的一种核心能力,西方对逻辑理性的重视反映到学历教育与非学历教育各个领域,申请美国大学研究生院所要求的标准化考试——GRE、GMAT、LSAT(Law School Admission Test)、MCAT 等能力型考试都把测试批判性思维能力作为一项主要的检测指标。随着我国高等教育与社会发展逐步与国际接轨,我国的各类考试逐步借鉴国外的能力型考试模式。到目前为止,我国的硕士专业学位研究生入学考试主要有两种模式:

一类是参加1月份全国硕士研究生统一入学考试的管理类专业学位联考和经济类专业学位联考。这两大类专业学位毕业拿双证(包括硕士学位证和研究生毕业证)。其中:管理类专业学位联考是在 MBA 联考的基础上发展起来的,从 2011 年起统称为管理类专业学位联考,考生范围包括工商管理硕士(MBA)、公共管理硕士(MPA)、会计硕士(MPAcc)、旅游管理硕士、图书情报硕士、工程管理硕士、审计硕士等。同时为进一步推进专业学位硕士研究生招生考试改革,教育部决定从 2012 年起在中国人民大学等 9 所高校的金融、应用统计、税务、国际商务、保险、资产评估六个专业学位增设"经济类综合能力"选考联考科目。

另一类是 GCT 模式,是面向 10 月份的在职硕士的入学资格考试,毕业拿单证(硕士学位)。GCT 考试,英文名称为 Graduate Candidate Test for Master,是从 2003 年起专门设置的硕士专业学位研究生入学资格考试,目前考生范围包括工程硕士、农业推广硕士、兽医硕士、风景园林硕士、汉语国际教育硕士、翻译硕士等非全日制专业学位以及高等学校教师、中等职业学校教师在职攻读硕士学位等考生。

无论是哪类专业硕士考试模式,逻辑推理测试都是考查学生是否具有严谨的逻辑推理能力和在复杂情况下处理众多信息的应变能力的素质考试,其考查目的是为了科学、公平、准确地测试考生的逻辑和批判性思维能力。其思维重点关注的是如何识别、构造、特别是评价实际思维中各种推理和论证的能力。该类试题主要考查确定论点、评价论点、规范或者评价一个行动计划等三个方面的推理能力——大多数的问题基于一个单独的推理或是一系列语句,但有时候,也会有两三个问题基于一个推理或是一系列语句的情况。

逻辑推理测试主要考查考生在以下三个方面的批判性思维能力。

1. 论点构建

论点构建主要是去识别或找到:
(1)论述的基本结构。
(2)正确得到的结论。
(3)基于的假设。
(4)被强有力支持的解释性假说。
(5)结构上相似的论点的平行结构。

2. 论点评价

论点评价主要是在分析既定的论点基础之上去识别：
（1）加强或削弱既定论点的因素。
（2）在进行论述时所犯的推理错误。
（3）进行论述所使用的方法。

3. 形成并且评价行动方案

形成并且评价行动方案主要是去识别：
（1）不同行动方案的相对合适性、有效性或效率。
（2）加强或削弱拟议行动方案成功可能的因素。
（3）拟议行动计划所基于的假设。

研究生入学考试中具体出现的题型是多种多样的，但归纳起来，大致有以下七大类型。
（1）假设：这类考题主要考查我们识别根据什么前提得出论点的能力。
（2）支持：这类考题主要考查我们识别一种附加事实信息支持论点的能力。
（3）削弱：这类考题主要考查我们识别一种附加事实信息反对论点的能力。
（4）推论：这类考题主要考查我们通过作者明确的表述看出其含义的能力，考查我们根据文章中的论据能提出什么合乎逻辑的主张的能力，考查我们理解文章要点的能力。
（5）解释：这类考题主要考查我们解释某个现象、结果或缓解某种矛盾的能力。
（6）评价：这类考题主要考查我们评价论点的能力。
（7）比较：这类考题主要考查我们比较推理和论证的形式、谬误和方法在结构上的相同或者不同的能力。

在这种富有挑战性的逻辑推理能力测试中，既需要具有雄厚的综合实力，又需要运用有效的应试方法和策略。为此，本章紧扣逻辑推理测试特点，以提升逻辑和批判性思维能力为目标，把思维训练与应试特点、解题技能有效地结合起来。目的是通过逻辑解题训练，有效地提高批判性思维能力和实际解题能力。

第一节 识别假设

论证的理由有两种表现形式：一种是明确表达出来的理由，称之为论据（或前提）；另一种是未明确表达出来的理由，即省略前提，称之为假设。

假设是支持作者结论的未明确说明的前提，是（明确说明的）前提与结论之间的连接，是作者推出结论所依靠的东西。由于假设是作者显然接受或理所当然的信念，它们并没有被陈述或自显出来。因此，它可能具有可争辩性，摧毁论证往往要揭露省略前提并予以批判。

当我们发现了从已表达出的前提向结论的有效过渡还缺乏某些环节时，就应分析论证的隐含前提，举例如下。
（1）丹顶鹤濒临绝种的危机，所以，我们应该保护丹顶鹤。
这个论证省略的隐含假设是：我们应该保护有绝种危机的动物（物种）。
（2）最近，在100万年前的河姆渡氏族公社遗址发现了烧焦的羚羊骨残片，这证明人类在很早的时候就掌握了取火煮食肉类的技术。

上述论证隐含的假设是：羚羊骨是被人类取火烧焦的。

(3) 面试在求职过程中非常重要。经过面试，如果应聘者的个性不适合待聘工作的要求，则不可能被录用。

以上论断隐含假设是：面试主持人能够分辨参加面试者哪些个性是工作所需要的。

假设的逻辑定义：假设是使推理成立的一个必要条件。

具体而言，若 A 是 B 的一个必要条件，那么非 A→非 B；若一个推理在没有某一条件时，这个推理就不成立，那么这个条件就是段落推理的一个假设。

要使隐含于论证中的假设原形毕露就需要敏锐的观察力和熟练的批判技巧。识别假设的一般方法：假定已表述的前提为真，然后查看这些前提若能使其结论成立，至少还需要得到什么样前提的支持。再来看被省略的前提是否真实，推理过程是否正确，即对推理者的推理进行评价。这样，省略前提就是假设。

寻找假设后可以用否定代入法验证。所谓否定代入法，就是对假设进行否定后，代入到论证之中，能够严重削弱题干或使题干论证不成立。

[逻辑案例] 绿叶幼儿园家长委员会建议幼儿园把管理费降低 5%～10%，这一建议如果实行是有风险的。尽管家长可以因此减少每月的托儿费，但是为应付幼儿园服务质量下降引发的问题而付出的费用可能会更多。

点评：若使已表述的前提成为支持其结论的强有力的理由，就必须假设：管理费降低很可能使幼儿园降低服务质量。如果这一假设不能成立，上述论证就宣告破产。

识别假设的解题步骤如下：

(1) 描述已被表达的论证（前提、结论）。

(2) 语感定位疑似选项——隐含条件。

(3) 验证：必要型的做题思路是取非法。即将选项取非，如果原文的结论必不成立，则为答案；如果还有成立的可能性，则不是正确答案。

■某年，国内某电视台在综合报道了当年的诺贝尔各项奖金的获得者的消息后，作了以下评论：今年又有一位华裔科学家获得了诺贝尔物理学奖，这是中国人的骄傲。但是到目前为止，还没有中国人获得诺贝尔经济学奖和诺贝尔文学奖，看来中国在人文社会科学方面的研究与世界先进水平相比还有比较大的差距。

以上评论中所得出的结论最可能把以下哪项断定作为隐含的前提？

A. 中国在物理学等理科研究方面与世界先进水平的差距在逐步缩小。

B. 中国的人文科学有先进的理论基础和雄厚的历史基础，目前和世界先进水平的差距是不正常的。

C. 诺贝尔奖是衡量一个国家某个学科发展水平的重要标志。

D. 诺贝尔奖的评比在原则上对各人种是公平的，但实际上很难做到。

E. 包括经济学在内的人文社会科学研究与各国的文化传统有非常密切的联系。

[解题分析] 正确答案：C。

题干断定：没有中国人获得人文社科方面的诺贝尔奖，若 C 项为真，即诺贝尔奖是衡量一个国家某个学科发展水平的重要标志，则可得出结论：中国在人文社科方面的研究与世界先进水平相比有较大的差距。

选项 C 说明这两者之间有本质联系,是题干推理成立的隐含假设。

其余选项均不是题干推论所必须假设的,其中选项 D 还对题干推论有质疑。

■在美国,比较复杂的民事审判往往超过陪审团的理解力,结果,陪审团对此作出的决定经常是错误的。因此,有人建议,涉及较复杂的民事审判由法官而不是陪审团来决定,将提高司法部门的服务质量。

上述建议依据下列哪项假设?

A. 大多数民事审判的复杂性超过了陪审团的理解力。
B. 法官在决定复杂民事审判的时候,对那些审判的复杂性,比陪审团的人员有更好的理解。
C. 在美国以外一些具有相同法系的国家,也早就有类似的提议,并有付诸实施的记录。
D. 即使涉及不复杂的民事审判,陪审团的决定也常常出现差错。
E. 赞成由法官决定民事审判的唯一理由是想象法官的决定几乎总是正确的。

[解题分析]　正确答案:B。

只有选项 B"法官在决定复杂民事审判的时候,对那些审判的复杂性,比陪审团的人员有更好的理解"这一点成立,"涉及较复杂的民事审判由法官而不是陪审团来决定"这个建议才可行。

■急性视网膜坏死综合征是由疱疹病毒引起的眼部炎症综合征。急性视网膜坏死综合征患者大多临床表现反复出现,相关的症状体征时有时无,药物治疗效果不佳。这说明,此病是无法治愈的。

上述论证假设反复出现急性视网膜坏死综合征症状体征的患者:

A. 没有重新感染过疱疹病毒。　　B. 没有采取防止疱疹病毒感染的措施。
C. 对疱疹病毒的药物治疗特别抗药。　　D. 可能患有其他相关疾病。
E. 先天体质较差。

[解题分析]　正确答案:A。

题干由"由疱疹病毒引起的急性视网膜坏死综合征患者大多临床表现反复出现"推出结论"此病无法治愈"。

A 项是题干论证所必须假设的,否则,如果反复出现急性视网膜坏死综合征症状体征的患者,"重新"感染过疱疹病毒,那么,意味着反复出现症状很有可能并非没有治愈,而是治愈之后又重复感染了。

B 项意味着可能治愈后重新感染了,说明还是可以治愈的,削弱题干论述。无论是否特别抗药都不能改变治疗效果不佳的事实,C 项排除。D、E 项为明显无关选项,排除。

第二节　强化论证

强化论证也叫支持型考题,特点是在题干中给出一个推理或论证。但是,或者由于前提的条件不够充分,不足以推出其结论;或者由于论证的论据不够全面,不足以得出其结论。因此,需用某一选项去补充其前提或论据,使推理或论证成立的可能性增大。

只要某一选项放在题干推理的论据(前提)或结论之间,对题干推理成立或结论正确有支持作用,使题干推理成立、结论正确的可能性增大,那么这个选项就是支持的正确答案。

强化论证的两种基本方法如下。

(1) 肯定假设：将题干的信息所隐含的假设说明出来，其实质就是假设类型的改变，这一类试题的解题关键就是寻找论证需要的前提与假设，该假设条件的性质决定了加强的强弱。

(2) 增加论据：就是给出新的证据，来补充题干中的证据或强化题干中的证据。若题干是个因果论证，有因有果和无因无果是两种典型的支持性论据。

一、肯定假设

由于假设是一个论证的潜在的前提，是前提到结论推理的桥梁，因此，相当多的论证题都是围绕假设来作为出题点的。如果支持题型的某个备选选项，是题干推理成立的必要条件，也就是说该选项的存在使题干论证可行或有意义，那么该选项就是题干论证的假设，也即为支持的正确答案。

由于假设是段落推理的必要条件，找到了段落推理的一个假设，那么其推理成立的可能性就必然增大，这个假设对段落推理起到了支持作用，所以假设必然是支持，因此这类支持题型相当于寻找段落推理成立的一个假设。

■市长：在过去五年中的每一年，这个城市都削减教育经费，并且，每次学校官员都抱怨，减少教育经费可能逼迫他们减少基本服务的费用。但实际上，每次仅仅是减少了非基本服务的费用。因此，学校官员能够落实进一步的削减经费，而不会减少任何基本服务的费用。

下列哪项如果为真，最强地支持该市长的结论？

A. 该市的学校提供基本服务总是和提供非基本服务一样有效。
B. 现在，充足的经费允许该市的学校提供某些非基本的服务。
C. 自从最近削减学校经费以来，该市学校对提供非基本服务的价格估计实际没有增加。
D. 几乎没有重要的城市管理者支持该市学校的昂贵的非基本服务。
E. 该市学校官员几乎不夸大经费削减的潜在影响。

［解题分析］ 正确答案：B。

市长的结论是：削减经费不会导致基本服务费用的减少。要使市长的结论成立，B项是必须假设的，否则，如果"经费不充足以至于不能提供某些非基本的服务"，那么"削减经费就会导致基本服务费用的减少"。

二、增加论据

强化论证最终要对题干的结论起正面作用，增加一个正面的论据是一种非常有效的办法：可以用有因有果或无因无果等正面的事实，也可以补充一个原则或原理，从而与题干前提结合起来，使题干论证成立的可能性增大。

■废除农业税，仍然要执行宪法规定的"公民有依法纳税的义务"。农民也是公民，当然也应该纳税。

那么以下哪项断定最能支持上述观点？

A. 农业税是按人头、按田亩，不管收入多少，也不管贫富，平均纳税。

B. 农业税从某种意义上来说是穷人替富人交了税,是不公平的。
C. 城市居民主要交所得税,起征点是月收 3500 元,如果农民像市民一样征个人所得税,至少有 9 成以上的农民达不到纳税人的水平。
D. 废除不合理的农民负担,废除农林特产税,逐年免征农业税,五年后完全免征农业税。
E. 取消农业税不等于零赋税。

[解题分析]　正确答案:E。

E 项表明,取消农业税不等于零赋税,说明了农民还是在别的方面纳了税。这样就支持了农民也应纳税的结论。

■威尔和埃克斯这两个公司,对使用它们字处理软件的顾客,提供二十四小时的热线电话服务。既然顾客仅在使用软件有困难时才打电话,并且威尔收到的热线电话比埃克斯收到的热线电话多四倍,因此,威尔的字处理软件一定是比埃克斯的字处理软件难用。

下列哪项如果为真,则最能够有效地支持上述论证?
A. 平均每个埃克斯热线电话比威尔热线电话时间长两倍。
B. 拥有埃克斯字处理软件的顾客数比拥有威尔字处理软件的顾客数多三倍。
C. 埃克斯收到的关于字处理软件的投诉信比威尔多两倍。
D. 这两个公司收到的热线电话数量逐渐上升。
E. 威尔热线电话的号码比埃克斯热线电话的号码更公开。

[解题分析]　正确答案:B。

若 B 项为真,即拥有埃克斯字处理软件的顾客数比拥有威尔字处理软件的顾客数多三倍,那么,如果两种软件同样难用,则埃克斯的热线电话应该也比威尔多三倍左右。现在,威尔收到的热线电话反而比埃克斯收到的热线电话多四倍,可见,威尔的字处理软件一定是比埃克斯的字处理软件难用。

■一份对北方山区先天性精神分裂症患者的调查统计表明,大部分患者都出生在冬季。专家们指出,其原因很可能是那些临产的孕妇营养不良。因为在这一年最寒冷的季节中,人们很难买到新鲜食品。

以下哪项如果为真,能支持题干中的专家的结论?
A. 在精神分裂症患者中,先天性患者只占很小的比例。
B. 调查中相当比例的患者有家族史。
C. 与引起精神分裂症有关的大脑区域的发育,大部分发生在产前一个月。
D. 新鲜食品与腌制食品中的营养成分对大脑发育的影响相同。
E. 虽然生活在北方山区,但被调查对象的家庭大都经济条件良好。

[解题分析]　正确答案:C。

如果 C 项为真,则由于与引起精神分裂症有关的大脑区域的发育大部分发生在产前一个月,又由于冬季因难以买到新鲜食品易使临产的孕妇营养不良,因此,冬季出生的婴儿易患先天性精神分裂症。这就支持了题干中专家的结论。

其余各项均不支持题干。比如,A 项为无关项,因为题干已经限定是对北方山区先天性精神分裂症患者的调查统计。

无因无果型支持考题往往是要求完善一个对比实验。具体做法是:把被研究对象分为实验组和对照组;在其他因素不变的条件下,在实验组中加入某种情况(A),出现某现象(B);在对照组中,则不加入某种情况(非A),则不出现某现象(非B);通过求异法,可以推出可靠性程度较大的结论,即A→B。具体包含以下两种情况。

(1) 当题干说"甲:A→B",而选项说"甲:非A→非B"的支持,这是题干成立的必要条件,实际是肯定了潜在的假设。

(2) 当题干说"甲:A→B",而选项说"乙:非A→非B"就是支持,这是一种间接支持,并不是题干成立的假设,是既非充分也非必要条件。

■一畅销自助书的出版商在一些促销材料中声称这本书将向读者展示如何成为一个卓越成功的人。当然,每个人都知道没有书能给很多人带来那些从定义上一定仅局限于少数人的卓越的成功。因此,尽管出版商很明显故意地作了一个虚假的声明,但是在这种情况下这种做法不应该被认为是不道德的。

下面哪一原则如果正确,能最强有力支持上面的推理?

A. 只要人们能合情合理地接受某一虚假声明为真,那么故意作出这样的声明就是不道德的。

B. 如果作出虚假声明的人在损害那些认为该虚假声明为真的人的情况下获益,那么故意作出这样的声明是不道德的。

C. 当那些认为某一虚假声明为真的人遭受的困难比他们期望的收益大时,故意作出这样的虚假声明是不道德的。

D. 只要可能有人会认为某一虚假声明是真的,那么故意作出这样的声明就是不正确的。

E. 至少在其他某个人发现某个虚假声明是假的,且这个人一定一度认为该声明是真的情况下,故意作出这样的声明是不道德的。

[解题分析]　正确答案:A。

题干推理是:因为没有人相信虚假的声明,所以,虚假的声明也可以被认为是道德的。

A项表明,如果有人相信虚假的声明,那么,虚假的声明就是不道德的,这是个无因无果的支持。

因为段落中并没有论述关于某人损害他人而获益的情况,所以B项不正确。C项也犯了和B项相同的错误。D、E项均不能对段落推理起到支持作用。

■19世纪,英国城市人口增加而农村人口减少。一位历史学家推理说,这种变化并不是因为工业化,而是由于人口向城市地区的一系列迁移,每次迁移都伴随有农业经济的衰退。为证实这一假说,这位历史学家打算比较经济数据与人口普查数据。

下列哪项如果被证实是正确的,将最有力地支持这位历史学家的假说?

A. 在工业经济增长最快的时期,同时农村人口也相对减少。

B. 当农业经济最萧条的时候,整个人口增长也减慢了。

C. 当农业经济相对强劲,工业经济不景气的时候,农村人口会急剧减少。

D. 当工、农经济都比较好时,城市人口增长较快。

E. 当农业经济最强劲的时候,城市人口增长较慢。

[解题分析]　正确答案:E。

这位历史学家认为农业经济衰退时期的农村人口向城市迁移是造成英国城市人口上升

而农村人口下降的原因。

E 选项所表明的农业经济强劲时,城市人口增长相对缓慢,作为一个新的论据,支持了农业经济衰退时的农村人口向城市迁移是城市人口上升的原因,因此 E 项为正确答案。

A 项表明工业人口增长与农村人口之间毫无关系。选项 B 和 C 与上述支持的推理相反。D 项同样无法对上面的推理作出支持。

第三节　削弱论证

削弱就是找出一个论证的漏洞,即找出割裂题干论证的证据和结论之间关系的选项。通常有这样几条削弱途径:削弱论题(推理的结论)、削弱论据(推理的前提)和削弱论证方式(推理形式)。只要将某选项放入前提与结论之间,使段落推理成立或结论正确的可能性降低,这个选项就是正确答案。

一、否定假设

对于论证所需要的必要条件的肯定是加强,对论证所需要的必要条件的否定是削弱,这种思路也是加强削弱试题中常见的思路。因为假设连接着前提和结论,如果否定或质疑了潜在的假设,就能动摇论证的依据,从而说明题干推理是不可行的,也就很好地削弱了题干的论证。

■在历史上,从来都是科学技术新发明的浪潮导致了新产业的诞生和兴旺,在此基础上逐步形成区域性直到世界性的经济繁荣,从汽车、飞机产业到化工、制药、电子等领域,情况都是如此。因此,目前产业界普遍增加在科学研究和开发上的投入,必将有力地促进经济繁荣。

以下哪项如果为真,最能削弱上面的推论?

A. 在目前的资金水平上,公司的研究开发部门申请专利的数量比起十年前来要少得多。
B. 大部分产业的研究开发部门关心的只是对现有产品进行有利于经销的低成本改进,而不是开发有远大前途的高成本新技术。
C. 历史上,只有一些新的主干行业是直接依赖公司研究开发部门获得技术突破的。
D. 公司在科学研究和开发上的投入与公司每年新的发明专利的数量直接相关。
E. 政府对科学研究和开发的投入将在未来五年中大大缩减。

[解题分析]　正确答案:B。

题干根据科技新发明导致新产业从而形成经济繁荣,得出结论:产业界增加科研投入,必将有力地促进经济繁荣。

上述论证隐含的假设就是,产业界增加科研投入会导致科技新发明。B 项否定了这一假设,该项表明,即使企业普遍增加在科学研究和开发上的投入,这些投入也全投到有利于经销的低成本改进上,而不是开发有远大前途的高成本新技术,最终也无法达成新产业的诞生与兴旺的初衷。因此,有力地削弱了题干的推论。

■调查表明,一年中任何月份,18~65 岁的女性中都有 52% 在家庭以外工作。因此,18~

65岁的女性中有48%是全年不在外工作的家庭主妇。

以下哪项如果为真,最严重地削弱了上述论证?

A. 现在离家工作的女性比历史上的任何时期都多。
B. 尽管在每个月中参与调查的女性人数都不多,但是这些样本有很好的代表性。
C. 调查表明将承担一份有薪工作为优先考虑的女性比以往任何时候都多。
D. 总体上说,职业女性比家庭主妇有更高的社会地位。
E. 不管男性还是女性,都有许多人经常进出于劳动力市场。

[解题分析]　正确答案:E。

题干的结论是:18~65岁的女性中有48%是全年不在外工作的家庭主妇。

其论据是:一年中任何月份,18~65岁的女性中都有52%在外工作。

这个论证显然是有漏洞的,要使这个论证成立,必须隐含的假设是:一年中任一月份,18~65岁的女性中不在外工作的家庭主妇,在全年的所有月份中都不在外工作。如果E项为真,则否定了这个假设,即由于事实上许多妇女经常进出于劳动力市场,因此,上述条件很难成立,这就严重削弱了题干的论证。

其余各项均不能削弱题干的论证。

二、反驳论据

反驳论据是确定对方的论证中所依据的论据虚假,或论证的理由不充分,从而反驳了对方的论证。

■一种正在试制中的微波干衣机具有这样的优点:它既不加热空气,也不加热布料,却能加热衣服上的水。因此,能以较低的温度运作,既能省电,又能保护精细的纤维。但是,微波产生的波通常也能加热金属物体。目前,微波干衣机的开发者正在完善一个工艺,它能阻止放进干衣机的衣服上细小的金属(如发夹)发热而烧坏衣服。

下列哪项如果为真,能最有力地说明,即使完善了这一工艺也不足以使微波干衣机有销路?

A. 经常使用干衣机干衣的顾客的衣服上大多有厚金属物,如装饰铜扣等。
B. 许多放进干衣机的衣服并不和发夹或其他金属物放在一起。
C. 试验微波干衣机比未来完善的微波干衣机耗电多。
D. 微波干衣机比机械干衣机引起的皱缩小。
E. 通常放进干衣机的衣服上的金属按扣与大多数的发夹一样厚。

[解题分析]　正确答案:A。

如果选项A成立,即经常使用干衣机干衣的顾客的衣服上大多有厚金属物,那么,即使完善了"阻止细小金属发热而烧坏衣服"的工艺,也不能真正解决问题。

选项B、C、D、E都是讲微波干衣机的好处的,不选。

■一段时间以来,国产洗发液在国内市场的占有率逐渐减小。研究发现,国外公司的产品广告比国内的广告更吸引人。因此,国产洗发液生产商需要加大广告投入,以增加市场占有率。

以下哪项如果为真,将严重地弱化上述的论证?

A. 一些国外洗发液的广告是由国内广告公司制作并由国内媒体传播的。

B. 广告只能引起人们对某种商品的注意,质量才能使人们产生对商品的喜爱。
C. 国产洗发液生产商的广告费现在只有国外厂商的一半。
D. 尽管国外洗发液销售额增加,国产洗发液销售额同样在增加。
E. 准备购买新的洗发液的人喜欢从广告中发现合意的品牌。

[解题分析]　正确答案:B。

如果事实上"广告只能引起人们对某种商品的注意,质量才能使人们产生对商品的喜爱",那么,消费者一般对那些他们已比较喜爱的产品的广告特别关注,而对不喜爱的产品,不管广告任何变化,也不会特别关注。这就是说,国产洗发液作为消费者已经不喜爱的产品,不管广告怎样变化,也不会引起消费者的关注,那么国产洗发液制造商通过改进广告改变商品形象,以达到增加市场占有率的目的就落空了。所以,B项正确。

选项A的意思是说国内广告公司和国内传播媒体也可以作高质量的广告,但原因可能与广告费的高低有关,所以不会弱化题干的论证。选项C和E对题干有增强作用。选项D对题干有削弱作用,但没有对国外和国产洗发液的销售额的增加量进行比较,难以得出明确结论。

■有些纳税人隐瞒实际收入逃避交纳所得税时,一个恶性循环就出现了,逃税造成了年度总税收量的减少,总税收量的减少迫使立法者提高所得税率,所得税率的提高增加了合法纳税者的税金,这促使更多的人设法通过隐瞒实际收入以逃税。

以下哪项如果为真,上述恶性循环可以打破?
A. 提高所得税率的目的之一是激励纳税人努力增加税前收入。
B. 能有效识别逃税行为的金税工程即将实施。
C. 年度税收总量不允许因逃税原因而减少。
D. 所得税率必须有上限。
E. 纳税人的实际收入基本持平。

[解题分析]　正确答案:B。

如果B项为真,则可有效地识别并减少逃税行为,因而可以打破上述恶性循环。

■某些种类的海豚利用回声定位来发现猎物:它们发射出滴答的声音,然后接收水域中远处物体反射的回音。海洋生物学家推测这些滴答声可能有另一个作用:海豚用异常高频的滴答声使猎物的感官超负荷,从而击晕近距离的猎物。

以下哪项如果为真,最能对上述推测构成质疑?
A. 海豚用回声定位不仅能发现远距离的猎物,而且能发现中距离的猎物。
B. 作为一种发现猎物的信号,海豚发出的滴答声,是它的猎物的感官所不能感知的,只有海豚能够感知从而定位。
C. 海豚发出的高频记号即使能击晕它们的猎物,这种效果也是很短暂的。
D. 蝙蝠发出的声波不仅能使它发现猎物,而且这种声波能对猎物形成特殊刺激,从而有助于蝙蝠捕获它的猎物。
E. 海豚想捕获的猎物离自己越远,它发出的滴答声就越高。

[解题分析]　正确答案:B。

如果B项的断定为真,则由于海豚发出的滴答声,不能使它的猎物感知,更谈不上使其感官超负荷从而被击晕,因此,海洋生物学家的推测显然不能成立。其余各项均不能构成质疑。

三、提出反例

针对题干推理:"因为 A 与 B 相关,所以 A 导致 B",如果选项中存在"无 A 而有 B"(无因有果),或者"有 A 而无 B"(有因无果),这两种反例都能有效地削弱题干论证。

■特别少的人有能力成为成功的商品销售者,因此贸易公司不是限制它们所雇用的人的数目,而是瞄准了雇用那些有可能成功的人而拒绝了其余的人。通过这种标准,Q-L 公司的记录是完美的。在过去的 10 年,所有以这种方式被雇用的雇员都成为了成功的商品销售者。

下面哪一项如果正确,最反对上面 Q-L 公司雇用成绩的评定?

A. 在过去的 10 年,Q-L 交易惯例和政策的改变,使得销售者承担了更多的责任。
B. 既然对于所有商品销售公司来讲,申请面试的人差不多是一样的,所以 Q-L 和其他公司竞争最好的申请者。
C. Q-L 拒绝了一些人,它们在其他的公司继续成为了特别成功的商品销售者。
D. 商品销售所需技巧很少被其他职业所需要,所以通常贸易公司雇用程序显著区别其他金融公司的雇用程序。
E. 商品销售压力很大,即便是最成功的商品销售人也很少做销售者超过十年,虽然它们在此期间挣了一大笔钱。

[解题分析] 正确答案:C。

题干论证:所有雇用的人都成功了,因此计划是完美的。该论证必须基于一个假设,它没有雇用的人都是不成功的。

C 项表明没有雇用的人也成功了,说明计划不完美。

■美国的一个动物保护组织试图改变蝙蝠在人们心目中一直存在的恐怖形象。这个组织认为,蝙蝠之所以让人觉得可怕和遭到捕杀,仅仅是因为这些羞怯的动物在夜间表现得特别的活跃。

以下哪项如果为真,将对上述动物保护组织的观点构成最严重的质疑?

A. 蝙蝠之所以能在夜间特别活跃,是由于它们具有在夜间感知各种射线和声波的特殊能力。
B. 蝙蝠是夜间飞行昆虫的主要捕食者,在这些夜间飞行的昆虫中,有很多是危害人类健康的。
C. 蝙蝠在中国及其他许多国家同样被认为是一种恐怖的飞禽。
D. 美国人熟知的浣熊和中国人熟知的食蚁雀,都是些在夜间特别活跃的羞怯动物,但在众人的印象中一般并没有恐怖的印象。
E. 许多视觉艺术品,特别是动画片丑化了蝙蝠的形象。

[解题分析] 正确答案:D。

题干中动物保护组织的观点是:蝙蝠之所以让人觉得可怕和遭到捕杀,是因为这些羞怯的动物在夜间表现得特别的活跃。

D 项如果为真,则对上述观点提出了一个有力的反例:浣熊和食蚁雀,都是在夜间特别活跃的羞怯动物,但在人们的印象中一般并没有恐怖的印象,因而是题干的观点的有力质疑。

四、另有他因

另有他因的削弱方式是相反论据的一种特例,就是指出还存在有别的因素影响推理。具体说,如果题干是以一个事实、研究、发现或一系列数据为前提推出一个解释上述事实或数据的结论,要削弱这个结论,就可以通过指出有其他可能来解释原文事实,即存在别的因素影响推论。

■科学研究表明,大量吃鱼可以大大减少患心脏病的危险,这里起作用的关键因素是在鱼油中所含的丰富的ω-3脂肪酸。因此,经常服用保健品ω-3脂肪酸胶囊将大大有助于预防心脏病。

以下哪项如果为真,最能削弱题干的论证?

A. ω-3脂肪酸胶囊从研制到试销,才不到半年的时间。
B. 在导致心脏病的各种因素中,遗传因素占了很重要的地位。
C. 不少保健品都有不同程度的副作用。
D. ω-3脂肪酸只有和主要存在于鱼体内的某些物质化合后才能产生保健疗效。
E. ω-3脂肪酸胶囊不在卫生部最近推荐的十大保健品之列。

[解题分析]　正确答案:D。

如果D项的断定为真,说明吃鱼有助于预防心脏病,是由于鱼油中所含的ω-3脂肪酸经过了与鱼体内某些物质的化合而具有了疗效;但保健品胶囊中所含的ω-3脂肪酸完全可能缺少这种特殊的化合而不具有疗效。这就有力地削弱了题干的论证。

其余各项对题干的论证都有所削弱,但力度显然不如D项。

■由于工业废水的污染,淮河中下游水质恶化,有害物质的含量大幅度提高,这引起了多种鱼类的死亡。但由于蟹有适应污染水质的生存能力,因此,上述沿岸的捕蟹业和蟹类加工业将不会像渔业同行那样受到严重影响。

以下哪项如果是真的,将严重削弱上述论证?

A. 许多鱼类已向淮河上游及其他水域迁移。
B. 上述地区渔业的奖金向蟹业转移,激化了蟹业的竞争。
C. 在鱼群分布稀少的水域中蟹类繁殖较快。
D. 蟹类适应污染水质的生理机制未得到科学的揭示。
E. 作为幼蟹主要食物来源的水生物蓝藻无法在污染水质中继续存活。

[解题分析]　正确答案:E。

如果E项为真,说明虽然蟹自身有适应污染水质的生存能力,但是因为其主要食物来源蓝藻无法在污染水质中存活而难免受到生存威胁,因此,沿岸的捕蟹业和蟹类加工业将极可能和渔业一样受到淮河中下游水质恶化的严重影响。这就严重削弱了题干的论证。

■最近10年,地震、火山爆发和异常天气对人类造成的灾害比数十年前明显增多,这说明,地球正变得对人类越来越充满敌意和危险。这是人类在追求经济高速发展中因破坏生态环境而付出的代价。

以下哪项如果为真,最能削弱上述论证?

A. 经济发展使人类有可能运用高科技手段来减轻自然灾害的危害。
B. 经济发展并不必然导致全球生态环境的恶化。

C. W国和H国是两个毗邻的小国,W国经济发达,H国经济落后,地震、火山爆发和异常天气所造成的灾害,在H国显然比W国严重。

D. 自然灾害对人类造成的危害,远低于战争、恐怖主义等人为灾害。

E. 全球经济发展的不平衡所造成的人口膨胀和相对贫困,使得越来越多的人不得不居住在生态环境恶劣甚至危险的地区。

[解题分析]　正确答案:E。

题干的结论是:人类破坏生态环境而付出代价,根据是:最近10年,地震、火山爆发和异常天气对人类造成的灾害比数十年前明显增多。

如果E项为真,则有助于说明:最近10年,地震、火山爆发和异常天气对人类造成的灾害比数十年前明显增多的原因,不在于生态环境本身的恶化,而在于越来越多的人不得不居住在生态环境恶劣甚至危险的地区,这不属于因破坏生态环境而付出的代价。这就有力地削弱了题干的论证。

其余各项均不能削弱题干的论证。其中,选项C所提及的W国和H国是两个毗邻的小国,而地震、火山爆发和异常天气所涉及的是大生态环境,因此,对二者的经济发展和受灾状况进行比较,对于揭示经济发展和生态环境的关系几乎没有意义。

五、间接因果

逻辑考试很大程度上是考查评价事物间的因果联系,有些题目如果问的是某现象不是什么的证据,在结论里面带有一个否定语气。通常这样的题目往往是考查间接原因。

下面列出几种常见的间接因果的削弱思路。

方式一:题干论证——A是B的原因,所以A就不是C的原因。

如何削弱?就要说明A是C的间接原因,即只要说B和C是相关的,是B导致了C。

方式二:题干论证——A是C的原因,所以B就不是C的原因。

如何削弱?就要说明B是A的间接原因,即只要说B和A是相关的,正是B导致了A(A还是受B的影响)。

方式三:题干论证——A没有导致B。

如何削弱?你可以说明A导致了C,而C导致了B。

方式四:题干论证——A现象总是伴着B现象,所以A是B的原因。

如何削弱?就要说明A和B都是C的共同结果,C才是A和B发生的共同原因,这就有力地反驳了题干中A和B存在因果关系的观点。

■母亲:这学期冬冬的体重明显下降,我看这是因为他的学习负担太重了。

父亲:冬冬体重下降和学习负担没有关系。医生说冬冬营养不良,我看这是冬冬体重下降的原因。

以下哪项如果是真的,则最能对父亲的意见提出质疑?

A. 学习负担过重,会引起消化紊乱,妨碍对营养的正常吸收。

B. 隔壁松松和冬冬一个班,但松松是个小胖墩,正在减肥。

C. 由于学校的重视和努力,这学期冬冬和同学们的学习负担比上学期有所减轻。

D. 现在学生的普遍问题是过于肥胖,而不是体重过轻。

E. 冬冬所在的学校承认学生的负担偏重,并正在采取措施解决。

[解题分析] 正确答案：A。

父亲认为：体重下降的原因是营养不良，而非学习负担。

A项指出，学习负担是营养不良的原因，这就说明学习负担还是体重下降的原因，有力地削弱了父亲的观点。

■一些土壤科学家断言：森林地表的腐烂物质与降落在山湖的酸雨相比，是山湖酸性的最主要来源。因此，他们主张减少酸雨不会显著地降低山湖的酸性程度。

下面哪一个陈述如果正确，最严重地削弱上面的论述？

A. 山湖酸性高于其他湖酸性是很正常的。
B. 湖中增长的酸性程度的危害效果被大大低估了。
C. 酸雨在都市和国家重工业地区被发现。
D. 关于酸雨产生的原因，土壤科学家分歧很大。
E. 当植物生命残存时，酸雨大大增加了自然环境中腐烂的有机物质的量。

[解题分析] 正确答案：E。

题干断定：腐烂物质是山湖酸性的最主要来源，因此减少酸雨不会显著地降低山湖的酸性。

E项表明，酸雨导致了腐烂物质。这意味着，酸雨和腐烂有机物质之间是有联系的，减少酸雨就能够降低酸性浓度。所以E项为正确答案。

A、B、C、D项均为无关选项。

第四节 推出结论

推出结论题也叫推论题，其特点是：题干给出一定的信息，选项要求根据题干的信息进行推理，得出某一结论。阅读和思考必须紧扣题干陈述的内容，正确的答案应从陈述中直接推出。

一、确定论点

确定论点型的具体表现形式是题干给出一段论述，然后问作者到底想证明什么，实际上是要求总结它们所表达的中心内容或者作者的主要观点。对概括观点或寻求段落中心思想的考题，应在着重把握段落层次结构的基础上，凭语感去体会作者的写作用意。这类题主要考查学生对语言的理解。

■环境学家特别关注保护濒临灭绝的动物的高昂费用，提出应通过评估各种濒临灭绝的动物对人类的价值，以决定保护哪些动物。此法实际不可行，因为，预言一种动物未来的价值是不可能的，评价对人类现在作出间接但很重要贡献的动物的价值也是不可能的。

作者的主要论点是什么？

A. 保护没有价值的濒临灭绝的动物比保护有潜在价值的动物更重要。
B. 尽管保护所有濒临灭绝的动物是必须的，但在经济上却是不可行的。
C. 由于判断动物对人类价值高低的方法并不完善，在此基础上作出的决定也不可靠。
D. 保护对人类有直接价值的动物远比保护有间接价值的动物重要。
E. 要评估濒临灭绝的动物对人类是否重要是不可能的。

[解题分析]　正确答案：C。

题干先表明了环境学家提出的办法不可行，然后进一步指出预言一种动物对于人类的价值也不可能。选项 C 恰当地概括了题干中作者的主要论点。

选项 A、B、D 为无关选项。

题干只是说，评价一种动物的具体价值是不可能的，并没有说评价动物对人类是否重要是不可能的，因此，选项 E 不能完全概括作者的观点。

二、得出结论

推出结论型要求进一步推出结论，具体表现形式是题干列举了一堆事实或给出一段文字，然后问从中最能得出什么结论。对推出结论型的考题，要在把握段落层次结构的基础上去寻找隐含的结论或内在的含义。

■农业中连续使用大剂量的杀虫剂会产生两种危害性很大的作用。第一，它经常会杀死农田中害虫的天敌；第二，它经常会使害虫产生抗药性，因为没被杀虫剂杀死的昆虫最具有抗药性，而且它们得以存活下来继续繁衍后代。

从上文中，我们可以推出以下哪项措施是解决上述问题的最好方法？

A. 只使用化学性质稳定的杀虫剂。
B. 培育更高产的农作物抵消害虫造成的损失。
C. 逐渐增加杀虫剂的使用量使没被杀死的害虫尽可能地减少。
D. 每年闲置一些耕地使害虫因没有充足的食物而死亡。
E. 周期性地使用不同种类的杀虫剂。

[解题分析]　正确答案：E。

题干断定：连续使用大剂量的杀虫剂会产生两种危害。

可见，解决此问题的方法就应该是，不要连续使用大剂量的杀虫剂，但又要达到杀虫的目的，那么，最好就是周期性地使用不同种类的杀虫剂。因此，E 项为正确答案。

A 项对解决问题无用，B 项做法非常消极，C 项的副作用可能更大，D 项比较荒谬，均排除。

三、推论支持

推论支持指的是自上而下的支持，答案就是要找题干信息使下面哪个选项成立的可能性增大。注意：推论支持是题干使得作为答案的选项成立的可能性增大，而不是使得作为答案的选项一定成立。

■一个人从饮食中摄入的胆固醇和脂肪越多，他的血清胆固醇指标就越高。存在着一个界限，在这个界限内，二者成正比。超过了这个界限，即使摄入的胆固醇和脂肪急剧增加，血清胆固醇指标也只会缓慢地有所提高。这个界限，对于各个人种是一样的，中国人人均胆固醇和脂肪摄入量大约是欧洲人的 1/4。

上述判定最能支持以下哪项结论？

A. 中国人的人均胆固醇和脂肪摄入量是欧洲人的 1/2，但中国人的人均血清胆固醇指标不一定等于欧洲人的 1/2。
B. 上述界限可以通过减少胆固醇和脂肪摄入量得到降低。

C. 3/4 的欧洲人的血清胆固醇含量超出正常指标。
D. 如果把胆固醇和脂肪摄入量控制在上述界限内,就能确保血清胆固醇指标的正常。
E. 血清胆固醇的含量只受饮食的影响,不受其他因素,例如运动、吸烟等生活方式的影响。

[解题分析] 正确答案:A。

如果一个人摄入的胆固醇及脂肪和他的血清胆固醇指标无条件成正比,那么,如果中国人的人均胆固醇和脂肪摄入量是欧洲人的 1/2,则其人均血清胆固醇指标也等于欧洲人的 1/2。但题干断定,以欧洲人人均胆固醇和脂肪摄入量的 1/4 为界限,在该界限内,上述二者成正比;超过这个界限,则不成正比。因此,可以得出结论:中国人的人均胆固醇和脂肪摄入量是欧洲人的 1/2,但中国人的人均血清胆固醇指标不一定等于欧洲人的 1/2,即 A 项成立。

第五节 说明解释

说明解释题型就是,给出一段关于某些事实或现象的客观描述,要求对这些事实、现象、结果或矛盾作出合理的解释。

所谓解释就是用某些一般道理说明某一事件之所以如此发生的原因,或更进一步地说明推理的正确性,或者说明矛盾的不矛盾性,或说明一种现象,或者说明差异事件的合理性。这种题型实际上类似于支持题。

一、解释现象

解释现象就是指给出一段关于某些事实或现象的客观描述,让我们从选项中寻求一个选项来解释现象发生的原因或现象为什么反常发生,找到一个能直接说明事实能够成立或现象为什么发生的选项即可。正确的选项必须与题干论述的情景有关并且又符合逻辑。

■英国有家小酒馆采取客人吃饭付费"随便给"的做法,即让顾客享用葡萄酒、蟹柳及三文鱼等美食后,自己决定付账金额。大多数顾客均以公平或慷慨的态度结账,实际金额比那些酒水菜肴本来的价格高出 20%。该酒馆老板另有 4 家酒馆,而这 4 家酒馆每周的利润与付账"随便给"的酒馆相比少 5%。这位老板因此认为,"随便给"的营销策略很成功。

以下哪项如果为真,最能解释老板营销策略的成功?

A. 部分顾客希望自己看上去有教养,愿意掏足够甚至更多的钱。
B. 如果客人支付低于成本价格,就会受到提醒而补足差价。
C. 另外 4 家酒馆位置不如这家"随便给"酒馆。
D. 客人常常不知道酒水菜肴的实际价格,不知道该付多少钱。
E. 对于过分吝啬的顾客,酒馆老板常常也无可奈何。

[解题分析] 正确答案:A。

要解释的是,因此,"随便给"酒馆的大多数顾客均以公平或慷慨的态度结账,利润反而高于其他类型的酒馆,选项 A 所述,部分顾客希望自己看上去有教养而愿意掏足够甚至更多的钱,这显然有力地解释老板营销策略的成功。

其余选项均不能有效解释。比如,B 项解释不了为什么大多数顾客均以公平或慷慨的态度结账。D 项解释不了为什么顾客会多给餐费，因为顾客不知道餐费的话，就有可能少给。

■刘建是乐进足球的主力左后卫，有很强的助攻能力，有时甚至能破门得分，但是，新主教练上任后，刘建却降为替补，鲜有上场机会，该教练的理由是刘建虽然助攻能力强，但他把守在左路经常在比赛中被对手突破，使本队陷入被动。

以下哪项最有助于解释教练决定的合理性？
  A. 对队员的调整拥有决定权能树立新教练的权威。
  B. 刘建曾公开为前主教练辩护，反对更换主教练。
  C. 该教练崇尚进攻，主张进攻是最好的防守。
  D. 足球队后卫最主要的职责是防守。
  E. 刘建喜欢喝酒的习惯影响教练和比赛的状态。

[解题分析]　正确答案：D。

如果事实上足球队后卫最主要的职责是防守，那么就能说明刘建作为后卫不能胜任其主要职责，因此，教练的决定是合理的。可见，D 项为正确答案。

二、解释矛盾

解释差异或缓解矛盾的考题主要针对矛盾现象，让我们寻找一个答案说明为什么不同，即要消除这些矛盾或者解题分析为什么会存在这种矛盾。

解释矛盾一方面可以从内部去寻找原本矛盾的二者之间的共同的东西，正确选项必须是能够化解题干相互矛盾的事实的桥梁。另一方面，可以从外部寻找差异原因，通过找他因的办法解决了题干的分歧。

■获得奥斯卡大奖的影片《泰坦尼克号》在滨州上映，滨州独家经营权给了滨州电影发行放映公司，公司各部门可忙坏了，宣传部投入了史无前例的 170 万元进行各种形式的宣传，业务部组织了 8 家大影院超前放映和加长映期，财务部具体实施与各影院的收入分账，最终几乎全市的老百姓都去看了这部片子，公司赚了 750 万元。而公司在总结此项工作时却批评了宣传部此次工作中的失误。

以下哪项如果为真，最能合理地解释上述情况？
  A. 公司宣传部没有事先跟其他部门沟通，宣传中缺少针对性。
  B. 由于忽视了奥斯卡获奖片自身具有免费宣传效应，公司宣传部的投入事实上过大。
  C. 公司宣传部的投入力度不足，《泰坦尼克号》在滨海上映时，滨海公司宣传投入了 300 万元。
  D. 公司宣传部的宣传在创意和形式上没有新的突破。
  E. 公司宣传部的宣传对今年其他影片的发行也产生了很大的影响。

[解题分析]　正确答案：B。

题干断定：为上映《泰坦尼克号》，电影公司宣传部投入了史无前例的 170 万元进行宣传，最后公司赚了 750 万元。而公司却批评了宣传部工作中的失误。

选项 C、E 是无关项，选项 A、D 都是对宣传部的批评，但是与 B 项比较起来力度不足。B 项表明，成本 170 万元投入太多了，是对宣传部有力的批评，最合理地解释了题干的情况。

■一项对东华大学企业管理系94届毕业生的调查的结果看来有些问题,当被调查毕业生被问及其在校时学习成绩的名次时,统计资料表明:有60%的回答者说他们的成绩位居班级的前20%。

如果我们已经排除了回答者说假话的可能,那么下面哪一项能够对上述现象给出更合适一些的解释?

A. 未回答者中并不是所有的人的成绩名次都在班级的前20%以外。
B. 虽然回答者没有错报成绩,但不排除个别人对于学习成绩的排名有不同的理解。
C. 东华大学对学生学习成绩的名次排列方式与其他大多数学校不同。
D. 成绩较差的毕业生在被访问时一般没有回答这个有关学习成绩名次的问题。
E. 在校学习成绩名次是一个敏感的问题,几乎所有的毕业生都进行略微的美化。

[解题分析]　正确答案:D。

如果所有的上述毕业生都受到了调查,并且所有的被调查者都回答了所有的问题,那么,题干的断定"60%的回答者说他们的成绩位居班级的前20%"就包含了明显的矛盾。

D项断定,成绩较差的毕业生在被访问时一般没有回答这个有关学习成绩名次的问题,这意味着,回答问题者的成绩都较好,因此,其中的60%的成绩居前20%就不奇怪了。这就对题干作出了一个恰当的解释。

其余各项对题干都不能作出有说服力的解释。比如,B项只有个别人对排名有不同的理解,不能解释题干。

■巴斯德认为,空气中的微生物浓度与环境状况、气流运动和海拔高度有关。他在山上的不同高度分别打开装着煮过的培养液的瓶子,发现海拔越来越高,培养液被微生物污染的可能性越小。在山顶上,20个装了培养液的瓶子,只有1个长出了微生物。普歇另用干草浸液作材料重复了巴斯德的实验,却得出不同的结果:即使在海拔很高的地方,所有装了培养液的瓶子很快长出了微生物。

以下哪项如果为真,最能解释普歇和巴斯德实验所得到的不同结果?

A. 只要有氧气的刺激,微生物就会从培养液中自发地生长出来。
B. 培养液在加热消毒、密封、冷却的过程中会被外界细菌污染。
C. 普歇和巴斯德的实验设计都不够严密。
D. 干草浸液中含有一种耐高温的枯草杆菌,培养液一旦冷却,枯草杆菌的孢子就会复活,迅速繁殖。
E. 普歇和巴斯德都认为,虽然他们用的实验材料不同,但是经过煮沸,细菌都能被有效地杀灭。

[解题分析]　正确答案:D。

选项D表明,干草浸液中含有一种耐高温的枯草杆菌,培养液一旦冷却,枯草杆菌的孢子就会复活,迅速繁殖。这就以另有他因的方式,有力地解释了普歇和巴斯德实验所得到的不同结果。

■2010年某省物价总水平仅上涨2.4%,涨势比较温和,涨幅甚至比2009年回落了0.6个百分点。可是,普通民众觉得物价涨幅较高,一些统计数据也表明,民众的感觉有据可依。2010年某月的统计报告显示,该月禽蛋类商品价格涨幅达12.3%,某些反季节蔬菜涨幅甚至超过20%。

以下哪项如果为真,最能解释上述看似矛盾的现象?

A. 人们对数据的认识存在偏差,不同来源的统计数据会产生不同的结果。
B. 影响居民消费品价格总水平变动的各种因素互相交织。
C. 虽然部分日常消费品涨幅很小,但居民感觉很明显。
D. 在物价指数体系中占相当权重的工业消费品价格持续走低。
E. 不同的家庭,其收入水平、消费偏好、消费结构都有很大的差异。

[解题分析] 正确答案:D。

题干的矛盾现象是,一方面,某省物价总水平涨势比较温和;另一方面,普通民众觉得物价涨幅较高,比如禽蛋类、反季节蔬菜等价格涨幅大。

如果D项为真,即在物价指数体系中占相当权重的工业消费品价格持续走低,这就从另有他因的角度有力地解释了题干的矛盾。

第六节 评价描述

评价描述题型的特点是:题干给出一段论证或者对话,选项要求对论证的结构、观点、有效性、错误、技巧等作出评价。此类题型要求考生评价推理过程,主要考查考生在体会题干推理之后是否具备把握推理方法或特点的能力。

一、论证评价

论证评价类题型是要我们找能影响题干结论的变量,即对选项给出正反两方面的信息,分别对题干推理能起到正反两方面的作用,这样的选项就是评价。

一般解题思路如下。

(1) 由于评价在很多情况下是针对段落推理成立的隐含假设起作用,所以读题时要注意体会段落推理的隐含假设,解题重点一般在隐含假设上,对隐含假设提出评价,达到评判目的。

(2) 一般地,由一个调查事实得到一个结论,结论对这个调查事实作出了一个解释,假设应为"没有其他原因解释该现象了",反对应为"有其他的原因解释此现象"。由于评价多针对段落推理的隐含假设,那么是否存在他因,即是否存在别的因素影响论证,是不是有别的原因解释上面的事实,也是一种有效的评价。

(3) 对某个事物的评价,首先要有个评价的基准,也就是可比较的标准。比如,对比实验的关键是让实验对象的其他方面的条件相同。因此,重点考虑隐含比较的另一方往往是一个有效的评价,或者考虑一下有无反例存在。

■尽管通过一种新的计算机辅助设计过程生产出来的定制的修复用的骨替代物的价格是普通替代物的两倍多,定制的替代物仍然是节约成本的。定制的替代物不仅可以减少手术和术后恢复的时间,而且它更耐用,因而减少再次住院的需要。

为评论以上提出的论述,必须研究以下哪一项?

A. 一个病人花在手术中的时间与花在术后恢复的时间的比较。
B. 随着生产定制替代物的新技术的出现,生产定制替代物减少的成本数量。
C. 与使用普通替代物相比较,使用定制的替代物可以在多大程度上减少再次手术的需要。
  D. 用新技术生产的替代物比普通替代物生产得更仔细的程度。
  E. 当生产程度逐渐标准化，并可运用到更大规模上时，用新技术生产的定制替代物的成本将下降的数量。

[解题分析] 正确答案：C。

尽管生产成本更昂贵，由于其他开支的节省可以使定制的骨替代物成为节省成本的选择。为评论该论述，必须决定这些节省能否抵消增加的成本，因此需要研究期望的再次住院需要减少的情况，选项 C 是正确答案。

该论述并不要求研究手术与恢复时间的比率，因此 A 项不合适。过去和将来的成本变化与评论一项建立在目前计划的成本基础上的论述无关，因此选项 B 和 E 不合适。最后，由于研究生产定制替代物的仔细程度自身不能提供关于成本的信息，选项 D 也不正确。

■据一项统计显示，在婚后的 13 年中，妇女的体重平均增加了 15kg，男子的体重平均增加了 12kg。因此，结婚是人变得肥胖的重要原因。

为了对上述论证作出评价，回答以下哪个问题最为重要？
  A. 为什么这项统计要选择 13 年这个时间段作为依据？为什么不选择其他时间段，例如为什么不是 12 年或 14 年？
  B. 在上述统计中，婚后体重减轻的人有没有？如果有的话，占多大的比例？
  C. 在被统计对象中，男女各占多少比例？
  D. 这项统计的对象，是平均体重较重的北方人，还是平均体重较轻的南方人？如果二者都有的话，各占多少比例？
  E. 在上述 13 年中，处于相同年龄段的单身男女的体重增减状况是怎样的？

[解题分析] 正确答案：E。

题干根据统计发现，结婚后男女的体重都增加了这一事实，得出结论：结婚是人变得肥胖的重要原因。

E 项提出的问题对评价题干的论证最为重要。因为如果在上述 13 年中，处于相同年龄段的单身男女的体重增减状况和题干的统计结果类似，那么，题干的结论就得到削弱。反之，如果在上述 13 年中，处于相同年龄段的单身男女的体重增长要少，那么题干的结论就得到支持。

二、逻辑描述

逻辑描述题主要考查我们在体会段落推理之后是否具备以下能力：在体会段落推理之后是否具备识别推理缺陷的能力、识别推理的结构方法的能力、论点构建中某句话对结论或前提是否起作用或起到什么作用的能力。

解题的一般方法与步骤如下。

(1) 阅读题干，找出结论。

(2) 用自己的话复述推理，描述作者怎么利用前提推出结论。

(3) 用排除法。最好的选项应该能描述推理的逻辑结构，排除那些不符合逻辑结构的选项。

描述题不仅要求学生具有更全面和更快速的阅读理解和概括能力以达到对题干的论证

结构的快速掌握,还要求对选项进行理解,熟悉选项中对论证特殊的表达方法。

■小陈:目前1996D3彗星的部分轨道远离太阳,最近却可以通过太空望远镜发现其发出闪烁光。过去人们从来没有观察到远离太阳的彗星出现这样的闪烁光,所以这种闪烁必然是不寻常的现象。

小王:通常人们都不会去观察那些远离太阳的彗星,这次发现的1996D3彗星闪烁光是有人通过持续而细心的追踪观测而获得的。

以下哪项最为准确概括了小王反驳小陈的观点所使用的方法?

A. 指出小陈使用的关键概念含义模糊。
B. 指出小陈的论据明显缺乏说服力。
C. 指出小陈的论据自相矛盾。
D. 不同意小陈的结论,并且对小陈的论据提出了另一种解释。
E. 同意小陈的结论,但对小陈的论据提出了另一种解释。

[解题分析]　正确答案:D。

小陈的结论是:远离太阳的彗星出现这样的闪烁光必然是不寻常的现象。其论据是:过去人们从来没有观察到这样的闪烁光。

小王不同意小陈的结论,认为远离太阳的彗星出现这样的闪烁光是寻常的现象,因为这种现象早已存在,只不过以前人们观察得不够持续和细心罢了。

可见小王并不否定小陈的论据所陈述的情况存在,只是对这一情况作出了另一种解释,基于这一解释,可得出与小陈不同的结论。因此,D项准确地概括了小王反驳小陈的观点所使用的方法。

■吴大成教授:各国的国情和传统不同,但是对于谋杀和其他严重刑事犯罪实施死刑,至少是大多数人可以接受的。公开宣判和执行死刑可以有效地阻止恶性刑事案件的发生,它所带来的正面影响比可能存在的负面影响肯定要大得多,这是社会自我保护的一种必要机制。

史密斯教授:我不能接受您的见解。因为在我看来,对于十恶不赦的罪犯来说,终身监禁是比死刑更严厉的惩罚,而一般的民众往往以为只有死刑才是最严厉的。

以下哪项是对上述对话的最恰当评价?

A. 两个对各国的国情和传统有不同的理解。
B. 两人对什么是最严厉的刑事惩罚有不同的理解。
C. 两人对执行死刑的目的有不同的理解。
D. 两人对产生恶性刑事案件的原因有不同的理解。
E. 两人对是否大多数人都接受死刑有不同的理解。

[解题分析]　正确答案:C。

由题干可知:吴大成教授认为执行死刑的目的是有效地阻止恶性刑事案件的发生,而史密斯认为执行死刑的目的是给十恶不赦的罪犯以最严厉的惩罚。两人对执行死刑的目的有不同的理解。因此,C项的评价最为恰当。

B项易误选,因为史密斯认为对罪犯最严厉的刑事惩罚和民众所认为的最严厉的刑事惩罚是不同的,而吴大成并没表露出对什么是最严厉的刑事惩罚的理解。

第七节　相似比较

相似比较题型主要有：推理形式的相似比较、推理错误的相似比较和推理方法的相似比较。该类题型主要从逻辑形式和推理方法上比较题干和不同选项之间的相同或不同。

■某学院行政管理专业本科有两个班。一班学生的学习成绩一般要比二班的学生好很多。田丰来自该学院的行政管理专业，他研究生第一学年的学习成绩是专业第一，并且遥遥领先，因此，他原来肯定是一班的。

以下哪项与题干的论证方式最为类似？

A. 如果天下雨，则地就会湿。现在地没有湿，所以没下雨。
B. 男性一般要比女性坚强，王强是男经理，因此，他一定要比女经理坚强。
C. 在其他条件相近的情况下，如果一个人有好的人脉，就能在商界取得更多的成就。王炜在商界取得了出色的成就。因此，王炜有最好的人脉。
D. 儿童的心理教育比成年人更重要。张燕是从事成人心理教育工作的，因此，她的水平一定不如从事儿童心理教育的人。
E. 在球类运动员中，篮球队员一般要比足球队员高，阎林在球员中是最高的，所以，他一定是篮球运动员。

[解题分析]　正确答案：E。

题干的论证漏洞是：根据可能性的前提，只能得出可能性的结论，但题干却得出了必然性的结论。选项 E 的论证方式存在类似的漏洞。

A 项是正确的假言推理。B、D 项是错误的关系推理。C 项是错误的假言推理。

■公司经理：我们招聘人才时最看重的是综合素质和能力，而不是分数。人才招聘中，高分低能者并不鲜见，我们显然不希望招到这样的"人才"，从你的成绩单可以看出，你的学业分数很高，因此我们有点怀疑你的能力和综合素质。

以下哪项和经理得出结论的方式最为类似？

A. 有些歌手是演员，所有的演员都很富有，所以有些歌手可能不是很富有。
B. 猫都爱吃鱼，没有猫患近视，所以吃鱼可以预防近视。
C. 闪光的物体并非都是金子，考古队挖到了闪闪发光的物体，所以考古队挖到的可能不是金子。
D. 人的一生中健康开心最重要，名利都是浮云，张立名利双收，所以很可能张立并不开心。
E. 公司管理者并非都是聪明人，陈然不是公司管理者，所以陈然可能是聪明人。

[解题分析]　正确答案：C。

题干的论证是：有些 A 不是 B。某物是 A，因此，某物可能不是 B。

由于 A、B 两个概念是交叉关系，因此，题干是个错误的论证。C 项论证也犯了同样的错误。

练习题

1. 心脏的搏动引起血液循环。对同一个人,心率越快,单位时间进入循环的血液量越多。血液中的红血球运输氧气。一般地说,一个人单位时间通过血液循环获得的氧气越多,他的体能及其发挥就越佳。因此,为了提高运动员在体育比赛中的竞技水平,应该加强他们在高海拔地区的训练,因为在高海拔地区,人体内每单位体积血液中含有的红血球数量要高于在低海拔地区。

以下哪项是题干的论证必须假设的?

A. 海拔的高低对运动员的心率不发生影响。
B. 不同运动员的心率基本相同。
C. 运动员的心率比普通人慢。
D. 在高海拔地区训练能使运动员的心率加快。
E. 运动员在高海拔地区的心率不低于在低海拔地区。

2. 一项实验显示,那些免疫系统功能较差的人,比起那些免疫系统功能一般或较强的人,在进行心理健康测试时记录明显较差。因此,这项实验的设计和实施者得出结论,人的免疫系统,不仅保护人类抵御生理疾病,而且保护人类抵御心理疾病。

上述结论是基于以下哪项假设?

A. 免疫系统功能较强的人比功能一般的人更能抵御心理疾病。
B. 患有某种心理疾病的人,一定患有某种相关的生理疾病。
C. 具有较强的免疫系统功能的人不会患心理疾病。
D. 心理疾病不会引起免疫系统功能的降低。
E. 心理疾病不能依靠药物治疗,而只能依靠心理治疗。

3. 莱布尼茨是17世纪伟大的哲学家。他先于牛顿发表了他的微积分研究成果。但是当时牛顿公布了他的私人笔记,说明他至少在莱布尼茨发表其成果的10年前已经运用了微积分的原理。牛顿还说,在莱布尼茨发表其成果的不久前,他在给莱布尼茨的信中谈起过自己关于微积分的思想。但是事后的研究说明,牛顿的这封信中,有关微积分的几行字几乎没有涉及这一理论的任何重要之处。因此,可以得出结论,莱布尼茨和牛顿各自独立地发现了微积分。

以下哪项是上述论证必须假设的?

A. 莱布尼茨在数学方面的才能不亚于牛顿。
B. 莱布尼茨是个诚实的人。
C. 没有第三个人不迟于莱布尼茨和牛顿独立地发现了微积分。
D. 莱布尼茨在发表微积分研究成果前从没有把其中的关键性内容告诉任何人。
E. 莱布尼茨和牛顿都没有从第三渠道获得关于微积分的关键性细节。

4. 在法庭的被告中,被指控偷盗、抢劫的定罪率,要远高于被指控贪污、受贿的定罪率。其重要原因是后者能聘请收费昂贵的私人律师,而前者主要由法庭指定的律师辩护。

以下哪项如果为真,最能支持题干的叙述?

A. 被指控偷盗、抢劫的被告,远多于被指控贪污、受贿的被告。

B. 一个合格的私人律师,与法庭指定的律师一样,既忠实于法律,又努力维护委托人的合法权益。
C. 被指控偷盗、抢劫的被告中罪犯的比例,不高于被指控贪污、受贿的被告。
D. 一些被指控偷盗、抢劫的被告,有能力聘请私人律师。
E. 司法腐败导致对有权势的罪犯的庇护,而贪污、受贿等职务犯罪的构成要件是当事人有职权。

5. 今天的心理学家认为儿童时代是人生一个单独的驿站,并且只能以他自身的方式去理解,他们想知道为什么这么长时间以来西方国家荒谬地把儿童看作是小的、未充分社会化的成年人。然而,大多数的心理学家把那些70～90岁的老年人看作是好像刚开始出现白发和有额外的闲暇时间的35岁的人。但是老年人与儿童一样与年轻的成年人和中年人大相径庭,这一事实已被现代社会与经济生活体制所证实。因此,确实应该承认对老年人独特的心理进行认真的研究是必不可少的。

下面哪一原理如果正确,最能强有力地支持上述论断?

A. 当现行心理学实践与人们的传统态度相抵触时,那些传统的态度应该改变,以使它们能与现行的心理学实践相一致。
B. 当两组人以这种方式相互联系,即第二组中的任一成员都必须曾是第一组的成员,那么第一组人不应该被简单地认为是第二组成员的脱离分子。
C. 当某一特定领域的大多数从业者用同一种方法来解决某一特定问题时,这种一致性就是所有类似的问题都应当以那种方法来解决的很好的见证。
D. 当一个社会的经济生活以这种方式来组织,即两个明显不同时代的生活相互之间被认为是根本不同的,那么每个时代的生活都应以它自己独特的心理学方式来理解。
E. 当心理学家认为用单一的心理学来研究两组年龄差距较大的人是不够的时,他们就应着手揭示两个不同年龄组成员之间的差异要比同一年龄组的不同成员之间的大。

6. 某咨询师说:"每年我国大学的排行榜都会刊登在一个流行杂志上。这个排行榜是根据各项指标按照不同的分值进行综合后的总分排定的。但是,这个总分不能被学生作为报考大学的基础。"

下列哪项最有助于判断咨询师的看法?

A. 大多数购买这本有大学排行榜杂志的人都是能够进入大学的学生。
B. 那些排名在前的大学用此做广告来吸引更多的学生。
C. 近些年大学的排名变化不大。
D. 不同的学生根据专业的不同对排行榜的标准要求也不同。
E. 一些对自己所上大学满意的学生在报考大学之前曾经参考过这个排行榜。

7. 在塞普西路斯的一个古城蒙科云,发掘出了城市的残骸,这一残骸呈现出被地震损坏的典型特征。考古学家猜想,该城的破坏是这个地区公元365年的一次地震所致。

以下哪项如果为真,最有力地支持了考古学家的猜想?

A. 经常在公元365年前后的墓穴里发现的青铜制纪念花瓶,在蒙科云城里也发现了。
B. 在蒙科云城废墟里没有发现在公元365年以后的铸币,但是却有365年前的铸币。
C. 多数现代塞普西路斯历史学家曾经提及,在公元365年前后在附近发生过地震。
D. 在蒙科云城废墟中发现了公元300—400年风格的雕塑。

E. 在蒙科云发现了塞普西路斯 365 年以后才使用的希腊字母的石刻。

8. 建筑历史学家丹尼斯教授对欧洲 19 世纪早期铺有木地板的房子进行了研究。结果发现较大的房间铺设的木板条比较小房间的木板条窄得多。丹尼斯教授认为,既然大房子的主人一般都比小房子的主人富有,那么,用窄木条铺地板很可能是当时有地位的象征,用以表明房主的富有。

以下哪项如果为真,最能加强丹尼斯教授的观点?

A. 欧洲 19 世纪晚期的大多数房子所铺设的木地板的宽度大致相同。
B. 丹尼斯教授的学术地位得到了国际建筑历史学界的公认。
C. 欧洲 19 世纪早期,木地板条的价格是以长度为标准计算的。
D. 欧洲 19 世纪早期,有些大房子铺设的是比木地板昂贵得多的大理石。
E. 在以欧洲 19 世纪市民生活为背景的小说《雾都十三夜》中,富商查理的别墅中铺设的就是有别于民间的细条胡桃木地板。

9. 对常兴市 23 家老人院的一项评估显示,爱慈老人院在疾病治疗水平方面受到的评价相当低,而在其他不少方面评价不错,虽然各老人院的规模大致相当,但爱慈老人院医生与住院老人的比率在常兴市的老人院中几乎是最小的。因此,医生数量不足是造成爱慈老人院在疾病治疗水平方面评价偏低的原因。

以下哪项如果为真,最能加强上述论证?

A. 和祥老人院也在常兴市,对其疾病治疗水平的评价比爱慈老人院还要低。
B. 爱慈老人院的医务护理人员比常兴市其他老人院都要多。
C. 爱慈老人院的医生发表的相关学术文章很少。
D. 爱慈老人院位于常兴市的市郊。
E. 爱慈老人院某些医生的医术一般。

10. 在发生全球危机那样极为紧急的时刻,投机活动猖獗,利率急剧上升,一切都变化不定,保护好自己的财产是至关重要的。管理和经济领域的专家认为:储蓄仍然是最安全的避难所,尽管收益非常低,但是把钱存起来实际上不会遇到风险。即使存款的银行破产,政府也保证归还储户一定数量的存款。对于存款数额多的人来说,在发生恐慌时,最好能将存款分别存入不同的户头,每个户头不超过政府保证归还的最高限额。

根据上述信息分析,以下哪项如果为真,最能对上述建议产生质疑?

A. 每个人允许在不同的银行开设多个银行户头。
B. 政府在银行破产时只归还那些按照真实姓名开设户头的储户一定数量的存款。
C. 政府保证归还的最高存款限额是有明文规定的。
D. 在出现危机时,购买房子、汽车也是一个安全的决定,当然这仅仅是在出现恶性通货膨胀时。
E. 在大批银行破产的时候,政府也会失去对银行的控制,地位岌岌可危。

11. 过去,大多数航空公司都尽量减轻飞机的重量,从而达到节省燃油的目的。那时最安全的飞机座椅是非常重的,因此只安装很少的这类座椅。今年,最安全的座椅卖得最好。这非常明显地证明,现在的航空公司在安全和省油这两方面更倾向重视安全了。

以下哪项如果为真,能够最有力地削弱上述结论?

A. 去年销售量最大的飞机座椅并不是最安全的座椅。

B. 所有航空公司总是宣称它们比其他公司更加重视安全。
C. 与安全座椅销售不好的那些年比,今年的油价有所提高。
D. 由于原材料成本提高,今年的座椅价格比以往都贵。
E. 由于技术创新,今年最安全的座椅反而比一般的座椅重量轻。

12. 专业人士预测:如果粮食价格保持稳定,那么蔬菜价格也保持稳定;如果食用油价格不稳,那么蔬菜价格也将出现波动。老李由此断定:粮食价格保持稳定,但是肉类食品价格将上涨。

根据上述专业人士的预测,以下哪项为真,最能对老李的观点提出质疑?
A. 如果食用油价格出现波动,那么肉类食品价格不会上涨。
B. 如果食用油价格稳定,那么肉类食品价格不会上涨。
C. 如果肉类食品价格不上涨,那么食用油价格将会上涨。
D. 如果食用油价格稳定,那么肉类食品价格将会上涨。
E. 只有食用油价格稳定,那么肉类食品价格才不会上涨。

13. 20世纪90年代初,小普村镇建立了洗涤剂厂,当地村民虽然因此提高了收入,但工厂每天排出的大量污水使村民忧心忡忡:如果工厂继续排放污水,他们的饮用水将被污染,健康将受到影响。然而,这种担心是多余的。因为1994年对小普镇的村民健康检查发现,几乎没有人因为饮水污染而患病。

以下哪项如果为真,最能质疑上述论证?
A. 1994年,上述洗涤剂厂排放的污水量是历年中较少的。
B. 1994年,小普镇的村民并非全体参加健康检查。
C. 在1994年,上述洗涤剂厂的生产量减少了。
D. 合成洗涤剂污染饮用水导致的疾病需要多年后才会显现出来。
E. 合成洗涤剂污染饮用水导致的疾病与一般疾病相比更难检测。

14. 农科院最近研制了一种高效杀虫剂,通过飞机喷撒,能够大面积地杀死农田中的害虫。但使用这种杀虫剂未必能达到提高农作物产量的目的,甚至可能适得其反,因为这种杀虫剂在杀死害虫的同时,也杀死了保护农作物的各种益虫。

以下哪项如果为真,最能削弱上述论证?
A. 上述杀虫剂的有效率,在同类产品中是最高的。
B. 益虫对农作物的保护作用,主要在于能消灭危害农作物的害虫。
C. 使用飞机喷撒上述杀虫剂,将增加农作物的生产成本。
D. 如果不发生虫灾,农田中的益虫要多于害虫。
E. 上述杀虫剂只适合在平原地区使用。

15. 市场上推出了一种新型的电脑键盘。新型键盘具有传统键盘所没有的"三最"特点,即最常用的键设计在最靠近最灵活手指的部分。新型键盘能大大提高输入速度,并减少错误率。因此,用新型键盘替换传统键盘能迅速提高相关部门的工作效率。

以下哪项如果为真,最能削弱上述论证?
A. 有的键盘使用者最灵活的手指和平常人不同。
B. 传统键盘中最常用的键并非设计在离最灵活手指最远的部分。
C. 越能高效率地使用传统键盘,短期内越不易熟练地使用新型键盘。

D. 新型键盘的价格高于传统键盘的价格。
E. 无论使用何种键盘,输入速度和错误率都因人而异。

16. 东进咨询公司的广告词如下:"东进咨询团体的实力出众,可以使新创办的公司开业成功!请看我们的这六位客户:它们每个公司在开业的两年内都获得了可观的利润。不要再犹豫了,马上联系东进咨询公司,我们可以给你们提供金点子,保证开业成功!"

以下哪项如果为真,最能质疑上述广告词?
A. 东进咨询公司的客户开业后也有失败的记录。
B. 除了东进咨询公司,上述六个公司还向其他咨询公司进行了咨询。
C. 东进咨询公司的工作人员并非都是博士或拥有MBA学位。
D. 即使没有东进咨询公司的帮助,上述六个公司开业也会获得成功。
E. 上述六个公司都是家具行业,东进咨询公司对其他行业的咨询效果一般。

17. 一个部落或种族在历史的发展中灭绝了,但它的文字会留传下来。亚里洛就是这样一种文字。考古学家是在内陆发现这种文字的。经研究,亚里洛中没有表示"海"的文字,但有表示"冬天"、"雪"和"狼"等的文字。因此,专家们推测,使用亚里洛文字的部落或种族在历史上生活在远离海洋的寒冷地带。

以下哪项如果为真,最能削弱上述专家的推测?
A. 蒙古语中有表示"海"的文字,尽管古代蒙古人从没见过海。
B. 亚里洛中有表示"鱼"的文字。
C. 亚里洛中有表示"热"的文字。
D. 亚里洛中没有表示"山"的文字。
E. 亚里洛中没有表示"云"的文字。

18. 在人口最稠密的城市中,警察人数占总人口的比例也最大。这些城市中的"无目击证人犯罪"的犯罪率也最低。看来,维持高比例的警察至少可达到有效地阻止此类犯罪的效果。

下列哪项如果为真,最能有效地削弱上述推论?
A. 警察的工作态度和巡逻频率在各个城市是有很大差别的。
B. 高人口密度本身使得犯罪现场无目击证人的可能性减小。
C. 许多发生在大城市的非暴力犯罪都与毒品有关。
D. 人口稠密的城市中,大多数罪犯并不是被警察抓获的。
E. 无目击证人犯罪在所有犯罪中本来就只占很小的比例。

19. 由于烧伤致使四个手指黏结在一起时,处置方法是用手术刀将手指黏结部分切开,然后实施皮肤移植,将伤口覆盖住。但是,有一个非常头痛的问题是,手指靠近指根的部分常会随着伤势的愈合又黏结起来,非再一次开刀不可。一位年轻的医生从穿着晚礼服的新娘子手上戴的白手套得到启发,发明了完全套至指根的保护手套。

以下哪项如果为真,最能削弱该保护手套的作用?
A. 该保护手套的透气性能直接关系到伤势的愈合。
B. 由于材料的原因,保护手套的制作费用比较贵,如果不能大量使用,价格很难下降。
C. 烧伤后新生长的皮肤容易与保护手套粘连,在拆除保护手套时容易造成新的伤口。
D. 保护手套需要与伤患的手型吻合,这就影响了保护手套的大批量生产。

E. 保护手套不一定能适用于脚趾烧伤后的复原。

20. 据统计,西式快餐业在我国主要大城市中的年利润,近年来稳定在2亿元左右。扣除物价浮动因素,估计这个数字在未来数年中不会因为新的西式快餐网点的增加而有大的改变。因此,随着美国快餐之父艾德熊的大踏步迈进中国市场,一向生意火暴的麦当劳的利润肯定会有所下降。

以下哪项如果为真,最能动摇上述论证?

A. 中国消费者对艾德熊的熟悉和接受要有一个过程。
B. 艾德熊的消费价格一般稍高于麦当劳。
C. 随着艾德熊进入中国市场,中国消费者用于肯德基的消费将有明显下降。
D. 艾德熊在中国的经营规模,在近年不会超过麦当劳的四分之一。
E. 麦当劳一直注意改进服务,开拓品牌,使之在保持传统的基础上更适合中国消费者的口味。

21. 被疟原虫寄生的红血球在人体内的存在时间不会超过120天。因为疟原虫不可能从一个它所寄生衰亡的红血球进入一个新生的红血球,因此,如果一个疟疾患者在进入了一个绝对不会再被疟蚊叮咬的地方120天后仍然周期性高烧不退,那么,这种高烧不会是由疟原虫引起的。

以下哪项如果为真,最能削弱上述结论?

A. 由疟原虫引起的高烧和由感冒病毒引起的高烧有时不容易区别。
B. 携带疟原虫的疟蚊和普通的蚊子很难区别。
C. 引起周期性高烧的疟原虫有时会进入人的脾脏细胞,这种细胞在人体内的存在时间要长于红血球。
D. 除了周期性的高烧只有到疟疾治愈后才会消失外,疟疾的其他某些症状会随着药物治疗而缓解乃至消失,但在120天内仍会再次出现。
E. 疟原虫只有在疟蚊体内和人的细胞内才能生存与繁殖。

22. 当航空事故发生后,乘客必须尽快地撤离飞机,因为在事故中泄漏的瓦斯对人体有毒,并且随时可能发生爆炸,为了避免因吸入瓦斯造成死亡,安全专家建议在飞机上为乘客提供防毒面罩,用以防止瓦斯的吸入。

以下哪项如果为真,最能质疑上述安全专家的建议?

A. 防毒面罩只能阻止瓦斯的吸入,但不能防止瓦斯的爆炸。
B. 防毒面罩的价格相当昂贵。
C. 使用防毒面罩并不是阻止吸入瓦斯的唯一方式。
D. 在大多数航空事故中,乘客是死于瓦斯中毒而不是瓦斯爆炸。
E. 使用防毒面罩延长了乘客撤离机舱的时间。

23. 一国丧失过量表土,需进口更多的粮食,这就增加了其他国家土壤的压力;一国大气污染,导致邻国受到酸雨的危害;二氧化碳排放过多,造成全球变暖、海平面上升,几乎可以危及所有的国家和地区。

下述哪项最能概括上文的主要观点?

A. 环境危机已影响到国与国之间的关系,可能引起国际争端。
B. 经济的快速发展必然导致环境污染的加剧,先污染、后治理是一条规律。

C. 在治理环境污染问题上,发达国家愿意承担更多的责任和义务。
D. 环境问题已成为区域性、国际性问题,解决环境问题是人类面临的共同任务。
E. 各国在环境污染治理方面要量力而行。

24. 对行为的解释与对行为的辩护,是两个必须加以区别的概念。对一个行为的解释,是指准确地表达导致这一行为的原因。对一个行为的辩护,是指出行为都具有实施这一行为的正当理由。事实上,对许多行为的辩护,并不是对此种行为的解释。只有当对一个行为的辩护成为对该行为解释的实质部分时,这样的行为才是合理的。

上述断定能够得出以下哪项结论?

A. 当一个行为得到辩护,则也得到解释。
B. 当一个行为的原因中包含该行为的正当理由,则该行为是合理的。
C. 任何行为都不可能是完全合理的。
D. 有些行为的原因是不可能被发现的。
E. 如果一个行为是合理的,则实施这一行为的正当理由必定也是导致行为的原因。

25. 蚂蚁在从蚁穴回到食物源的途中,会留下一种成为信息素的化学物质。蚂蚁根据信息素的气味,来回于蚁穴和食物源之间,把食物运回蚁穴。当气温达到45℃以上时,这种信息素几乎都会不留痕迹地蒸发。撒哈拉沙漠下午的气温都在45℃以上。

如果上述断定为真,最能支持以下哪项结论?

A. 蚂蚁只在上午或晚上觅食。
B. 蚂蚁无法在撒哈拉沙漠存活。
C. 在撒哈拉沙漠存活的蚂蚁,如果不在上午或晚上觅食,那么一定不是依靠信息素气味的引导把食物运回蚁穴。
D. 如果蚂蚁不是依靠信息素的引导把食物运回蚁穴,那么一定依靠另一种物质,这种物质在气温达到45℃以上时不会蒸发。
E. 蚂蚁具有耐高温的生存能力。

26. R国的工业界存在着一种看来矛盾的现象:一方面,根据该国的法律,工人终生不得被解雇,工资标准只能升不能降;但另一方面,这并没有阻止工厂主引进先进的生产设备,这些设备提高了劳动生产率,使得一部分工人事实上被变相闲置(例如让3个人干2人可以胜任的活)。

以下哪项相关断定如果为真,最能合理地解释上述现象?

A. 每个工人在被雇用之前,都经过严格的技术考核和培训。
B. 先进设备提高劳动生产率所创造的利润,高于重新培训工人从事其他工作的费用。
C. 先进设备的引进,提高了产品的最终成本。
D. R国面临着修改上述法律的压力。
E. R国的产品具有很强的国际竞争力。

27. 成品油生产商的利润很大程度上受国际市场原油价格的影响,因为大部分原油是按国际市场价购进的。近年来,随着国际原油市场价格的不断提高,成品油生产商的运营成本大幅度增加,但某国成品油生产商的利润并没有减少,反而增加了。

以下哪项如果为真,最有助于解释上述看似矛盾的现象?

A. 原油成本只占成品油生产商运营成本的一半。

B. 该国成品油价格根据市场供需确定。随着国际原油市场价格的上涨,该国政府为成品油生产商提供相应的补贴。
C. 在国际原油市场价格不断上涨期间,该国成品油生产商降低了个别高薪雇员的工资。
D. 在国际原油市场价格上涨之后,除进口成本增加以外,成品油生产的其他运营成本也有所提高。
E. 该国成品油生产商的原油有一部分来自国内,这部分受国际市场价格波动影响较小。

28. 最近,一个州内人力资源的调查发现,文秘学校毕业生的寿命预计超过其他高中毕业生的寿命四年。一个可能的结论是,参加文秘学校有益于一个人的健康。
在评价上述结论时,最重要的是回答下列哪一个问题?
A. 高中毕业生的平均年龄和文秘学校毕业生的平均年龄近年来增加了吗?
B. 一些文秘学校的毕业生有大学学位吗?
C. 女性比男性寿命长,在高中和文秘学校毕业生中男性和女性的相对比例是多少?
D. 女性比男性寿命长,占多少比例的女性上了文秘学校?
E. 参加文秘学校的高中毕业生的比例近年来增加了吗?

29. 在产品检验中,误检包括两种情况:一是把不合格产品定为合格,二是把合格产品定为不合格。有甲乙两个产品检验系统,它们依据的是不同的原理,但共同之处在于:第一,它们都能检测出所有送检的不合格产品;第二,都仍有恰好3%的误检率;第三,不存在一个产品会被两个系统都误检。现在把这两个系统合并为一个系统,使得被该系统测定为不合格的产品,包括且只包括两个系统分别工作时都测定的不合格产品。可以得出结论:这样的产品检验系统的误检率为0。
以下哪项最为恰当地评价了上述推理?
A. 上述推理是必然性的,即如果前提真,则结论一定真。
B. 上述推理很强,但不是必然性的,即如果前提真,则为结论提供了很强的证据,但附加的信息仍可能削弱该论证。
C. 上述推理很弱,前提尽管与结论相关,但最多只为结论提供了不充分的根据。
D. 上述推理的前提中包含矛盾。
E. 该推理不能成立,因为它把某事件发生的必要条件的根据,当作充分条件的根据。

30. 只要物价上涨,股票市场就下跌;并且,只要利率降低,股票市场就上涨。既没有降低利率且物价也没有上涨,因此,股票市场既不会下跌也不会上涨。
下面哪一个论证中包含一个最类似于上面论证中的错误?
A. 只要下雨,街面就会湿。随便看一下就会确认街面没有湿,所以,能够有信心地作出结论:没有下雨。
B. 只要总统否决一个议案,议会就试图推翻这个否决;只要议会试图推翻总统,它就会遇到总统支持者的严重抗议。所以,议会在推翻总统的否决上很少取得成功。
C. 当学生接受个别教学时,他们毫无例外地会获得好分数;并且,作为一个一般规则,当学生获得好分数时,他们的自我尊重就会提高。因此,为了提高学生的自我尊重,有必要给学生提供个别教学。

D. 当孩子们很早就学习逻辑,他们在学习数学时就不会遇到麻烦。所以,如果学习数学时遇到麻烦,这很可能是因为他们没有很早就学习逻辑。

E. 一旦律师未经适当准备就走进审判庭,他们就会输掉他们的案子。好律师从不在未经适当准备的情况下走进审判庭,这就是他们从不输掉他们的案子的原因。

答案与解析

1. 答案:E。

题干结论:提高运动员竞技水平,就应提高每单位体积血液中含有的红血球数量。

其理由是:竞技水平取决于体能,体能与输氧量有关,而输氧量与"每单位体积血液中含有的红血球数量"和"血液量"有关,而"血液量"与"心率"有关。

要使题干论证成立,就必须排除另一个因素"心率"的影响。E项是题干的论证必须假设的,否则,如果事实上运动员在高海拔地区的心率低于在低海拔地区,那么即使在高海拔地区,人体内每单位体积血液中含有的红血球数量要高于在低海拔地区,但由于心率较慢,单位时间进入循环的血液量较少,因而单位时间里血液中运输氧气的红血球并不见得就多,因而通过血液循环获得的氧气并不见得就多,因而在高海拔地区训练的运动员的体能及其发挥并不能较佳。

A项的断定过强,不是题干的论证必须假设的。否定A项,假如,如果事实上海拔越高,运动员的心率越快,但题干的论证还是可以成立的。

D项能加强题干的论证,但同样不是题干的论证必须假设的。

其余各项均不是题干的论证必须假设的。

2. 答案:D。

题干根据实验发现,免疫系统功能差的人心理健康也差,得出结论:免疫系统可以抵御心理疾病。

要使题干的结论有说服力,D项是必须假设的。否则,如果心理疾病会引起免疫系统功能的降低,那么,免疫系统功能差很可能是心理疾病的结果,而不是其原因。这就会大大削弱题干结论的说服力。

A项是题干结论的重复,不是题干结论的假设。

3. 答案:E。

题干论证:因为莱布尼茨和牛顿事先都不知道对方的研究成果,所以,他们是各自独立地发现了微积分。

为使题干论证成立,E项是必须假设的,否则,如果莱布尼茨和牛顿中有人从第三渠道获得关于微积分的关键性细节,那么即使他们两人之间没有过实质性的沟通,也得不出"他们是各自独立地发现了微积分"这一结论。

A、B、C项均为无关项。即使莱布尼茨在发表微积分研究成果前"曾经"把其中的关键性内容告诉过别人,但是并不意味着牛顿能够获得莱布尼茨的成果,因此D项也不是题干论证的假设。

4. 答案:C。

题干断定:贪污受贿罪的定罪率较低的原因是因为贪污受贿罪的被告能请到好的

律师。

被告不等于罪犯。要使题干的分析成立,有一个条件必须满足,即被指控偷盗、抢劫的被告中罪犯的比例,不高于被指控贪污、受贿的被告。否则,如果事实上被指控偷盗、抢劫的被告中罪犯的比例,高于甚至远高于被指控贪污、受贿的被告,那么,被指控偷盗、抢劫的被告的定罪率,自然要远高于被指控贪污、受贿的被告的定罪率,没有理由认为这种结果与所聘请的律师有实质性的联系。因此,如果C项为真,能有力地支持题干。

其余各项均不能有效地支持题干。题干讨论的是"定罪率",是一个相对的比值,A项讨论绝对数量比,为明显无关选项。即使律师的某些情况相同,但是还可能有能力、影响力等其他方面的区别造成案件的审判结果的变化,B项支持力度不足。D项能削弱题干。

E项是干扰项,也能起到支持作用,但它只是支持题干的"贪污受贿罪的定罪率较低"这个事实,不能支持"贪污受贿罪的定罪率较低的原因是贪污受贿罪的被告能请到好的律师",也就是没有针对从前提到结论的推理过程,因此,没有C项好(本题是支持论证,也就是支持从前提到结论的过程,假设是前提与结论的桥梁,因此,肯定假设的支持力度较大)。

5. 答案:D。

心理学家的见解是:儿童和老年人是两个与众不同的群体,对他们的心理只能以各自独特的方式去研究。很明显,选项D所描述的原理对本题的论证构成了最强有力的支持。

其余选项均不能支持题干。

6. 答案:D。

如果不同的学生根据专业的不同对排行榜的标准要求也不同,那么,这个排行榜的总分不能被学生作为报考大学的基础。选项D直接支持了这个咨询师的观点,为正确答案。

B项是干扰项,即使那些排名在前的大学用此作广告来吸引更多的学生,也不能说明排行榜不能被学生作为报考大学的基础。

7. 答案:B。

如果B项为真,则由于在蒙科云城废墟里没有发现在公元365年以后的铸币,但是却有365年前的铸币,这就有力地支持了题干的猜想:该城的破坏是这个地区公元365年的一次地震所致。

C项对题干也有所支持,该项只能支持发生过地震,但不能说明该城是被地震破坏掉的,所以,作为证据对考古学家猜想的支持力度不如B项。

8. 答案:C。

题干根据:大房间铺设的木板条比小房间窄得多,大房子的主人一般都比小房子的主人富有。得出结论:窄木条铺地板用以表明房主的富有。

如果C项为真,则由于当时木地板条的价格是以长度为标准计算的,因此,铺设相同面积的房间地面,窄木条要比宽木条昂贵,显示出房主的富有。这就有力地加强了丹尼斯的观点。假设C项不成立,即如果当时木地板条的价格不是以长度为标准计算的,而是例如是以面积为标准计算的,那么,铺设相同面积的房间地面,窄木条并不比宽木条昂贵,这就无从显示房主的富有,丹尼斯的观点就难以成立。

假设其余各选项不成立,丹尼斯的观点仍然可以成立。因此,其余各项或者不加强丹尼斯的观点,或者对丹尼斯的观点有所加强,但力度不如C项。比如E项,是个例证,量比较小,支持力度不大。

9. 答案：B。

题干结论是：医生数量不足是造成爱慈老人院在疾病治疗水平方面评价偏低的原因。

B项是个没有他因的支持，指出：爱慈老人院的医务护理人员比常兴市其他老人院都要多；这样就排除了爱慈老人院在疾病治疗方面水平低的原因不是护理人员少，这样就加强了"疾病治疗方面的水平低的原因是因为医生的缺少"这个结论。

10. 答案：E。

题干的建议是基于一个假设之上的，即政府具有足够的能力兑现它的保证。E项如果为真，说明在大批银行破产的时候，政府兑现上述保证的能力也会发生动摇。这就对题干的建议提出了严重的质疑。由于以同一个真实姓名可以将存款存入不同户头，因此，B项不能构成质疑。其余项不能构成质疑。

11. 答案：E。

题干根据航空公司购买了更多安全座椅，得出结论：航空公司在安全和省油这两方面更倾向重视安全。

题干的论证必须基于一个隐含假设，即今年出售的最安全的座椅，仍然如同过去的那样，由于比一般座椅较重而导致较多的耗油量。E项断定这一假设不能成立，这就说明，航空公司在安全和省油这两方面还是可能更重视省油，今年为省油买了轻的座椅，只是由于今年最安全的座椅反而比一般的座椅重量轻，而顺便带来了安全。因此，E项有力地削弱了题干的结论。

其余各项均没有削弱，并且事实上支持了题干的论证。A项只表明去年最好卖的客机座位不是市场上最安全的客机座位，但是与今年无关，所以A项不对。B、C、D项为无关选项。

12. 答案：B。

题干断定：

(1) 粮食价格稳定 → 蔬菜价格稳定。

(2) ¬食用油价格稳定 → ¬蔬菜价格稳定。

由此得出：粮食价格稳定 → 食用油价格稳定。

补充B项：食用油价格稳定 → 肉类食品价格不会上涨。

从而推出：粮食价格稳定 → 肉类食品价格不会上涨。

这与老李的断定（粮食价格保持稳定，但是肉类食品价格将上涨）完全相反。

因此，B项有力地质疑了老李的观点。

13. 答案：D。

如果事实上合成洗涤剂污染饮用水导致的疾病需要多年后才会显现出来，那么就能说明，不能因为近年来该镇村民没有因水污染而得病，而得出被污染的饮用水不会影响健康的结论，因此，D项对题干的论证提出了有力的质疑。

B项和E项也能对题干有所质疑，但力度显然不如D项。其余选项不能对题干提出质疑。

14. 答案：B。

题干根据杀虫剂在杀死害虫的同时也杀死了益虫，得出结论：杀虫剂未必能达到提高农作物产量的目的。

如果 B 项为真,说明只要能大面积地杀死农田中的害虫,即使杀死了益虫,也能达到提高农作物产量的目的。这就有力地削弱了题干的论证。

15. 答案:C。

题干结论:用新型键盘替代传统键盘能迅速提高相关部门的工作效率。

选项 C 的意思是:使用新型键盘,在短期内不利于提高工作效率。这显然与题干结论矛盾,有力地削弱了题干论证。

B 项有所削弱,但明显削弱力度不足。

16. 答案:D。

题干结论:东进咨询公司能保证新创办的公司开业成功。

理由:东进咨询公司的六位客户在开业的两年内都获得了可观的利润。

即题干理由:因(东进的咨询)~果(六个公司的开业成功)。

D 项:无因(没有东进的咨询)~有果(六个公司的开业成功)。

如果 D 项为真,上述六个公司的开业成功,与对东进公司的咨询没有实质性的因果联系。

A 项对结论有所削弱,但力度不足,比如失败率很低成功率很高,这样就很难削弱其广告词。

B 项是干扰项,是个另有他因的或然性削弱。C 项不能削弱。E 项削弱力度很小。

17. 答案:E。

题干根据,亚里洛文字中没有"海",从而推测,使用该文字的部落远离海洋。

如果 E 项为真,则说明不能根据亚里洛中没有表示"海"的文字就推测,使用亚里洛文字的部落或种族在历史上生活在远离海洋的地带。因为亚里洛中没有表示"云"的文字,但使用亚里洛文字的部落或种族生活的地带不可能没有云。这就有力地削弱了专家的推测。

A 项如果为真,也起一定的削弱作用,但是有可能表示"海"的文字,只出现于近现代蒙古语中,因此削弱力度不如 E 项。鱼还可以生活在河、湖中,未必在海里,B 项排除。到处都可能有热或者山,C、D 项排除。

18. 答案:B。

题干推论是:高比例的警察至少可有效地阻止"无目击证人犯罪"。

由于目击证人可以是警察,也可以是市民。所以,高人口密度本身可以使得犯罪现场无目击证人的可能性减小。可见,B 项如果为真,就说明没必要维持高比例的警察。

选项 A、C 均为无关项。选项 D 说的是"抓获",题干说的是发生。选项 E 说无目击证人犯罪在所有犯罪中所占比例很小,但题干中比较的是各城市的相对水平,不是与其他类型的犯罪率比较。

19. 答案:C。

在各选项中,只有 C 项断定了保护手套对于手术的负面作用。保护手套虽然解决了指根的黏结问题,但又带来了另一个问题,即"烧伤后新生长的皮肤容易与保护手套粘连",也就是存在别的因素影响了题干的推论。

A 项最多是个或然性削弱,并没有表明保护手套的透气性能不好,使得伤势难以愈合。只要改善其透气性就没问题了,削弱力度不足。

20. 答案:C。

题干论述：由于西式快餐在我国总的年利润已稳定不变。因此，随着艾德熊进入中国市场，麦当劳的利润肯定会下降。

如果C项为真，则完全可能中国消费者原来用于肯德基的消费，转而用于艾德熊，这样，麦当劳的利润就不会下降，这就有力地动摇了题干的论证。

其余各项如果为真，均难以动摇题干的论证。比如A项，消费者对艾德熊的接受有个过程；D项，即使艾德熊不会超过麦当劳的四分之一，但只要抢占了麦当劳的市场，就会使麦当劳的利润有所下降；E项，麦当劳一直在改进以适应中国的消费者。以上这些最多只能说明麦当劳利润下降幅度不至于太大，难以说明利润不会下降。

21. 答案：C。

如果C项为真，则能说明：如果一个疟疾患者在进入了一个绝对不会再被疟蚊叮咬的地方120天后仍然周期性高烧不退，那么，这种高烧仍然可能是由进入人的脾脏细胞的疟原虫引起的。这就有力地削弱了题干的结论。

其余各项均不能削弱题干。

22. 答案：E。

如果E项为真，说明为乘客提供防毒面罩的做法，虽然有利于避免因吸入瓦斯造成的死亡，但却会因延长撤离机舱的时间而增加在瓦斯爆炸中伤亡的危险。这就有力地削弱了题干的建议。

23. 答案：D。

题干强调的是环境问题及其对超出国界的影响，D中的内容概括了题干的观点。

其他选择都增加了题干没有包含的观点，比如，选项A的"引起国际争端"、选项B的"先污染、后治理"、选项C的"发达国家愿意承担更多的责任"、选项E的"污染治理要量力而行"等都是额外的材料。

24. 答案：E。

根据题干的最后一句话"只有当对一个行为的辩护成为对该行为解释的实质部分时，这样的行为才是合理的"。显然可以得出：如果一个行为是合理的，则一个行为的辩护成为对该行为解释的实质部分。加上题干的定义"辩护是指出行为都具有实施这一行为的正当理由"和"解释是指准确地表达导致这一行为的原因"。由此可得出结论：如果一个行为是合理的，则实施这一行为的正当理由必定也是导致行为的原因。即E项为正确答案。

其余选项不能从题干推出。例如，B项把必要条件与充分条件弄反了，不能被题干推出；因为由题干，一个行为的原因中即使包含该行为的正当理由，但这一正当理由如果不是导致该行为的实质性原因，这样的行为也不能认为是合理的。

25. 答案：C。

题干断定：第一，蚂蚁是依靠信息素气味的引导把食物运回蚁穴的。

第二，撒哈拉沙漠下午的气温都在45℃以上，当气温达到45℃以上时，这种信息素几乎会不留痕迹地蒸发。

由此可推出，在撒哈拉沙漠的蚂蚁，如果在下午觅食，那么几乎不可能依靠信息素气味的引导把食物运回蚁穴。

然而，如果不在上午或晚上觅食，那么一定在下午觅食。

因此，如果题干为真，则最能支持这一结论：在撒哈拉沙漠存活的蚂蚁，如果不在上午或晚上觅食,那么一定不是依靠信息素气味的引导把食物运回蚁穴。

26. 答案：B。

如果 B 项为真,则由于先进设备提高劳动生产率所创造的利润高于重新培训工人从事其他工作的费用,因此,工厂主宁愿让一部分工人闲置,也要引进先进生产设备。这就合理地解释了题干。其余各项均不能解释题干。

27. 答案：B。

题干描述的矛盾现象是：一方面,随着国际原油市场价格的不断提高,成品油生产商的运营成本大幅度增加；另一方面,某国成品油生产商的利润反而增加了。

B 项表明,随着国际原油市场价格的上涨,该国政府为成品油生产商提供相应的补贴。这就很好地解释了题干的矛盾。

28. 答案：C。

题干论述：文秘学校毕业生比高中毕业生寿命长,所以文秘学校有益于人的健康。

这是一个由一个事实得到一个解释性结论的典型推理,假设应为"没有其他原因解释寿命为什么长了"。C 项指出男性和女性的比例在高中和文秘学校是多少,对题干是个有效的评价。因为如果文秘学校女性比例比其他高中高,则反对上述推理,指出是女性比男性寿命长解释了上面事实。如果文秘学校女性比例和其他学校一样高或低,则支持上述推理。

A、B、D、E 项与上述推理无关。

29. 答案：A。

由题干,对于甲乙两个系统中的任一系统：第一,测定为合格的产品实际上都是合格产品；第二,测定为不合格的产品中,实际上有 3% 是合格产品,属误检；第三,甲系统误检为不合格的产品,若经乙系统检验,则被测定为合格（同样,乙系统误检为不合格的产品,若经甲系统检验,则被测定为合格）。

因此,任意一批产品中,真正不合格的产品一定是分别经过甲乙两个系统的检验并都测定为不合格的产品。也就是说,甲乙两个系统所合并成的系统的误检率为 0。

30. 答案：E。

题干论证是充分条件的否定前件式的错误。选项中唯一包含否定前件式的是 E 项。

第八章 论证分析

以考察批判性思维能力为核心的综合测试目前已成为国内各类硕士专业学位入学考试、国家公务员录用考试及企业新员工招募测试的一个重要环节。其中,国内的管理类硕士专业学位联考综合卷中的"论证有效性分析"和美国的 GMAT"论证分析"(analysis of an argument)非常类似,都较为综合地测试了考生的论证分析能力和批判性写作能力,是综合考查批判性思维的主要题目形式之一。

第一节 论证有效性分析概述

论证有效性分析考题一般在题干中给出一段有缺陷的论证,要求找出主要论证缺陷,从论证层面分析和评论所给材料中的论证是否恰当有效,最终写出一篇对该论证的分析评论。

一、基本要点

对论证有效性分析的作答有明确的基本要求:

第一,题干为一段有缺陷的论证。长度一般为 500 字上下。考生的第一个任务就是从这段论证中挑错。

第二,题干所给材料可能出现的主要论证问题可能会涉及:论证在概念界定和使用上是否清楚、准确,并前后一致;论证方法是否正确;论据是否成立;论据是否足以支持结论;有无支持结论的更为有力的论据;推理有无错误或漏洞;论证成立的条件是否充分,是否需要另外的条件;有无另外的解释反对或削弱该论证,作何种修改可以使论证更为有力等。

第三,这是一个写作题目,写作的文体是议论文,而且是一篇评论,确切地讲,是对题干所给文字材料的论证作出的评论。一般要求评论内容有一定的灵活性,考生需要根据题干来确定写什么、怎么写。可以拟定题目,也可以没有题目。

论证有效性分析的一般要点是:概念特别是核心概念的界定和使用是否准确并前后一致,有无各种明显的逻辑错误,该论证的论据是否支持结论,论据成立的条件是否充分等。要注意分析的内容深度、逻辑结构和语言表达。

(一) 考什么

考生的工作有两个:一是论证性分析工作,二是论证评论的写作。

1. 论证性分析的考点

论证性分析的主要考点如下。

(1) 定义、概念的清晰性、明确性、一致性。
(2) 论据的恰当性、支持性、支持力度。

（3）理由的充分性。
（4）原因和结果的关系。
（5）论证方法是否正确、有效。
（6）谬误识别：偷换概念、定义不周、机械类比、违反三段论规则、违反复合命题推理规则、违反归纳推理规则等推理的形式谬误，以及诉诸权威、诉诸众人、诉诸无知、语词歧义、构型歧义、断章取义、稻草人、赌徒谬误等非形式谬误。

2. 论证评论写作的考点

论证评论写作的考点主要如下。
（1）论题是否清晰、明确。
（2）论据是否充分，说理是否透彻。
（3）文章的层次是否分明，结构是否严谨。
（4）用词是否规范，行文是否流畅。

总之，从分析题干论证的角度看，是指出题干的论证性如何，即是否有效、严谨、恰当等。从评论写作的角度看，即行文的论证性如何，同样也有一个是否有效、严谨、恰当的问题。论证有效性分析要求考生具有识别、判断、分析和写作四个方面的能力：

（1）分析能力，即要求考生能够分析出待评估论证的论证结构，理清前提与结论之间的关系。
（2）判断能力，即要求考生能够判断出论证链条中哪些环节有问题。
（3）识别能力，即要求考生，能够识别有缺陷的论证结构，能够识别常见的谬误形式。
（4）写作能力，即能够把自己的分析、判断用平实客观的文字条理清晰地表达出来。

（二）读什么

读论证，不要读内容。做筛子，不要做海绵。

作论证有效性分析，不是去接受题干论证的观点，学习知识，不是去被动地接收信息，而是批判性地分析题干的论证是否恰当有效，有哪些论证缺陷和问题。所以，这里的读题，其实是一种结构性阅读。读题的时候，不要像海绵吸水一样，一味接收信息，而要像淘金的筛子，通过读题把题干中的论证性缺陷筛出来。

简单地说，论证有效性分析就是：分析论证结构；分析论证方法；分析论证中相关要素的关系，比如分析原因和结果的关系、分析理由和结论的关系等。

需要分析的主要有如下一些层面：

论题是什么？论题是否恰当？

论据有哪些？题干指出了哪些论据？是否还有未陈述的重要论据？是否存在影响主题成立的反面例证？题干中的论据本身是否成立？

丈量土地、裁剪衣服，都需要相应的工具。分析论证也同样要有论证分析的工具，这个工具就是批判性思维。批判性思维需要在阅读和写作中培养，以使其成为一种思维习惯。具备批判性思维能力的人，其思维具有全面性、中立性、恰当性、敏锐性等特征。分析问题，首先要提出问题。批判性思考，首先要学会恰当地提问。所以，建议考生平时阅读的时候，多从论证角度问一些问题，长此以往，有助于批判性思维能力的提升。

论证有效性分析中常用的问题有：
(1) 论题是什么？是描述性的还是说明性的？有没有分论题？
(2) 论证结构是什么样的？是平行的、直线的还是支线的？
(3) 论据是什么？结论是什么？理由是什么？原因是什么？
(4) 定义是否恰当？核心概念是否清晰、明确，在论证中是否保持一贯？
(5) 语句有无歧义？
(6) 有没有未陈述的前提假设？其恰当性如何？
(7) 推论的方法是否可行？有无形式谬误？有无非形式谬误？
(8) 论据是否可信？数据是否可信？证据链是否环环相扣？
(9) 因果联系方式如何？溯因是否恰当？因果联系是否紧密？
(10) 有无重要信息被忽视或遗漏？

（三）写什么

论证有效性分析的重要特征之一就是：评而不驳。即评论论证方法优劣，而不是来反驳题干的观点。所以，要首先把论证评论和反驳某种观点区分开。论证评论是针对论证方法的，是从思维技术和写作技术层面展开的评述，目的是揭示题干论证方法的失误，以期改进作者的批判性思维能力。所以，原则上，论证评论不涉及个人对题干所论证主题的观点和立场。也就是说，不要试图说明你个人对此主题的观点，无论同意还是不同意，你的写作目的只有一个，就是对论证方法的评论。要紧紧围绕这一点来写作，不然就会跑题。

简而言之，论证有效性分析的论题是：这样论证恰当吗？有效吗？其实，论证分析者也许是同意原论证作者观点的。论证分析的目的是指出论证缺陷，改进思维。

二、分析技巧

（一）分析策略

论证有效性分析的题目是一段待评估的论证。目前，为适应考生的水平和能力，会设计不少于5处的重要论证缺陷，对考生的要求，不是事无巨细地指出论证中的全部问题，而是对其中主要的论证缺陷进行分析说明，一般找到其中3～4处重要缺陷就可以了。在分析问题时，也没有专业要求，即不要求考生运用逻辑学术语进行分析评论，只要能够通过日常语言，清楚表明所分析的问题就可得分。我们也建议考生，不必纠缠过细的谬误分类，从较大的尺度上说明谬误所在就可以了。比如，遇到预期理由的缺陷，指明"理由不充足"或者"前提缺乏必要的支撑"就算命中缺陷，如能结合相关语句进行正确的分析，表达明确，就可能得到较高的分数。而考生如果把"因果倒置"说成"循环论证"，那很可能造成严重失分。因而，错用术语比不用术语更不可取。

我们建议考生，遵照如下策略来解答题目。
(1) 分析要重结构轻内容。不要被待评估论证的内容把注意力牵走，把分析重点牢牢固定在论证缺陷上，而不是论文的观点上。
(2) 分析时，关注命题关系，强调分析方法。不能生搬硬套，不能断章取义。应该言之有物，有的放矢，实事求是。

(3) 分析时，兼顾整体和细节。不能一头扎进细节，要注重整体论证框架，大缺陷往往不在语词和单一命题上。

(4) 写作时，有条理不缴绕。写作的时候，不要刻意雕琢语词，不要纠缠细节。要牢记写作宗旨在分析评估，准确、平实、清晰是关键。

(二) 解题步骤

(1) 读题。待评估论证至少要读三遍。丁是丁，卯是卯，不能望文生义，不能曲解原文。这样才有助于切实弄明白待评估论证的结构和主要缺陷。

(2) 分析论证结构。一定要迅速准确地理出论证结构。复杂结构建议画出论证图。在此基础上，找到前提和结论的内在关系。尤其是，如果有的话，找到那些未陈述的前提。在论证分析题目中，未陈述的前提往往是不恰当的，是整篇论证中最关键的谬误之一。

(3) 沿着论证链条，对论证结构进行谬误分析。

(4) 进行写作。

■案例分析。

下文摘录于某投资公司的一份商业计划：

"研究显示，一般人随着年龄的增长，用于运动锻炼的时间逐渐减少，而用于看电视的时间逐渐增多。在今后的 20 年中，城市人口中老年人的比例将有明显的增长。因此，本公司应当及时地售出足量的达达运动鞋公司的股份，并增加在全球电视公司中的投资。"

对上述论证进行评论。分析上述论证在概念、论证方法、论据及结论等方面的有效性。

[论证缺陷分析]

论题：本公司应售出足量达达运动鞋公司的股份，并增加对全球电视公司的投资。

证据链条：

p1：人随着年龄的增长，用于运动锻炼的时间逐渐减少，而用于看电视的时间逐渐增多。

p2：今后 20 年中，城市人口中老年人的比例将有明显的增长。

hc1：中间结论：运动锻炼的时间逐渐减少，而用于看电视的时间逐渐增多。

hp：运动时间减少会降低对运动鞋的需求，而看电视时间增多会增加对电视机的需求。

hc2：中间结论：达达运动鞋公司的利润会降低，全球电视公司的利润会增加。

c：本公司应当及时地售出足量的达达运动鞋公司的股份，并增加在全球电视公司中的投资。

论证结构如图 8-1 所示。

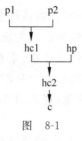

图 8-1

(1) p1 缺乏证据，"研究显示"很可能是一部分专家的观点，不一定反映实际情况。也许，正好相反，随着年龄的增长，用于运动锻炼的时间逐渐增多，而用于看电视的时间逐渐减少。而且,今后这一趋势是否有变化,有待证明。

(2) p2也缺乏证据,也许将来中老年人会较多选择住在乡下,城市老龄化也是有待得出的结论。

(3) 要想得出结论,此段论证需要的一个未陈述的前提:"运动时间减少会降低对运动鞋的需求,看电视时间增多会增加对电视机的需求。"然而这个前提自身是有重大问题的。"运动时间减少"不必然导致"对运动鞋需求的降低",同样,"看电视时间增多"不能充分推出"电视机的需求会增加"。

(4) 运用题干论证中未陈述的直接结论:运动鞋的利润会降低,全球电视的利润会增加。继续推理,也无法必然得出中间结论:达达运动鞋公司的利润会降低,全球电视公司的利润会提高。

到此分析完毕,可以进入写作阶段了。

参考范文

错误的分析怎能产生明智的决策

作者试图论证,"售出足量的达达运动鞋公司的股份,并增加在全球电视公司中的投资"是明智的投资方案。但是,其论证却存在诸多严重的漏洞。

首先,论证中涉及了一个未陈述的前提假设:老年人运动时间的减少,导致老年人对运动需求量的明显减少。老年人看电视时间的增多,导致社会对电视机的需求量明显增加。显然,这个命题本身是不一定成立的。就某个老年人而言,运动时间减少可能导致更换运动鞋的次数减少,但就老年人群体而言,可能因参加运动的人数增加导致对运动鞋需求量的增加。因此,由老年人运动时间的减少,推不出老年人对运动鞋的需求量明显减少的结论。同样,老年人看电视时间的增多,不必然导致电视机销售量增加。

涉及老年人的运动时间、运动鞋销售、运动鞋利润等一些命题之间并不存在必然的因果关系。就算是"老年人运动时间减少,看电视时间增多"真的导致"运动鞋需求量将明显减少,电视机需求量将明显增加",行业整体需求和销量变化,作为某个公司,达达运动鞋公司的销售业绩未必会下滑,全球电视公司的销量也未必受到影响。因此,无法确定性地证明售出运动鞋公司的股份而增加电视公司投资的决策是明智的。

而且,未来,社会情况的变化趋势,人们的行为习惯都可能发生很大改变。我们不能根据以往的数据,武断地作出决策。

(三) 识别谬误的技巧

论证有效性分析的主要任务就是查找识别各种谬误,从这个意义上说,论证有效性分析也就是论证无效性分析。谬误种类繁多,到目前为止,也没有学术上普遍认可的较为统一的分类体系。因此,论证有效性分析中的谬误分析,重在分析谬误实质,不要求指出具体的谬误种类,也就是说,不要求使用术语。所以,考生只需要学会描述谬误就可以了,当然能够使用一些简单的术语会为写作增加专业感觉,提高写作质量,但是一定要准确使用,不然以辞害意,适得其反。

谬误识别问题归根到底是辨别一个具体的论证单元是否逻辑自恰的问题,不同种类的谬误其辨别的标准和方法是有很大区别的,下面,我们大致按形式谬误与非形式谬误这两个大类分别作出简要的说明。

1. 形式谬误的识别

形式谬误是违背形式逻辑推理规则而产生的,它涉及的是推理形式的有效性问题。也就是说,形式谬误的识别,就是对无效推理形式的识别。

形式谬误识别的主要步骤如下:

(1) 分析推理形式的种类。只有必然性推理,才可能存在形式谬误。如果能够确定前提和结论具有必然性推理关系,继续以下步骤。

(2) 明确待评估论证的具体演绎推理形式。搞清这个论证究竟是简单命题推理变形、三段论,还是复合命题推理等。

(3) 用相关推理形式的相应推理规则去辨别它,以明确揭示这个待评估论证是否违反了某一推理规则。

这类谬误,往往比较容易识别。在题目中,这类谬误的出现频率较非形式谬误少,也相对较为次要,不是论证分析的重点。

2. 非形式谬误的识别

对于非形式谬误的识别比形式谬误的识别难度大多了。如前所述,非形式谬误的表现是多种多样的,其分类是极其复杂的,而且,各种非形式谬误之间常常错综交织,很少有泾渭分明的界线。所以,不论我们采用哪一种标准,都很难把一切谬误进行彻底分类,因此,也很难提供一个识别非形式谬误的共同标准。同时,也还必须明确,许多非形式谬误的产生,是由于对一些正确论证方法和论证技巧不恰当或不合适使用造成的。也就是说,非形式谬误的确定,是没有绝对标准的。

常出现的情况是:在一种语言环境中是错误的论证而在另外的语言环境中可以是正确、有效的。为此,我们必须强调通过对谬误出现于其中的具体条件的考察,对谬误作具体分析。

三、写作技巧

(一) 论证有效性分析的写作原则

经过细致的论证结构和谬误分析,就可以进行评论文章的写作了。

写作中,要注意如下几个基本原则:

第一,紧扣主题,写评估作报告。这类写作,实际上是一个对给定论文进行分析评估的质量报告。虽然说,其体材依然是论说文,但是题旨是给定的。所有论证有效性分析写作的题旨都是:从论证技术上指出并分析待评估论证的主要缺陷。因此,绝不能跑题,即不要关心待评估论证的内容,不要写成驳论文,更不要写成读后感。

第二,要真材实料,有理有据。不能泛泛地隔靴搔痒,不能帽子棍子满天飞,不能只讲大道理,不进行具体分析。只有结合待评估论证,具体问题具体分析的习作才能不失分,只有有理有据、言之有物、论之成理的文章才能得高分。

第三,要注重论证性和说服力。我们作的是论证有效性评估,如果习作本身没有说服力,缺乏论证性,是不可想象的。待评估论证的缺陷一定要表述明确,评论要具有恰当性、适用性。评论的依据要有可靠性、充分性；习作自己的论证不能出问题，要有很高的有效性。

第四，要分清主次。不要面面俱到，胡子眉毛一把抓，更不能无中生有。要抓住前提和结论的关系缺陷这些主要的论证脉络上的谬误来论证，不要每句话都去纠缠。尤其是语言、语法上的一些小的歧义性谬误，在论证分析中，这些往往都不是最主要的论证缺陷。如能指出，也是好的，千万不要着墨过多，不然会产生喧宾夺主、避重就轻的感觉。

另外，写论证有效性分析，和其他作文一样，也要把握"佳辞、至理、真情、厚德"四个宗旨。佳辞，就是要有好的语言，不要求华丽，要平实；不要专业，要准确；不要雕琢，但必须斟酌。至理，就是透彻说理，言之成理，不能评论人家的文章，自己的逻辑一团糟。真情，就是要以文述心，不要机械地查找谬误，要从文章里发现具有现实意义的论证技术失误；不要横挑鼻子竖挑眼，要实事求是，对就是对，错就是错，不可为了评论而望文生义。厚德，就是不要把论证分析简单地等同于挑错，要怀着对作者负责的态度去写分析评估报告，目的是发现论证漏洞，提高论证水平，不是揭露或讽刺待评估论证作者的错误。

（二）如何避免写作失误

1. 考生常见的写作失误

（1）文不对题，写成驳论文章；或者，写成了批判性的读后感。这都是会严重失分的。

（2）能感觉到论证有问题，但是无法识别。写作中，就会出现笼统概括，漫天撒网的现象。这样的习作也不会得到理想的分数。

（3）不会评论，写成了逐句分析说明的流水账。这样很容易漏掉篇章上重大的论证失误，给人避重就轻、机械罗列、隔靴搔痒的感觉。这样的写作，是不会成功的。

（4）不注重细节、小节。比如，错别字较多，喜用生僻字词，华而不实，句子很长很生涩，甚至语句不通顺。这些错误不大，但是会严重影响阅卷人对文章的整体观感。

2. 如何避免写作失误

尽可能少出现，最好不出现写作失误。但是，"文章一出手，失误必然有"，也是写作中的常情。不过，勤加练习，笔耕不辍，经常总结经验教训，不断学习方家理法，少出失误，不出现重伤硬伤，还是可以做到的。一般认为，要想尽可能避免写作失误，最基本的就是要做到如下几点：

（1）要经常读，经常写，经常与他人交流。

实践出真知，只有多写，才能发现问题，解决问题。只看书是学不会打乒乓球的；老师讲得再好，你不摸方向盘，也学不会开车。很多写作中的问题也是这样，只是读，只是想，就很难有实质性的进步，必须动手写，才能真正长进。

（2）学逻辑用逻辑，有意识地提高批判性思维能力。

首先，要认真学习和掌握逻辑基本知识和原理，明确思维规律的逻辑要求和各种推理形式的有关规则，并自觉地运用这些逻辑知识、逻辑要求和逻辑规则。做一些逻辑题目，会对你的批判性思维能力提高有帮助。再有，就是要有意识地锻炼自己的批判性思维，养成从不同角度提出问题的好习惯。多问为什么，多反思，多批评。另外，一定要严格要求自己，平时讲话，写东西，不要随随便便。"让别人领会精神就可以啦"是很容易让自己不知不觉犯错误的。预防和避免逻辑谬误,要从一点一滴做起。平时说话严谨,写文章就会更严谨。批判性思维素养是可以经过训练得到大幅度提高的。

(3) 要研究失误。只有研究失误,才能识别失误,才能预防和避免出现失误。

由于各种论证谬误的性质和产生的具体原因有所不同,因此,为了有效地预防和避免论证谬误,还必须针对不同谬误的不同特点,对症下药。

熟练地掌握各种必然推理的规则及其相应的有效式,同时还必须熟悉其相应的各种无效式,就能对实际思维过程中出现的各种形式谬误较容易迅速而准确地加以识别和避免。

尽可能注意在确定的语言环境下保持语词和词句的确定性,使语词所表达的概念和语句所表达的判断即命题能保持同一性,这样就会减少歧义性谬误。

应当尽力避免心理因素的干扰,比如严重不认同作者观点的时候,要控制情绪,不要激起反驳的欲望,忘掉了写作意图。力求在推理和论证过程中严格遵循逻辑要求进行逻辑推导,把心理因素、特别是感情因素的干扰降低到最小限度。

要扭住前提和结论之间的论证链条不放,这样就不会跑题。

论证分析写作中,不要随便举例子,简明扼要地说明问题就行了。例子是最容易出错的,尤其是比喻,十喻九错。错误比喻有可能适得其反,使自己陷入论据不足、论理不当的谬误中。

(4) 扩展知识面,尽可能对给出材料的背景有所了解,避免常识性尴尬。

尽管,论证有效性分析原则上与论证材料的内容无关,但是,论理说明,分析判断的时候,难免要引述原文,对某个领域的概念不熟悉,容易在论证中出现常识性错误。所以,尽可能扩大自己的阅读面,对快速准确理解材料,梳理论证结构,发现前提和结论的内在联系有巨大帮助。

(5) 避免偏见,不要想当然。

偏见会造成严重的分析失误。写作目的在于论证技术分析,不要掺杂自己的观点,更不能产生偏见。偏见往往由于平时不注重批判性思维习惯的培养造成的。

(6) 注重写作训练,强化语言表达能力。

审题认真,不要跑题。严格按要求写作文,这是首要的问题。不然,后面写得再好,也无济于事。

写作时要有一说一,实事求是,严格按照论证分析的步骤一步一步来。要有整体观念,再小的文章也要谋篇。整体结构完整,行文流畅才能得高分。

最后,还要注重细节、小节。细节、小节体现真功夫。要严格控制错别字,最好不用生僻字词,文字朴实准确,不要过分追求辞藻的华丽。能够用短句子说明问题的,就不用长句子,句子一定要通顺,符合日常语言的浅显易懂、言简意赅的特点。

第二节 论证有效性分析案例

本节给出论证有效性分析的案例,每个案例都给出了详细的论证分析和参考范文。给出详细论证分析的目的是便于读者做练习后有个参考,看看论证缺陷查找是否准确,有没有遗漏。给出参考范文的目的有两个:一个是让读者体会从分析论证缺陷到连缀成文的过程;一个是读者能够有一个蓝本,来检测自己的写作水平。当然,由于时间和能力有限,本节给出的分析和范文不具有唯一性,误漏在所难免,只作抛砖引玉,谨供读者朋友参考。

由于大多数题目所给出的待评估论证都含有多项谬误,按照谬误种类进行整篇论证的分类是不现实的。所以,本节按照其题材即所给材料的内容归属分类排列。我们认为对相关领域的一些常识性了解,对理解题意、发现漏洞以及评论写作都大有裨益。建议大家,平时带着逻辑分析的眼光广泛阅读各类题材,切实提高批判性思维的阅读和写作能力。

一、社会文化

案例1

分析下面的论证在概念、论证方法、论据及结论等方面的有效性。

其实,坐飞机出行的安全系数是最高的。

统计表明,坐飞机出行的安全系数还是远远高于乘坐火车、汽车等地面交通工具的。近10年,国际上飞机百万架次事故率的平均水平为1.03。按照这个比率计算,一个人每天坐一次飞机,要2660年才遇上一次空难。我们外出都要算里程,所以在安全的数据度量问题上,用路程比用时间更合适、更科学。自20世纪70年代中期以后,飞机每飞行1000km死亡的人数大约为0.05个,这个数字就远远低于铁路和公路。中国民航飞机百万架次事故率只为0.23。在中国,1982—2004年的22年间有21起空难,遇难人数才1404人。

人们认为火车更安全,是一种偏见。一般各国的飞机事故都会及时报道,而火车事故报道就不是很及时或者不进行报道,这给我们一种错觉,飞机似乎总出事。

[论证缺陷分析]

(1)坐飞机出行的安全系数是最高的。这个论题中的"安全系数"需要界定。因为按照不同的数据统计方式,结果大相径庭。比如,百万乘客事故率、百万公里事故率、亿时死亡率、亿次(辆、行)死亡率等,不然没有可比性。

(2)笼统地说飞机比火车等地面交通工具安全,也是不成立的。人们对安全的理解也各不相同。飞机事故的生还率是最低的,除了事故频率,还有事故后果等各种因素需要考虑在安全系数值内。

(3)文章只列举了一组与飞机相关的安全数据,没有列举火车等地面交通的对比数据。比较性的结论不能从单方面的数据来认定。

(4)作者认为"火车更安全,是一种偏见",仅仅举出报道差异这个理由,论据不足,也有武断地强加理由的嫌疑。认为火车安全的理由可能很多,比如火车事故死亡率低、火车出事逃生的机会比飞机大得多、飞机出事很少有生还者、有些人对高空恐惧的心理偏见等,如果想证明自己的观点,这些都需要驳斥。

[参考范文]

作者试图通过一组统计数据来证明"坐飞机出行的安全系数是最高的"。但是其论证存在很多值得商榷之处。数据需要比较才有意义,相对比的事物应该具备共同点,不能武断地推论。

首先,"乘坐飞机出行的安全系数是最高的"这个论题中的"安全系数"需要界定。因为按照不同的数据统计方式,结果大相径庭。比如,百万乘客事故率、百万公里事故率、亿时死亡率、亿次(辆、行)死亡率等,不然没有可比性。

一般飞机速度快,按照公里数计算,事故率比较低。地面交通工具速度慢,按照时间计算,事故率比较低。关键是,按照单一指标比较飞行和地面交通哪个安全都是不恰当的。二者其实各有特点。况且,文章只列举了一组与飞机相关的安全数据,没有列举火车等地面交通的对比数据。比较性的结论不能从单方面的数据来认定。

另外,笼统地说飞机比火车等地面交通工具安全,也是不成立的。人们对安全的理解也各不相同。飞机事故的生还率是最低的,除了事故频率,还有事故后果等各种因素需要考虑在安全系数值内。

作者认为"火车更安全,是一种偏见",仅仅举出报道差异这个理由,论据不足,也有武断地强加理由的嫌疑。认为火车安全的理由可能很多,比如火车事故死亡率低、火车出事逃生的机会比飞机大得多、飞机出事很少有生还者、有些人对高空恐惧的心理偏见等,如果想证明自己的观点,这些都需要驳斥。

案例2

分析下面的论证在概念、论证方法、论据及结论等方面的有效性。

厦门收藏家蔡铭超参与圆明园兔首、鼠首在巴黎的拍卖并成为最后竞拍者,但是蔡铭超拒绝付款。我认为这是"合理冲撞",是爱国行为。很多人质疑蔡铭超是在"骗拍",是"缺乏规则意识"的体现,让国人跟着丢脸。对此,我哑然失笑。蔡铭超的行为恰恰是"遵守拍卖规则"的体现。为了抗议佳士得拍卖兽首,蔡铭超等人并没有朝主持人扔鞋子,也没有恶意扰乱现场,而是合理利用拍卖行业的游戏规则——成为最后竞拍者的人在付款期限内不付款,这并不在佳士得的禁止条款之内。那么,蔡铭超哪里不遵守规则了?了解足球的人都知道,"合理冲撞"在足球场上是被允许的行为。同理,蔡铭超即使是在"骗拍",那也是合法、合理的"骗拍"。

[论证缺陷分析]

(1)作者认为蔡铭超竞得拍品拒绝付款的行为是"合理冲撞",这样的表述欠妥当。足球竞赛中的"合理冲撞"是以不犯规为前提的,是运动员为了控球而不是故意犯规而发生的冲撞行为,这与为了赢球故意做出危险动作的犯规行为是两码事。尽管这是因为法国佳士得拍卖行不顾中国人民的反对执意拍卖我国流失文物,蔡铭超不得已而为。蔡铭超使用的是明显不合法的耍赖的方法来保护我国的流失文物,其违反拍卖行规和职业道德的主观故意和客观事实都是不容置疑的。如果按照作者的思路,显然不是"合理冲撞",而更像在禁区里把将要进球的对方前锋放倒的犯规行为。

(2)蔡铭超的做法是不是爱国行为,也值得商榷。当然,蔡铭超是出于爱国心作出了"骗拍"的选择。尽管蔡铭超在最后时刻成功阻挠了流失文物的这次拍卖,但是其本人和中国拍卖界在声誉上的损失也是不容忽视的。究竟得失孰大,尚需考量。

(3)"蔡铭超没有朝主持人扔鞋子,也没有恶意扰乱现场"不能证明其行为合法性。没有实施某种有过错的行为,不等于其实施的行为就没有瑕疵。

(4)说蔡铭超没有违犯拍卖行规,是典型的狡辩。国际上任何一家拍卖行都有关于"竞得拍品拒绝付款"的违规行为的处罚规定,蔡铭超的这一行为也已经让他需要面对巨额罚金,甚至面临法国相关法律的制裁以及丢掉国际拍卖师资格的处罚。

(5)如果是"骗拍",就没有合法、合理的"骗拍"。不能因为爱国主义热情,也不能因为蔡铭超护宝心切就失去公正的拍卖原则。

[参考范文]

为"骗拍"而狡辩

作者为蔡铭超的大胆做法进行辩护,但是通篇论证充满了狡辩,哪怕是出于爱国心,狡辩也不会因此具有恰当性。

作者认为竞得拍品后拒绝付款是"合理冲撞"。表述欠妥,类比不当。足球竞赛中的"合理冲撞"是以不犯规为前提的,是运动员为了控球而不是故意犯规而发生的冲撞行为,这与为了赢球故意作出危险动作的犯规行为是两码事。尽管这是因为佳士得不顾中国人民的反对执意拍卖我国流失文物,蔡铭超不得已而为。但蔡铭超使用的是明显不合法的耍赖的方法,其"骗拍"行为违反拍卖行规和职业道德的主观故意和客观事实都是不容置疑的。如按照作者思路,显然不是"合理冲撞",而更像在禁区里把将要进球的对方前锋放倒的犯规行为。

蔡铭超的爱国赤诚毋庸置疑,但其做法是不是爱国行为不能简单断言。尽管"骗拍"在最后时刻成功阻挠了流失文物的这次拍卖,但是其本人和中国拍卖界在声誉上的损失也是不容忽视的。究竟得失孰大,尚需考量。

说蔡铭超没有犯行规是典型的狡辩。没有实施某种有过错的行为,不等于其实施的行为就没有瑕疵。因此,"蔡铭超没有朝主持人扔鞋子,也没有恶意扰乱现场"不能证明其"骗拍"行为的合法性。各拍卖行都有关于"竞得拍品拒绝付款"的违规行为的处罚规定,蔡的行为也已经让他需要面对巨额罚金,甚至面临相关法律的制裁以及丢掉国际拍卖师资格的处罚。

"骗拍"就是"骗拍",不存在合法、合理的"骗拍"。不能因为爱国热情失去公正原则。这一做法充其量是合了中国人的感情的合情"骗拍"。佳士得恶意犯规在先,国际社会嗤之以鼻,我方也以故意犯规回敬,是以恶制恶,同样不可取。

案例3

分析下面的论证在概念、论证方法、论据及结论等方面的有效性。

在科学领域,诺贝尔奖仍然与中国人无缘,这倒不令国人十分懊恼和气愤,然而令人十分不解和诧异的是,身为诺贝尔奖得主的日本人益川敏英竟然能够不懂英语,甚至还到了一窍不通的地步。这在国人看来是多么地不可思议呀。和益川敏英一样对英语一窍不通的诺贝尔奖得主或许并不多见,然而管中可以窥豹,当不懂英语的人获得诺贝尔奖成为现实的时候,我们理应从中发掘出一些东西并加以反思。

众所周知,获得诺贝尔奖也成为国人的普遍愿望和呼声,对于一些人来说,更是成为了一种心结。近年来,我国不光逐年加大了科研投入,使得我国摆脱了科研穷国的地位,而且还日益拓宽科研的国际化视野,使自己融入到科研的国际化浪潮当中。首当其冲就是在大学里推广英语教学,大学毕业须过英语四级,研究生、博士生入学前须过英语关,在一些高校,要想评聘为教授、博士生导师甚至都要以英语水平作为主要依据等。

此类举措虽然在一定程度上有助于提高大学生和科研人员运用英语的能力,有利于他们直接从英文科研成果中吸取养分,然而事与愿违,对于大多数人而言,英语非但没有达到为虎添翼的效果,相反,英语砝码的过度运用还成为了他们进行专业学习和研究的负担。我们常常可以看到,一些极具科研潜质的学生或教师往往由于英语不过关而与继续深造或晋升职称失之交臂。另一方面,也一定存在一些英语水平与专业素质都很突出的学生或教授,虽然对英语的熟练掌握有时候能够帮他们的忙,但对英语这门工具的学习毋庸置疑耽搁了他们的许多时间,从而在一定程度上阻碍了学习和科研的正常进行,因而在总体上还是弊大于利。

完全有理由这样认为,诺奖得主不懂英语是一记响亮耳光,这记耳光不仅属于我国现行的教育体制,也同样属于学业评定和科研管理体制,正是由于英语作为一门普遍的语言工具本身被无限制地放大甚至达到顶礼膜拜的地步,才使得国人对英语的学习成为了阻碍教育发展和科技进步的障碍物之一。

总之,我们只有充分认识到英语的工具本义,而不是使之神化,我们的英语学习才算真正步入正轨。如果做到了这些,将是我国教育和科研领域的一大进步,并且,也预示着我们离诺奖的垂青更近了一步。

[论证缺陷分析]

(1)作者试图从某个诺贝尔奖获得者不懂英语,论证我国英语教育以及国人对待英语的态度有偏颇。其论证方式存在重大漏洞。个例,尤其是特例不能成为一般性结论的根据。

(2)"诺贝尔奖仍然与中国人无缘"含义模糊,历史上,华裔诺贝尔奖获得者并不少见,与日本人益川敏英同在2008年获奖的就有华裔科学家钱永健。这个中国人,如果是指国籍就没问题,如果是指族裔就有问题了。

(3)作者认为,获得诺奖是国人的普遍愿望和呼声;我国发展科技的一个目的,就是为了解开这个心结。这里存在巨大偏颇。我们的科技政策,显然首先是为了造福我们的人民,有所为有所不为,是我们作为发展中国家非常明智的策略,从来没有迹象表明我国把获得诺贝尔奖作为科技发展目标,诺贝尔奖也从来没有成为过某个国家的科技发展目标。其实,作者把诺贝尔奖看得过重了,这只是对优秀科学家个人或团体的一个奖励而已,与国家几乎无关,而且那些为人类作出巨大贡献的科学家,又有几个是奔着诺贝尔奖去搞科研的呢?

(4)作者从我国高科技发展的国际化战略联结大学英语教学,有强拉因果的嫌疑。至于推广英语教学、过四级、考学要过英语关、评教授以英语水平为主要依据等,与我国高科技发展没有直接联系,更与竞争诺贝尔奖毫无关系。退一步讲,过分或畸形强调英语,也不是我国自己培养的学者尚未获得诺贝尔奖的主要原因。我国越来越多的优秀学者能流利阅读英文学术材料,在国际刊物上发表英文学术论文,这至少不是坏事。

(5)尽管作者看到的英语教学和英语指标方面,有很多不尽如人意的地方,但是,从这些论据也无法推出:不学英语、少学英语,像益川敏英一样不懂英语,就会多出人才,快出人才,就会让我们自己培养的科研工作者早日获得诺贝尔奖。

(6)因为学英语耽误了时间,是学习方法问题。学而不用,学而无用是关键。认为英语砝码过重,也有上有政策、下有对策、政策目的明确、执行变向歪曲的问题。在西方学术水平明显高于中国的现在,在大量高端一手文献几乎都用非汉语写成的现实情况下,读懂这些文献,恐怕是一个很基本的科研能力。我们的英语教学或英语指标在执行上的问题和是否需要学习英语使用英语是两回事,不能纠缠不清。

(7)一些极具科研潜质的学生或教师由于英语不过关而与继续深造或晋升职称失之交臂,不等于他们不能作出重大科学贡献。评职称、求学和科技进步、科技发展、科学成就不能混为一谈。

(8)仅从某一个日裔诺奖得主不懂英语,就认为我国现行的教育体制出了问题,有失偏颇。不能神化作为语言工具的英语是对的,但是神化日裔诺贝尔奖得主不懂英语的启示意义也是不对的。

[参考范文]

莫以特例论是非——诺奖个例与英语教育不相干

上文从某日裔诺贝尔奖得主不懂英语,推论我国现行教育体制出了问题。作者认为我国不该"过分强调"英语教学,不该"畸形强调"英语标准。是的,神化作为语言工具的英语是不对的,但神化日裔诺贝尔奖得主不懂英语的启示意义也是不对的。显然上文的论证方式存在重大漏洞。

首先,益川敏英不是因为不会英语获得诺贝尔物理学奖,充其量只是不懂英语没有影响他获奖。他本人领奖后也表示不会英语有碍自己与国际物理学界的交流。作者第一不应选择特例来论证,第二这个特例也不合适。

作者还错误地认为"获得诺贝尔奖是我国发展科技的一个目的"。诺贝尔奖只是对优秀科学家个人或团体的一个奖励而已,与国家几乎无关,没有迹象表明我国把获得诺贝尔奖作为科技发展目标。

过分强调英语,尤其是畸形强调英语,固然有问题。但在英语作为最通用最常用学术交流语言的当代,读懂英语版文献资料,恐怕是一个很基本的科研能力。不强化英语要求,我们的科学技术发展定会受到重大不利影响。我们的英语教学或英语指标在执行上的问题和是否需要强化英语学习和使用是两回事,不能纠缠不清。

尽管作者看到的英语教学和英语指标存在的问题,但从这些论据,也无法推出:不学英语,少学英语,像益川敏英一样不懂英语,就一定会多出人才,快出人才,就会让我们自己培养的科研工作者早日获得诺贝尔奖。

另外,"诺贝尔奖仍然与中国人无缘"含义模糊,历史上,华裔诺贝尔奖获得者并不少见,与日本人益川敏英同在 2008 年获奖的就有华裔科学家钱永健。作者所说的中国人,如果是指国籍就没问题,如果是指族裔就有问题了。

案例 4

分析下面的论证在概念、论证方法、论据及结论等方面的有效性。

这是一篇摘录于洛杉食品有限公司给全体股东的年度报告。洛杉食品有限公司主要经营肉类食品加工。报告中称:"加工业的成本会随着它经营时间的增加而逐渐下降,这是因为企业能运用不断积累的经验来改进工艺,提高效率。以彩照冲印为例,1990 年冲印一张普通彩照成本为 1 元,到 2000 年下降为 0.2 元。食品加工的情况也一样。我公司马上要迎来 30 年庆典,这么长的从业经历,无疑可以使我们建立信心:本公司可以实现成本最小化和利润最大化。"

[论证缺陷分析]

(1)洛杉食品有限公司主要经营肉类食品加工,与彩色照片冲洗行业差距很大,企业技术成熟度也大不相同,不可以机械类比。

(2)加工业范围很广,行业总的特点和某个专门企业的特点不能等同视之,而且彩照冲印是否属于加工业也是值得探讨的问题。不能由"加工业的成本会随着它经营时间的增加而逐渐下降"简单推定"个别企业的成本下降情况"。

(3)成本下降和成本最小化,概念不同。30 年是否意味着成本最小化,不得而知。利润最大化更是无从谈起,除了成本,同行业竞争、市场情况都会影响利润,作者没有就这一结论提供有价值的证据。

[参考范文]

肉食加工与彩照重印几无可比性

上文通过加工业的一般规律,推论:肉食加工企业洛杉食品有限公司经历30年运作后,可以实现成本最小化和利润最大化。并举出彩照冲印的例子作为例证。这些推理方法存在严重漏洞。

首先,不能由"加工业的成本会随着它经营时间的增加而逐渐下降"简单推定"个别企业的成本下降情况"。加工业范围很广,行业总特点和某个专门企业的特点不能等同视之,而且彩照冲印是否属于加工业也是值得探讨的问题。

更重要的是,肉食加工业和彩照冲印的行业可比性问题。肉食加工,作为一个十分成熟的行业,同新兴的彩色照片冲印行业差距很大,企业技术成熟度、技术基础都大不相同,彩照冲印成本10年间迅速下降的原因是否具有独特性,不得而知。因此两个行业这样机械类比非常不妥当。

另外,上文中一些重要概念的使用比较混乱。文首的成本下降和文末的成本最小化,显然概念不同。30年是否意味着成本已经下降到成本最小,不得而知。利润最大化更是无从谈起,除了成本,企业规模、同行业竞争、市场情况变化都会影响利润,作者没有就这一结论提供有价值的证据。而且,利润平均化是行业发展的大趋势,某个行业存续时间越长,其利润空间会逐渐压缩,成本最小化和利润最大化有的时候是内在矛盾的。

因此,我们无法通过上文的论证,相信作者的信心是建立在坚实的逻辑基础之上的。

二、经济管理

案例1

分析下面的论证在概念、论证方法、论据及结论等方面的有效性。

下文摘自B健身中心企业策划书:

"去年初夏建成并开放新的游泳池后,健身中心会员的使用率提高了12%。因此,为了增加我们的会员数量和收入,应当在今后几年里继续添加新的娱乐设施,诸如添加一个多功能的游戏室、一个网球场和一个小型的高尔夫球场。身为本区域唯一一家提供这一系列健身和娱乐的场所,我们将会因此而富有竞争的优势。"

[论证缺陷分析]

企划书试图论证,添建新设施,会使健身中心富有竞争的优势。论据是"去年初夏建成并开放新的游泳池后,健身中心会员的使用率提高了12%"。显然,这个论证是靠不住的。

上文的主要论证缺陷如下:

(1)论据本身值得商榷。去年建成并开放新的游泳池后,健身中心会员的使用率提高了12%,新建的游泳池容量是不是充分饱和了。如果没有,是否意味着,新增会员已经到达极限,很难提高。这提高的12%,是达到了预期目的,还是低于预期目的。

(2)论据与结论之间逻辑联系薄弱。新添加设施后,是否会提高使用率,是否有新会员加入,有多少人加入,都是未知数。因此,增加新的娱乐设施,未必带来更多收入。

(3)最后一句话自相矛盾。既然健身中心是"本区域唯一一家提供这一系列健身和娱乐的场所",何来竞争。没有竞争,何谈竞争优势。

—— 逻辑原理与方法

[参考范文]

盲目乐观的企划书

企划书设想,一旦增建新的娱乐设施,必然会吸引更多会员加入健身中心,从而带来收入的增加。这一美好的设想很可能会落空。

因为,仅仅根据"去年初夏建成并开放新的游泳池后,健身中心会员的使用率提高了12％"这个论据,无法得出"添建新设施,会使健身中心富有竞争的优势"这一结论。

首先,论据本身值得商榷。企划书指出"去年建成并开放新的游泳池后,健身中心会员的使用率提高了12％"。就算这是事实,但是,我们依然会有一系列疑问需要回答。

新建游泳馆后,新建的游泳池容量是不是充分饱和了。是达到了预期目的,还是低于预期目的。健身中心的使用率应该提高多少,如果设计使用率提高高于12％,那么,说明健身中心的使用率提高了12％并不理想。原因可能很多,也许是新设施不能完全满足会员需求,也许是有望成为新会员的潜在顾客数量已经达到极限。这些因素企划书都没有提及。

再有,论据与结论之间逻辑联系十分薄弱。如果再新添加设施,是否会继续提高会所使用率,是否还可能有新会员加入,有多少人加入,都是未知数。而且,增加新的娱乐设施,投资多少,是否能够收回,多长时间收回,是否能达到预期的盈利期望值,也都不可预测。

最后,企划书结尾处指出,健身中心是"本区域唯一一家提供这一系列健身和娱乐的场所"。既然如此,何来竞争。没有竞争,何谈竞争优势。这里显然自相矛盾。

总之,企划书考虑问题过于单一,计划欠周详,严重缺乏严谨的市场分析。

案例2

分析下面的论证在概念、论证方法、论据及结论等方面的有效性。

目前,国内有1000余家专业公关公司。去年,规模最大的10家本土公关公司的年营业收入平均增长30％,而规模最大的10家外资公关公司的年营业收入平均增长15％;本土公关公司的利润率平均为20％,外资公司为15％。十大本土公关公司的平均雇员人数是10大外资公关公司的10％。可见,本土公关公司利润水平高,收益能力强,员工的工作效率高,具有明显的优势。

中国公关协会最近的调查显示,去年中国公关市场营业额比前年增长25％,达到了25亿元人民币;而日本约为5亿美元,人均公关费用是中国的10多倍。由此推算,在不远的将来,若中国的人均公关费用达到日本的水平,中国公关市场的营业额将从25亿元增长到300亿元,平均每家公关公司就有3000万元左右的营业收入。这意味着一大批本土公关公司将胜过外资公司,成为世界级的公关公司。

[论证缺陷分析]

(1) 不同企业的增长率是不可比的。本土公司规模小,在原基数较小的营业收入上提高30％,不一定比外资公司的15％高。因此,第一段的论证是无效的。

(2) 公司的利润水平与平均利润率是不同的概念,不能根据本土公关公司的平均利润率比外资公司高,推断出本土公司的利润水平比外资公司高。

(3) 收入增长速度与收益能力或收入水平是不同的概念,在题干中也被混用了。营业收入增长率只有在增长基数基本相同的情况下才能说明收益能力的差异。本土公关公司与外资公关公司处于不同的发展阶段,收入增加速度快并不意味着收益能力强。

(4) 中国与日本的人口结构存在着相当大的差异,尤其对于公关这样的城市化程度要求很高的行业而言。简单地将日本的人均公关费用推广到中国,是错误的类比。

(5) 上述论证使用中国公关市场的营业额将增长到 300 亿元的预测数据,计算出平均每家公关公司有 3000 万元左右的营业收入,隐含的假设是公关公司的数量基本不变。这个假设是很难成立的。

(6) 根据中国公关市场的营业额的增长,推算出每家公关公司的营业收入有大的增长。这明显是一个荒谬的论断。这里,受益于营业收入增长的自然同时包括国内公司和外资公司。因此,这不能成为一大批本土公关公司将胜过外资公司的根据。

[参考范文]

沦陷在数据里的观点

上文作者混乱使用数据,进行似是而非的推理,论证的诸多错误导致结论荒诞不经。

首先,没有统一基数的情况下,不同企业的营业收入增长率是不可比的。显然,本土公司规模小,在原基数较小的营业收入上提高 30%,不一定比外资公司的 15% 高。因此,第一段的论证是无效的。

第二,公司的利润水平与平均利润率是不同的概念。不能根据本土公关公司的平均利润率比外资公司高,推断出本土公司的利润水平比外资公司高。即使本土公关公司的平均利润率高,在营业收入基数较小的情况下,总体利润水平仍有可能低于外资公司。

第三,收入增长速度与收益能力是不同的概念,作者显然在不加区分地使用它们。营业收入增长率只有在基数相同时才能说明收益能力的差异。本土公关公司与外资公关公司处于不同的发展阶段,收入增加速度快并不意味着收益能力强。在小基数基础上增加总是会显得比在大的基数上增加效果显著。

第四,中国与日本的人口结构、社会条件存在着相当大的差异,简单地将日本的人均公关费用与中国类比,是没有说服力的机械类比。

第五,公关市场营业额的增长,极有可能伴随着公关公司数量的增长。上述论证使用中国公关市场的总营业额增长数据,计算出平均每家公关公司的平均营业收入,隐含的假设是公关公司的数量基本不变。这个假设是无法保证的。

第六,根据中国公关市场的营业额的增长,推算出每家公关公司的营业收入有大的增长。这明显是一个荒谬的论断。这里,受益于营业收入增长的自然同时包括国内公司和外资公司。因此,这不能成为本土公司将胜过外资公司的根据。

案例 3

分析下面的论证在概念、论证方法、论据及结论等方面的有效性。

(紧缩的财政政策就是减少货币的政策性投放,紧缩银根,减少市场流动性的财政政策。一般,在投资过热的情况下,政府会采取紧缩的财政政策来降低经济增长速度,避免经济恶性扩张带来的不平衡,维持经济持续稳定发展。

扩张的财政政策就是扩大货币的政策性投放,刺激投资,扩大市场流动性的财政政策。一般,经济不景气的情况下,出现了通货紧缩,政府会考虑用扩张的财政政策刺激经济,防止衰退,以促使经济尽快复苏,保持经济平稳。)

我们要么采取紧缩的财政政策,要么采取扩张的财政政策。2007 年到 2008 年上半年的宏观调控,主要是采取了紧缩的财政政策,房地产、建筑业投资过快增长的局面得到了有效遏制。但是,随着 2008 年 9 月世界金融危机的到来,我国的对外贸易大幅度缩减,中小企业纷纷倒闭,大量农民工返乡,大学生就业压力陡增,很多企业纷纷裁员,我们应该采取扩张性财政政策,全面扩大政府投资,增加工作岗位,大力发展房地产和基础建设。这样才能促使我国经济尽快复苏。

[论证缺陷分析]

论证的主要错误是非黑即白的极端认识。

(1) 首先,按照收支比例可以把财政政策区分为三大类:紧缩的财政政策、扩张的财政政策和平衡的财政政策。作者只看到了其中两种。

(2) 对于我国经济,作者的看法过于整体化。对于我国这种多元结构的经济而言,一揽子的某种经济政策往往很难达到预期效果。实施某种财政政策,也需要甄别不同的情况,推行相关的产业政策,以保证经济持续、快速、稳定增长。

(3) 房地产和基础设施建设,的确可以拉动内需,推动经济发展。但是,宏观调控不能反复无常。2008年9月之前,我国的经济状况是:随着银根紧缩,房地产、建筑业、能源等产业投资过热的局面得到了遏制。由于没有区别对待,中小企业本就艰难的生存环境更加恶劣。全球经济危机更是雪上加霜,各产业部门出现了不同程度的不景气。所以,房地产和基础设施尽管要放松紧缩政策,但是像作者这样180°大转弯,还是有问题的。经济发展不仅仅等于房地产和基础设施。

(4) 尽管增加工作岗位是扩张性财政政策的一个重要作用,但是仅仅增加就业不一定促进经济复苏。另一个作者未提及的方面是,我们推行某种财政政策还要有利于积极扩大内需,增强企业的创新能力,提高企业经济效益。多方面的作用,对经济复苏才能起到根本作用。

[参考范文]

财政政策不能非黑即白

上文的论题是如何使用财政政策来调控经济发展。作者的论证比较武断,简单化的思想路线会使论证的说服力大打折扣。

我们知道,按照收支比例可以把财政政策区分为三大类:紧缩的财政政策、扩张的财政政策和平衡的财政政策。作者只看到了其中两种。论证的主要错误是非黑即白的极端认识。

我国的经济结构非常复杂,不能一刀切地看待。对于我国这种多元结构的经济而言,一揽子的某种经济政策往往很难达到预期效果。实施某种财政政策,也需要甄别不同的情况,推行相关的产业政策,以保证经济持续、快速、稳定增长。作者非黑即白的对策建议是对我国经济的看法过于整体化的表现。

房地产和基础设施建设,的确可以拉动内需,推动经济发展。但是,宏观调控不能像拉橡皮筋。2008年9月之前,我国的经济状况是:随着银根紧缩,房地产、建筑业、能源等产业投资过热的局面得到了遏制。由于没有区别对待,中小企业本就艰难的生存环境更加恶劣。全球经济危机更是雪上加霜,各产业部门出现了不同程度的不景气。

所以,给房地产和基础设施松绑,给予较为宽松的政策扶持是有道理的,但是,不能一放松,就盲目扩张。像作者这样180°大转弯的政策导向,还是有问题的。况且,经济发展不仅仅等于房地产和基础设施。简单地刺激某些原本过热的行业未必会带来经济的真正复苏。

尽管增加工作岗位是扩张性财政政策的一个重要作用,但是仅仅增加就业同样不一定促进经济复苏。另一个作者未提及的方面是,我们推行某种财政政策还要有利于积极扩大内需,增强企业的创新能力,提高企业经济效益。多方面的作用,对经济复苏才能起到根本作用。

案例 4

分析下面的论证在概念、论证方法、论据及结论等方面的有效性。

如果我们信易公司从收入中拿出一部分,捐给一家知名的环保机构,换取该公司徽标的使用权,并将它印制在我们的信用卡上,我们在信用卡业务上就能胜过竞争对手。因为最近一次民意调查显示,大部分群众对环保问题都比较关注。上述做法能够吸引新客户,增加现有客户的信用卡使用率,并有助于我们收取高于最低利率的利息。

[论证缺陷分析]

(1) 整篇论证感觉思路混乱。作者试图通过"取得环保徽标使用权"来增加信用卡业务收益,但前提和结论的关联十分松散,缺乏论证性。

(2) "在信用卡上印制某机构的环保徽标"与打败信用卡业务上的竞争对手,没有必然联系。作者认为此举必将战胜对手,非常武断,而且对手的举措我们还一无所知。

(3) 最近的民意调查结果可信度如何,无从得知。

(4) 就算大部分群众对环保问题都比较关注,在信用卡上印制某机构的环保徽标的做法,是否会吸引新客户,是否会增加信用卡使用率,几乎扯不上关系。其他信用卡是否早就有环保标志,也不得而知。这是诉诸远因的错误推理方法。

(5) 信用卡自身的功能价值才是吸引新客户、增加现有客户的信用卡使用率的关键所在。

(6) 就算信用卡新客户增加了,现有客户的信用卡使用率也提高了,与收取高于最低利率的利息的关系也十分模糊,作者未予澄清。

整篇论述感觉是一头雾水,不知所云。

[参考范文]

异想天开的环保牌

作者的逻辑是,大部分群众都关注环保问题。我们捐赠环保机构,积极参与环保活动。因此,新老客户会青睐使用我们的信用卡。这是典型的诉诸远因,强拉因果,让人感觉整篇论证思路混乱。前提"已捐助方式取得环保徽标使用权"与结论"增加信用卡业务收益"的关联十分松散,缺乏论证性。

"在信用卡上印制某机构的环保徽标"与打败信用卡业务上的竞争对手,没有必然联系。作者认为此举必将战胜对手,非常武断,而且对手的举措我们还一无所知。有可能,绝大多数信用卡都已经捐助环保事业,只有本公司信用卡上没有环保标志,就算这是群众抵制的原因,我们有了环保标志会否增加业务收益是不得而知的。如果我们捐助的基金较少,也许会受到更多指责;如果捐助过多,会压缩利润空间,影响收支平衡,不一定能够在竞争中胜出。

而且,最近的民意调查结果可信度如何,无从得知。就算大部分群众对环保问题都比较关注,在信用卡上印制某机构的环保徽标的做法,是否会吸引新客户,是否会增加信用卡使用率,几乎扯不上关系。信用卡自身的功能价值才是吸引新客户、增加现有客户信用卡使用率的关键所在。人们使用信用卡的主要目的不是环保,尽管参与环保事业,会让群众对我们有好感,但好感不等于人们就会选择我们的信用卡,如果我们提供的服务不如其他信用卡,就不会具有本质意义上的竞争力,群众会因此认为我们舍本逐末。

就算此举奏效,信用卡新客户增加了,现有客户的信用卡使用率也提高了,与收取高于最低利率的利息的关系也十分模糊,作者未予澄清。整篇论述感觉是一头雾水,不知所云。

案例 5

分析下面的论证在概念、论证方法、论据及结论等方面的有效性。

最近的一项调查发现,每年达 500 亿美元之巨的汽车修理费中,有半数以上被浪费掉了。调查涉及了 7 个城市的 62 家修理部。结果发现,修理部的许多工作毫无必要,其质量也往往极为低劣。同时,在被调查的修理部中,只有半数规定的收费标准被认为"公平合理"。

如何杜绝这种浪费现象呢?对其进行几次公开诉讼,很可能会收到奇效。那些利用消费者的无知牟取暴利之徒,可说是最为可恶的窃贼。消费者应该行动起来,不去找这些强取豪夺的家伙修理汽车,让它们统统倒闭了事。

[论证缺陷分析]

(1) 调查的结果可信度有多高,7 个城市的 62 家修理部是否具有代表性。

(2) "浪费"如何定义,该调查的数据对"浪费"的定义是否恰当。如果修理工只是为了赚取修理费而肆意更换没有损坏的汽车零件,就是浪费。如果是出于更安全、更长远的考虑,短期的高修理费换来的是维修次数的减少和长期的经济上的划算,那就不是浪费而是节约。

(3) 需要证据证明,修理部的许多工作真的毫无必要。如果我们假设,修理工在检修汽车时不仅要修理即时的故障,也要对潜在的问题予以解决,那么,我们就有理由认为,修理工是从更长远的眼光来修理我们的汽车的。显然这样的修理不仅是必要的,而且理应受到社会和汽车主人的表扬。

(4) 在被调查的修理部中,只有半数规定的收费标准被认为"公平合理"。这个公平合理的尺度是什么?审视收费合理性的主体是谁?这个主体是否会站在公允的立场上说话?

(5) 公开诉讼是否真的会有奇效,需要与其他方法对比。谈判、媒体曝光、行业自律、监督部门的检查等也许都是解决问题的好方案。这个奇效是指哪方面?诉讼是一件费钱费精力的事情,也许对双方都不利。

(6) 抵制利用消费者的无知牟取暴利的修理部是应该的,但是消费者不能凭表面的证据来认定修理部是在欺诈消费者。假定消费者缺乏维修知识,他容易上当的同时,也同样不容易分辨哪些是对自己更有益的维修行为。一个善意的防微杜渐的良好建议可能被误解为不当牟利。一个充满诱惑的看上去很优惠的修理方案可能暗藏杀机。一个显而易见的现实是,当维修价格成为主要尺度来衡量维修水平的时候,维修质量会因为利润的压缩或无利可图而下降。

[参考范文]

治理汽修行不能一刀切

上文调查所得依据和调查结果都有待证实,论证中所使用的关键概念较为模糊,论证的有效性有待提高。

首先,调查的数据和结果可信度有多高,作为样本的 62 家修理部是否具有代表性。

第二,该调查的数据对"浪费"的定义是否恰当。如果修理工只是为了赚取修理费而更换没有损坏的零件是浪费。如果是出于更安全、更长远的考虑，短期的高修理费换来的是维修次数的减少和长期的经济上的划算，那就不是浪费而是节约。

第三，需要证据证明，修理部的许多工作真的毫无必要。如果我们假设，修理工在检修汽车时不仅要修理即时的故障，也解决了潜在的问题，那么，这样的修理就是必要、重要且合理的。

第四，收费标准是否公平合理的尺度是什么？审视收费合理性的主体是谁？这个主体是否会站在公允的立场上说话？有待明确。

第五，谈判、媒体曝光、行业自律、监督部门的检查等也许都是解决问题的好方案。诉讼的奇效需要与其他方法对比。至少诉讼是一件费钱费精力的事情，也许对双方都不利。

第六，抵制利用消费者的无知牟取暴利的修理部是应该的，但是消费者不能凭表面的证据来认定修理部是在欺诈消费者。假定消费者缺乏维修知识，他容易上当的同时，也同样不容易分辨哪些是对自己更有益的维修行为。一个善意的防微杜渐的良好建议可能被误解为不当牟利，一个充满诱惑的看上去很优惠的修理方案可能暗藏杀机。一个显而易见的现实是，当维修价格成为主要尺度来衡量维修水平的时候，维修质量会因为利润的压缩或无利可图而下降。

练习题

案例分析练习 1

分析下面的论证在概念、论证方法、论据及结论等方面的有效性。

只要市民不直接施舍街头流浪乞讨者，流浪乞讨现象将大大减少。不过，这样的做法，尽管会减少假乞丐的数量，但是对真正无家可归的乞丐无疑十分不利。因此，市流浪乞讨人员接济站认为，建议市民不直接施舍钱物的同时，必须有配套方案出台。应该在流浪乞讨者较集中的地段，摆放固定信息设施，比如提示牌、灯箱，利用这些设施，让乞讨者可以得到救助站指引卡。卡片上写明救助站的地理位置、乘车方式和联系电话，流浪乞讨者可依据提示前往。这样一方面加强了对流浪乞讨人员的管理，净化了市容市貌，一方面不会伤害到这些弱势群体，实实在在地帮助了真正的无家可归者。

案例分析练习 2

分析下面的论证在概念、论证方法、论据及结论等方面的有效性。

居者有其屋，并不只是一个传统的观念，也是每一个人的梦想。但是我不赞同中国大学生一毕业就要买房的奢侈想法。这类购房者，大学刚毕业，没有资金，其实房款基本上是靠家人支付的。

而在外国，初次买房置业的平均年龄都在中年，约 40 岁左右，很多国家的年轻人一般都是二十几岁结婚，三十几岁才开始买房，正因为国外的年轻人从小就比较独立，所以他们一般买房都是靠自己。

在美国，首次购房置业的人群年龄都在 31 岁左右，占 52%，美国人开始工作的平均年龄为 21 岁，26 岁才结婚。这个数据表示，在美国，超过一半的美国人首先会选择在工作十年、结婚五年后才会打算买房子。并且，美国年轻人买房，大多数都不会依靠父母，美国现在的住房贷款非常发达，有 70% 的房子是由银行贷款购买的。

而在德国,很多的年轻人比较喜欢租房。就算德国近年来的房价一直在下跌,联邦统计局的数据表明,德国77%的年轻人家庭仍然是租房族。

但是,也有例外,作为对照,英国人平均25岁就成为房主。

总之,国外年轻人的购房置业观念大都比较成熟,我国大学毕业生应该向他们学习,先立业后成家,自力更生买房子。

案例分析练习3

下文摘编于某杂志的一篇文章。分析下面的论证在概念、论证方法、论据及结论等方面的有效性。

把几只蜜蜂和苍蝇放进一个平放的玻璃瓶里,使瓶底对着光亮处,瓶口对着暗处。结果,有目标地朝着光亮拼命扑腾的蜜蜂最终衰竭而死,而无目的地乱窜的苍蝇竟都溜出细口瓶颈逃生。是什么葬送了蜜蜂?是它对既定方向的执着,是它对趋光习性这一规则的遵循。

当今企业面临的最大挑战是经营环境的模糊性与不确定性。在高科技企业,哪怕只预测几个月后的技术趋势都是件浪费时间的徒劳之举。就像蜜蜂或苍蝇一样,企业经常面临下面的问题:企业需要的不是朝着既定方向的执着努力,而是在随机试错的过程中寻求生路;不是对规则的遵循,而是对规则的突破。在一个经常变化的世界里,混乱的行动比有序的衰亡好得多。

案例分析练习4

分析下面的论证在概念、论证方法、论据及结论等方面的有效性。

每年的诺贝尔奖,特别是诺贝尔经济学奖公布后,都会在中国引起很大反响。诺贝尔经济学奖的得主是当之无愧的真正的经济学家。他们的研究成果都经过了实践的检验,为人类社会发展,特别是经济发属作出了杰出的贡献。每当看到诺贝尔经济学奖被西方人包揽,很多国人在羡慕之余,更期盼中国人有朝一日能够得到这一奖项。

然而,我们不得不面对的现状却是,中国的经济学还远远没有走到经济科学的门口,中国真正意义上的经济学家,最多不超过5个。

真正的经济学家需要坚持理性的精神。马克思·韦伯说:现代化的核心精神就是理性化,没有理性主义就不可能有现代化。中国的经济学要向现代科学方向发展,须把理性主义作为根本的框架。而中国经济学界太热闹了,什么人都可以说自己是个经济学家,什么问题他们都敢谈。有的经济学家今天评股市,明天讲汇率,争论不休,莫衷一是。有的经济学家热衷于担任一些大型公司的董事,或在电视上频频上镜,怎么可能做严肃的经济学研究呢?

经济学和物理学、数学一样,所研究的都是非常专业化的问题。只有远离现实的诱惑,潜心于书斋,认真钻研学问,才可能成为真正意义上的经济学家,中国经济学家离这个境界太远了。在中国的经济学家中,你能找到为不同产业代言的人,西方从事经济学研究最优秀的人不是这样的,这样的人在西方只能受投资银行的雇用,从事产业经济学的研究。一个真正的经济学家,首先要把经济学当作一门科学来对待,必须保证学术研究的独立性和严肃性,必须保持与"官场"和"商场"的距离,否则,不可能在经济学领域作出独立的研究成果。

说"中国真正意义上的经济学家,最多不超过5个",听起来刻薄,但只要去看一看国际上经济学界那些最重要的学术刊物,有多少文章是来自中国国内的经济学家,就会知道这还是比较客观和宽容的一种评价。

案例分析练习 5

分析下面的论证在概念、论证方法、论据及结论等方面的有效性。

氟是地球上毒性最大的化学物质。它的腐蚀作用如此之大以至被用来蚀刻玻璃。有些人打算把这种物质放到饮用水中,这种想法真是疯狂至极。把氟加到水中,必将给我们的健康造成威胁。

进言之,许多医学组织也在反对此项做法。比如,得克萨斯医学协会便拒绝推荐氟化水。当然,不难解释为何有些医生对此褒奖有加。举例说来,氟化水的主要倡导者之一、州立大学医学院主任、营养学研究教授丹格医生,在过去六年间,从食品加工业、精制糖、软饮料以及化学和药品的利润中获利高达 35 万美元。然而,每一个真正的营养学家都懂得,正是这些精制糖、软饮料、精制面粉使牙齿遭到毁坏。现在,这些食品的加工商们热衷于求助化学界帮他们掩盖这一事实。对此,难道还不会令人觉得不可思议吗?

案例分析练习 6

分析下面的论证在概念、论证方法、论据及结论等方面的有效性。

1000 是 100 的 10 倍,但是当分母大到百亿的时候,作为分子的这两个数的差别就失去意义。在知识经济时代,任何人所掌握的知识,都只是沧海一粟。这使得在培养与选拔人才时,知识尺度已变得毫无意义。

现在网络技术可以使你在最短的时间内查询到你所需要的任何知识信息,有的大学毕业生因此感叹何必要为学习各种知识数年寒窗,这不无道理。传授知识不应当继续成为教育——特别是高等教育的功能。学习知识需要记忆,记忆能力,是浅层次的大脑功能。人们在思维方面的差异,不在于能记住什么,而在于能提出什么。素质教育的真正目标是培养批判性思维与创造性思维能力,知识与此种能力之间没有实质性的联系,否则就难以解释:具备与爱因斯坦相同知识背景的人有的是,为什么唯独他发现了相对论。硕士、博士这些知识头衔的实际价值一直受到有识之士的质疑,道理就在这里。

"知识就是力量"这一曾经激励了几代人的口号,正在成为空洞的历史回声,这其实是时代的进步。

案例分析练习 7

分析下面的论证在概念、论证方法、论据及结论等方面的有效性。

我主张不应废除死刑。应该对残忍的杀人犯施以极刑,这是明智的行为。因为这可以阻止可恶的犯罪,并在长时期内使整个社会承受的痛苦减至最小。死刑是一个健全社会的自我防范。

民意调查显示大部分公众反对废除死刑。死刑最终有可能会被废除,但是现在废除是不切实际的,并且有可能遭到公众的强烈反对。

提倡废除死刑的一个原因是死刑是残忍的,违反人权的。这种说法有一定的正确性,但是可以使用相对人道的方法执行死刑,比如使用死刑注射等不太痛苦的方式执行。虽然保护人权是一个问题,但是公众人身安全的权利也应当被考虑。死刑对于严重犯罪的威慑作用几乎毋庸置疑。根据美国的调查数据显示,在没有死刑的州,死罪的数量更多。

那些支持废除死刑的人只考虑到凶手的权利,而忽略了为受害者感到难过的人的感情。只要冷血的凶手活在监狱中,受害人的亲友将有可能继续生活在极大的痛苦甚至是恐惧中。

保持死刑的一个重要原因是不断上升的犯罪率,高犯罪率确实是由众多因素造成的,但是,对法律的贯彻执行是阻止犯罪的有效手段。

有的犯罪分子在实施犯罪行为时,手段残暴,不顾后果。这种人没有人道主义精神,再次回到社会难保不再犯罪,死刑虽不能遏制犯罪,但是可以阻止这些人再次犯罪杀人。

现在且不论废除死刑是不是历史的必然趋势,因为目前很难做出绝对肯定的答案,人类社会的发展,包括社会制度和法律制度的发展变化,总有自身的规律性。死刑作为应对犯罪的一种极端手段,有其合理存在的理由。

案例分析练习 8

分析下面的论证在概念、论证方法、论据及结论等方面的有效性。

有人提出,应当把"孝"作为选拔官员的一项标准,理由是,一个没有孝心、连自己父母都不孝顺的人,怎么能忠诚地为国家和社会尽职尽责呢?

我不赞同这种观点。现在已经是 21 世纪了,我们的思想意识怎么能停留在封建时代呢?选拔官员要考查其"德、勤、能、绩",我赞同应当把"德"作为首要标准,然而,对一个官员来说最重要的是公德而不是私德,"孝"只是一种私德而已。选拔和评价官员,偏重私德而忽视公德,显然是舍本逐末。什么是公德?一言以蔽之,就是忠诚职守,在封建社会是忠于君主,现在则是忠于国家。自古道"忠孝难以两全"。岳飞抗击金兵,常年征战沙场,未能在母亲膝下尽孝,却成了千古传颂的英雄。反观《二十四孝》里的那些孝子,哪个成就了名垂青史的功业?孔繁森撇下老母,远离家乡,公而忘私,殉职边疆,显然未尽孝道,但你能指责他是个不合格的官员吗?俗话说"人无完人",如果在选拔官员时拘泥于小节而不注意大局,就会把许多胸怀鸿鹄之志的精英拒之门外,而让那些守望燕雀小巢的庸才占据领导岗位。

案例分析练习 9

分析下面的论证在概念、论证方法、论据及结论等方面的有效性。

随着总体寿命水平的上升,我国的老年人口数在持续增长。例如,在我国某个人口较密集的地区,65 岁以上的老人就占了 20%,而过去 6 个月以来,该地区度假酒店的入住率大幅下降。有鉴于这两种趋势,一个谨慎的投资者最好放弃对酒店业的兴趣,把投资转向医院和老人护理院。

案例分析练习 10

分析下面的论证在概念、论证方法、论据及结论等方面的有效性。

美国是世界上经济最发达的国家,其被曝光的企业丑闻数量却比发展中国家多得多,这充分说明经济的发展不一定带来道德的进步。企业作为社会财富最重要的创造者之一,也应该为整个社会道德水准的提升作出积极的贡献。如果因为丑闻迭出而导致社会道德风气的败坏,那么我们完全有理由怀疑企业这种组织的存在对于整个社会的意义。当公司的高管们坐着商务飞机在全球遨游时,股东们根本无从知晓管理层是否在滥用自己的权利。媒体上频频出现的企业丑闻也让我们有足够的理由怀疑是否该给大公司高管们支付那么高的报酬。企业高管拿高薪是因为他们的决策对企业的生存与发展至关重要,然而,当业绩下滑甚至亏损时,他们却不必支付罚金。正是这种无效的激励机制使得公司高管们朝着错误的方向越滑越远。因此,只有建立有效的激励体制,才能杜绝企业丑闻的发生。

案例分析练习 11

以下文字摘自某报的一篇报道,请分析其论证在概念、论证方法、论据及结论等方面的有效性。

在全球 9 家航空公司的 140 份订单得到确认后,世界最大的民用飞机制造商之一空中客车公司 2005 年 10 月 6 日宣布将在全球正式启动其全新的 A350 远程客机项目。中国、俄罗斯等国作为其合作伙伴也被邀请参与 A350 飞机的研发与生产过程。其中,中国将承担 A350 飞机 5% 的设计和制造工作。这意味着,未来空中客车公司每销售 100 架 A350 飞机,就将有 5 架由中国制造。这表明,中国经过多年艰苦的努力,民用飞机研发与制造能力得到了系统的提升,获得了国际同行的认可;这也标志着中国已经可以在航空器设计与制造领域参与全球竞争,并占有一席之地。由此看出,在经济全球化的时代参与国际合作将带来双赢的结果,也是提高我国技术水平和产业国际竞争力的必由之路。

案例分析练习 12

分析下面的论证在概念、论证方法、论据及结论等方面的有效性。

某管理咨询公司最近公布了一份洋快餐行业发展情况的分析报告,对洋快餐在中国的发展趋势给出了相当乐观的预判。

该报告指出,过去 5 年中,洋快餐在大城市中的网点数每年以 40% 的惊人速度增长,而在中国广大的中小城市和乡镇还有广阔的市场成长空间。照此速度发展下去,估计未来 10 年,洋快餐在中国饮食行业的市场占有率将超过 20%,成为中国百姓饮食的重要选择。

饮食行业的某些人士认为,从营养角度看,长期食用洋快餐对人体健康不利,洋快餐的快速增长会因此受到制约。但该报告指出,洋快餐在中国受到广大消费者,特别是少年儿童消费群体的喜爱,显然,那些认为洋快餐不利健康的观点是站不住脚的。该公司去年在 100 家洋快餐店内进行的大量问卷调查结果显示,超过 90% 的中国消费者认为食用洋快餐对于个人的营养均衡有所帮助。而已经喜爱上洋快餐的未成年人在未来成为更有消费能力的成年群体之后,洋快餐的市场需求会大幅度跃升。

洋快餐长期稳定的产品组合以及产品和服务的标准化,迎合了消费者希望获得无差异食品和服务的需要,这也是洋快餐快速发展的重要优势。

该报告预测,如果中国式快餐在未来没有较大幅度的发展,洋快餐一定会成为中国饮食行业的霸主。

案例分析练习 13

分析下面的论证在概念、论证方法、论据及结论等方面的有效性。

没有天生的外科医生,也没有天生的会计师。这都是专业化的工作,需要经过正规的培训,而这种培训最开始是在教室里进行的。当然,学生们必须具备使用手术刀或是操作键盘的能力,但是他们首先得接受专门的教育。领导者则不一样,天生的领导者是存在的。事实上,任何一个社会中的领导者都只能是天生的。领导和管理本身就是生活,而不是某个人能够从教室中学来的技术。教育可以帮助一个具有领导经验和生活经验的人提高到更高的层次,但是,即使一个人具有管理天赋和领导潜质,教育也无法将经验灌入他的头脑。换句话说,试图向某个未曾从事过管理工作的人传授管理学,不啻于试图向一个从来没见过其他人类的人传授哲学。组织是一种复杂的有机体,对它们的管理是一种困难的、微妙的工作,需要的是各种各样只有在身临其境时才能得到的体验。总之,MBA 教育试图把管理传授给某个毫无实际经验的人不仅仅是浪费时间,更糟糕的是,它是对管理的一种贬低。

案例分析练习 14

分析下面的论证在概念、论证方法、论据及结论等方面的有效性。

有两个人在山间打猎,遇到一只凶猛的老虎。其中一个人扔下行囊,撒腿就跑,另一人朝他喊:"跑有什么用,你跑得过老虎吗?"第一个人边跑边说:"我不需要跑赢老虎,我只要跑赢你就够了!"

这个故事告诉我们,企业经营首先要考虑的是如何战胜竞争对手,因为顾客不是选择你,就是选择你的竞争者,所以只要在满足顾客需求方面比竞争者快一点,你就能够脱颖而出、战胜对手。想要跑得比老虎快,是企业战略幼稚的表现,追求过高的竞争目标会白白浪费企业的大量资源。

案例分析练习 15

分析下面的论证在概念、论证方法、论据及结论等方面的有效性。

我国民营企业,大都起步于家族企业,家族企业的一个巨大优点就是:领导层一般较为团结,有凝聚力,在决策上较少扯皮。所以,民营企业发展速度相对较快,经济效益相对较好。

近年来,随着民营企业规模越来越大,经营管理也变得十分复杂,靠家族来管理也越来越困难。但是,家族企业转变管理模式却十分艰难,从家族企业转变成现代经理制的现代企业,高管的忠诚度成为一个最棘手的问题。有这样一份材料:两年前,兰州一家家族企业发展到一定规模后即寻求上市,从外部聘请了一名总经理,不料没多久,上亿元的资产被总经理偷偷转移一空。

看来,民营企业界流传的"忠诚比能干更加重要"这个用人标准很重要。家族化管理体制还是有明显的优势的,还是自己人管理自己的企业心里踏实。

案例分析练习 16

分析下面的论证在概念、论证方法、论据及结论等方面的有效性。

地方政府直接发债利大于弊

允许地方政府发债,等于把地方政府推向市场,向市场筹资。这样可以增加政府的财政来源,弥补政府的财政不足。间接也可以逐步让政府摆脱过于依赖房地产市场发展来增加财政收入的困境。

地方政府具有较好的公信力,政府一般不会像企业那样,经常面临倒闭的命运。因此,地方政府发行的债券显然能更得到市场的高度认可,比公司债券更有吸引力。

政府直接发债,获得的资金大多会投资在与民生相关的项目上,比如廉租房建设、经济适用房建设、城市基础设施建设,这些对长期经济发展具有基础性推动作用。

因此,无论从拓宽政府财政来源,还是推动经济发展方面看,地方政府直接发放债券对推进地方政府的治理结构和形成良好的公共信用大有裨益,是一件利国利民的大好事。

案例分析练习 17

分析下面的论证在概念、论证方法、论据及结论等方面的有效性。

我们现在准备了一些太阳能发电设备,所以成本已经开始下降了。另外,现在人们正在研究、开发新的利用太阳能的技术。我们因此可以预计,用太阳能发电将要比用煤、石油更具有成本有效性和吸引力。所以,我们应该鼓励对生产太阳能产品的索拉瑞奥公司进行投资。毕竟索拉瑞奥公司的首席执行官曾经是雷得威软件公司财务规划组的成员,而该软件公司自不久前成立以来一直在迅猛发展。

案例分析练习 18

分析下面的论证在概念、论证方法、论据及结论等方面的有效性。

三联医院是本地区唯一一所三级甲等医院,其医疗条件是一流的,医护人员素质也是一流的,政府的拨款也比较充足,人们一致认为这是该地区最好的医院。但是最近三年来,卫生部门却经常接到对三联医院的投诉。专家的调查显示,其实,自建院以来,三联医院的医疗事故率一直居高不下,近年来一直位居本地区榜首。急诊抢救成功率是本地区倒数第一名。不仅如此,近来,大量的患者抱怨,这家医院人满为患,经常要求住院但没有空闲的病床。有人投诉,急诊接诊反应速度慢,需要帮助的时候,找不到护士和医生。上述调查结果以及投诉和抱怨充分说明,医院在医术和管理上存在很多严重的问题,因此,为了挽回声誉,应该建议有关部门对这家医院进行整顿。

案例分析练习 19

分析下面的论证在概念、论证方法、论据及结论等方面的有效性。

作为本地最大的烟草企业,我们感到广告空间被极度压缩了。广播、影视和互联网广告是被明令禁止的,而且禁止在各类等候室、影剧院、会议厅堂、体育比赛场馆、电梯等公共场所设置烟草广告。当然,这些我们也充分理解,毕竟我们也有降低烟草毒害,维护人民身体健康的社会责任。但是,禁止在报纸杂志上发布烟草广告,我们认为是欠妥当的。这样,我们几乎失去了所有的广告平台。

而且,对烟草广告的限制过多,比如广告中不准出现吸烟形象,不能使用未成年人作模特,不能表现吸烟有利人体解除疲劳和缓解精神紧张,不得以特殊设计的办法突出企业名称。烟草广告中还必须标明"吸烟有害健康"的忠告语。忠告语必须清晰,易于辨认,所占面积不得少于全部广告面积的10%。更有甚者,连迁址、企业更名等启事,招工、招聘、寻求合作、寻求服务等信息都不能发布。

干脆不让烟草企业作广告算了,这样多省事。

报纸杂志的读者是有判断力的群体,禁止香烟在报纸杂志刊登广告,报纸杂志的收入将大幅减少,因而被迫大幅加价,并且要裁减篇幅来节省开支,这样会影响传媒对政府的监督,影响社会舆论的正常传播,甚至影响人民的言论自由。

因此,我们坚决反对禁止在报纸杂志作烟草广告的规定。

案例分析练习 20

分析下面的论证在概念、论证方法、论据及结论等方面的有效性。

我公司研制开发的财务软件,自5年前投放市场以来,受到市场高度关注,目前,市场占有率一直保持在25%左右,市场占有率位居同类软件第二名。根据市场调研,我们与第一名——财信通的差距主要在界面的易用性方面,有0.9%的客户反映财信通的软件界面比我们的产品更友好。但是我们经过慎重考虑,在新版产品中,并未对这一问题进行任何修改。我们认为,尽管,有千分之九的客户对我们的界面提出了批评,但是,相反的方面,也就是说,99.1%客户是满意的。因此,保持独特产品风格,保持软件的平稳升级,尊重广大客户的习惯应该是我们的选择,这样,老客户会更稳定,新客户会逐渐多起来,最终扩大我们的市场占有率,做到业内第一。

案例分析练习 21

分析下面的论证在概念、论证方法、论据及结论等方面的有效性。

在一个抽象派画展上,一幅高50cm、宽40cm的作品吸引了众多观众驻足。观众A说:"这是一个浪迹天涯的游子在沙漠中跋涉时留下的凌乱而又艰难的足迹。"观众B说:"这是一场艰苦卓绝的战争结束后的场面,血腥而又惨烈。"观众C说:"这是梁山伯与祝英台坟前化出的一对彩蝶,美丽、凄凉而又浪漫。"

这小小的一幅画,一个客观而又真实的存在,三个不同的人去感知,竟然有完全不同的理解!这说明,人们是从自己的想象出发对现实世界进行解释的。人们对生活中的是非曲直、正义邪恶的判断,完全取决于人们的偏好或者需要,而不是取决于客观的事实。对现实中管理问题的认识也是这样。由于管理问题的极端复杂性,每一项管理问题的研究成果,都可能留下研究者自身知识、经验、研究视角、主观意向等方面的烙印。学者们自以为看到了真实的世界,发现了客观事实之间的因果联系,其实,他们所谓的发现,只不过是他们头脑中的主观意向的映射,而不是客观规律。

案例分析练习22

下面是一段关于中医的辩论。请分析甲乙双方的论辩在概念、论证方法、论据及结论等方面的有效性。

甲:有人以中医不能被西方人普遍接受为理由,否定中医的科学性,我不赞同。西方人不能普遍接受中医是因为他们不理解中国的传统文化。

乙:世界上有不同的文化,但科学标准是相同的。科学研究的对象是普适的自然规律,因此,科学没有国界,科学的发展不受民族或文化因素的影响。将中医的科学地位不为西方科学界认可归咎于西方人不了解中国文化,是荒唐的。

甲:"科学无国界"是一个广为流传的谬误。如果科学真的无国界,为什么外国制药公司会诉讼中国企业侵犯其知识产权?

乙:从科学角度看,现代医学以生物学为基础,而生物学又建立在物理、化学等学科的基础之上。但中医的发展不以这些学科为基础,因此,它与科学不兼容,这样的东西只能是伪科学。

甲:中医有几千年的历史了,治好了那么多人,怎么可以说是伪科学呢?人们为什么崇尚科学?是因为科学对人类有用。既然中医对人类有用,凭什么说它不是科学?西医自然有长于中医的地方。但中医同样有长于西医之处。中医体现了对人体完整系统的把握,强调整体观念、系统思维,就是西医所欠缺的。

乙:我去医院看西医,人家用现代科技手段从头到脚给我检查一遍,怎么能说没有整体观念、系统思维呢?中医在中国居于主导地位的时候,中国人的平均寿命在古代和近代都只有30岁左右。现代中国人平均寿命提高到70岁左右,完全拜现代医学之赐。

答案与解析

(以下均为案例分析练习的参考范文,仅供读者参考)

案例分析练习1参考范文

用心良苦不等于方法可行

通过对上文的分析,我们发现,市流浪乞讨人员接济站可谓用心良苦,但是由于这一举措缺乏充分的调查研究和务实的分析。该方案的论证所需的一系列前提是值得推敲的,配套救助措施存在巨大漏洞,很可能是缺乏可行性的蹩脚方案。

首先,上文的一个隐含前提是:市里存在大量流浪乞讨现象,影响了市容市貌。但这一点并未给出足够证据。

其次,从"建议市民不直接施舍钱物"可以发现,接济站认为,市民很难区分真假乞丐。更为重要的是,接济站认为自己比市民有更好的区分能力,这个前提上文也未提供证据予以证明。如果接济站的区分不力,假乞丐或许会更多。

第三,配套方案缺乏周密思考。至少常识告诉我们,真正的乞丐大多不识字,也不一定会打电话,大多也不敢打电话,乘坐公交车需要车费,他们也很少使用交通工具,因此,让这些人主动前往救助站不是很现实。

第四,"不直接施舍街头流浪乞讨者"是不是必然导致"流浪乞讨现象大大减少"。只有搞清流浪乞讨背后的原因,区别原因来根治,才能真正达到作者的目的。不能只是盲目救济,而忽视流浪人口的来源调查。不同的乞讨者或许乞讨目的不同,仅从救济角度想办法只是治标不治本。

第五,流浪乞讨者也许不相信接济站,如果他们对救助有抵触情绪,坚持认为自己的生活方式是合理的,这个配套方案就会形同虚设,甚至适得其反。

因此,提供方案,不能仅从善意出发,还要考虑可行性。因为如上的原因,上文的救助方案可能不会产生理想的救助效果。

案例分析练习2参考范文

欠缺同质性的对比

作者举出国外的实例作论据,认为中国大学生毕业后依靠家人购买住房是奢侈的想法,并建议大学毕业生应该向国外学习,自力更生买房。但是作者忽略了一个重要的问题:每个国家之间的居住情况是不同的,每个国家的住房贷款,房子的首付,房子的价格可能存在巨大差别;甚至社会结构的不同,都会对结婚、购房产生重大影响。比如,国外房屋租赁市场非常发达,国内对于很多人,租住房屋从理念上都很难接受。在中国不少地方,解决住房是结婚的前提。因此,这种对比存在一些不恰当之处。

而且,作者的观点前后不一致,论据也不充分。第一句话说明作者认为每个人都有购房梦想。但是,德国的例子却与此冲突,显然德国有些人不想购买房屋。"但是,也有例外,作为对照,英国人平均25岁就成为房主"这句话的论证意图就更不明确了,这个例外对其论证恰当性构成严重威胁。

国外年轻人的购房置业观念大都比较成熟,这显然是与中国年轻人相对比的结论,其暗含的前提是,中国年轻人大都没有成熟的购房置业观念,作者显然没有足够的证据证明这一点。当然,我国大学毕业生应该学习好的置业理念,但是必须具体问题具体分析,不能生搬硬套。立业、成家的先后应因人、因时、因地而异,没有一定之规。至于自力更生买房子,也要分析国情而定,按照目前中国年轻人的收入情况,不依靠家庭,其中大部分人是很难在需要住房的时候买得起住房的。

另外,"在美国,首次购房置业的人群年龄都在31岁左右,占52%"这句话中的52%不知所云,"52%"是占谁的52%,存在歧义。

案例分析练习3 参考范文

有趣的实验,无效的推理

上文试图通过昆虫趋光性差异试验,来推论企业坚守确定性行为是死路一条,随机试错是求生良方。尽管试验很有趣,但作者机械类比得出的结论却是荒诞的,其论证也是谬误连连。

第一,总体上说,用生物试验类比企业经营是不恰当的。

第二,就算有所启发,这个实验也是文不对题。文中说"当今企业面临的最大挑战是经营环境的模糊性与不确定性",而在实验中的环境是确定的。瓶口永远对着暗处,而瓶底则是对着明处。从一开始,条件就不同,这就已经无法进行类比推理了。

第三,苍蝇和蜜蜂的行为和命运不同是两个极端事件。的确,像蜜蜂这样墨守成规是死路一条。但作者没有看到,苍蝇的没头没脑,也会大大降低成功的几率。技术预测具有不确定性,不意味着技术趋势绝对不可预测,更不能说明进行预测是徒劳。把握规律就会事半功倍。现实情况是,在模糊不定的经营环境中,企业用随机试错的方法其实很难取得成功。因为,复杂的变动中的经营环境,不是静止的广口瓶。用小概率的随机试错成功的特例否定理性决策是非黑即白的错误思维导致的谬论。

第三,企业经营与苍蝇不同,企业必须有明确的方向。当然,企业也需要根据环境调整方向,但方向的调整需要理性分析和明智的决策。

第四,遵循规则和突破规则不是绝对对立的。蜜蜂的僵化不可取,苍蝇的乱闯也不是有借鉴意义的突破。遵循规则不是机械地困守在规则中。

混乱的行动比有序的衰亡好得多,有序地走向成功显然比混乱的尝试更好。

案例分析练习4 参考范文

放下情绪,客观评价

也许,中国经济学真的很糟,有可能中国真正的经济学家真的不超过5个。就算83%的公众支持这一观点,这篇文章的论述还是很成问题的。

"真正意义上的经济学家"的衡量标准是什么?作者似乎认为诺贝尔经济学奖是一个重要尺度。这里问题就大了。"诺贝尔经济学奖得主是真正的经济学家"显然推不出"没有获得诺贝尔奖的都不是真正的经济学家"。国外重要学术刊物固然是衡量学术水平的标准之一,但也不是唯一的标准。作者显然太绝对化了。是深藏书斋坐冷板凳潜心研究,还是密切关注现实经济生活,显然都不是客观普适的衡量标准。

然而,在这么模糊的指标指导下,作者声称"中国真正意义上的经济学家,最多不超过5个",却没有进一步的证明和足够的理由。

"中国经济学界太热闹了,经济学领域鱼龙混杂"推不出"真正的经济学家不超过5个"。不合格的学者多,不等于没有合格的学者,不等于有些学者不优秀。

"经济学家在电视上出镜"和"缺乏严肃的理性研究"关系不清。关心现实经济生活,不见得对严肃的学术研究不利。

如果是担心经济学家抛弃学术追求,加入"伴舞女郎"的队伍,让经济学家"远离官场"、"远离商场"有些道理。如果是认为躲在书斋里的经济学家才能成为真正的经济学家那就值得商榷了。况且,经济学家从政从商也不见得是坏事,很多经济学家作为企业、政府或国际组织的首席经济学家,其理论建树和实际经济运作都很成功。关键是,用什么尺度来衡量他们。

作者不认为"产业经济学家"是"真正的经济学家",这是明显的偏见。

总体上感觉,作者有情绪化的嫌疑,这样是很难得出客观评价的。

案例分析练习5参考范文

偏见搅浑氟化水

作者试图论证氟化水有害,但作者没有提供多少使人信服的证据,而是用偏见搅浑了对氟化水的讨论。

第一,作者一开始就混淆了"氟"和"氟化水"这两个不同的概念,显然,从氟有毒不能推论氟化水一定有毒。

第二,许多医学组织反对或不推荐氟化水和有些医生对氟化水褒奖有加,只是说明意见分歧,得克萨斯医学协会不能代表所有的医学组织,也不能代表它们站在真理一边,应该出具具体的理化证据来证明氟化水的害处。

第三,作者也混淆了"反对"和"拒绝推荐"这两个概念,拒绝推荐不一定就是反对,不反对且不推荐也是一种态度。不能非黑即白划分观点的阵营。

第四,作者认为,推荐或提倡使用氟化水的人是打算从中渔利,但问题的焦点在于氟化水是否有益人类,而不在于丹格医生的人品如何。而且,推广氟化水的丹格医生在很多领域获得丰厚商业利润,或许正是社会承认他科学研究成果的表现。更重要的是,这一事实,与氟化水是有益健康还是有害健康,没有内在的因果联系。

第五,"每一个真正的营养学家都懂得……"这句话涉嫌环境人身攻击,言外之意,支持氟化水的专家都不是真正的营养学家。

第六,新产品造成的危害是人类科学进步的代价,不能因为这些错误而否定探索,也不能因为这些过失而怀疑学者的人品。要区分哪些是唯利是图的食品加工商与化学界表演的双簧,哪些是正常的学术争论。不然,会破坏正常的学术气氛,窒息学术探讨。

总之,对相关人士的人品的不信任不能成为怀疑氟化水有害健康的合理理由,氟化水的理化指标才更具有直接的判断价值。

案例分析练习6参考范文

没有知识就没有能力

上文的论证有很多值得商榷之处。

作者的论证主线是讨论能力与知识无关,能力比知识重要,然而,没有知识何谈能力。知识和能力对立是作者对两个基本概念认识不清所致。

开篇的"分子分母论",只是说明,每个人的知识都很有限,并不能说明,相对于整个知识海洋只是沧海一粟的个人知识储备是毫无意义的。选拔人才,不是看他掌握的知识相对人类全部知识的份额,而是看他是否达到了在其专业领域所从事的工作所要求的知识水平。因此,这个类比论证是不恰当的。

作者认为,"传授知识不应该是教育的目的"有失片面。作者把学习知识简单地等同于查询信息,等同于记忆知识材料,犯了混淆概念的逻辑错误。知识积累,不仅是个人能力培养的基础,更是科学技术发展,整个人类的创造力不断进步的源泉。

作者试图割裂知识与批判性思维和创造性思维的联系,缺乏事实和逻辑基础。一个人必须具备相应的知识基础,才能具有批判性思维,才能培养出创造性思维。具有批判性思维和创造性思维的科学家、工程师,哪一个不是专业知识扎实的典范呢?而且,爱因斯坦发现相对论这个例子,恰恰告诉我们,只有像爱因斯坦这样既具备了丰厚扎实的专业知识又有创造性思维的科学家,才能取得重大科学成就。整个论证显然是自相矛盾的。

"知识就是力量"过时论,是作者在概念不清、论证理由不充分、论据缺乏现实基础的情况下,得出的荒谬结论。无论何时何地,对于任何人,知识都是能力的源泉和动力。

案例分析练习7 参考范文

偏颇的论证难以明智

作者旗帜鲜明地反对废除死刑。然而,作者却没有能够全面论述是否应该废除死刑的各方面不同的观点。作者看到杀人犯的残忍,却看不到死刑的残忍,这明显是对司法机关的处境人身保护,对杀人犯或杀人嫌疑犯的处境人身攻击。说穿了是双重标准。

论证忽视了对死刑的人道主义考量。国家或社会或个人,是否有权力剥夺某个人的生命。如果没有这样的权力,死刑从根本上就是违背人性的。人类的生命不应该被剥夺,我们应该尊重生命,剥夺一条生命并不能挽回另一条失去的生命。所以,死刑问题不是非黑即白的废与不废,而是如何实施、如何合理限制、如何尽可能少地实施、尽可能公正恰当地实施的问题,以及怎样最终废止的问题。

作者的论述前后自相矛盾。第一段,作者指出"应该对残忍的杀人犯施以极刑,这是明智的行为。因为这可以阻止可恶的犯罪",后面作者却说"死刑虽不能遏制犯罪,但是可以阻止这些人再次犯罪杀人",说明作者对死刑的震慑作用也认识不清。

尽管作者论证了死刑有一定的震慑作用。但是,我们也可以预见到其相反的作用,正是由于有死刑,所以,犯罪分子在横竖都是死的情况下会铤而走险,对社会造成更大危害。如果能够给犯罪分子以出路,至少会给犯罪分子一个悬崖勒马的机会。

作者也忽视了反对死刑的另一个重要观点:无辜的民众有可能会由于误判而被执行死刑。我们知道,死刑从生理意义上是无法纠正的。由于证据难免具有一定的主观性,也可能存在伪证,法庭很难始终做到公正、正确地判决。误判死刑的事情也屡见不鲜,误判死刑,错误地执行死刑对社会和当事人都是无法挽回的悲剧。

案例分析练习8 参考范文

忠孝岂容如此割裂

作者的根本错误在于,绝对化地理解"忠"和"孝"这一对概念,人为地割裂了忠与孝内在的、本质的联系。众所周知,孝忠一体,忠和孝是一个伦理内涵的两个方面。正如作者试图反驳的靶论点所说的那样,不孝者鲜矣忠。道德高尚的人,在家表现为孝,在外表现为忠。而且,忠者孝为先,孝恰恰是一个衡量忠的好尺度。

作者通篇没有能够反驳靶论点的论据"一个没有孝心、连自己父母都不孝顺的人,不可能忠诚地为国家和社会尽职尽责",所以反驳是无力的。而且作者提供的直接反驳靶论点的依据却十分荒诞,很难自圆其说。

作者定义公德就是忠,这显然是对"公德"和"忠"这两个概念的外延认识不清。从逻辑上说,"忠是一种公德"才恰当。作者据此继续推理,认为孝是私德。其私德和公德的定义都是十分奇怪的自我认定,同样缺乏合理的依据。显然,"忠是一种公德"并不排斥"孝也是一种公德"。

作者反驳的另一个理由是:忠孝难两全。严重混淆了"尽忠"和"忠"、"尽孝"和"孝"这两对不同的概念。而且,恰恰相反,忠与孝在英雄人物身上,往往是统一的。显然,从作者所举出的例子也可以看出,岳飞并非不知孝,没有孝心,而是舍小家而顾大义,舍小孝而取大忠。"精忠报国"恰恰是岳母的心愿,岳飞尽忠也就最大限度地尽了孝,是典型的忠孝合一。同理,我们也无法通过作者的论述证明孔繁森没有孝心。

显然,目光短浅地把孝看作小节,失去孝这个标准,才是荒谬不经的论调。

案例分析练习9 参考范文

缺乏理由的投资转向

作者的投资建议是建立在一系列没有内在联系的数据基础之上的,因此,是缺乏说服力的。主要论证缺陷如下:

首先,"随着总体寿命水平的上升,我国的老年人口数在持续增长"本身表述稍嫌模糊,增长趋势也需要论证。究竟是老年人口绝对值增加,还是比例增加,也没有说明。在整体人口增长速度不同的情况下,结果是不同的。寿命水平的上升,老人比例不一定增加,如果出生率增加更快,很可能老年人比例会下降。

其次,"某个人口较密集的地区,65岁以上的老人就占了20%",不能作为第一句陈述的证据。这20%本身是否数量大没有比较,是较从前下降了还是增加了也没有说明。这个地区代表性如何,不得而知。如果这个地区没有代表性,恰好这是一个65岁以上老人喜欢移入居住的地区,就很难说明问题了。

再次,"该地区度假酒店的入住率大幅下降"的原因是什么,与老龄人口关系如何,都是未知数。最近6个月入住率下降,是季节性的,还是其他原因,将来会如何?如果不进行细致调查,是得不出酒店业不景气这个结论的,就算这个地区酒店业真的不景气,也不能推定整个酒店业不景气。

还有,老年人会否增多还不一定,就算老年人真的逐渐增多,也不一定需要更多医院和护理院。现有的医院和护理院也许闲置率很高,也许老年人更喜欢家庭治疗和护理,没准他们更喜欢旅游。

因此种种,减少或放弃酒店业投资,转而加大医院和老人护理院投资的理由很不充分。

案例分析练习10 参考范文

无的放矢的论证

作者偏颇地认为,企业的激励机制不合理,造成了企业的丑闻迭出。实际上,这是严重的溯因不利。

第一,美国曝光的企业丑闻数量多,不等于企业中的腐败案件比发展中国家多,因此,"经济的发展不一定带来道德进步"更是无从谈起。相反的可能性不能排除:发展中国家法制不健全,投资营商环境不好,本来企业丑闻比美国多,但纠察不利,大多没有曝光。

第二,企业为社会道德水准提升作出积极贡献的途径很多。防止出现丑闻,只是一个方面。不能因为某些企业丑闻迭出,就认为所有企业的存在没有价值。而且,"社会道德风气的败坏"和"企业丑闻迭出"究竟孰因孰果,有待进一步探讨。不能武断地认为,是"企业丑闻迭出"导致"社会道德风气的败坏",也可能相反,是"社会道德风气的败坏"比如政治腐败导致"企业丑闻迭出"。

第三,作者的有些指责过于极端武断。比如,绝对化地认为股东无从知道企业高管是否滥用权利,高薪是否合理等。这些问题尽管在很多企业中或多或少地存在,但是并非没有有效的机制来制约,股份制企业的监督机制还是可以发挥其作用的。而且,哪些权利属于哪些岗位、如何监管、薪酬高低、是否存在奖惩措施,这些都不像作者认为的那样一团糟。

第四,作者混淆了股东和高管的角色。股东必须为他们选择的高管带来的经营后果埋单,所以,薪酬高低是股东和高管之间的契约。效益是否下滑不是衡量高管的唯一指标。

总之,作者臆想了激励机制与企业丑闻之间的关系,实际上,它们并不存在必然的联系。所以,"只有建立有效的激励体制,才能杜绝企业丑闻的发生"也是无的放矢。

案例分析练习 11 参考范文

夸大其词的 5%

上文根据空客将 A350 远程飞机的 5%的设计和制造任务分包给我国这一前提,作了一系列成问题的推论。

首先,我国所承担的该项目的 5%很可能不是整机,而只是不太重要的部件,所以,无法由此必然地得出结论说,未来空中客车公司每销售 100 架 A350 飞机,就将有 5 架由中国制造。5%的设计制造任务和负责制造 5%的整机不是一码事,不能混淆。

其次,空客分包给我国的 5%设计制造任务,不见得是得到了国际同行认可。其真正的原因很可能是他们考虑到此举是打开中国市场的最佳途径。这 5%仅仅是一个开始,是我们与行业巨头学习的机会。我们仅仅得到 5%的设计制造任务,就说我们的民用飞机研发与制造能力得到了系统地提升,更是以偏概全,夸大其词。

再次,就算我们的民用飞机研发与制造能力真的获得了国际同行的认可,也并不能就此推出,中国已经可以在航空器上参与全球竞争并占有一席之地,因为或许除了 A350 飞机上的这些任务外,我国在其他的航空器设计制造方面,还都没有多少可圈可点之处。就算这次的合作,也未必是参与全球竞争的砝码,占有一席之地恐怕还很遥远。

最后,这次合作的结果如何,仍然不得而知,或许是中国付出了高昂的代价,但是收益却很少。如果真是这样,就难说是"双赢"。

国际合作是提高我国技术水平和产业国际竞争力的必由之路,也有些绝对。很多关键技术,自力更生或许是最优途径。

案例分析练习 12 参考范文

预测不能想当然

某咨询公司这份分析报告,试图通过表面的数据,对洋快餐在中国的发展前景作出乐观预判,这是缺乏依据的盲目的乐观。

第一,过去 5 年每年以 40%的惊人速度增长,并不意味着今后也会高速增长。城市市场早晚会饱和,速度最终会降下来。大城市的快速增长,也不意味着中小城市和乡镇也会快速增长。城乡差别、口味习惯、文化传统都可能成为洋快餐在中小城市和乡镇发展的制约因素;城乡之间交通运输物流配送的差异,也会制约洋快餐"下乡"。因此,仅凭过去的数据,是无法预测未来 10 年的状况的。

第二,洋快餐受到某些消费群体的喜爱,不能反驳专家的"洋快餐不利健康"的观点。作者无意间转移了论题。

第三,在洋快餐店内的问卷调查,样本不具代表性。受访者有明显倾向性,不能得出中国消费者的整体性结论。而已经喜爱上洋快餐的未成年人成年后是否依然喜欢洋快餐,也不能确定性地得出结论。因此,作者认为"洋快餐的市场需求会大幅度跃升"是盲目乐观。

萝卜青菜各有所爱。标准化、无差异的食品提供和服务是洋快餐的优势,同时也是劣势。多样化、差异化、可选择的中餐和其他饮食服务同样有自己的市场和广大的消费者群体。

因此种种,就算中国式快餐在未来没有较大幅度的发展,"洋快餐一定会成为中国饮食行业的霸主"的预测也是缺乏足够根据的。对未来的预测,一定要切合实际,应全面、客观地分析过去的数据和未来的变化趋势,不能想当然。

案例分析练习 13 参考范文

似是而非论管理

作者试图告诉读者管理需要天赋,MBA 教育应选择那些具有管理潜质的人加以培养。但是,把管理和医学、经济学等其他专业工作割裂开来论证管理的独异特质,有所偏颇,论证中存在一些重大缺陷:

第一,作者认为,管理者只能是天生的,是极端概括。管理也需要专门教育,任何专业都没有天生的专家,管理者也不例外。管理能力也是学习后获得的,不是遗传的,一个人天生就会管理才是天大的怪事。就算有天生的领导者存在,也不能由此推出"任何一个社会中的领导者都只能是天生的"。

第二,"领导和管理不能从教室中学来"太绝对,管理不可能不需要间接经验,"教育无法将经验灌入任何人的头脑"同样很绝对。未曾从事管理工作的人是可以学习管理学的。"身临其境时才能得到的体验"尽管非常重要,没有管理理论和管理学知识,也不可能有出色的领导和优秀的管理。

第三,MBA 教育也不像作者认为的那样,是在机械地向毫无实际经验的人机械地灌输管理学知识。

按照作者的逻辑,每个人都在生活中,因此,每个人都有机会感受生活,毫无实际经验的人是不存在的。MBA 学员大都是有工作经验的,MBA 教育恰恰意味着学员之间分享他们的直接经验、积累间接经验,学习管理知识和管理方法。

第四,"向一个从来没见过其他人类的人传授哲学"是一句自我矛盾的含混陈述,一个没见过其他人类的人只能自学,不可能有双向教学活动,所以,不仅无法类比,其本身就不成立。

总之,作者对 MBA 教育怀有一些偏见,其管理理念给人前后矛盾、似是而非的感觉。

案例分析练习 14 参考范文

牵强的喻证

尽管,作者用寓言故事来讽喻企业经营,有些启发价值,但作为一个论证是片面的、蹩脚的。寓言和后面的论证,实际上没有内在可比性。

对寓言的引申,往往是一种误解。作者显然没有发现,老虎也是竞争对手。而且是比另一个人更可怕的竞争对手,寓言中的一个隐含前提是老虎抓住跑得慢的人,跑得快的人就可躲过这一劫。因此,寓言也可以理解为:遇到强大的竞争对手的时候,应该抛弃弱小的合作伙伴,寻求自保。由于寓言的多义性,使得论证充满歧义性。

在企业经营中,"顾客不是选择你,就是选择你的竞争者"犯了非黑即白的逻辑错误,作者把相容的选项看成了不相容的二择一。除了竞争对手,还有合作伙伴,竞争与合作是密不可分的。顾客也绝不是仅有两个选择,顾客也有可能观望等待,对你和你的竞争者都不选择,因为,也许顾客认为你们都无法满足他的要求。

迅速满足顾客要求,不一定是最优策略,速度只是满足顾客所需的一个因素。质量、品种、风格、价格、偏好都可能是顾客在你和你的竞争者之间进行选择所需要比较的因素,不能片面理解,要尽可能全面满足顾客要求,才能长期立于不败之地。

另外,企业经营并不见得都以战胜竞争对手为主要目的,追求双赢、多赢可能更有助于企业长远发展。如果只强调战胜对手,难免唇亡齿寒、两败俱伤。

追求过高的竞争目标,笼统地说当然不对,但是作者没有界定什么是过高。从比喻上看,人与虎竞争就是过高的竞争目标。作者在这里还暗示,人竞争不过老虎。这些喻证都不够贴切。一定条件下,老虎和人是可以和平共处的。人借用工具是完全可以跑过老虎、打败老虎的。

案例分析练习 15 参考范文

改革不能因噎废食

上文试图通过例证和推理来证明"忠诚比能干更加重要",进而,推出"家族化管理体制还是有明显的优势,还是自己人管理自己的企业心里踏实"。这是典型的因噎废食,论证缺乏必要的依据,其主要论证失误如下:

(1)"我国民营企业,大都起步于家族企业"有待证明,乡镇企业也是民营企业的一个重要起源。

(2)不少家族企业,的确领导层较为团结、有凝聚力,发展速度相对较快,经济效益相对较好。但是,相反的例子也很多,亲朋好友难免良莠不齐,如果一味地任人唯亲,就会极大地挫伤员工的积极性。所以不能武断地认为,家族企业大都管理良好,经营良好。

(3)从家族企业转变成现代经理制的现代企业是大势所趋,作者也模糊地意识到了这一点。但是,过分关注高管忠诚度却是眼光狭隘的表现,而且,高管忠诚度和董事会(或企业主)的信任度是密切相关的。家族企业和现代企业制度的风格差异,恐怕是转型难的一个重要原因。

(4)兰州某家族企业的悲剧是一个个例,不能因此认为高管大都不忠诚,更不能得出"忠诚比能干更加重要"这个不当结论。忠诚和能干都重要,缺任何一方面也不行。

(5)"家族化管理体制还是有明显的优势,还是自己人管理自己的企业心里踏实",就更荒谬了。我们假设,家族企业中的高管忠诚度真的不高,其原因也许恰恰在家族式管理上面。

案例分析练习 16 参考范文

片面评价、循环论证

首先,待评估论证列举了若干条地方政府直接发债的益处,就得出结论说"地方政府直接发债利大于弊",缺乏足够理由。因为,作者显然没有谈及弊端,缺乏必要的比较,既不能证明没有缺点,更不能证明"利大于弊"。

而且,作者对优点的论证也出现了不少失误。在列举的优点中,作者借助"地方政府具有较好的公信力"这个前提论证"地方政府债券"比"公司债券更有吸引力",这也缺乏足够的论据来支撑。哪种债券有吸引力要看很多因素,至少投资收益也是一个重要方面。

从一般性的原理"政府债券较企业债券信用高",得不出投资某一种"政府债券"会比投资某一种"企业债券"收益好这样的结论。因此,也就无从证明,政府债券更有吸引力。

而且，地方政府的信用也不平均化一。只有运作透明、治理良好且财力充沛的地方政府，信用才高。赤字累累的政府发行的债券，很难有积极的市场反应。

就算政府债券普遍信用较高，但与公司债券比较，收益如何，作者没有提及。如果，公司债券收益较高，政府债券就未必有吸引力。而且，一般意义上的"地方政府债券"比"公司债券"更有信用，不适用于那些历史悠久、效益良好的百年老店，这样的企业有的寿命比某些政府还长。

还有，政府债券投资民生和基础设施，投资回报周期长，提示投资收益不见得高。这作为政府债券更有吸引力的理由显得模棱两可。

文章末尾"发债对推进地方政府的治理结构和形成良好的公共信用大有裨益"与前述"政府公信力好能让政府债得到市场的认可"构成循环论证，从而大大削弱了论证的说服力。

案例分析练习 17 参考范文

缺乏理由和必要论证的投资建议

上文试图通过"用太阳能发电将要比用煤、石油更具有成本有效性和吸引力"来论证投资生产太阳能产品的索拉瑞奥公司是明智的，然而并未提供足够有效的证据来支撑自己的投资建议，论证显得怪异而荒谬。

开篇第一句话"我们现在准备了一些太阳能发电设备，所以成本已经开始下降了"让人一头雾水，其所讲的成本下降，是与什么数据比较得出的，无从查考，对比对象不明，就会产生歧义，数据就会失去意义。而且，上文也只是说，"现在人们正在研究、开发新的利用太阳能的技术"，是否成功是个未知数，成熟与否，是否可以应用到工业规模的生产，也只字未提。究竟太阳能和传统能源发电哪个更经济实惠，哪个效益高，尚需论证。

生产太阳能产品的公司是否有经济效益，效益如何，文中也欠缺说明。就算太阳能技术已经成熟，投资太阳能产品的生产企业，是否盈利仍是悬念。退一步讲，生产太阳能产品的企业大都有很好的收益，选择索拉瑞奥公司进行投资的理由也不充分，因为，我们无从推知索拉瑞奥公司是否盈利。

上文显然是因为看好公司首席执行官，因此看好这家企业。然而，缺乏足够理由让我们同意其观点。该公司首席执行官曾供职的软件公司经营状况与索拉瑞奥公司没有直接关系，首席执行官也只是公司经营状况的一个方面。原软件公司经营好坏与他个人的关系如何，管理者本人是否优秀，其在软件公司的管理经验对索拉瑞奥公司是福是祸，都无从知晓。

所以，这是一份缺乏理由和必要论证的草率的投资建议。

案例分析练习 18 参考范文

理由不充分，结论太武断

上文，看似言之成理，三联医院的医疗、服务和管理似乎真的出了严重问题。但是仔细分析其论证链条，我们不难发现，这些整顿的理由并不充分，论证存在不少值得商榷之处。

对于"三联医院的医疗事故率在本地区位居榜首"要仔细分析。首先，不能仅进行地区对比，医疗事故的种类、具体情况是怎样的，需要进一步调查。其次，与其他医院相对比，接诊同样的病患，同类医疗事故率水平如何，也无从知道。也可能是因为这是该地区最好的医院，经常接收难以医治的危重病人，高难度的手术容易出事故。所以，不能简单定论。

根据"急诊抢救成功率是本地区倒数第一名"，同样不能武断地推定医院医术和管理有问题。排名垫底也可能是因为来院急诊的大都是其他医院无法诊治的最危重病人，多数已经无力回天造成的。

一所医院经常被投诉,不一定错都在医院,有可能是其他原因造成的。从上文看,这些投诉很可能来自外部因素。"大量的患者抱怨,这家医院人满为患,经常要求住院但没有空闲的病床。有人投诉,急诊接诊反应速度慢,需要帮助的时候,找不到护士和医生",这不能充分断定医院的服务有问题。也许恰恰相反,三联医院医术高服务好声名远播,大量患者慕名而来导致人满为患,以至于医生护士应接不暇。

综上所述,仅凭这些表面的证据,是不能充分证明"三联医院的医疗、服务、管理出了严重问题,建议有关部门对这家医院进行整顿",理由不充分,结论很武断。

案例分析练习 19 参考范文

烟草广告与言论自由何干

作者试图论证"禁止报纸杂志刊登烟草广告欠妥当",但是其提供的理由缺乏说服力,论证显得荒诞不经。

报纸杂志不是发布烟草广告的唯一途径。向客户直接发送广告赠品、试用品和宣传单,冠名赞助演出,体育比赛都是烟草类广告的合法途径。显然,不像作者认为的那样,禁止在报纸杂志上发布烟草广告,烟草业就几乎失去了所有的广告平台。

烟草是特殊商品,其广告必须严格管理,要尽可能防止烟草企业钻空子、打擦边球。烟草企业借迁址、企业更名以启事的方式作广告,以招工、招聘、寻求合作、寻求服务等为借口,靠发布信息来变相宣传产品、宣传企业,就会严重影响对非法烟草广告的查禁。所以,这些措施不是限制过多,而是防范有力。

报纸杂志种类繁多,读者群庞大,影响面很广,有时候其影响力不亚于影视和互联网,禁止在报刊纸上作烟草广告是必要和明智的。作者认为"报纸杂志的读者是有判断力的群体",这里的"判断力"是模糊概念,青少年也是大量报纸杂志的阅读者,他们中间很多人缺乏足够的鉴别力。而且,成年人也不是知道吸烟有害健康就不会去吸烟。作者论证的一个隐含前提是,报纸杂志的读者不会受到烟草广告的蛊惑,但这恰恰是自相矛盾的。如果真是这样,作者就不会为在报纸杂志上作烟草广告而辩护了。

论证末尾,由"禁止香烟在报纸杂志刊登广告"到"影响人民的言论自由"的论证是典型的滑坡推理,各命题间的关系阶阶下滑,没有内在的连贯性。而且,烟草广告不一定是报纸杂志广告的主要经济来源,缺少了烟草广告,也不一定影响报纸杂志的广告收入,其推论与前提相干。其结论更是荒诞不经、耸人听闻。

案例分析练习 20 参考范文

要深入分析这千分之九的意见

上文对其产品的竞争分析有诸多漏洞,作者的结论很难由此得出。

我公司的财务软件市场占有率稳定在 25% 左右原因如何,市场调研得出的界面友好问题是不是唯一问题,需要进一步研判。一个软件的成功,很可能是多因素组合的结果。

有 0.9% 的客户反映业内第一名的财信通的软件比我们的产品界面更友好。这 0.9% 的批评意见需要与同行业的相关数据对比,不然无法推定。这近千分之九的抱怨是否很严重,这对于是否修改界面非常重要。

另外,"有千分之九的客户批评"推不出"余下的 99.1% 客户是满意的"。他们中间也许有很多人不满意,但未提出批评意见。如果真是这样,界面友好问题就非常严重。

作者的推理非常机械。其实,界面更友好些不一定就会影响我公司产品的"独特产品风格",也不一定影响"软件的平稳升级",没准还会更符合广大客户的习惯。所以不能武断地认为,我们当下不作修改就是尊重广大客户的习惯,有可能是客户因为其他原因而不得不容忍了这个缺陷。

退一步,就算不升级用户界面,真的满足了老客户的要求,新客户是否会增加也是个未知数。假设在产品性能相当的情况下,人们更青睐选择界面友好的财信通的软件,说明界面不友好可能正是我们市场份额停滞不前的一个重要原因。有必要比较我们的产品在性能等方面相对于包括财信通的软件在内的其他产品的优势。如果,我们的软件只是在界面上不如财信通的软件。有理由设想,一个更容易适应的、更友好的界面或许才真的会为我们留住老客户,大幅增加新用户。

案例分析练习 21 参考范文

管理不是抽象画

作者枚举三个人对同一幅抽象画的感受各自不同,论证人们是从自己的想象出发来解释现实世界的,进而证明,学者对管理问题的认识"不过是他们头脑中的主观意向的映射,而不是客观规律"。其论证链条的内在联系松散,论证方法存在诸多不妥之处。

首先,作者推论的始于缺乏类比性的简单枚举法,这种归纳推理是无效的。

其次,绘画和科学研究分属不同领域。而且,抽象画是特殊的艺术种类,与人们对事物的科学认识差别很大。作者的类比显然失当。对绘画的理解可能不同,可以仁者见仁智者见智;但是科学研究不同,其目的在于揭示客观事物发展变化的规律,正确的解释只有一个,可以暂时存疑,可以长期没有定论,可以修改原本误以为真的错误观点,但绝不会模棱两可。

再次,作者认为"是非曲直、正义邪恶的判断,完全取决于人们的偏好或者需要,而不是取决于客观的事实",这种说法过于武断。一定时期一定社会条件下,这些判断是有客观标准的。用"完全取决于"这类词汇片面强调彻底的主观性是有失偏颇的。

最后,作者把错误推论导致的中间结论套用过来用于解释管理问题,严重歪曲了事实。管理问题尽管复杂,主观意向会起到很大作用,尽管人类不可能得到终极的、绝对的客观规律,但是就算是对包括管理问题在内的事物的歪曲的映射,也是离不开客观世界的。管理不是抽象画。自以为是的世界观和因果观固然不对,但是作者把人类的认识成果仅仅看成是"他们头脑中的主观意向的映射,而不是客观规律"也是十分荒谬的。

案例分析练习 22 参考范文

无理强辩走极端

甲乙双方就"中医是否科学"问题的论辩都走向了极端,不仅没有提供恰当的理由来捍卫各自的主题,而且反驳上也存在很多漏洞。

甲认为"中医是科学",但依据不足。中医有深厚文化传统,有整体观念,有广泛应用,都不是科学的本质特征。历史悠久不能证明科学性,"有用即科学"也不恰当。而且,认为西方是因为文化原因不能接受中医明显有"文化即科学"的武断想法。

乙认为中医是伪科学,但并没有给出充分的论据。中医尽管没有西医那样的理化基础,但是中医的治疗效果说明其具有一定科学性。其实,中西医有很多交叉,认为中西医尖锐对立是明显的偏见。

甲根据涉外知识产权诉讼来反驳乙的"科学无国界",是严重的概念混淆。科学"标准"有无国界和"知识产权"有无国界,是两回事。

乙反驳甲,认为西医同样有系统思维,观点大体正确。但系统思维不像乙所认为的那样机械。而且,从推理上说,乙已经游离了主题。整体性思维是否缺乏,与中医是否科学是无关的。

甲根据中医的广泛用处和历史悠久来论证中医是科学的,置信程度不高。我们很难知道,历史上的病人是因为中医痊愈,还是因自身免疫力而痊愈。

同样,乙认为中国人均寿命过去短现在高全拜西医所赐,十分极端,犯了单因论的错误。因为,中国过去人均寿命短,不一定和中医有关,也可能是战争等其他因素造成的。而且,当时西方人均寿命如何,并没有对比数据。另外,在中西医结合的现代中国,人均寿命高,很难区分究竟是西医的功劳还是中医的功劳。

附录　通识教育中的逻辑与
批判性思维课程建设研究报告

通识教育(general education)是现代自由教育或博雅(通才)教育(liberal education)的一部分[①],常常指本科生在其大学教育期间应该学会的知识、技能和能力。21世纪所需技能的培养和高等教育目标的实现,不可能仅仅凭借技术性的专业学习来完成,因此通识教育成为当代教育之必需。

一、作为基本技能和教育目标的批判性思维

(一) 21 世纪技能中的批判性思维

当代社会的特征可以用3个关键词来描述:信息社会、全球化和可持续发展,这些特征都和批判性思维有密切联系。

信息技术越来越成为人类各种活动的基础,特别对于经济的发展和知识的获得具有关键作用。在信息和交流技术(information and communication technology,ICT)教育中,培养和运用批判性思维技能是一个基本要求。联合国教科文组织发布的《教育中的ICT:学校的课程和教师发展规划》(2002)在论述信息与交流技术时指出,技术发展导致工作和组织的变化,因此所需要的能力也在变化,重要的是获得以下能力:批判性思维,天才(广泛的)能力,能使行家作业实现的 ICT 能力、决策、掌握动态、作为一个团队成员工作,有效地交流。在"决定学校在执行ICT进步阶段的指标"中指出,批判性思维和有见识的决策等是以学习者为中心的、合作性学习导致的变化之一。在学习和教学法中强调,全体学习者在其学习的所有方面的重点是聚焦于批判性思维技能和根据充分的决策。在一个信息社会中,伴随越来越多地使用因特网,学生对万维网的潜力有一种清晰而批判性的理解是必要的。《当代 ICT 教师标准政策框架》和《当代 ICT 教师标准模块》(2008)指出,课程体系超出了对学校教学科目的知识的强调,而明确包括创造新知识所需要的 21 世纪技能,诸如问题解决、交流、合作、实验、批判性思维和创造性表达,这些成为重要的课程目标,也是新评价方法的对象。那些具有知识创造方法的教师所显示的能力将能设计基于 ICT 的学习资源和环境;运

[①] 美国学院与大学联合会(AAC & U)的相关定义:liberal education(自由教育,博雅教育)是一种学习途径,它武装个体使他们为应对复杂性、多样性和变化做好准备。它给学生提供广大世界的广泛知识(如科学、文化和社会)和感兴趣专业领域的深入学习。一种自由教育帮助学生发展社会责任感以及有力和可迁移的理智和实践技能,比如交流、分析和解决问题的技能,并表现出把知识和技能应用于真实世界背景的能力。liberal arts(文理科)是具体学科(人文、社会科学和科学)。liberal arts colleges(文理学院)是一类特殊结构,常常较小,学生住校,以便教员和学生密切互动,完全以文理学科为中心。artes liberales(自由技艺,博雅教育)是适合自由人的技艺,即 7 艺,从历史角度看,它是 4 艺(算术、几何、天文学和音乐)和三科(语法、逻辑和修辞),为现代文理科的基础。general education(通识教育)是所有学生共有的自由教育课程的一部分。它广泛显示多种多样的学科,并为发展重要的智力和公民能力打下基础。通识教育也可能被称作核心课程或 liberal studies(给那些专门从事科学、技术或专业研究的学生开设的补充性文科课程)。http://www.aacu.org/leap/What_is_liberal_education.cfm 2010-09-05.

用 ICT 支持学生的知识创造和发展批判性思维技能……①。对美国这样的发达国家来说，十有八九快速成长的公司要求雇员不仅要懂得如何获得数字信息，而且要能够分析、评估和应用它们来解决日常问题。人们认为，那些缺乏 ICT 能力的员工作效率较低，而一个不能补充、训练和拥有数字化能力的人力资源的公司，几乎没有什么竞争力。为响应雇主日益增长的对有数字化能力雇员的需要，著名的教育考试服务机构 ETS 和全球考试认证服务机构 Certiport 共同开发了一个新认证系统（iCritical Thinking™ certification program），该系统用来测试 ICT 能力，即测量搜寻、批判地评估和交流数字信息以解决实际工作问题的能力。对于人力资源主管来说，该认证程序提供求职者基于 ICT 的批判性思维技能的评估；而对于公司培训师和生产线管理者，该认证提供一个雇员在使用数字技术时应用批判性思维和问题解决技能的客观评价和证明②。

可持续发展日益成为全球议题。联合国提出可持续发展教育议程和相应实施计划，要求世界各国政府在 2005—2014 年这 10 年中，将可持续发展教育融入他们国家各个相关层次的教育战略和行动计划中。教科文组织执行委员会于 2003 年 4 月举行的第 166 次会议上批准了可持续发展十年教育议案。之后，2005 年的《联合国可持续发展教育十年：国际实施方案》论述支持可持续发展教育的 4 个推力时指出，简单地增加基本读写能力（就如目前很多国家的教学），并不能推进可持续社会。假如社区和国家希望朝着可持续的目标迈进，那么，它们就必须关注激励和支持公共参与和公众决策的知识、技能、价值和视角。要实现这一点，基础教育必须适应可持续性并被扩展，以包括批判性思维技能、组织与解释数据和信息的技能，以及确切阐述问题的技能。基础教育还必须包括分析社会所面临的问题的能力，应该能使个体选择那种并不损害自然资源基础或侵犯其邻人的社会公平和正义的生活方式……以内含于批判性思维中的技能和理性决策为重点的更为广泛的教育工具，对于建立公民透彻思考社区和国家所面临的更为复杂的可持续问题的能力，是必不可少的③。

以信息社会、全球化和可持续发展为特征的 21 世纪需要什么样的劳动者？大学本科毕业生应该具有怎样的素质？这些重大问题引出了适应 21 世纪挑战所必需的技能的讨论。我们看到，无论是 21 世纪的生活技能，还是一般从业技能，都包括了批判性思维技能。

定义生活能力基于 3 个一般标准：这种能力是促成一种全面成功的生活与一个完善社会的关键能力，它们对于应对相关语境中的广泛的重要挑战起重要作用，它们与所有人有关。因此，教科文组织定义的生活技能是，人们为能够生存、发展其全部才能并改善他们的生活品质而必需的基本学习工具和基本学习内容（1990）；或者，通过四大学习支柱——学

---

① http://www.unesco.org/en/competency-standards-teachers. 2010-08-09.

② iCritical Thinking™ certification program（iCritical Thinking powered by ETS）与美国全国承认的 ICT 能力标准结盟，并得到全球数字教育委员会（GDLC）的支持。通过 12 000 个经过授权的考试中心，得到安全管理。考试时间大约一小时，内容范围反映真实世界探索和工作场所情境。考试内容涵盖以下 ICT 能力任务：定义——理解和清晰表述一个信息问题的范围，以推进信息的电子搜索；获取——在数字环境中汇集或/和检索信息，信息资源可能包括网页、数据库等；评估——通过决定其权威性、偏好、及时性、相关性和其他方面来判断信息是否符合信息问题的要求；管理——组织信息以帮助你或他人以后找到它；整合——解释和表征信息，使用数字工具综合、概述、比较、对照得自多种多样资源的信息；创建——在信息环境中改编、应用、设计或创建信息；交流——用能有效使用的数字格式向特定听众传播加工过的信息。

③ United Nations Decade of Education for Sustainable Development（2005—2014）；International Implementation Scheme（UNESCO，October，2005）. 联合国文件编号：ED/DESD/2005/PI/01.

会认识、学会做事、学会与他人共处和一起生活、学会生存——所获得的知识、价值、态度和技能(2000)。具体包括基础技能(读写、计算、ICT 等)、心理-社会技能(交流、问题解决、批判性思维、反省和个人与人际技能)、实践/实用技能(操作和职业技能、健康、公民、宗教技能)。各种生活技能计划的重点在于促进交流、协商、批判地思维和解决问题,以及作出独立决定的能力。

2005 年,经合组织提出了用 3 个范畴刻画的 21 世纪技能的概念[①]。批判性思维的一些要素被分散到一般范畴的子集中,比如能力范畴 1"互动地使用工具"中的 B(批判地反思信息的本质——它的技术基础、社会的、文化的甚至意识形态的语境和影响。信息能力是理解选项、形成意见、作出决定和完成有见识的和负责任的行动的基础)、能力范畴 2"在多样化的集体中互动"的 A(与他人融洽相处——转换角色,从他人视角、处境思考,自我反省;有效的情感管理)、B(合作,在团队中工作——表达看法和倾听他人看法,理解辩论动态并遵照议程,构建稳定和可持续的同盟关系,谈判,作出允许有不同意见的决定)、C(管理和解决冲突——分析关键议题和利益、冲突的起源、各方的推理,承认存在各种可能的立场;辨识一致与分歧;重新认识问题;确定优先需求和目标,决定愿意放弃的东西及其放弃的条件)、能力范畴 3"自主地行动"的 A(在大情势之内行动——理解模式;理解他们存在于其中的那个系统的结构、文化、实践、正式的和非正式的规则,以及对他们在其中的角色的期望;辨识他们行动的直接和间接的后果;按照对个人的与共同的规范和目标的可能后果的反思,在不同行动路线之间作出选择)、C(辩护和肯定权利、利益、限制和需要——了解自己的利益(如在选举中),懂得一个案例所基于的书面规则和原则,为使需求和权利得到承认而构建论证,建议安排或替代解决方法)等。

2007 年,美国学院与大学联合会也提出了一个高等教育毕业生应该获得的 21 世纪技能的框架,如附表 1 所示。

附表 1　高等教育毕业生应该获得的 21 世纪技能

人类文化与身体和自然世界的知识(以处理当代和永续的大问题为焦点)	通过科学和数学、社会科学、人文、历史、语言和艺术
理智的和实践的技能(在更为先进的挑战性问题、计划和实施标准的语境下跨课程的广泛实践)	探究和分析
	批判性和创造性思维
	书面和口头交流
	量化能力
	信息能力
	团队工作和问题解决
个人和社会责任心(通过主动投入各种各样的社区和现实世界的挑战来达成)	公民知识和义务——区域的和全球的
	跨文化的知识和能力
	伦理推理和行动
	终身学习的基础和技能
整体性学习(通过把知识、技能和实施能力应用于新环境和复杂问题来证明)	综合和深入地完成一般的和专业化的学习

---

① Organization for Economic Cooperation and Development. The definition and selection of key competencies: Executive summary. Paris: OECD, 2005.

由此可以看出，批判性思维是 21 世纪基本技能中的必要元素。正因如此，它也必定成为高等教育不容回避的话题。

（二）高等教育中的批判性思维

全球经济决定了大学毕业生应该具备的技能，这种技能需要必然要反映到高等教育中来。把批判性思维确立为高等教育的目标之一已得到普遍承认[①]。世界高等教育会议（巴黎，1998 年 10 月 5～9 日）发表的《面向二十一世纪高等教育宣言：观念与行动》，其第一条的标题是"教育与培训的使命：培养批判性和独立的态度"。第五条"教育方式的革新：批判性思维和创造性"中指出，高等教育机构必须教育学生能够批判地思考和分析问题，寻找社会问题的解决方案并承担社会责任。为实现这些目标，课程必须包含获得在多元文化条件下批判性和创造性分析的技能。2009 年世界高等教育会议列举了 4 项"高等教育的社会责任"，其中第 3 项指出，高等教育机构应该通过其核心功能（研究、教学和社区服务），增强其跨学科重点问题的研究，培育批判性思维和积极的公民。这将促成可持续发展、和平、幸福和实现包括性别平等在内的人权[②]。世界经济论坛 2009 年 4 月发布的题为"培养下一波创业者"的报告也指出，各层次（初中、高中、高等和职业）教育机构必须采用 21 世纪的方法和工具，包括跨学科途径和互动教学方法，激励创造性、革新、批判性思维、机遇识别和社会意识。人们还把批判性思维、问题解决、创新、主动性、创造性和不断进取的冒险精神称为软技能（soft skills）。

1990 年，美国教育部规定国家的教育目标是，"那些显示出较高批判地思维、有效地交流和问题解决能力的大学毕业生的比例大大增加"，该目标也成为议会通过的《美国 2000 年教育目标法》的一部分：那些显示推理、解决问题、应用知识和有效写作和交流的学生的比例将大大提高，在关于成人（读写）能力与终身学习部分也是同样的目标——"那些显示出较高批判的思维、有效地交流和问题解决能力的大学毕业生的比例大大增加"[③]。推动社会进步的技术和信息的快速发展，导致批判性思维能力成为职业发展和有效教育计划的基石。批判性思维对于美国国家科学标准（national science standards）和国家教育技术标准（national educational technology standards）都是首要的[④]。一项调查表明，美国 90% 以上

[①] 从联合国关于教育的文件或者各国的相关报告不难看出，批判性思维不仅在高等教育中，甚至在基础教育中，都被置于教育目标的地位。发达国家，如美、英、德、法、澳、荷、新西兰、新加坡等自不待言；就连发展中国家和不发达国家，如土耳其、立陶宛、巴西、印度、圭亚那、南非、埃及、菲律宾、马来西亚、泰国、缅甸、委内瑞拉、牙买加、阿富汗、伊拉克、巴林、孟加拉、巴巴多斯、博茨瓦纳、约旦、肯尼亚、马拉维、摩尔多瓦、纳米比亚、阿曼、巴勒斯坦、卢旺达、马耳他、尼加拉瓜等也是如此；而我国的台湾和香港地区也早已是这样。

[②] 2009 World Conference on Higher Education: The New Dynamics of Higher Education and Research For Societal Change and Development (UNESCO, Paris, 5-8 July 2009). 联合国文件编号：ED. 2009/CONF. 402/2.

[③] 见 Goals 2000: Educate America Act 的 NATIONAL EDUCATION GOALS 部分，其中的（3）STUDENT ACHIEVEMENT AND CITIZENSHIP 下的（B）之（ii）以及（6）ADULT LITERACY AND LIFELONG LEARNING 之（v）。

[④] Barry Stein, Ada Haynes, Michael Redding, et al. Assessing Critical Thinking STEM and Beyond[M]//Magued Iskander. Innovations in E-learning, Instruction Technology, Assessment, and Engineering Education. New York: Springer, 2007: 79-82.

的学院教授认为批判性思维技能发展是本科教育最重要的目标①。

　　来自社会的反馈信息表明,雇主和离开高校不久的大学本科毕业生对关键能力的要求,也印证了把批判性思维作为教育目标的正确性。批判性思维在工作场所的重要性也越来越得到承认。2003年,田纳西理工大学(Tennessee Technological University)对该校毕业生就职公司的雇主的调查显示,雇主认为相对重要的技能是:问题解决、交流、团队工作、学习技能、批判性思维、伦理学、技术性技能和与各种各样的人一起工作②。

　　很多大学也在其办学宗旨或使命陈述中,明确提出批判性思维的目标。例如美国的帕克大学的办学宗旨写道:"帕克大学的使命就是提供学术卓越的通道,它将使学习者准备好批判地思维、有效地交流和在服务全球共同体的同时从事终身学习。"帕克大学已经确认批判性思维是大学能力的一个基本组成部分。这些能力(分析性和批判性思维、社区和公民责任感、科学探究、伦理和价值文学和艺术表达)构成基础的个人和专业技能与气质,它们嵌入帕克大学的课程中。教员对这些能力担负的责任在其教学方法论和基于知识发现和批判性评估的行动中显示出来,也反映在学术上。英国的布拉德福德大学(Bradford University)也在其办学宗旨的信息中将批判性思维作为一个目标。

　　与高等教育突出批判性思维这个目标相呼应,人们早已在一些领域使用了批判性思维才能评价,帮助作出录取决定,例如,美国的医学、护理、法律和一般的研究生院。美国大学考试(ACT)的科学推理部分、医学院入学新测试(MCAT)、学院委员会高级安置方案测试(AP)、爱荷华教育发展测试(ITED)的许多内容,以及研究生入学考试(GRE)、法学院入学考试(LSAT)的分析和逻辑推理,都试图将批判性思维并入一个测试之中。近年来,我国也模仿类似测试,并在各种应用硕士考试和职业能力考试中采用相似测试方法。

　　近年来,学生学习成果评价甚至大学评价和排名也将批判性思维作为主要观察点之一。众所周知,《美国新闻与世界报道》的大学排名完全根据大学的资源和声誉,没有直接反映大学教和学的状况。于是,一些测量大学学习环境、教师教学基本情况和学生的大学生活体验的调查纷纷出笼。比如,CLA(collegiate learning assessment),测量批判性思维、分析性推理、问题解决和书面交流技能,这些技能被看作是学院促进的许多重要学习领域之一。

二、当代通识教育中逻辑教学的主要形态——批判性思维

　　高等教育要实现批判性思维这个目标,除了在专业教育中渗透批判性思维之外,更重要的是在通识教育中贯穿批判性思维。按照美国学院和大学联合会(AAC&U)的描述,当今自由教育的学习成果常常包括:获得理智技能或能力(批判性思维、分析性阅读和写作、用多种方法解决问题的能力、技术的熟练使用),理解专家如何在相关知识领域进行思维和研究,发展社会、公民和全球的知识,获得自我认识和伦理价值,至少深入学会一个学科,整合跨学科领域的知识③。一种真正的自由教育是使我们为在一个发生巨大变化的世界里过着

---

　　① Derek Bok. Our Underachieving Colleges: A candid look at how much students learn and why they should be learning more[M]. Princeton: Princeton University Press,2006:354.

　　② Barry S Stein, Ada F Haynes, Jenny Unterstein. Assessing Critical Thinking Skills. http://iweb.tntech.edu/cti/SACS%20presentation%20paper.pdf. 2010-08-26.

　　③ James J F Forest, Kevin Kinser. Higher education in the United States: an encyclopedia[M]. Santa Barbara: ABC. CLIO,Inc. 2002:402.

尽责的、富有成效的和创造性生活做好准备的教育。它是培养一种基础牢固的理智适应性、具有终身学习气质和为我们的观念与行动的伦理后果承担责任的教育。自由教育要求我们理解关于自然、文化和社会之知识和探究的基础,掌握感知、分析和表达的核心技能,陶冶尊崇真理的思想感情,承认历史和文化语境的重要性,探索正规学习、公民和服务社会之间的联系。通过从事诚实的、富有挑战的和重要的智力工作,通过使我们自己准备好以负责任的方式运用知识和能力,我们体验自由学习的好处。由于自由学习旨在将我们从无知、教派意识和近视的桎梏中解放出来,它奖赏好奇心和竭力拓展人类知识的疆域。因此,就其本质而言,自由学习是全球的和多元的。它包容具有社会的、自然的和理智世界之特色的观念和经验的多样性。承认以各种形式表现这种多样性,既是一种理智的承诺,也是一种社会责任,同样也是为了使我们能理解我们的世界,追求成功的生活。严格而创造性地思考、学习和表达自己思想和情感的能力,理解具体情况下的观念和议题的能力,在社会生活中承担义务以及渴求真理,是我们人类的基本特性。自由教育以这些品质为中心,是为我们共同未来的最佳社会投资[①]。

(一) 通识教育中的批判性思维

美国 20 世纪 70 年代通识教育的热议和批判性思维运动不仅在时间上重叠,而且批判性思维渗透到通识教育(核心课程)之中。学院理事会(The College Board)早已指出,推理与批判地思考的能力是所有其他基本学术才能的基础和不可缺少的组成部分。美国教师联盟(American Federation of Teachers,AFT)前主席尚克尔(Albert Shanker)曾指出,AFT 正在将批判性思维融入基础课程作为其最优先的任务之一。1986 年,美国教师联盟发表了由其教育议题部主任沃尔什(Debbie Walsh)博士和索诺马州立大学批判性思维与道德批评中心主任保罗博士代表该组织撰写的批判性思维全国意见书——《批判性思维的目标:从教育理念到教育现实》。该报告指出,AFT 支持这样的观点,并不存在教授批判性思维的唯一正确方式,某一学科的本质,学生学习需求的多样性以及教师的教学风格,都是教师决定适合的教学策略选择的重要因素。AFT 也相信,许多教师早已成功地将批判性思维技能融入他们的教学和为同学互动提供的机会之中,共享的方法和技术会扩展和增强他们拓展学生思维的能力[②]。第 6 届批判性思维与教育改革国际会议(索诺马州立大学,1988)在其会议主题陈述中写道,学生在课程的开始就被告知,课程如何为不仅促进学科内容的掌握,也促进批判能力和理智个性而设计。一般的批判性思维课程能用作所有学生的"核心"课程,它聚焦于跨学科议题和一般批判性思维技能。

2008 年 11 月 19 日至 2009 年 2 月 16 日,哈特研究公司对美国学院与大学联合会成员机构的 433 位主要教务官员或指派的代表进行了一项在线调查,测量目前高等教育中规定的学习成果(learning outcomes)的流行程度,证明通识教育领域最新的课程变化和评价。名为《通识教育中的新趋向和新实践》的报告显示,大多数会员机构(78%)说,它们对自己的

[①] The Board of Directors of the Association of American Colleges & Universities. Statement on Liberal Learning. October,1998. http://www.aacu.org/About/statements/liberal_learning.cfm. 2010-09-04.

[②] Debbie Walsh,Richard W Paul. The Goal of Critical Thinking:from Educational Ideal to Educational Reality. American Federation of Teachers,Washington,D. C.,1986. http://www.eric.ed.gov/PDFS/ED295916.pdf. 2010-09-30.

所有本科生都规划了共同的学习成果集,这些成果涉及非常广泛的技能和知识领域。其中最为广泛涉及的技能是:写作技能(77%)、批判性思维(74%)、量化推理(71%)和口头交流技能(69%)①。值得注意的是,AAC&U 成员机构现在强调的许多学习成果也正是2006年的调查中,雇主们期望学院和大学强调的那些。68%的大学在其院系学习成果评价中,包括了一般技能如写作和批判性思维。52%的大学评价通识教育学习成果。半数以上(56%)的管理者(公立机构64%,私立机构48%)说,过去5年,对他们机构来说,通识教育的优先性增强了;只有3%说正在变得较少优先性。管理者表示,他们的通识教育计划在不断推进。绝大多数(89%)机构也在评价其计划,包括正式检讨他们的计划(19%),讨论改变的建议(22%),落实过去5年采纳的变革(18%),执行通识教育的学习成果的评价(30%)。只有11%说,他们现在没有对通识教育计划作修改②。

最近(2009 年 9 月 23 日),乔治亚州大学系统核心课程评估委员会的核心课程方针(USG Core Curriculum Evaluation Committee:Core Curriculum Policy)建议要求所有院校都发展和评价每一核心区(A～F 共 6 个)的学习成果,同时要给核心课程加上3个新的学习目标,即美国视角、全球视角和批判性思维。关于批判性思维的学习目标,该建议举例列举如下:学生成为主动的、独立的和自主定向的思维者和学习者,将他们的思维技能和创新应用于解决问题;学生勇敢面对不明晰的情景,并超越传统方法,构想更为有用和有利的解决方法;学生有效地辨识、分析、评估和提供令人信服的理由支持结论;学生具有考虑和容纳对立观点的能力;学生具有辨识何时需要信息的能力,具有定位、评价和有效使用所需信息的能力;学生具有确认听众、意图、价值和信息的可能来源的学科视角的能力。该建议要求大学必须有一个核心课程的批判性思维训练计划,以保证完成 A～E 区的学生达到有关基本批判性思维技能的学习成果,同时鼓励各校在它们的批判性思维计划中创新;选择包括但不限于:在 A～E 区设计一个或多个课程作为批判性思维课程,并要求作为完成 A～E 区的要件,每个学生必须接受至少一个批判性思维课程;要求学生发展一个由来自 A～E 区的课程作业材料组成的批判性思维文件夹,该文件夹然后由指定的教员予以评估;要求学生取得全国性组织的批判性思维测试的分数(如加利福尼亚批判性思维测试,GRE 一般测试的分析性写作部分、SAT 写作测试)③。

(二) 通识教育中的逻辑教学——批判性思维

1983—1985 年,美国出现批判本国教育的大量研究报告。几乎每一个报告都强调,美国学生总体而言是拙劣的思维者,尤其在高阶认知过程(分析、综合、评估,相当于批判性思

---

① 有学者甚至认为,所有博士培养方案都应该在其课程中包括至少一个必修的批判性思维课程。显然,要像一个博士生一样思考,就必须是聪明的。但是,仅有智力是不够的。必须能以你对概念的理解和发现"为什么"为基础,你必须能够生成逻辑论证,必须能独立地思考,必须坚韧。恰恰要像一个博士生一样看到思维中的一些步骤。Jason Karp. How to Survive Your PhD: The Insider's Guide to Avoiding Mistakes, Choosing the Right Program, Working With Professors, and Just How a Person Actually Writes a 200-Page Paper. Sourcebooks, Inc., 2009:46.

② Hart Research Associates. Trends and Emerging Practices in General Education Based On A Survey Among Members of The Association of American Colleges And Universities. http://www.aacu.org/membership/documents/2009MemberSurvey_Part2.pdf. 2010-09-30.

③ A1 区:交流技能;A2 区:量化技能;B 区:制度选择;C 区:人文、美术和伦理学;D 区:自然科学、数学和技术;E 区:社会科学;F 区:较低要求的主修必修课。http://core.usg.edu/uploads/CorePolicy.2009-04-20.pdf.

维)方面。这些报告通常呼吁以某种直接的方式教授思维,或者将教授思维作为21世纪教育的先决条件。这种呼吁的社会背景是,人们注意到日本的工业和技术力量的崛起构成对美国的挑战。在科学和数学课程方面,日本学生比美国学生有高得多的入学要求,而且看起来学习得更为成功,而美国学生在学术能力测试(SAT)和全国教育进步测试(NAEP)等测验中成绩下滑。在标准智力测验中,日本成人的分数是美国成人的5倍。再加上看电视占用了学生家庭作业和阅读活动的时间,不仅导致学生成绩下降,而且对学生抽象思维也产生了负面影响。所有领域和层次的教育者都认识到,这些问题的原因在于第4个R(阅读(reading)、写作(writing)、算术(arithmetic)和推理(reasoning))被忽视了,必须用第4个R来补充前3个R。

学生中高阶思维能力的缺乏,当代世界的复杂性和急速变化,以及为了满足充分参与民主社会而对学生提出的要求,刺激人们重新强调思维能力,导致了要求教育者在课堂上培养批判性思维的运动,与此相伴随的是高等院校的非形式逻辑和推理课程迅速增长。一些教育者发现,传统教育包括了思维,但这种思维的品质是不完善的。需要的不仅仅是教思维,而是教批判性思维。在20世纪80年代晚期和90年代初,倡导批判性思维的努力达到了顶峰。此后,批判性思维的价值得到社会公认,批判性思维被吸收进教育的各个层次。至1993年,美国已有800所高校以这种或那种形式提供至少一种批判性思维的课程。

从批判性思维的不同教学路向看,逻辑取向是批判性思维教学法的一个主流,批判性思维和逻辑有本质的联系,从批判性思维的本质看,逻辑元素构成其基本成分。批判性思维涉及的核心问题是我们应该信什么和做什么,而对该问题的答案是理由或证据决定的,换言之,对该核心问题的任何回答都需要提出论证。论证的优劣由一系列理智标准来衡量,其中包括逻辑标准。正如西格尔指出的,聚焦于理由和使信念和行为正当化或合理化的理由的力量,正是批判性思维的本质。批判性思维者就是依据理由恰当地采取行动的人:他有根据理由相信和行动的倾向,具备在理由起作用的语境中评价理由之力量的能力。逻辑(形式的和非形式的)和理由的评价或决定理由的好坏相关。这种决定是批判性思维的中心[①]。恰当的理由是由逻辑分析的原则和规范决定的。批判性思维者和理性人之间存在概念上的深刻联系。以批判性思维为目标的教育,就是以合理性的养成和理性人的发展为目标的教育[②]。把思维刻画为"批判的",就要判断它满足可接受性的相关标准或规范,由此恰当地认为思维是"好的"[③]。从目前所获得的批判性思维定义的共识看,逻辑要素都是其重要组成部分。美国哲学学会提出的批判性思维定义(1990)及其6大技能——解释、分析、评估、推论、说明和自校准,明显突出逻辑的作用。恩尼斯依据自己的批判性思维定义——聚焦于决定相信什么或做什么的合理的、反省的思维——所列举的更具体化的12种技能"操作",大多数在本质上也是逻辑的。它们既是批判性思维的课程目标集,也可作为批判性思维检测

---

① Harvey Siegel. Informal logic and the nature of critical thinking[M]//John E McPeck. Teaching critical thinking: dialogue and dialectic. New York: Routledge,1990: 75-85.

② Harvey Siegel. Education Reason: Rationality, Critical Thinking, and Education[M]. New York: Routledge, 1988.

③ Sharon Bailin,Harvey Siegle. Critical Thinking[M]//Nigel Blake, Paul Smeyers, Richard D Smith,et al. The Blackwell Guide to the Philosophy of Education. Malden:Wiley-Blackwell,2003: 181-193.

或评估程序具体化的基础①。最近对批判性思维定义或技能元素相对共识的一些研究也发现，逻辑元素是批判性思维的重要成分。

批判性思维的逻辑取向课程正是企图提供批判性思维的工具，所以，大多数为教授批判性思维而设计的教科书和单独开设的课程，旨在发展分析论证、探查推理中的错误（谬误）和构建令人信服的论证②。按照沃尔特斯的说法，批判性思维以逻辑教学作为主要载体还有3个实际原因。第一，运用逻辑分析技术的能力对于成功地学习各种课程显然是一个必要条件，批判性思维教学偏向逻辑主义的一个重大因素是训练学生分析策略的现实需要所导致的。正如保罗指出的，任何学科都有一种逻辑，它们有目标和关于那些目标的逻辑结构集：假设、概念、主题、事实、理论、主张、含意、推论（后承）等。正是每一学科都有这样的逻辑，因此，要掌握一门学科的知识，必须运用逻辑。而学生在学科学习中表现不佳，被认为是因为缺乏思维或推理能力。第二，大多数批判性思维课程是由那些受过严格和系统的逻辑专业训练的哲学家教授的，标准教科书的大多数作者也是哲学家。这样，被哲学系欣赏的思维技能，充分反映在批判性思维课程中，形成对逻辑分析高度重视这一特点。实际上，批判性思维的教学任务也一直由哲学系承担。第三，在构造以逻辑技能为中心的课程时，教师有可供利用的大量资源。在市场上，还很少有采取非逻辑视角的思维技能教学方法的主流教科书。因此，教师要采用非逻辑取向的教学方法，就不得不用其他材料和自己制作的讲义来补充主流教科书。此外，非逻辑取向的教科书使用起来也比较困难③。有学者甚至将批判性思维学者分为两大类：一类人关心论证过程，另一类人关心学习、知识、认识论、价值、信念和生活所必需的理念之间复杂的和建构的相互关系的管理④。

正如布莱尔所说，尽管在细节上，众多的批判性思维定义变化很大，但是，似乎都会同意，批判性思维至少可被理解为一种评估性思维，即使用恰当的标准评价信念或行动。这个概念和哲学家专心于信念和行动的理性证明（由正确论证构成）这一事实，一起影响了很多哲学家将批判性思维构想成牵涉论证评估的判断。因此，讲授论证评估的课程被等同于批判性思维课程；加之逻辑又被构想为好论证的独有标准，结果，讲授逻辑的课程被看作是批判性思维课程的当然选择。如果这对于导论逻辑课程是真的，那么，对于新的非形式逻辑课程就更不在话下，它们的提倡者甚至被认为更擅长讲授论证评估。所以，在许多人的脑子里，无论是标准导论逻辑课程还是非形式逻辑课程，都被当成是批判性思维课程⑤。

以批判性思维为目标的新逻辑课程——论证逻辑正在兴起。宾夕法尼亚大学、布朗大学、弗吉尼亚大学等9所大学目前也开设了论证逻辑课程；加拿大等三国的大学普遍开设了论证逻辑；在美国、加拿大、澳大利亚和新西兰四国的118所大学中，有42%的大学开设此课⑥。最近，布莱尔以常青藤大学中7所大学（没有康奈尔）的哲学系和加拿大有博士学

---

① 武宏志. 论批判性思维教学中的逻辑主义[J]. 延安大学学报（社会科学版），2006(1)：5-10.
② Joanne Kurfiss. Critical Thinking: Theory, research, practice, and possibilities. ASHE-ERIC Higher Education Report No 2[R]. Washington, D. C. : Association for the Study of Higher Education,1988：13.
③ Kerry S Walters. Re-thinking reason:new perspectives in critical thinking[M]. Albany:State University of New York Press,1994：5-6.
④ Jennifer A Moon. Critical Thinking: An Exploration Of Theory And Practice[M]. London:Routledge,2008：40.
⑤ Blair J Anthony. Informal Logic's Influence on Philosophy Instruction[J]. Informal Logic,2006,26(3)：259-286.
⑥ 武宏志. 四国大学哲学系的逻辑课程（上、下）[J]. 延安大学高等教育研究，1999(1)：24-29；1999(2)：23-29.

位计划的9所大学的哲学系为样本,考察了2006—2007年本科生逻辑、推理、论证、批判性推理等方面的导论课程的描述,发现可把被考察对象分为两组:一组不提供非形式逻辑、论辩或批判性思维课程(哈佛、普林斯顿、耶鲁和麦基尔),另一组(绝大多数系)在本科生层次上提供这样的教学内容。后一组有两种情况:一是将逻辑导论与论证分析和批判性思维组合成单一的导论课程(布朗、哥伦比亚、达特茅斯、卡尔加里和皇后大学),另一是将导论逻辑课程和批判性思维、批判性推理或论证分析课程分开来(英属哥伦比亚、西安大略、约克、多伦多和渥太华大学)[①]。

逻辑取向的批判性思维教科书有四种形式。第一种是更名式,即直接给导论逻辑冠以批判性思维之名,如布兰克的《批判性思维:逻辑与科学方法导论》、萨尔蒙的《逻辑与批判性思维》、亨德里克森等的《罗曼与利特菲尔德批判性思维手册》等[②]。第二种是扩展式,即在导论逻辑基础上添加相关内容。这种扩展主要采取两个方向:一是,引入论证理论等相关内容(论证分析与评价),如摩尔和帕克的《批判性思维》;二是引入可用于日常推理的新逻辑分支的部分内容,如《论证:批判性思维、逻辑和谬误》[③]。后者有更广阔的主题范围,包括非单调逻辑、相干逻辑、次协调逻辑、决策论、信念动力学、专家系统理论,以及论辩、法律讨论、经济讨论和人工智能的章节,还讨论了大量的悖论(说谎者悖论、抽彩悖论、亨佩尔猎食悖论、古德曼绿-蓝悖论、阿罗投票悖论、囚徒困境等),展示了经典和非经典逻辑发展背后的最有趣的动机。它以论证,特别是日常论证为基本出发点和轴心来整合这些广泛的内容。第三种是革新式,即大量非形式逻辑或论证逻辑新体系,强调技能和应用,因此必然导致对传统逻辑内容的加减,如约翰逊和布莱尔的《合乎逻辑的自辩》、费舍尔的《批判性思维:一个导论》[④]。第四种和专业相结合,如护理、商业、社会工作、写作类批判性思维教科书,但核心仍是逻辑,如《商业学生批判性思维》、《基于证据的实践:医学中的逻辑和批判性思维》、《逻辑地写作,批判地思维》、《批判性思维、阅读和写作:论证的简明指南》[⑤]。

三、美国大学通识教育中多样化的批判性思维教学

大学以培养学生批判性思维技能和气质为己任,并提供多种途径。授课和阅读提供了

---

① Blair J Anthony. Informal Logic's Influence on Philosophy Instruction[J]. Informal Logic,2006,26(3):259-286.
② Max Black. Critical Thinking:An Introduction to Logic and Scientific Method[M]. Englewood Cliffs:Prentice-Hall,1952;Merrilee H Salmon. Introduction to Logic and Critical Thinking[M]. Orlando:Harcourt Brace College Publishers,1995;Noel Hendrickson,Kirk St Amant,William Hawk,et al. The Rowman & Littlefield Handbook for Critical Thinking[M]. Lanham:The Rowman & Littlefield Publishing Group,Inc.,2008.
③ Brooke Noel Moore,Richard Parker. Critical Thinking[M]. New York:McGraw-Hill,1986,2008(第9版);John Woods,Andrew Irvine,Douglas N Walton. Argument:Critical Thinking,Logic and the Fallacies[M]. Toronto:Prentice Hall,2000,2004(第2版).
④ Ralph H Johnson,Blair J Anthony. Logical self-defense[M]. New York:International Debate Education Association,2006;Alec Fisher. Critical thinking:an introduction[M]. Cambridge:Cambridge University Press,2001.
⑤ Linda Dyer. Critical Thinking for Business Students[M]. Concord:Captus Press,2006;Milos Jenicek,David L Hitchcock. Evidence-Based Practice:Logic and Critical Thinking in Medicine[M]. Chicago:AMA Press,2005;Sheila Cooper,Rosemary Patton. Writing logically, thinking critically[M]. New York :Longman,2004;Sylvan Barnet,Hugo Bedau. Critical Thinking, Reading, and Writing:A Brief Guide to Argument[M]. Boston:Bedford/St. Martin's Press,1993,2010(第7版).

训练心智处理不同问题的方法的无数例子;讨论会为参与者表达他们对挑战性问题的思考与倾听教授和同辈的反应提供了机会;学期论文和课外作业诱发学生缜密深思问题,并有知识丰富的指导者评判他们的工作;在课堂之外,本科生就他们阅读中出现的问题、他们的教授提出的问题以及其他许多议题进行争论;校园报纸和文学杂志、集体宿舍委员会(dormitory councils)和辩论队的工作,在政治俱乐部和学生会,他们持续参与导致他们独立思考的讨论,并将他们的思想暴露于别人的评判之下。在这些际遇中,各种背景、价值和视角表达出来,学生挑战参与者,考察他们的前提、迎战新颖的论证,针对新信息和没有料想到的想法来检验他们的推理。所以,毫不惊奇,大学绩效的研究者发现,大部分本科生在毕业之时,他们的批判性思维技能显著地得到改善。在对 26 个大学的 30000 名最近的毕业生调查中,几乎一半的回答者感到大学对他们的分析技能有"巨大"贡献[①]。

(一) 多样化的批判性思维课程

北美的许多学院和大学现在提供特别为提高他们学生的批判性思维能力而设计的课程,作为通识教育要求的一部分。通识教育中的批判性思维教学方式五花八门。辛普森学院的批判性思维小组建议 3 类批判性思维课程:第一年课程(first year courses)、学科课程(disciplinary courses)和顶峰课程(capstone courses,大致为高年级最后阶段的精品课程),这些课程在重点、目标和执行方面各有不同。

有些大学虽然没有独立的批判性思维课程,但可能将批判性思维教学活动放在一年级的研讨班中,另一些可能开设与批判性思维相关的专题课程。比如,哈佛大学 2010—2011 年的课程目录中就有"关于环境与公共卫生的批判性思维"(继续教育学院)和"批判性思维和研究报告写作"(文理学院)。加州州立大学心理学教授哈尔彭(Diane F. Halpern)认为,罗宾斯坦的问题解决课程、伍兹的商议规划和监控以及洛克黑德的分析性推理程序,是批判性思维早期的成功教学模型,它们甚至明显改变了那些坚定的批评者的态度[②]。

博林格林州立大学(Bowling Green State University)经济系布朗(M. Neil Browne)和凯利(Stuart M. Keeley)数十年来努力将批判性思维融入他们的经济学、法律、历史和心理学课程,他们开发的袖珍或迷你型批判性思维课程的教科书——《恰当地提问:批判性思维指南》风行全球。埃默里和亨利学院(Emory and Henry College)哲学系的丹莫尔(T. Edward Damer)开发的批判性思维袖珍课程(教科书是《攻击有缺陷的推理》),则通过揭示常见论证谬误,引导建构好的论证。

由于批判性思维作为一种教学法渗透到学科教学中,一些课程的教学内容和方法发生了基本变化。比如,有一些全国性的尝试,企图将统计学作为一种广泛适用的批判性思维技能而非数据分析技术来教授[③]。马里兰大学一年级过渡课程——大学导论中的批判性思维教学,旨在帮助学生从高中向大学转变。学生既不是在一个学科领域内接受这个课程,也不

---

① Derek Curtis Bok. Our underachieving colleges: a candid look at how much students learn and why they should be learning more[M]. Princeton: Princeton University Press,2008:110-111.

② Diane F Halpern. Teaching critical thinking: Helping college students develop the skills and dispositions of a critical thinker[J]. New Directions for Teaching and Learning,1999,80: 69-74.

③ Paul C Smith. Assessing Writing and Statistical Competence in Probability and Statistics[J]. Teaching of Psychology,1995,22: 49-51.

是注册一个批判性思维课程,而是被指定学习更多关于大学资源、适应学院生活的内容以及批判地思考校园议题①。

20世纪80年代,加利福尼亚州的19所院校,要求本科生修一门批判性思维课程,但允许批判性思维在不同专业具体化。例如,由社会学家所教的一般化的方法论课程,心理学家所教的问题解决课程,历史学家所教的文本诠释学,英语课中教授的论辩性散文,新闻专业提供的媒体分析课程等,都被视为完成了修一门批判性思维课程的要求②。

(二)多样化的批判性思维教科书

从批判性思维教科书来看,其类型丰富多彩,侧重点各有不同,主要侧重点包括:综合性思考过程(如查菲的《批判地思考》)、全新思维习性(如保罗的《批判性思维:成就你的专业生活和个人生活的工具》)、问题解决(如迈耶的《思维、问题解决和认知》)、决策(如道斯的《不确定世界里的理性抉择》)、认知过程(如拉比诺维茨的《教学的认知科学基础》)、逻辑(如恩尼斯的《批判性思维》)、批判性讨论或论辩(如弗里莱和斯坦伯格的《论辩与辩论:做出合理决策的批判性思维》、沃尔顿的《批判性论辩基础》)、阅读或写作(如保罗和埃琳达的《思考者写文章指南:实体写作艺术》、卡西帕格等的《阅读和写作与批判性思维》)以及与各专业结合(如甘布里尔的《临床实践中的批判性思维:改善判断和决策质量》、鲁本菲尔德和谢弗的《护士批判性思维技巧:跟踪、评价和培育改善基于能力的思维策略》、杰克逊的《研究方法和统计学:一种批判性思维路向》、科里尔和艾默曼的《律师助理学习:一种批判性思维路向》)③。

---

① Lauren G Ruff. The development of critical thinking skills and dispositions in first-year college students: infusing critical thinking instruction into a first-year transitions course. University of Maryland,2005.

② Linda Bomstad,Perry Weddle. Editors' Introduction[J]. Argumentation,1989,3(2):111-114.

③ John Chaffee. Thinking Critically[M]. 2nd. Boston:Houghton Mifflin Company,1988;Richard Paul,Linda Elder. Critical Thinking:Tools for Taking Charge of Your Professional & Personal Life[M]. Upper Saddle River:Financial Times Prentice Hall,2002;Richard E Mayer. Thinking,Problem Solving,Cognition[M]. New York:W. H. Freeman,1992;Robyn M Dawes. Rational Choice in an Uncertain World[M]. Orlando:Harcourt Brace,1988;Mitchell. Rabinowitz. Cognitive Science Foundations of Instruction[M]. Hillsdale:Erlbaum,1993;Robert H Ennis. Critical Thinking[M]. Englewood Cliffs:Prentice-Hall,1996;Austin J Freeley,David L Steinberg. Argumentation and Debate:Critical Thinking for Reasoned Decision Making[M]. Boston:Cengage Learning,2008;Douglas N Walton. Fundamentals of Critical Argumentation[M]. New York:Cambridge University Press,2006;Richard Paul, Linda Elder. Thinker's Guide to How to Write a Paragraph:The Art of Substantive Writing[M]. Dillon Beach:The Foundation for Critical Thinking,2006;Maria N Cusipag, et al. Critical Thinking Through Reading and Writing[M]. Manila:De La Salle University Press,2006;Marilyn F Moriarty. Writing science through critical thinking[M]. London:Jones & Bartlett Learning,1997;Eileen D Gambrill. Critical thinking in clinical practice:improving the quality of judgments and decisions [M]. Hoboken:John Wiley and Sons,2005;Rubenfeld M Gaie, Barbara K Scheffer. Critical thinking tactics for nurses:tracking, assessing, and cultivating thinking to improve competency-based strategies[M]. Sudbury:Jones & Bartlett Learning, 2006;Sherri L Jackson. Research Methods and Statistics:A Critical Thinking Approach[M]. Belmont:Cengage Learning,2008;Katherine A Currier, Thomas E Eimermann. Introduction to Paralegal Studies:A Critical Thinking Approach[M]. New York:Aspen Publishers Online,2009.

我们还发现,与柯比的《逻辑导论》相比,批判性思维教科书的再版周期也大大缩短①。全国各地的学院、大学和高中,现在都需要批判性思维课程或在全部课程中融进批判性思维目标。20年前,批判性思维也许主要是哲学和修辞学教授的科目,而今天,任何一门学科的教师都有可能结合自己的专业传授批判性思维。这从另一个侧面反映了批判性思维课程的燎原之势。

四、逻辑通识课程建设的基本构架

通识教育旨在培养大、中学生的综合素养,我们认为,其中最重要的就是以逻辑素质为核心的批判性思维素养,提高这种素养是加强素质教育、培养能力型人才的关键。因此,逻辑通识课的课程名称可定为"批判性思维"或"逻辑与批判性思维"。

批判性思维(critical thinking)是"为决定相信什么或做什么而进行的合理的、反省的思维"。美国哲学学会运用德尔菲方法,将批判性思维界定为:批判性思维是有目的的、自我校准的判断。这种判断导致解释、分析、评估、推论以及对判断赖以存在的证据、概念、方法、标准或语境的说明。完整意义上的批判性思维既包括技能的维度,也包括气质的维度。其核心技能包括:解释、分析、评估、推论、说明和自我校准。批判性思维者的精神气质包括:求真、思想开放、分析性、系统性、自信和好奇性。哈贝马斯将批判性思维等同于"解放性学习",即学会从阻碍人们洞察新趋势,支配自己的生活、社会和世界的那些个人的、制度的或环境的强制力中解放出来。

(一)现代公民、批判性思维与逻辑

美国社会学家萨姆纳在研究社会风俗时早就指出,思维的批判性习惯必须成为遍及所有社会的风俗,因为它是对付生活难题的一个方法。批判性能力是教育和训练的产物,是一种智力习性和力量。它是人类福祉的一个根本条件,男女都应经受的训练。它是我们反对错觉、欺骗、迷信以及误解我们自己和现世环境的唯一保证。批判性能力教育是唯一真正称得上是培养好公民的教育。在现代民主社会,批判性思维被普遍确立为教育特别是高等教育的目标之一。养成批判性思维能力和精神气质,不仅是应付复杂而多变的社会生活之必需,也是提升现代社会生活之人文精神之要求。批判性思维没有学科边界,任何涉及智力或想象的主题都可从批判性思维的视角来审查。批判性思维既体现思维技能水平,也凸显现代人文精神。它是一种不可缺少的探究工具,是教育的解放力量,是人们的私人生活和公共生活的强大资源。

我们正在进入信息时代。为了有效地使用信息,当代的决策者们(公共的和私人的)需要批判性地阅读、聆听、观察、演讲和写作的技能,而这些特殊技能的基础是更为一般的批判性思维能力。批判性思维对民主政治中的公民职责和权利的有效履行是必要的。缺乏批判性思维的人们将更易遭受不仅仅是政治上的而且是经济上的剥削,见多识广和富于批判性

---

① 柯比《逻辑导论》1953—2008年共出版13次,平均再版周期为4.2年;卡亨《逻辑与当代修辞学:日常生活中理由的使用》1971—2009年共出版11次,平均再版周期为3.4年;摩尔和帕克的《批判性思维》1986—2008年共出版9次,平均再版周期为2.4年;布朗《恰当地提问:批判性思维指南》1981—2009年共出版9次,平均再版周期为3.2年;弗里莱《论辩和辩论:做出合理决策的批判性思维》1962—2009年共出版12次,平均再版周期为3年。

思维的公民对于民主制度和市场经济体系的成功是必要条件。

理性、民主社会中意见分歧的解决既不能凭借强力压迫,也不能依靠权威或诱惑,而只能通过批判性讨论即理性对话。这种批判性思维包括建设性地回应讨论语境中他人给出的理由和论证。涉及我们生活的种种计划或政策,也只有在经历批判性思维的洗礼之后,才能尽显其公正、善意和有效,这就是所谓的"合法性"或正当性问题。政府的决策甚至法律的制定,团体或个人的行为都需要证明其正当性,都要准备迎接质疑、争论的挑战。正如哲学家马卡尔德所说,今天,除了在所有人面前辩护的必要性是无须辩护的以外,一切都需要辩护。我们必须充分认识到批判性思维对当代民主社会生活的必要性。当有人问"谁对三峡工程上马贡献最大"时,回答是:"那些反对三峡工程上马的人"。这一似乎悖论性的回答道出了批判性思维的现实意义:正是对一项重大决策的批判推动了这项决策的不断完善,重大决策在论证和反论证的厮杀的回合中,逐步获得了正当性,成为真正民主的、合理的决策。现代生活广泛运用的听证制度正是批判性思维在社会生活中发挥作用的途径之一。

标准的民主政体形式是代议制民主政体,这种民主政体的管理通过辩论和说服,构成这种政体基础的价值观和原则是自由和平等。根据自由的原则,个人应代表他们自己作出决定,而不允许别人代替他们作出决定并将决定强加于他们。平等的原则要求所有的公民拥有平等地选举掌管政府的官员和自身参加官员竞选的权利。但是,民主政体的成立与运作要靠具备理性能力的公民支撑。理性是从前提逻辑地推出结论的能力,或为实现目标和最大限度地获取价值而选择最有效和最合适的方法的能力。罗素认为,可用三个特征界定理性:首先,它依靠说服而不是依靠武力;其次,它谋求使用者所相信的完全正确的论点进行说教;第三,在提出意见的过程中,它尽可能使用观察和归纳,尽可能地少用直觉。我们看到,批判性思维构成理性的基本内容。在这个意义上,有学者将理性社会等同于批判性社会。在个体层次上,批判性思维应内化为个人的精神气质;在社会层次上,批判性思维应内化为整个社会的生活习惯。

我们在社会生活中要直面各种问题并努力将其解决。解决问题有5个步骤:确定问题;分析问题的性质;搜集有关信息并提出可能解决的假设;评估可能的解决方案,并选择最适当的方案来解决;按选择的方案采取实际行动,并在实施中视需要随时修正。问题解决的5个阶段都渗透批判性思维。创新的原动力在于问题情景。问题情景的本质是主体追求与现状的差距。然而,发现这种差距正是要通过对现状的批判性分析。问题解决需要创造性思维,创造性思维是能引发新的或更好的解决问题方法的思维方式。批判性思维是对所提供的解决问题的方法进行检测,以保证其有效力的思维方式。这两种思维方式对有效解决问题而言都是必要的,尽管二者常相互干扰。我们在创造性地思考问题时必须敞开思路,这个思考过程越是处于自发状态,越有可能产生有效的解决问题的方法。直觉、灵感、想象和隐喻诱发源源不断的想法,提供解决问题的原材料。然后,批判性的判断把好的观点提取出来,在诸多可能性中选出解决问题的最佳方案。如果不能提炼出那些切合实际的、合理的想法,我们的创造力最终不会有实质性结果。对大多数人来讲,创造性思维和批判性思维平衡发展是社会生活的必然要求。

波普尔曾强调批判性讨论在科学进步中的重要性。真理并不专属于掌握特定资源的人,知识的真理性特质只有通过外在化的批判性检验才能获得。通过论辩活动,人从自身内部提取知识,并把它用作每个情景或环境中真理的相对标准。论辩是纠正错误的活动,在这种活动中,不同思想的冲突暴露错误而产生真理。除非论辩双方达成默契,放任对方批评和纠正自己的观点,否则就无法保证真理的出现。论辩者打开自己,接受别人有条理的检查,而他的观点或态度会因这种交锋而改变,这样,就实现了主体间的确认(intersubjective validation),即出现了一个主体间确认的现实,这一现实不是一个人对世界的主观感受,而是两个这样的相互竞争的感知的碰撞。这就是所谓的主观互证(intersubjectivity),即研究者运用同样的概念语言和科学研究的方法彼此交换他们的发现,并检验彼此的研究成果的可靠性。主观互证要求在词汇的含义方面、交流的符号及用来取得或证实知识的程序等方面一致。如果没有这种一致,知识就是完全主观的,对他人不能进行有意义的传递。主观互证的水平决定了一个研究者的发现能够在何种程度上与他人的发现一致。科学结论作为一种有"好理由"的论述,必定是在交流、争论和劝服的过程中历史地、具体地和相对地产生的。从这样的观点来看,论辩即批判性讨论就是创造真理,而不仅仅是使真理显得更有效。

不过,实现批判性思维需要借助逻辑这一利器。批判的、分析的意义上的"好思维",首先是逻辑的思维。只要我们坚持类似恩尼斯的批判性思维定义,逻辑就必定充任其核心角色。在批判性思维者和理性人之间存在深刻的概念上的联系。批判性思维包括运用所有与信念和行为之合理性相关的标准,而以批判性思维的传布为目标的教育,完全是以合理性的养成和理性人的发展为目标的教育①。西格尔赞同劳丹(Larry Laudan)的观点:"合理性的核心在于,因为我们有如此做的好理由,所以我们做(或相信)某事情……如果我们要决定一个特定的行为或信念是否是合理的,我们就必须问,是否存在支持它的正当理由。"②西格尔和伯林(Sharon Bailin)指出,"批判性思维首先而且最重要的是一种好思维……我们可以从强调批判性思维的这个规范性的特性开始。这一强调把我们更一般的哲学概念和本质上是描述性的心理学概念——描述被认为是批判性思维核心的心理过程、程序或技能——区别开来……与当代心理学对批判性思维的说明不同,批判性思维的哲学理论家同意,批判性思维概念本质上是一个规范性的概念。因而,把思维刻画为'批判的',就要判断它满足可接受性的相关标准或规范,由此恰当地认为思维是'好的'。"③一个理性的或批判的思维者依据"理由的重要性和使人信服的力量"来行动。而恰当的理由是由逻辑分析的原则和规范决定的。这预设了对普遍、客观标准的约束力量的认可。

逻辑特别是非形式逻辑作为一种论证的语用理论,其主要的作用就是提供论证分析、评估和批评的工具。而表明合理性便是论证或论辩的目标,作为一种实践的论辩和合理性密切联系。论辩依赖合理性,论辩也展示合理性,增强合理性。论辩理论与赋予信念合理性的论证能力相关。在提出一个论证之前,信念不可能是合理的。一个结论在利用论证之后比在此之前被赋予更多的合理性,合理性是从事于给出和接受理由之实践的能力,因此,"合理的"意味着能够进行给出和接受理由的活动。

---

① Harvey Siegel. Education Reason: Rationality, Critical Thinking, and Education[M]. NewYork: Routledge, 1988: 32-33.

② Harvey Siegel. Informal logic and the nature of critical thinking[M]//John E McPeck. Teaching critical thinking: dialogue and dialectic. New York: Routledge, 1990: 75-85.

③ Sharon Bailin, Harvey Siegle. Critical Thinking[M]//Nigel Blake, Paul Smeyers, Richard D Smith, et al. The Blackwell Guide to the Philosophy of Education. Malden: Wiley-Blackwell, 2003: 181-193.

(二) 逻辑通识课的定位与逻辑类型

逻辑通识课定位为培养学生批判性思维能力和倾向之后,那么,选择何种逻辑作为教学的基本内容就成为关键。而选择这种内容既取决于我们教学的目标,也取决于某种逻辑类型的功能。

但是,20世纪的逻辑受数学的影响,逐渐离开对自然语言中实际论辩的研究,转向推出关系的抽象研究,特别作为可被模式化为形式语言的推出关系的研究。许多人对"逻辑"这个词有很大的隔膜。当人们想到逻辑时,他们可能回想起大学的经历:许多人学的是逻辑的高度技术化的形式即符号或数理逻辑,或者经过数理洗礼后的传统逻辑。这种逻辑与实际论辩的关系不大。这样,一方面,逻辑使自己和论辩拉开了距离;另一方面,教学实践给学生制造了障碍。因此,正是逻辑本身表现了对论辩实践的威胁。把形式演绎逻辑(FDL)当作论证评估的批评理论存在一些困难。FDL 作为一种批评理论的主要缺陷有三个:第一,它要求学生学会的新技术性概念和程序,在原学科的认知范围以外生命短促;第二,技术性术语的使用切断了与那些不了解该理论的人的交流能力;第三,如果不持续地培养,它们的保持力将是短暂的。因此需要在别处寻找合适的工具①。合适的选择似乎是,采用在自然语言中内在的批判性词汇,并赋予它新的生命,使我们的学生能够使用它。因为在课程结束之后,自然语言将长期伴随学生。恰好在自然语言中有一些术语,受过教育的人们能利用它们开展对智力产品的批评:理由、证据、结论、论题、相关性、充分性、不一致、含意、预设、反对等。

有人想到了传统逻辑。然而,从现代眼光来看,传统逻辑对论证的研究不成系统,尤其是在辨别合理论证与谬误方面软弱无力。与新兴的系统化的论证逻辑相比,传统逻辑大大落后。现代论证理论至少在10个方面进行了变革,更切合实际论证的本真情况。

(1) 论证的概念。融合了逻辑学(支持关系)、辩证法(对话、意见分歧)、修辞学(语境、听众)和言语行为论(说事和做事、言语行为的恰当性条件——论证的预设),突出了论证的交际或说服功能。

(2) 前提的可接受性。论证的前提可以是多种情况,例如真、概然真、合理假设、对方接受。

(3) 语境决定评估标准。不同语境中的论证适用不同的证明标准,例如演绎必然、高概率、证据优势或暂且可接受。从保真(truth-preserving)的规范向保权(entitlement-preserving)的规范转移。前者指的是有效论证前提真时结论不可能假;后者指前提可接受即合情理(reasonable)时,在缺少削弱或压倒性证据的情况下,人们有权利得出可废止的结论。

(4) 六因素的论证基本结构。图尔敏从法学论证提炼出来的论证6因素模型,有更强的概括力,区分了前提的不同功能,包容了多样的论证形式,融进了对话元素(反驳)和各种支持力等级(模态限定词)。

(5) 合情论证型式的分析和评价。这是传统理论压根没有考虑的第3类论证,甚至将

---

① Ralph H Johnson. Manifest Rationalty: A Pragmatic Theory of Argument[M]. New Jersey: Lawrence Erlbaum Associates, Inc., 2000: 27, 77.

其混同于谬误。批判性问题评估法提供了加强论证与反驳或削弱论证的突破口。

（6）论证结构类型和可能回应的关系。一些逻辑导论虽然也描述了线性、组合、收敛和发散式论证结构类型，但并不理解这些结构类型对应于另一方回应（质疑）的性质，因为它们没有在对话框架中来理解论证。实际上，现代论证理论可能回应的关系是：质疑理由——线性论证，质疑相干性——组合论证，质疑充分性——收敛论证。

（7）假设和证明责任。这一对概念为解决论证中的诉诸无知等提供了可能。

（8）论证建构。语篇层次的论证建构突出听众和语境的作用。

（9）论证批判。论证批判的一般原则，区分反驳和削弱的不同功用，反驳和削弱的多种形式。

（10）新谬误论。相对于主体的类型、主体可利用的资源以及适合于特定语境的恰当的执行标准，才可以说一个对话中的推论或移动是否谬误。谬误总是与一个语境上合适的标准相联系（伍兹），谬误是合情论证模式的误用（沃尔顿）。

与形式演绎逻辑相比，非形式逻辑有一系列不同的特性：研究对象不是蕴涵而是论证；理解论证概念主要不是语义的，而是语用的；放弃论证类型的一元论而主张多元论；注重论证的型式（scheme）和宏观结构；评估论证从单价论扩展到多价论；包容了不能确定真但可合理接受的前提；论证的范例从几何学模型转换为法学模型；逻辑系统的概念和规则从刚性转变为柔性；与辩证法和修辞学的关系从对立改善为相互补充。这些特性全部和日常生活的逻辑密切相关，因而非形式逻辑能更好地作为社会生活领域所"应用"的逻辑。

非形式逻辑或论证逻辑是与作为蕴涵/后承/推论逻辑的形式逻辑不同的论辩逻辑。20世纪70年代早期出现的由一系列教科书所发动的"新"逻辑课程向美国、加拿大标准的大学水平的逻辑导论课程引入了新颖的课程提纲。这些课本大多数有下列三个共性：第一，目的是培养批判性思维；第二，通过分析和批判论证来完成；第三，教授论证分析和评估的方法。因此，与批判性思维和合理性密切相关的是作为论证理论的非形式逻辑，而不是作为蕴涵理论的形式逻辑。以演绎有效性为主的我国的大学逻辑教学在经历了数理逻辑的洗礼之后，现在似乎可以看出，技术层面的改革已告结束，因为普通逻辑吸收数理逻辑内容和方法的最大化在某些教科书中已成为现实。但是，普通逻辑或传统逻辑切合日常思维的努力却化为泡影。如果从逻辑的社会功能和逻辑教学的一般目标考虑，是否值得思索一下北美逻辑教学改革对我们的启示？我们的通识（而非哲学专业）逻辑教学应该从教学目标这个根本上来对改革的方向和教学内容进行再思考。一个可供借鉴的思路是从批判性思维和非形式逻辑或论证逻辑的互动关系出发，构建新的课程内容。否则，我们可能又成为全球新逻辑浪潮的观潮人。事实上，在过去的20多年里，我们没有太在意这个新浪潮；现在，我们再不能无动于衷了。

应该注意，非形式逻辑或论证逻辑不仅能培养批判性思维技能，而且对批判性思维心理倾向或气质的养成也有重要作用。比如，非形式逻辑课程的内容也包括鼓励学生演练认真严肃地审思与自己不同的论证、在交流中保持清晰和公正、评估不同的立场，这也是在培养智力上的德性。在非形式逻辑教学中也包括另一些练习，即要求学生具有一种智力的"正直"或"谦逊"，他们小心地反省和评估他们自己推理的弱点。因此，索博坎认为，通过这种练习的实例教学，非形式逻辑的"原理"和"技能"相当于教授批判性思维"态度"，引导学生学会如何对他人的论证表示尊敬，进一步如何避免教条主义。因此那些教授推理技能的非形式逻辑家本质上也是在激励学生成为"思想开放"或"智力上正直"的人。这些练习最终引导学生养成认真反省自己的思维习性。总之，非形式逻辑原则、概念和技能的某些应用，体现批判性思维的倾向、态度或智力德性①。

（三）逻辑通识课程的基本内容

逻辑通识是研究论证结构分析、论证评价规范和构建合理论证的方法的工具性科学。它与学生现代思维素质的培养直接相关，与学生合理性观念的建立及其践行密切联系。当逻辑教科书定位于为学生提供辨识、分析和评估常见论证的工具时，对以往教科书中论述的推理形式的筛选就成为必要。一些演绎推理形式作为论证形式时，有循环的嫌疑；另一些则几乎没有使用价值。原来演绎系统要求的完全性，现在转变成另一种完全性，即尽可能完全地讨论日常论证的各种形式。

本课程要紧密联系学生思维实际和专业特点，完整、准确地讲习论证逻辑的基本原理和方法，包括论证和批判性思维的密切联系、论证的辨识、结构分析、论证的类型、各种论证的评价标准和方法、论证谬误的辨别、合理论证的构建策略和方法、论证批评的规范。强化训练学生思维的精确性、敏捷性和开放性，提高学生的思维能力和思维水平。充分利用实例分析传达逻辑学基本知识，敦促学生运用所学知识分析和解决现实问题，逐步提高批判性思维能力，为学生学好专业课程、提高综合素质与创新能力奠定逻辑方法论基础。

论证逻辑以论证为核心或主线重组逻辑学理论内容，不仅突出了能力和应用，对传统理论内容进行了取舍②，而且构建了论证的完整理论，包括论证的本质、语言、类型、结构、评估、建构、批判、谬误等。教学方法也从逻辑推演转向案例分析、结构不良问题、苏格拉底方法和语篇层次文本分析。

在叙述策略上，论证逻辑采用了与自然语言中的批判性思维词汇相联系的大量概念，比如，论证、理由、证据、结论（论题或主张）、相干性、充分性、不一致、预设、支持、削弱、反驳等，因而使其获得了"使用者友好性"③。

逻辑通识教学宜采用案例方法。这是批判性思维第一波教科书就已呈现出来的特点，也是非形式逻辑风靡全球的看家本领之一。使用那些日常使用者在日常生活中遇到的真实的或现实性的例证来教授逻辑，被沃尔顿称为基于实例的方法（example-based method），这和我国管理类、经济类和工程类硕士专业学位研究生入学测试等逻辑教学中采用的方法相似。这就要求在语篇层次上分析和评估论证，而不是仅限于语句或段落层次上的孤立语境的分析和评估。

---

① Jan Sobocan. Teaching Informal Logic and Critical Thinking. http://venus.uwindsor.ca/faculty/arts/pilosophy/ILat25.

② 大多数论证逻辑视角批判性思维教科书舍去了与数学逻辑相联系的内容，比如真值表、演算，以及传统逻辑理论中应用价值不大或重叠的工具，如三段论的格与式。此外，有些课程的改革也弱化纯逻辑的内容。比如，美国的贝克大学（堪萨斯州）将批判性思维和写作课程改为两个连续学期的课程，效果比单独批判性思维和写作课程较佳。课程内容主要围绕论证问题和论辩性论文，由哲学或逻辑专业以外的教师讲授，弱化了逻辑内容（没有真值表等）。Donald L Hatchwe. Why Critical Thinking Should Be Combined With Written Composition[J]. Informal Logic, 1999, 19(2,3): 171-183.

③ Ralph H Johnson. Critical Reasoning and Informal Logic [M]//Richard A Talaska. Critical Reasoning in Contemporary Culture. New York: State University of New York Press, 1992: 77.

既然这类逻辑教科书以许多具体学科中的论证为样本，并力图提供一般论证理论，那么，一个自然的推论就是，它有可能成为各种应用逻辑（如法律逻辑、经济逻辑等）的母体逻辑。采取逻辑新视角的批判性思维教学不仅与批判性思维技能与气质诸方面达到了最佳吻合（比如，美国哲学学会1990年的批判性思维技能构成元素包括：解释、分析、评估、推论、说明和自校准，在论证逻辑中通过论证的语言、论证结构、论证评估、论证类型、论证批判等加以落实），而且突出了逻辑教学重点从知识到能力、从理论到应用的转换，有助于解决长期争议的批判性思维可迁移性问题。因为，所有学科都在使用论证，而使用来自不同学科的多样化实例，明确地为迁移而教授思维技能时，学生能学会以跨学科迁移的方式改善他们的思考。有研究表明，逻辑规则、统计学、因果推演和成本代价分析能以普遍适用于各种情境的方式来教授。当学生遇到新问题，甚至在没有与学校相关联的语境线索时，也能自然地应用所学的思维技能；通过使用来自许多不同领域的真实情节给学生教授归纳推理，学生能在后来的测试中使用这些技能。因此，基于论证逻辑视角的批判性思维教学人员相信，从各个领域的具体论证概括出来的一般论证原理，可以迁移到使用论证的所有领域，比如，目前典型的应用有法律论证、循证医学和科学修辞学等。

与此相应，逻辑通识测试的焦点是批判性思维技能和倾向的测试，而不是逻辑知识的测试。

当然，如前所述，论证逻辑视角的批判性思维教学也只是逻辑学家理解批判性思维的一种视角。心理学家可能从问题解决或认知发展的角度来审视批判性思维，教育学家也许从学习过程考虑批判性思维。根据批判性思维的多面孔、多向度的特性，论证逻辑只不过是哲学视野下的批判性思维，绝非批判性思维的全部。因此，论证视角的批判性思维课程也只能看成是一种"起航"课程，不能指望一个学期的一门课程就实现培养学生批判性思维的宏大目标。

参考文献

[1] 武宏志,周建武.批判性思维——论证逻辑视角[M].北京:中国人民大学出版社,2010.
[2] 武宏志,周建武,唐坚.非形式逻辑导论[M].北京:人民出版社,2009.
[3] 武宏志.论证型式[M].北京:中国社会科学出版社,2013.
[4] 周建武,武宏志.批判性思维教程——逻辑推理与论证[M].北京:对外经济贸易大学出版社,2012.
[5] 周建武.逻辑学导论——推理、论证与批判性思维[M].北京:清华大学出版社,2013.
[6] 周建武,罗保华.逻辑写作分册-MBA[M].北京:企业管理出版社,2009.
[7] 周建武,武宏志.MBA、MPA、MPAcc、GCT 逻辑推理——高效思维技法与训练指导[M].上海:复旦大学出版社,2007.
[8] 周建武.管理类专业学位联考综合能力考试逻辑辅导教程[M].北京:中国人民大学出版社,2012.
[9] 周建武.管理类专业学位联考综合能力考试逻辑历年真题分类精解[M].北京:中国人民大学出版社,2012.
[10] 周建武.GCT 逻辑考前辅导教程[M].北京:清华大学出版社,2012.
[11] 熊明辉.逻辑学导论[M].上海:复旦大学出版社,2011.
[12] 陈波.逻辑学十五讲[M].北京:北京大学出版社,2008.
[13] 王洪.法律逻辑学案例教程[M].北京:知识产权出版社,2005.
[14] 陈慕泽.逻辑与批判性思维[M].北京:中国人民大学出版社,2011.
[15] 谷振诣.批判性思维教程[M].北京:北京大学出版社,2006.
[16] 董毓.批判性思维原理和方法——走向新的认知和实践[M].北京:高等教育出版社,2010.
[17] [美]柯匹,科恩.逻辑学导论[M].11 版.张建军,等,译.北京:中国人民大学出版社,2007.
[18] [美]赫尔利.简明逻辑学导论[M].10 版.陈波,等,译.北京:世界图书出版公司,2010.
[19] [美]诺希克.学会批判性思维:跨学科批判性思维教学指南[M].北京:中国轻工业出版社,2005.
[20] Walton D N. Informal logic: A handbook for critical argumentation[M]. Cambridge: Cambridge University Press,1989.
[21] Facione P A. Critical thinking: A statement of expert consensus for purposes of educational assessment and instruction (executive summary)[R]. Millbrae: California Academic Press,1990.
[22] Toulmin S. The uses of argument[M]. Cambridge: Cambridge University Press,1999.
[23] Freeman J B. Acceptable premises: An epistemic approach to an informal logic problem[M]. Cambridge: Cambridge University Press,2005.
[24] Tindale C W. Fallacies and argument appraisal[M]. Cambridge: Cambridge University Press,2007.

(此处列出的仅为主要参考文献,其余参考文献恕不一一列举,在此一并致谢!)